LA BLESSURE

DU MÊME AUTEUR

L'ERREUR, roman, Gallimard.

LE TEMPS QUI RESTE, essai d'autobiographie professionnelle, Stock, 1973. *Nouvelle édition revue et corrigée,* Gallimard, 1983.

LE REFUGE ET LA SOURCE, récit, Grasset.

L'ÈRE DES RUPTURES, essai, Grasset.

DE GAULLE ET L'ALGÉRIE, essai, Seuil.

LES RELIGIONS D'UN PRÉSIDENT, essai, Grasset.

CETTE GRANDE LUEUR À L'EST. Entretiens avec Youri Afanassiev, Maren Sell.

JEAN DANIEL

LA BLESSURE

suivi de

Le temps qui vient

BERNARD GRASSET
PARIS

A Marie

AVERTISSEMENT

Quand les choses se nouent-elles pour former les caractères et déterminer les itinéraires ? Réponse admise : la prime enfance. Tout serait joué ensuite ? Pour ce qui me concerne, je n'en suis pas sûr. J'ai même trouvé la preuve du contraire dans certains Carnets que je tiens depuis un jour de juillet 1961, où un accident me contraignit à l'immobilité pendant des mois et des mois.

Moments-frontières pour tous ceux qui ont vécu une telle aventure : ils créent un avant et un après. Moments nourriciers aussi, comme ceux de l'enfance. Ainsi l'écrivain sicilien, mon ami Elio Vittorini, subissant le choc d'une autre île que la sienne, a-t-il évoqué « la Sardaigne comme une enfance » : c'est son titre qui devait d'abord inspirer le mien pour un journal intime de malade, puis de miraculé, étroitement lié à la guerre d'Algérie. La « blessure comme une enfance », comme nouvelle source de sentiments et de pensée. J'ai abandonné ce titre lorsque j'ai ensuite éprouvé le besoin de revisiter le passé à la lumière de quelques moments forts de ma vie récente. Plaisir de la confrontation, de deux époques et de deux expériences ; manière aussi de vérifier si ce que j'ai cru comprendre, pendant tous les événements qui viennent de nous bousculer, avait des racines dans ce que j'avais vécu pendant la guerre d'Algérie. Il se peut que l'unité entre les deux parties de ce livre ne puisse être recomposée que dans l'esprit du lecteur lorsque, après en avoir abandonné la lecture, s'opérera en lui la fusion que je souhaite entre deux regards différents et croisés.

J. D.

Porto Ercole,
août 1991.

I

LA BLESSURE

Dans Matisse comme dans Teilhard de Chardin, j'ai trouvé cette idée si évidente pour nous autres peintres : il nous faut des blessures pour trouver notre lumière.

BAZAINE

– Vous confessez depuis combien de temps ?
– Une quinzaine d'années...
– Qu'est-ce que la confession vous a enseigné des hommes ?
– Vous savez, la confession n'apprend rien, parce que dès que l'on confesse, on est un autre, il y a la Grâce. Et pourtant... d'abord les gens sont beaucoup plus malheureux qu'on ne croit... et puis...
Il leva ses bras de bûcheron dans la nuit pleine d'étoiles : « Et puis le fond de tout, c'est qu'il n'y a pas de grandes personnes. »

ANDRÉ MALRAUX

– 1961 –

Août

Ils sont trois ou quatre de chaque côté de mon lit et ils parlent depuis un moment. Ils se parlent les uns aux autres par-dessus ma tête comme si j'étais sourd ; ou analphabète ; ou inculte... Pourtant, les mots me parviennent clairement, même s'ils ont à traverser d'abord une épaisse couche de coton. Et ces mots ne sont pas savants au point de m'empêcher d'en deviner le sens. Au demeurant, ceux qui les prononcent m'oublient. Mais c'est bien de moi qu'ils parlent et comme je suis concerné, je suis en douce révolte. Je ne crois pas qu'ils soient inattentifs. Aucun d'entre eux ne l'est, bien que tous soient des *patrons* – donc en principe plus intéressés par les maladies que par les malades. J'entends même l'un d'eux dire d'une voix chaude qu'il serait temps qu'on me laisse avoir mes propres réactions. Ce médecin vient d'apprendre et s'en alarme que l'infirmière en chef « met à l'Atarax 100 » tous les patients qui entrent dans son service, et qu'on m'y a laissé depuis que je suis arrivé. Ces « patrons » ne se sont pas vus depuis longtemps mais ils se sont envoyé des malades. Ils se demandent d'abord un avis sur les cas les plus intéressants. Ils s'informent des promotions : en général, celles de leurs pairs leur paraissent plutôt hâtives, celles de leurs protégés plutôt méritées. Quand ils en viennent à moi, la conversation se réduit à un dialogue entre le grand chirurgien (un sportif expert en fractures) et le grand généraliste, un lettré, de plus spécialiste des maladies infectieuses. Le premier répète qu'il « veut aller voir ce qui se passe » (dans mon corps, autrement dit : l'ouvrir) malgré quatre opérations précédentes. « Tant que je n'ai pas ouvert moi-même... » dit-il.

L'autre rappelle que toute opération est une agression. Il vient de publier une thèse que les facultés américaines jugent, dit-il, intéressante. Le corps étranger que constitue l'instrument chirurgical modifie aussitôt l'environnement physiologique et suscite même parfois des altérations anatomiques. Pensez donc! – Si fait. Je ne fais que modifier! – Mais avec quel art. – Et pour notre patient? – Il faudrait encore tenter un antibiotique mieux adapté à ce staphylocoque doré si rebelle, si pervers, si retors. – Combien de temps? – J'ai une équipe qui cherche. – La fièvre nocturne? – Elle ne monte pas. On décidera la semaine prochaine. Tout le monde me regarde avec une autorité joyeuse. On me traduit en une phrase débile et rassurante le discours que j'ai compris et qui m'inquiète. Bref, je suis en clinique.

Le 20 juillet 1961, un jour avant mon anniversaire, j'étais abattu par une rafale de pistolet-mitrailleur au cours des opérations de refoulement que les parachutistes français avaient entreprises pour dégager l'amirauté de Bizerte. Les Tunisiens prétendaient assiéger la base militaire: depuis quelques jours, ils en bloquaient les accès. Une blessure présentée comme « sérieuse mais en rien alarmante » (puisque l'artère fémorale avait été par miracle épargnée) est devenue de plus en plus « préoccupante » dans la mesure où la fièvre, signe d'inflammation persistante et d'infection naissante, ne pouvait être réduite par des antibiotiques qui, l'un après l'autre, échouaient. A mesure que mon état se prolongeait ainsi, le verdict initial selon lequel mes jours n'étaient nullement en danger s'accompagna d'un constat d'impuissance à contenir le mal qui les menaçait. D'où cette incertitude que je voyais flotter autour de mon lit. On y affichait chaque matin la foi dans la guérison tout en renonçant chaque soir à en fixer la date.

Je crois que l'idée de tenir un carnet est née de cette incertitude.

3 septembre

J'ai demandé un carnet de notes, on m'apporte un immense cahier, presque un album. Depuis ce jour à Bizerte, ce jour où j'aurais dû mourir et où j'ai commencé à vivre une autre vie en deçà de la vie, je n'ai rien noté. Aurais-je pu physiquement le faire? Aujourd'hui je ne suis plus dans l'irréalité et les brumes mais j'ai parfois une vague conscience que je pourrais bien ne pas m'en sortir. Et parlant à un visiteur, je me suis avisé que la maladie, en me retranchant de la vie normale, me conduisait à juger différemment des êtres et des choses, que je ne pouvais le confier sans risquer le malentendu, que j'avais besoin de l'écrire à quelqu'un de proche et d'anonyme, d'intime et impersonnel, d'accueillant et muet. N'est-ce pas cela un « journal intime » ?

Depuis que je suis alité, en fait cloué au lit, dans cette chambre de clinique ; depuis que je suis ainsi contraint à vivre avec moi, à me regarder souffrir et, dans les moments de répit, à revoir mon passé, mon destin, ma vie ; depuis que je reçois à mon chevet parents et amis qui s'inquiètent, je ne cesse de m'émerveiller des soins que l'on me prodigue, du souci que je suscite, de l'intérêt que j'entretiens alors que je m'enfuis de moi ou que je tente de le faire. Il me semble parfois que la douleur me rassemble, me concentre et m'occupe, au point que, pour lutter contre elle, je reconstitue mon unité et retrouve une sorte d'énergie. Alors que quand elle cesse, et à l'idée qu'elle va revenir, je me demande ce qui peut bien justifier la mobilisation autour de moi d'un tel concours de personnes attachées à ma survie.

Le premier médecin que j'ai vu à Bizerte, un Tunisien je crois, a pris ma main dans la sienne, l'a gardée tandis que j'étais, paraît-il, hagard et convulsif et n'a cessé de me dire que dans moins de trois mois je pourrais refaire du tennis. Un miracle m'était selon lui arrivé puisque l'une des balles avait frôlé l'artère fémorale. Ce médecin avait cette habileté que seule procure une vraie générosité : au lieu de me rassurer il faisait de moi un héros de la chance. Bien que je fusse comme il disait en état de choc ; bien que tout me parvînt au travers de voiles, de tamis et d'écrans, pendant quelques moments cette idée que j'étais un privilégié me fut un secours. Et surtout l'évocation du tennis était bien venue. Je me souviens d'avoir rapproché deux images blanches, heureuses, fugaces, et comme en surimpression l'une de l'autre : d'une part le souvenir du moulin de mes oncles « riches », où j'allais contempler avec envie les grands, mes frères et sœurs qui jouaient ou flirtaient avec leurs cousins au pied des montagnes et des sources qui entouraient le court ; et d'autre part les scènes de roman où des adolescents fiers et tendres brandissaient leurs vélos et leurs raquettes comme autant d'attributs de leur souveraineté. Toutes les images de la beauté et de la protection. J'entendis soudain ensuite le médecin dire à une très jeune infirmière qui semblait intimidée, apeurée : « Je crois qu'il nous fait une hémorragie interne, il faut alerter le chirurgien. » J'eus la force de voir que l'infirmière avait un visage de madone. Je pensai à ma mère : si jamais elle apprenait ma blessure, elle en mourrait. Comment faire pour qu'un journal, celui qu'elle lit chaque matin, en commençant par la page consacrée aux faits divers, aux accidents, aux blessés et disparus de la guerre, comment obtenir que cette presse s'abstienne de publier la nouvelle de mon aventure ? Sur le bloc opératoire où l'on me transporte, ma dernière image avant que l'anesthésie fasse son effet, c'est celle de ma mère lisant *l'Écho d'Alger*. Aujourd'hui, c'est-à-dire un mois après Bizerte, maman ne sait rien. On a réussi à tout lui cacher. Elle se plaint au téléphone que je n'écrive pas. Elle me dit de ne pas oublier qu'elle m'aime. Après un silence, je l'entends qui demande, comme à elle-même, dans un soupir, si d'ailleurs il y a autre chose qui compte dans ce monde que l'amour. Jamais je ne l'avais entendue donner dans des considérations générales. Sait-elle sans savoir ?

6 septembre

Je me réveille d'un somme après l'épuisement qui a suivi l'examen : vérification et correction du plâtre, radios, installation du goutte-à-goutte pour la nuit, injections. Je trouve à mon chevet Kateb, Yacine Kateb l'écrivain. Il est plus séduisant que jamais avec sa coiffure, et ce profil qui rappellent à la fois Vittorini et Faulkner. « On m'a laissé entrer, dit-il. Marie (Susini) et ta sœur m'ont installé près de toi. Je suis heureux d'avoir assisté à ton sommeil. Il m'a rassuré. Il m'a donné la paix. Mieux, je vais te dire : il m'a reposé. C'est plus qu'une conversation. J'ai vécu près de toi, avec toi, une bonne heure. J'ai pensé à toi, aux oueds où tu allais comme moi te baigner, aux oranges sanguines que tu mangeais dans les neiges de Chréa... » Et Kateb continue, enchanteur, têtu, un peu somnambule, un peu drogué, son beau regard est vague mais tendre aussi. Je ne l'admire pas seulement comme le plus évident écrivain que l'Algérie ait produit. J'aime sa fierté, sa liberté. La générosité aussi avec laquelle il partage le plaisir. Je chercherais en vain ce qui pourrait bien me séparer de cet Arabe, de ce Kabyle, de ce musulman – en fait de ce Français, qu'il y consente ou non. Mais je sais aussi que ce qui me paraît irremplaçable chez certains Méditerranéens, c'est la capacité d'imaginer le désir et de protéger le plaisir de l'autre. Tout homme sur ces rivages est, à certains moments, la mère de l'autre. Il prend sur lui ses peines et ses voluptés et je ne vois pas sous quels autres cieux un homme aurait pu dire que le sommeil d'un autre l'avait reposé. Ce que m'a dit Yacine en regardant ailleurs avec son altière pudeur n'avait pas à être prolongé. Je n'ai rien dit. Dans tous les moments essentiels, alors que je suis supposé ne vivre que des mots, je me demande à quoi peut bien servir la parole.

10 septembre

Cela fait presque trois ans et demi que de Gaulle est au pouvoir. Il n'a pas encore fait la paix en Algérie. Quelles qu'en soient les raisons, c'est un fait : il n'a pas réussi à faire la paix. La IVe République a mené cette guerre pendant une durée à peine plus grande. Elle est déclarée responsable de tout, par tout le monde, y compris bien sûr par nos amis, nos parrains, nos maîtres à penser. Soit. Mais jusqu'à maintenant peut-on dire que de Gaulle a fait beaucoup mieux ? Il a donné, c'est vrai, du panache à la nation, de l'autorité à l'État, de l'allure aux débats. Nous vivons dans le pathétique alors que nos drames avaient un parfum de décadence. Mais même si de Gaulle peut prétendre que, tout ayant été gâché avant lui, il ne pouvait opérer un redressement rapide; même s'il peut faire oublier qu'il s'est singulièrement compliqué la tâche en encourageant, puis en désavouant les colonels, il reste qu'il ne maîtrise en rien une situation qui lui paraît lourde, qu'il traîne comme un boulet, subit comme un affront et qui l'empêche de s'élever vers cette fameuse grandeur que les idolâtres associent à son nom.

Je lis les pamphlets de François Mitterrand. Comme il n'a jamais partagé l'ancienne passion de Mendès France pour de Gaulle et comme il s'est si bien épanoui, lui, sous la IVe, il n'est nullement gêné aux entournures pour s'en prendre au Général. Il ne lui fait aucun cadeau. Sur Bizerte il dit des choses justes et d'autant plus facilement que je le soupçonne d'exécrer autant Bourguiba que de Gaulle. Je me souviens d'avoir entendu le fringant et hautain jeune ministre de la IVe raconter comment il avait assisté, dans le palais du président tunisien, à une véritable crise d'épilepsie : Bourguiba, enrageant de n'être pas compris par Guy

Mollet, s'était jeté sur le tapis et avait entrepris d'en mordre ou d'en dévorer les franges. Mitterrand avait-il forcé la note ? En tout cas, il disait n'avoir trouvé cette scène ni décente ni amusante. Il s'en est revenu à Paris essayant en vain de convaincre l'équipe de *l'Express* que l'homme providentiel de la Tunisie était en train de frôler la démence. Néron ? Caligula ? Lear ? Mitterrand hésitait entre les trois destins pour le chef d'État tunisien. Pour Mitterrand les seuls grands hommes de l'ancien empire sont Houphouët-Boigny et Sékou Touré. En France, si j'en crois Georges Dayan (son ami et le mien), le seul grand homme de Mitterrand, c'est Robert Schuman. Quant à de Gaulle, c'est surtout l'homme qui empêche pour longtemps le personnel de la IVe d'être président du Conseil. Je n'arrive pas à m'intéresser vraiment à la politique intérieure, sauf s'il s'agit du destin d'hommes comme Mendès France ou de Gaulle. Si brillant qu'il soit, et dans l'écriture il l'est souverainement, un Mitterrand apparaît trop comme frustré de pouvoir. Georges Dayan dit que je ne le connais pas. C'est vrai. Mais il le dit avec un humour si désenchanté...

14 septembre

J'ai l'impression d'avoir été arrêté en plein élan mais alors que je n'allais nulle part. C'était peut-être cela vivre : ne pas savoir où l'on va quand on marche ; ne pas s'arrêter à chaque instant pour faire le point ; ne pas se retourner, même pas pour apprécier le chemin parcouru. J'aimais vivre. Mais je ne savais pas à quoi je tenais si fort. Par exemple, à une certaine façon de se tenir dans un lit pour penser, ou plutôt pour rêver, pour évoquer, pour voir défiler les visages, les moments de la journée, sans aucun effort, sans aucun désir, comme on observe des nuages se pousser les uns les autres. (Être forcé de rester immobile sur le dos transforme complètement ma vie.) Prendre une douche, sentir l'eau fondre sur moi, sur tout le corps depuis la tête. Croiser les jambes, assis dans un fauteuil, pour parler en fumant. Et, bien sûr, toute la gestuelle de la sensualité qui n'est jamais, il me faut cet état pour le découvrir, que la tendresse de l'érotisme, c'est-à-dire le contraire de la sexualité.

Encore ces regrets ne sont-ils vifs que dans les moments de répit où mon corps, de lui-même, paraît vouloir mimer ou anticiper la guérison. Le reste du temps, je suis accablé par le vide, la vanité, le néant de cette course qui fut la mienne ; la présomption dont elle était le signe ; la complaisance que je mettais à la poursuivre comme s'il s'agissait d'un privilège. Il ne s'agit pas ici de me juger – ce serait encore m'accorder de l'importance ou de l'intérêt – mais de m'ébahir d'avoir mené ma vie comme si elle avait un sens particulier séparé du commun, dissocié des autres, distinct dans la collectivité et doté d'une quelconque autonomie. Je croyais courir dans les avant-gardes ; je n'ai fait que flotter avec tant d'autres, presque tous les autres, sur des torrents dont seule l'impétuosité procurait à mes gesticulations l'illusion de l'audace ou de la nécessité.

A d'autres moments, c'est la paresse à la fois tourmentée et voluptueuse, agitée et protégée, qui me paraît résumer ma trajectoire. Si parfois j'allais jusqu'à me flatter de savoir ne rien faire au soleil, ajoutant que cela n'était pas donné à tout le monde, c'était pour dissimuler que la volonté me manquait de faire quoi que ce fût de valable, d'approfondi, de discret, bref tout ce qui, à la rigueur, aujourd'hui, me paraît avoir encore une raison d'être. J'ai cru que je sacrifiais aux grandes causes et, par instants, ce fut peut-être vrai mais les drames m'ont trop souvent aussi servi de tremplin.

Dans ces moments, j'ai alors le sentiment qu'il me fallait payer et que maintenant seulement je puis être justifié de la prétention gratifiante que j'ai eue de témoigner. Les choses ont été trop faciles, en somme, pour moi, dans la tragédie et dans l'épouvante. Tandis que des amis ou des proches tombaient les uns après les autres et chacun dans sa communauté, je prétendais me servir de ma fonction ou de mes origines pour avoir raison contre tous, en faisant du tourisme d'aventure sur les lieux proches ou lointains du drame. J'ai effrayé les miens, choqué mes amis, témoigné contre mes familiers, rompu avec certains vieux complices tout en menant une vie d'aventurier dilettante, de jouisseur accablé et d'intellectuel avantageux et moralisateur. Crise de masochisme ? En fait, il y a dans tous les exploits, et plus simplement dans tous les rôles, cette dimension d'imposture. Tous ceux qui ont tiré notoriété ou gloire, ou bénéfice, des risques qu'ils ont pris ou des causes qu'ils ont servies se placent dans cette ambiguïté. Mais un jour il faut payer. Du moins, je m'en suis persuadé. Et j'ai trouvé symbolique d'arriver en pleine guerre à Saint-Tropez, d'avoir choisi de quitter cet îlot des plaisirs faciles, d'arriver à Tunis, de participer à une fête désespérée et de m'être aussitôt après exposé à tous les risques. Comment ne pas penser que ce destin était voulu par quelque loi de la compensation, par quelque préposé à la redistribution des privilèges, par quelque planificateur d'une justice des dieux ? Si je m'en sors, comme on m'en donne peut-être trop l'assurance, j'aurai payé, et, secrètement, je trouverai que c'est justice. Mais je passe par tant de moments différents. Ce sentiment qu'avec ma blessure je rentre dans l'ordre des choses, surtout lorsque j'entends à la radio les nouvelles de la guerre, le nombre des morts et particulièrement celui des blessés, est peut-être un sentiment bien sacrificiel, et dans un sens, chrétien. C'est pourtant à ma mère que je dois cette idée qu'il y a des cycles pour la répartition, qu'un dieu y préside, que tôt ou tard on doit payer, ou plutôt qu'il faut passer la main et en tout cas se garder d'afficher sa richesse ou simplement son bien-être de peur que le dieu en question ne s'aperçoive, au cas où il l'aurait oublié, que c'est au tour des autres de bénéficier de tels privilèges.

15 septembre

Il faut être très bien portant pour être « soulagé » lorsqu'on apprend qu'il y a eu peu de morts et « seulement » un grand nombre de blessés au cours d'un attentat, d'un accident, ou d'un sinistre. Quand on est soi-même blessé on oublie les morts pour ne plus penser qu'au cortège de souffrances, d'incertitudes et de soins qui va accompagner chaque blessé dans sa solitude pendant des mois et des mois.

16 septembre

Je n'apprends qu'aujourd'hui les circonstances de l'attentat contre de Gaulle la semaine dernière, le 8 septembre sur la route de Colombey. Soulagement qu'il y ait échappé. Catastrophe s'il avait disparu. Combien je m'aperçois que j'aime cet homme et ce qu'il exprime, représente, incarne. Je n'ai jamais pu oublier que, sous Vichy, il m'a aidé à rester français, c'est-à-dire à être moi-même.

Comme pour mieux aimer le grand homme, je me mets à me souvenir ; soudain, me voici en pensée à Alger, ce jour d'automne 1940 où, pour la première fois, j'ai entendu parler de ce général « Charles de Gaulle ». Je me suis alors émerveillé que la France ait pu s'inventer un sauveur de ce nom. Ces trois mots qui résonnent comme autant de messages chevaleresques et protecteurs du Destin. Il n'était pas seul à vouloir défendre l'honneur de sa patrie. Mais seul, il portait ce nom. Et seul, de ce fait, il pouvait espérer lutter contre le visage (« illuminé, disait-on, de sagesse et de bonté ») de Pétain et de sa légende. On comprend qu'un *Charles de Gaulle* pût oser cette folie : s'identifier à la France.

Et si, comme ce 8 septembre, il lui arrive pour elle de risquer de si près la mort et d'y échapper, alors j'oublie tout et je me retrouve à Alger ce jour où, près d'un restaurant, chemin du Telemly, près de l'appartement de Georges, mon « grand frère », où un ami du nom de Firmin Ferrero me glisse sans se compromettre et pour m'en donner la seule information : « Il y a un général, de Gaulle, Charles de Gaulle, je crois, qui entend continuer la guerre. » Nous avions vingt ans.

Et puis me voici en pensée toujours à Alger, mais cette fois en 1941. Un jour de grand soleil d'hiver, sur les hauteurs qui dominent la baie, je nous vois quelques amis et moi écoutant, fascinés, un poète, Bertrand d'Astorg, compagnon d'Emmanuel Mounier. Il venait rendre visite aux amis de la revue *Esprit*, revue qui avait alors pour nous la réputation de ne paraître composer avec Vichy que pour mieux résister contre le nazisme – ce qu'elle faisait sans équivoque. Charles Trenet donnait alors un récital à Alger et d'Astorg nous pressait d'aller écouter vibrer une inspiration « si française ». Chacun s'interrogeait, depuis la défaite de 1940, sur la signification de l'identité nationale. Sans se démettre de sa distance volontiers aristocratique, Bertrand d'Astorg, évoquant de Gaulle et Pétain, décréta : « Ces deux péguystes qui s'affrontent résument bien la France. » On ne pouvait douter, selon lui, qu'ils se dirigeaient vers le même but par des chemins différents. L'Histoire les réunirait pour la plus grande gloire du pays meurtri. Nous avions envie de partager cette certitude.

A la faculté de philosophie d'Alger, nous avions à cette époque un professeur, Pierre Mesnard, connu pour sa thèse sur Jean Bodin et qui avait accepté la vice-présidence de la très pétainiste commission de propagande de la Légion française. Il commençait ses cours sur saint Jean de la Croix par un tour d'horizon politique. Il prétendait s'adresser aux jeunes philosophes comme à des hommes et comme à des « chevaliers ». Il admirait Bergson (« Rien n'est plus français que la morale de ce penseur israélite »). Il voyait dans la Révolution nationale de Vichy la seule voie pour se venger plus tard, quand l'occasion se présenterait, des humiliations infligées par l'Allemagne. J'étais l'un de ses étudiants appréciés. Je l'avais séduit en faisant un exposé sur la conception héroïque de la vie chez Montherlant, puis sur l'éthique de l'égoïsme dans l'œuvre de Schopenhauer. Nous choisissions nos sujets. Il avait trouvé les miens « originaux ». Il avait tenu à le dire le jour même où il invitait ses étudiants de toutes confessions à ne pas tenir compte du numerus clausus qui venait d'être imposé dans l'Université. « Il ne sera pas dit qu'on touche à aucun de *mes* philosophes », avait proclamé ce Mesnard, comme s'il n'était pour rien dans la décision. Tous les étudiants juifs (six ou sept sur une quarantaine) étaient restés à la faculté. Certains eussent-ils été exclus, je n'eusse pas hésité à les rejoindre. Mais enfin il y avait une autre attitude possible. Un ami, Lucien Adès, avait, lui, refusé de faire sa demande d'inscription en lettres parce qu'il n'entendait pas risquer de n'être pas choisi et, plus encore, de l'être. C'est lui, évidemment, qui avait raison. Aucun Mesnard ne l'a détourné de son instinct.

Jusqu'au jour de 1941 où nous connûmes l'étendue des lois de Vichy. Ce jour-là notre bergsonien légionnaire crut devoir se déclarer « douloureusement incapable de désavouer ces lois ». Il détestait l'Allemagne et la République, Hitler et Laval. Mais il pensait que Pétain justifiait le *providentialisme* en philosophie : le maréchal envoyé par la providence parcourait les étapes de la chute et de la rédemption. Sans doute disait-il qu'il avait gardé le souvenir d'une cérémonie à Orléans en l'honneur de Jeanne d'Arc, où le gouvernement du Front populaire n'était représenté que par le ministre Jean Zay et quelques juifs. Mais cela ne l'empêchait pas d'être vigilant et de veiller à ce que les nouvelles lois épargnent les « bons » Français. Car il n'y avait rien selon lui dans le pétainisme qui pût s'apparenter au nazisme. Je tremblais de honte et de colère. Assise près de moi, une étudiante s'en aperçut, à laquelle je n'osais parler depuis des mois, intimidé que j'étais par sa beauté. Elle s'appelait Yvonne Duqueslard. Elle avait des sourcils gris sur de larges yeux verts. Sur ses poignets, un duvet blond frémissait. Elle approcha sa main de la mienne. Ce frôlement m'a fait tressaillir. L'avait-elle fait exprès ? En avais-je eu l'illusion à force d'en avoir le désir ? Pierre Mesnard continuait de parler. Je l'entendais à peine, désormais sans la moindre colère, avec au contraire en moi une fraîcheur indistinctement adoratrice, au contact d'une main émue. Que disait ce Mesnard pendant que je vagabondais dans l'illusion ?

Il perdit simplement toute mesure. En me fixant il a dit : « De toute façon, ceux qui, pour une raison ou pour une autre, se laisseraient séduire par le gaullisme ne commettraient pas seulement une grave erreur politique, ils renonceraient du même coup et pour toujours à l'espoir de mériter une place parmi les Français. » C'est la première fois qu'il menaçait. Jusque-là il avait maintenu dans son amphi une atmosphère de bonne compagnie. La trêve philosophique était terminée. Tout était clair. On ne perdrait plus son temps désormais à s'interroger sur Pétain. On était pour ou contre de Gaulle. J'étais pour. Yvonne Duqueslard aussi, apparemment. Je l'espérais. J'en étais sûr. J'étais serein.

17 septembre

Prolongeant un rêve qu'un dérivé de la morphine a rendu paradisiaque, aérien en tout cas, je me suis réveillé ce matin avec l'illusion que j'étais entièrement guéri et normal, que je n'avais jamais été blessé. J'ai voulu me lever comme si de rien n'était avec l'idée de marcher et d'allumer une cigarette, et peut-être de dicter un texte comme je le faisais. Le plâtre immense, lourd, paralysant et dont je m'étais échappé en songe comme d'un sarcophage, tel un esprit s'évadant de son incarnation, voici qu'il m'accablait, qu'il me rabattait au lit, qu'il me plaquait. Soudain je fus congestionné, essoufflé, révolté aussi, lorsque j'ai vu entrer dans ma chambre, sans qu'on m'ait prévenu de leur arrivée, quelques amis tunisiens.

Les voici qui entourent mon lit. Ils sont désolés de me surprendre en pleine crise. Ils restent un moment silencieux. Ils n'osent même pas me demander de mes nouvelles. L'un d'eux prend le parti de parler, d'affecter de ne s'apercevoir de rien, et comme il arrive souvent quand on veut éviter une gaffe, se précipite dans le discours qui pouvait le plus m'atteindre. Il m'accable en m'apprenant que ce jeune lieutenant tunisien dont j'avais partagé la chambre et les nuits cauchemardesques à l'hôpital Charles-Nicolle de Tunis a fini par succomber. Pathétique jeune homme au torse couvert de blessures. Les yeux de Kafka, le timbre de voix d'Antonin Artaud. Nous parlions sans nous lasser entre deux gémissements, entre deux plaintes. Nous vivions ensemble le moment terrible et vespéral, entre sept et huit heures, ce moment où les infirmières de nuit ne sont pas encore arrivées tandis que celles de jour s'affairent au départ ; quand les différents visiteurs ont été invités à quitter les malades ; quand les garçons de salle ont enlevé les derniers plateaux-repas auxquels personne d'ailleurs n'a touché parce que chacun est trop occupé à souffrir ; quand on souffre encore davantage parce qu'on est abandonné à soi-même. Le petit lieutenant, plaie vivante, troué comme un saint Sébastien, douloureux comme certains visages du Greco, ne cessait de me demander ce que je pensais de Dieu, de la mort, de mon père, de la guerre, et je lui répondais à la fois comme on le fait à un enfant et comme à un confesseur. Il avait l'air d'être déjà, lui, dans l'au-delà, et comme doué d'un lointain pouvoir. Je le plaignais parfois pour m'oublier, pour me persuader que j'étais moins en danger que lui mais aussi je m'accusais, je ne savais pourquoi, de toutes les faiblesses et de toutes les impostures. Je voulais ainsi qu'il m'excuse d'être, un peu plus que lui, à peine un peu plus, dans la vie, en me décrivant indigne et donc inférieur à lui. Peut-être avais-je aussi la vague impression que, sur les frontières où il se trouvait, il pouvait apporter ailleurs un message ? Je ne crois pas. En fait, sa souffrance, si pure à force d'être intégrale, nue, exaltée, m'invitait à me regarder en face. Je ne voyais alors qu'une pauvre loque abandonnée parmi d'autres, héroïque bien malgré elle, misérable baudruche jadis gonflée de toutes les vanités, dotée de tous les faux-semblants et que ne sauvaient, en définitive, que l'amour imaginé d'un être, ma mère, dans le lointain, et la bénédiction possible et immense que prodiguait du ciel un père disparu. La seule chose, en effet, qui survivait de mes sentiments dans les hurlements de cet océan de souffrances, c'était le mystérieux accident et l'injuste privilège grâce auxquels j'avais suscité de l'amour, et quel amour, chez certains êtres.

A mon chevet, mes amis ont respecté mes silencieuses évocations. Puis, un autre a repris : « Est-il vrai que tu sois devenu très sévère à l'égard de Bourguiba ? Tu l'as tant admiré ! » Oui, je l'ai admiré. D'abord, et contrairement à celui qui me posait la question, j'assume mon besoin d'admiration. Admirer, c'est le seul sentiment en dehors de l'amour qui donne la preuve qu'on peut et qu'on sait s'oublier. J'exige sans doute que l'admiration soit fière et qu'on s'interdise toute génuflexion.

Mais pourquoi Bourguiba ? Je l'ai trouvé, dès la première minute, assez fort pour être vraiment libre, assez libre pour suivre sa pente en ne regardant que son étoile, assez fort et libre pour opérer une brèche audacieuse dans le mur des préjugés qui n'avaient cessé de s'élever parmi les siens autant que chez ses adversaires.

Bourguiba, avant qu'il ne fût à ce point émerveillé d'être lui-même, avant qu'il ne pût même rendre grâces à Dieu de l'avoir fait si admirable parce qu'il ne saurait concevoir un être dont il ne serait que la créature, un créateur qui lui serait en somme supérieur, cet Arabe aux yeux bleus et au regard de héros de film muet, était un homme authentiquement libre. J'aimais qu'il fût à ce point dépourvu de complexes ; qu'il fît mentir les portraits à la mode du colonisé ; qu'il se voulût l'égal de ses anciens oppresseurs et qu'il eût enfin une conception si relativiste et si historiciste de la *« colonisabilité »* : on est colonisé parce qu'on a été *colonisable*, il faut combattre le colonisateur mais il ne faut pas le haïr d'avoir été l'instrument de l'Histoire. Il vaut mieux penser à se décoloniser entièrement. Il annonçait le relais par les champions du tiers monde dans la conduite des affaires. Il mettait l'islam à sa place, réinstallait les Arabes dans l'Histoire, projetait la Tunisie dans l'avenir et s'installait dans un panthéon avant d'accéder à l'olympe. Et puis, il m'amusait. Il était si comédien, il avait de tels talents de mime, il se voulait si pédagogue ! En le regardant un jour se déployer dans sa gestuelle, j'écrivis que son corps était si éloquent avant que sa bouche ne prononçât un mot que, lorsqu'il parlait enfin, il donnait l'impression de se répéter. Cet homme a trouvé normal, et en tête à tête, de me demander si j'étais heureux de me trouver seul avec un homme comme lui, il disait : « avec Bourguiba ». « Alors, répétait-il, vous êtes heureux ? » Il m'enviait de n'être pas lui-même parce que je pouvais, moi, de l'extérieur, beaucoup mieux l'admirer.

« Tu t'es fait une idée sur Bizerte ? » insistent mes visiteurs, faisant allusion à tout ce qui s'écrit.

Oui, bien sûr, je me suis fait une idée. J'ai eu tellement le temps de le faire. Ce crime de Bizerte, ils se sont mis à deux, Bourguiba et de Gaulle, pour le perpétrer. Une épreuve de force, un bras de fer, une tragi-comédie machiste entre deux élus de l'Histoire, qui ont joué l'un au plus fin, l'autre au plus fort. Pour de Gaulle, il a d'autant moins voulu céder à la menace de blocus de l'amirauté qu'il avait bien dans l'idée de partir mais de partir à son heure. « La France ne se laisse pas dicter la date de ses départs », etc. Mais aujourd'hui, avec mes visiteurs, je n'ai pas envie de parler de De Gaulle. Mon grand homme est en danger.

Pour Bourguiba, c'est autre chose. L'une des clés est dans l'un de mes souvenirs. Au début de l'année, le roi du Maroc, le sultan Mohammed V, succombait à la suite d'une opération bénigne de la cloison nasale, tandis que Bourguiba terminait ses entretiens de Rambouillet avec de Gaulle. Dans la Caravelle spéciale qui conduit le leader tunisien aux obsèques du souverain, je suis le seul Français. Le frémissement qui parcourt les passagers traduit davantage la fierté du leader tunisien d'avoir été investi par la majesté du Prince français que la douleur de voir disparaître un prestigieux chef d'État maghrébin. Nous sommes en période de ramadan mais Bourguiba a, selon lui, toutes les raisons de ne pas observer le jeûne. 1° Il est en voyage. 2° Il a déclaré le djihad au sous-développement : deux cas prévus pour être autorisé à ne pas jeûner. Deux cas surtout qui lui permettent de mordre sur des pratiques qu'il juge aussi obscurantistes qu'archaïques. Lorsqu'il me fait demander de venir m'asseoir près de lui pour me raconter ses prouesses, il grignote ostensiblement quelques friandises. Tous les passagers se pressent pour recueillir les quelques bribes audibles des propos tenus par l'enchanteur. Candide, je crois que son euphorie vient de ce qu'il a été sous le charme du géant français. Le Tunisien redresse le menton et le torse pour raconter qu'à Rambouillet, Bourguiba (c'est de lui qu'il parle) n'a trouvé en de Gaulle qu'un pauvre vieillard recru d'épreuves, un vieil homme fatigué, qui a eu sans doute son heure de gloire mais qui se trouve soudain réduit au silence par la faconde, l'autorité et l'aisance d'un visiteur sous-estimé. « Il m'écoutait, il m'écoutait, il ne cessait pas de m'écouter. » Et quand Bourguiba en est arrivé à déclarer, ce qui était son plan depuis le début, qu'il voulait une part du « gâteau saharien », quand il a protesté que les frontières arbitrairement dessinées par la France dans le désert, entre la Tunisie et l'Algérie, n'avaient aucune importance avant les indépendances mais qu'elles devenaient conflictuelles désormais, alors de Gaulle fut, selon Bourguiba, *paralysé, embarrassé, dépassé.* C'est alors que Bourguiba, c'est lui qui parle, lui assena le coup de grâce : si de Gaulle voulait rester à Bizerte, il fallait qu'il donne un morceau de Sahara... Et contemplant par le hublot les nuages que l'avion dominait, et qui augmentaient sa propre impression de supériorité, le Combattant suprême d'affirmer : « C'est une partie serrée qui commence mais de Gaulle n'a pas su qu'il avait affaire à Bourguiba. » Cinq mois après c'était Bizerte.

Bizerte et le massacre. Résultat ? Des milliers de morts. Bien évidemment, dix fois plus du côté de ces adolescents tunisiens que Bourguiba a exposés en première ligne avec l'espoir de dissuader la répression. Après le carnage, Bourguiba a obtenu que l'ONU condamne la France. Il a proclamé la fin de la coopération, la rupture radicale, etc. Et le voici moins de deux mois après qui renonce à tous ces semblants de riposte et qui renie toutes ses imprécations. Les Algériens n'ayant pas été solidaires, Bourguiba s'est empressé de tirer les conclusions de sa solitude. Il a envoyé un message à de Gaulle...

18 septembre

La plus jeune des infirmières vient en général pendant le weekend. Une ingénue de Marivaux, mais qui se déplacerait comme dans une comédie musicale. Je ne serais pas étonné de l'entendre soudain chanter pour exprimer son hésitation : faut-il faire des injections puisque la perfusion n'est plus possible et que le cathéter détruit vos veines ? Que dirait selon vous le médecin ? Elle s'en amuse et met dans la chambre de la fraîcheur, du primesaut, de l'espièglerie. Soudain, autant que faire se peut pour un être qui a la grâce de tout dédramatiser, elle choisit d'être grave. Elle dit que j'ai bien de la chance d'être soigné par deux grands médecins. Croit-elle que j'en doute ? Songe-t-elle à me rassurer parce que la fièvre ne tombe pas encore ? En fait, elle est moins attentive et prévenante qu'elle ne défend les siens par un patriotisme de clinique. Elle me révèle en effet qu'hier soir Yolande, ma sœur, a eu une crise de révolte ; qu'elle s'est demandé si j'étais soigné comme il convenait et s'il n'était pas urgent d'appeler en consultation d'autres sommités de la médecine.

J'en veux tout de même à cette soubrette de théâtre de souligner ainsi chez les miens et autour de moi une inquiétude sur mon sort, qui ravive la mienne, que je refoulais. Pourtant je n'arrive pas à avoir vraiment peur. Il me semble qu'après l'hôpital Charles-Nicolle, et dès mon arrivée dans la clinique des Dames-Augustines, près de Tunis, je suis passé du côté de la vie. De la souffrance peut-être mais de la vie. Je ne peux pas dire qu'on me conforte dans cette idée, je répugne à défier le sort, mais au fond de moi-même, et en dépit des moments d'effondrement, je n'imagine pas le pire.

Devant K. S. Karol, qui est devenu un fidèle, je me suis laissé aller parce que je l'ai supposé plus résistant que les autres. Pas moins sensible ni même moins sentimental mais plus éprouvé. La façon dont il a été éborgné pendant la guerre et dont il a été soigné dans les tourmentes d'exodes multiples, la façon aussi dont ce Slave de charme et de conviction s'en est sorti, tout l'a convaincu que le pire n'était pas toujours sûr et qu'en tout cas il mettait du temps à arriver. Il parvient à me faire rire, tout au moins sourire, à cause de sa candeur rude, de ses partis pris pathétiques, de ses truculents lapsus. Il dit : « il y a limande sous rocher » pour dire « anguille sous roche ». (Il faudrait faire une collection de toutes les expressions qu'il recrée.) Il est sincèrement déconcerté en apprenant que tel de ses amis n'a jamais lu Marx et puisse citer la Bible. Et de peur d'affronter une barbarie si consternante, il préfère croire qu'on se moque de lui. Grâce en partie au charme de son incomparable accent, il a complètement séduit la jeune infirmière qui a déclaré n'être nullement gênée par sa présence (« au contraire ») pour pouvoir continuer à me procurer des soins.

19 septembre

Jamais connu de bien-être supérieur à celui où me plonge la piqûre de morphine de cette nuit. Au nom de je ne sais quelle pudeur, ou précaution, on me dit que ce n'est pas vraiment ou seulement de la morphine. Je n'en ai cure ; j'en redemande ; on me la refuse. Mais le souvenir de cet état l'emporte sur celui de tous mes bonheurs. J'avais pourtant essayé des drogues comme le kif et le hachisch, mais elles m'avaient plus incommodé qu'autre chose. Cette nuit m'a paru une longue ivresse, à la fois douce et aérienne, caressante et délicate comme si, entre deux eaux, flottait une couche d'air où j'évoluais. Comment me dire que ce paradis était

« artificiel » quand il me rendait capable d'embrasser tous les éléments, ne voyant plus de différence entre l'envol, la marche et la nage ; quand mon esprit, loin d'être embarrassé par son enveloppe, prolongeait au contraire mon corps libéré qui avait soudain pris la forme d'un fuseau mouvant, soyeux, ondoyant et comme en apesanteur. Je n'imaginais pas qu'on pût se sentir autant en accord avec l'existence, avec le monde, avec le fait pour le monde d'exister ; qu'on pût se sentir à la fois soi-même et prolongement de tout, enfant dans le liquide amniotique de la mère, poisson dans les profondeurs, goéland dans les caprices du vent, amant enfoui dans l'être aimé, dieu enfin consacrant l'union d'Apollon et de Dionysos : voici ma découverte d'une volupté liquide qui n'a rien à voir avec la béatitude, avec le souverain bien, avec le nirvana. Elle n'est pas renoncement à quoi que ce soit, mais conquête de la plénitude.

21 septembre

Dès que Mendès France est entré, après avoir tenu à se faire annoncer et par la standardiste et par l'infirmière (et bien qu'il eût déjà vérifié depuis sa maison que j'étais en état de le recevoir), un faux mouvement pour l'accueillir en me redressant a provoqué une douleur et je n'ai pu étouffer une plainte. Le Président a aussitôt quitté la chambre pour chercher un médecin, un interne, une infirmière, n'importe qui. Il est revenu désolé de n'avoir trouvé personne et il répétait : « Il faut faire quelque chose » alors que ma douleur avait rapidement disparu. Il me semblait que j'avais devant moi l'acteur américain Edward G. Robinson, avec ce visage presque grillagé de sourcils, large du côté de la mâchoire et aplati vers le haut comme le crâne d'un bouledogue. Avec ses yeux si bien calés dans de si creuses orbites, son teint mat parfois brunâtre, son allure autoritaire (qui a de l'autorité et qui l'exerce), son corps trapu, ses épaules têtues, sa force à la fois paternelle, redoutable et attentive. Un être *bénéfique*, dirait ma mère qui ne distingue jamais que deux catégories dans l'humanité : les bénéfiques et les autres. Elle n'ose pas dire les maléfiques parce qu'elle trouve à ces derniers toutes les excuses (« Les pauvres, Dieu ne leur a pas donné d'être bénéfiques »). « Comment faites-vous front aujourd'hui ? » Je réponds que je m'en tire. Il répugne à me dire : « Comment allez-vous ? » Il veut, dès les premiers mots, me faire comprendre qu'il sait que l'épreuve est bien là et que l'important est de savoir comment je m'en accommode. Pas un mot chez lui qui reflète la politesse, la mondanité, la banalité, l'indifférence. Pourquoi vient-il me voir ? Ce n'était pas moi son ami au journal. C'était Jean-Jacques Servan-Schreiber. C'est bien fini, c'est vrai. Il l'a depuis renié en silence. Mais on dirait que cette blessure, soudain, m'a donné à ses yeux de la hauteur, qu'elle m'a hissé au niveau de ses combats personnels. Il dit d'une voix très basse et très lente : « Il faut plus de courage pour supporter la maladie que pour risquer la mort. » Du courage ? Je ne sais pas. Qu'y a-t-il d'autre à faire que de subir ? Un large sourire me fait comprendre que nous avons eu en même temps les mêmes réflexions. Je lui dis : « Merci, Président. » Il feint de ne m'avoir pas entendu pour me donner l'occasion de corriger ma réponse. « Que dites-vous ? » Rien, Président, rien. Un soupir de gratitude me fait chuchoter : « Je constate simplement que vous êtes là. »

PMF s'en va et je me demande ce qui m'en a imposé le plus chez lui lorsqu'il était aux affaires. Je crois que c'est la philosophie qu'implique sa passion de transmettre, de convaincre, de faire comprendre. Le présupposé de cette attitude, c'est une immense foi dans la raison qu'on a en partage avec chacun, quel qu'il soit : c'est la conviction que chacun peut faire un bon usage de la liberté s'il arrive à bien conduire sa raison. Il y a quelque chose de socratique et de cartésien en Mendès : nul n'est méchant volontairement et le bon sens, c'est la chose du monde la mieux partagée. Mais cette conviction ne s'imposerait pas avec autant de naturelle autorité si elle n'était mise au service d'une énergie sans pareille et d'un esprit de décision digne des plus grands capitaines. Je ne suis pas sûr d'avoir partagé son faible (très JJSS) pour les défis et les paris. Mais j'ai été conquis par sa capacité de discernement et sa volonté d'en faire partager le bien-fondé. Quand de Gaulle parle, il dicte et prophétise. Mendès, lui, explique comment et pourquoi il va gouverner. Le premier discourt pour agir ; le second, pour justifier l'action. Il y a du visionnaire et du condottiere dans le Général ; du pédagogue et de l'élu du peuple chez le Président. PMF est optimiste sur l'homme : il conduit les citoyens à la responsabilité. De Gaulle est pessimiste sur les Français et il les invite à rêver la France. Tous deux ont en commun de croire en leur pays pour incarner les valeurs universelles et pour entraîner l'humanité. Il faut avoir été à l'étranger, aux États-Unis, à l'ONU ou dans le tiers monde ; il faut avoir vécu avec des journalistes, des écrivains et des universitaires étrangers pour savoir comment, enfin, sous Mendès France, pendant un temps très court, puis sous de Gaulle malgré la guerre d'Algérie, on pouvait se sentir à nouveau fier d'être français.

Le Président me dit que ma blessure, « curieusement », a contribué à réveiller certains esprits trop anesthésiés par la magie gaullienne. Que veut-il dire ? Simplement, précise-t-il, qu'une telle aventure a souligné le caractère parfois improvisé et bâclé, parfois cynique d'une politique qui n'est qu'une succession d'humeurs, de concessions, de sursauts courageux et théâtraux, mais qui n'a plus aucune cohérence. J'évoque la situation que de Gaulle a trouvée. Il me répond que le Général l'a aggravée comme à plaisir. J'évoque la IVe République et la dénonciation que lui-même, PMF, en a faite. Il me répond qu'il n'en est que plus à l'aise pour retirer à de Gaulle cet alibi. Il prévoit le pire. Il dit que pour la première fois il sent que de Gaulle en a totalement assez de l'Algérie, que le grand homme trouve ce problème indigne de son ambition, et que c'est le pire des états d'esprit pour trouver une solution d'avenir à l'un des plus grands drames que la France ait eu à affronter.

22 septembre

« Élisabeth de... » m'avait bien annoncé sa visite, je ne l'en redoutais pas moins. Elle est entrée, mince et décidée, moulée dans sa robe de cachemire, exhibant ses jambes parfaites, nullement gênée par l'environnement médical et le spectacle de la maladie. Elle m'a dit, comme si nous nous étions quittés la veille : « Vous semblez dans un piteux état, il faut vous secouer. Je n'ai pas eu le temps de venir vous voir. » Le temps ? Deux ou trois mois avant Bizerte. « Élisabeth de... » est un personnage de roman. Enfant, apprenant que son chat était malade, elle ne voulut laisser à personne le soin de l'achever. Elle se munit d'une hache et le décapita d'un seul coup au milieu d'une famille à peine déconcertée sur le moment, fière par la suite. Un jour, alors que son diplomate de mari venait d'être expulsé d'un pays d'Afrique dans des conditions dramatiques, et tandis qu'il s'abandonnait en lamentations, elle lui fit observer que ce qui s'imposait surtout en un moment pareil, c'était de mettre de l'ordre dans sa cravate mal nouée. Je l'ai vue gifler son enfant pour le punir d'avoir imploré son pardon après je ne sais quelle faute commise. « Dans notre milieu, on ne demande jamais pardon. » Dans la ferme d'un grand aventurier, tout ébloui d'avoir sa visite, un intendant russe décréta qu'elle était décidément une grande dame : elle s'était en effet promenée nue parmi les vignerons maltais sans susciter chez aucun d'eux le moindre manque de respect. Elle a, dans tous les plaisirs, une énergie planifiée, ne s'abandonnant jamais vraiment, sachant se reprendre au moment où personne ne s'y attend, et s'enivrant seulement du résultat de ses provocations. « Il ne me suffit pas de séduire quelques-uns, il faut encore que je choque le plus grand nombre. » Aujourd'hui je la vois me défier comme si, dans un combat imaginaire, elle voulait triompher de mon privilège d'être malade. Du regard, elle me signifie que peu lui importe mon état. Elle me demande la permission de téléphoner. « A mon amant », précise-t-elle. Quand elle a sa communication, elle règle à haute voix, et en ne me quittant pas des yeux, tous les détails de son prochain mariage. Elle repart non sans recommander à l'infirmière, avec toute la hauteur imaginable, de ne pas trop prêter attention à mes caprices d'enfant gâté.

23 septembre

Le professeur Worms veut me parler. « Pas vous soigner, précise-t-il en s'installant près de mon lit dans un fauteuil, seulement vous parler. » Il est doux, affectueux, attentif. Trop, dit-on. Mon entourage le trouve un peu ridicule. Ma sensiblerie due, paraît-il, à l'Atarax me conduit au contraire à apprécier cette aménité caressante. D'autant qu'il a l'allure d'un grand universitaire et il me rappelle ces photographies contenues dans mon vieux manuel de philosophie, le cher « Cuvillier », où l'on voyait les portraits de Durkheim, de Bouglé, de Lévy-Bruhl, de Mauss. Je me méfie un peu de son désir de me « parler » : n'est-ce pas pour me préparer à l'éventualité d'une nouvelle intervention ? Encore une ! Ou à pire ? Mais non. Le professeur semble ne vouloir que me faire accepter plus sereinement que je ne le fais une souffrance peut-être, des soins en tout cas, qui peuvent s'étaler sur plusieurs semaines. Il me demande si je n'ai jamais été tenté par la médecine. Comme tous les enfants dont la mère est malade, j'ai bien sûr rêvé d'être un grand médecin et d'être seul à pouvoir la guérir. Aujourd'hui je me surprends à confier à cet homme que je connais à peine des frustrations dont j'ignorais l'intensité. Je lui dis que si mes idoles ont été les grands créateurs ou les grands acteurs, ceux qui en revanche sont en contact avec la nature, le ciel, les arbres, les vents, les oiseaux, les fleurs, les parfums de la terre, ceux qui savent s'insérer dans cette nature pour construire, sont au fond les seuls à me fasciner, à me donner de véritables complexes. Je me sens retranché de la vie parce que je ne connais pas le nom des étoiles, ni celui des arbres et parce que je ne sais pas me construire une maison. Mon attachement pour mon ami d'enfance Jean Bonneterre s'est nourri de ce qui me manquait si fort et qui était chez lui si spontané. Au fond, les intellectuels, ma famille, me donnent un irrépressible sentiment d'insécurité.

25 septembre

Conférence de PMF. Il préconise : « La formation d'un gouvernement intermédiaire de deux mois, chargé de faire la paix en Algérie et de restaurer la démocratie. »

Je comprends très bien l'intention de Mendès. Elle n'est pas crédible, elle ne peut être bien accueillie, elle souligne la marginalité de l'ancien président du Conseil. Mais elle rappelle à de Gaulle qu'il n'est pas seulement sous la pression de ses ennemis de droite et des partisans militaires et civils de l'Algérie française.

26 septembre

J'adresse une lettre personnelle à JJSS lui indiquant mon désir de voir *l'Express* concilier le soutien aux initiatives de PMF avec le souci de ne pas gêner la politique algérienne du Général. Il répond aussitôt que c'est à moi de le faire, qu'il m'en laisse toute liberté. Je l'exaspère mais il est beau joueur. D'autant que ma lettre était écrite sur un ton inutilement sermonneur. Mais qui peut être plus égocentrique et plus injuste envers les autres qu'un malade ? De toute façon, existe-t-il autre chose que *l'Express* ? J'admire mes confrères de *France-Observateur* mais ils me paraissent plus soucieux de s'affirmer que de se faire entendre.

29 septembre

Françoise Giroud téléphone : « Tout le monde vient vous voir, sauf moi. Puis-je passer ? » Bien sûr. Comment donc. Je vous attends, etc. Elle arrive et croise Michèle et j'aperçois, voltigeant sur ses lèvres, un sourire que je connais bien et qui s'exprime dans la lumière du regard. Je la contemple. Françoise, c'est une volonté armée d'un sourire. Un sourire particulier puisqu'il n'exprime ni la détente, ni la joie, mais une détermination qui s'affiche allègre. Cette femme belle mène sa vie comme un affrontement. Cette dame redoutable ne baisse jamais la garde. Elle m'a toujours semblé lever un bras pour esquiver un coup, préparer l'autre pour contre-attaquer. Son talent évident s'exprime à l'arraché, dans la morsure de l'ellipse, l'éclat de la concision, l'énergie du trait. Cela conduit l'entourage à une tension permanente. Il y a parfois comme un éclair de vulnérabilité dans le regard marron. Mais il passe dès qu'on le remarque – peut-être parce qu'on le remarque. Dès qu'elle est là on se souvient que la vie est un combat et qu'on n'a d'autre choix que de le livrer. Elle m'a toujours donné l'impression de défier les hommes au moment même où elle les séduisait. Cela dit son féminisme n'est jamais allé jusqu'à réprimer une faiblesse bien féminine : aimer et vouloir être la seule femme dans une société d'hommes. Je lui dis que Camus la tenait, elle, pour une grande « professionnelle ». Le compliment n'est en rien réducteur. Camus professait un respect total pour les « artisans ». Il affirmait que comme personne n'était jamais sûr d'être un véritable artiste il importait de faire de soi le meilleur artisan.

30 septembre

Des nombreux dossiers qu'un cycliste m'apporte depuis la rue Notre-Dame-des-Champs où je logeais avant ma blessure, tombe une grande photo de... Greta Garbo. Je me sens aussitôt regardé comme une midinette par les infirmières. Comment leur expliquer ? Cette photo m'a suivi partout. Je l'avais accrochée au mur de ma première chambre à Blida. A côté de la photographie d'un buste de Maillol et d'une reproduction de la *Sainte Anne* de Léonard de Vinci. Depuis le temps que le visage de Garbo bouleverse, j'ai fini, je crois, par en comprendre les raisons. Il faut bien dire d'abord que si l'utilisation du mot *âme* dénonce souvent une facilité, on ne se pose pas la moindre question à propos de Garbo. Elle est la rencontre d'une âme et d'un regard. Mais la véritable magie de ce visage réside dans ce mélange de *limpidité* et de *mystère*, deux notions en général opposées. Voici d'un côté une beauté dans son épure, faite de régularité souveraine et d'éclat transparent, une beauté qui n'est ni celle de la mère, ni celle de l'adolescente, ni celle de l'amante, mais celle, ondoyante, soyeuse et fragile, de la féminité originelle. Et d'un autre côté, dès que s'ouvrent les paupières, et elles s'ouvrent lentement, pas complètement, avec cette lassitude charmeuse que je prête à la « fée au chapeau de clarté » du poème de Mallarmé que Marie Susini m'avait appris à Londres, alors c'est le mystère, c'est l'énigme. C'est parce qu'il est à la fois translucide et inconnu que ce visage, au moment même où on prétend le saisir, paraît fuir vers cet ailleurs dont il nous renvoie le reflet. C'est pourquoi Garbo est une femme qu'on n'a pas envie de prendre, mais à peine d'enlacer, pour recevoir, pour recueillir un soupçon de la subtile, vaporeuse et délicate sensualité qu'elle irradie et qu'elle invite aussitôt à sublimer.

Chateaubriand, dans les *Mémoires*, évoque Mme de Beaumont. « Son visage était amaigri et pâle ; ses yeux, coupés en amande, auraient peut-être jeté trop d'éclats si une suavité extraordinaire n'eût éteint à demi ses regards en les faisant briller languissamment comme un rayon de lumière s'adoucit en traversant le cristal de l'eau. » N'est-ce pas Garbo dans *Marguerite Gautier* ?

5 octobre

Françoise Giroud m'a demandé si Mitterrand était venu me voir. Quand je lui ai dit, m'en avisant soudain, que, de tous les amis de *l'Express*, il était le seul à ne l'avoir pas fait, elle a souri comme si elle se doutait de quelque chose que j'ignorais. J'en étais davantage à m'émerveiller qu'on vînt me voir plutôt qu'à me plaindre qu'on s'en dispensât. De plus je ne tiens pas un salon qui susciterait des obligations mondaines. Je ne m'étais même pas aperçu du silence de Mitterrand. J'étais sans doute de ceux auxquels il reprochait d'être dévot à l'égard de PMF (sans ce dernier, que serait-il lui-même ?). La franchise avec laquelle il affiche ses ambitions m'a sans doute facilement dispensé de toute curiosité pour son idéal. Son donjuanisme, qui provoquait des chuchotements apeurés ou fascinés parmi les femmes de *l'Express*, m'a peut-être agacé. Je crois aussi que tout ce qui est lié à la guerre d'Algérie et au gaullisme l'éloigne. J'ai été de ceux (avec Mauriac) qui ont regretté qu'il n'ait pas suivi Mendès France lorsque ce dernier a donné sa démission à Guy Mollet, le 23 mai 1956 (PMF, frustré de la présidence du Conseil, n'était que ministre d'État). Comme garde des Sceaux, François Mitterrand donnait sa caution, allait la donner, à une politique algérienne irresponsable et à l'expédition de Suez. Je n'ai pas compris une chose, à l'époque : c'est précisément parce que Mendès France démissionnait que Mitterrand ne pouvait pas le faire. Il entendait manifestement cesser de jouer les lieutenants, les brillants seconds. Il n'était pas sûr de plus que PMF lui eût toujours fait une totale confiance. Mais je n'ai jamais eu l'occasion de manifester ces réticences et Mitterrand n'a aucune raison de me bouder. Il est simplement indifférent. Moi aussi.

Les seuls qui me manquent vraiment ont disparu et, de plus, j'avais rompu avec eux, ou plutôt ils avaient rompu avec moi. Qu'auraient-ils fait aujourd'hui s'ils avaient été vivants ? Je ne sais. Ce sont André Bénichou et Albert Camus. Bénichou n'avait pas hésité à venir de Paris à Blida, le jour de la mort de mon père. Son amitié était attentive et tendre et sa conversation m'enchantait. Professeur, philosophe, proustien, directeur à Oran du fameux cours Descartes où je fis un bref passage, jouisseur généreux, délicat immoraliste, respectueux des traditions et ennemi des croyances, Bénichou faisait de la fidélité une entreprise planifiée. Il était le beau-frère de Georges Dayan, directeur de cabinet de François Mitterrand. Il est mort avec le sentiment que je l'avais trahi en combattant l'Algérie française...

Et puis, il y a Camus. Je ne cesse de penser à lui, à son allure de voyou princier, à sa quête de volupté et d'absolu, de solitude et de fraternité – à sa solitude dans la gloire. Je pense au bonheur de l'avoir connu, fréquenté, écouté, contemplé. A la douleur d'avoir eu à subir son éloignement, peut-être son désaveu. Personne ou presque hors mon petit cercle de famille n'aura autant compté pour moi pendant ces dernières années. L'imaginer à mon chevet me redonne à rêver. Il m'arrive de le voir ici, de l'entendre, de lui parler.

Je me souviens du jour où j'ai reçu cette lettre (je l'ai heureusement gardée) qui finissait par cette phrase : « Je vous remercie d'avoir le premier parlé d'amitié. » Que de fois, au-delà de l'émotion initiale, je me suis interrogé sur le sens de cette phrase. Voulait-il souligner mon audace ? Ou me suggérer qu'il n'avait pas osé, lui, avant moi, parler d'amitié ? Je retournais toutes les hypothèses comme un amoureux. J'étais amoureux. Je pourrais l'être encore. Parfois, oubliant l'ultime séparation, je suis comme un veuf abusif : puisqu'il est mort, il m'appartient.

Jean Amrouche au téléphone. En clinique lui aussi. Je le savais très malade ; Jules Roy le dit perdu ; lui-même ne semble pas s'en douter. Ce poète berbère et chrétien est assuré d'une postérité en raison de ce qu'il a réussi à faire dire à Gide, à Claudel et à quelques autres. Il est un peu solennel, un peu sentencieux, mais il a une sorte d'autorité littéraire qui en impose. Nous parlons longuement. Il me sait gidien et il n'a aucune peine à forcer mon attention en remuant ses souvenirs. Il m'apprend que Gide, relisant son « journal », y remplaçait régulièrement le nom de ceux qui s'étaient fait oublier par le nom des glorieux. J'ai un sursaut de déception. Amrouche ne partage pas mon indignation. Il est normal, selon lui, qu'un grand écrivain se soucie d'associer son œuvre à ceux dont le nom aura le plus de chance de garder une signification pour les générations à venir. Quelle indulgence ! Quelle humilité aussi et combien inattendue, puisque lui, Amrouche, accepte d'être absent ou de disparaître du « journal » de celui qu'il a si bien servi. N'ayant pas à gérer le capital d'un grand écrivain, je m'avise que ceux qui ont le plus compté pour moi sont, ou bien inconnus, ou bien des personnages de fiction. Il y a évidemment Camus...

Dans les années 50, Camus ressemblait à un croisement de Humphrey Bogart et de Fernandel. Il n'était pas très remarqué malgré sa notoriété, il ne se souciait aucunement alors d'éviter les fâcheux, les importuns ou les échotiers, il n'avait pas à fuir les photographes – tout ce qu'il a été obligé de faire après le prix Nobel. Il était entraînant, un rien machiste, volontiers séducteur, aimant rire et briller à la condition que ce fût dans un milieu qui lui était acquis. Pour lui il y avait d'une part les amis et de l'autre la « banquise parisienne ». Il était obsédé par la malveillance naturelle des intellectuels parisiens et prétendait qu'il fallait se venger d'eux en étant heureux avec furie. Nous allions dîner parfois Au Vieux Paris, le restaurant grec de la rue de l'Abbaye, à un autre Vieux Paris place Sainte-Geneviève, parfois Chez Maître Paul rue Monsieur-le-Prince ou encore à La Roseraie, un restaurant italien de l'avenue des Ternes en face de l'immeuble où je logeais dans un bien modeste appartement dépourvu de salle d'eau et que seule chauffait la cuisinière. Nous allions aussi à La Palette boulevard du Montparnasse, mais Camus redoutait d'y rencontrer Sartre et Simone de Beauvoir et il nous y menait quand il prévoyait que la soirée se terminerait au Schubert, une boîte très ancienne mode où l'on dansait surtout des slows. Camus adorait danser et il prétendait aussi savoir le faire un peu mieux que les autres. En fait, il avait surtout plus de vraie joie, plus d'abandon, et comme en général il avait bu, il ne se regardait pas danser, ce qui était souvent notre cas – celui de Jean-Claude Brisville, de Jean Bloch-Michel qui étaient avec leurs femmes ou compagnes les invités de Camus. Avec Francine Camus aussi, mais rarement. Elle n'aimait guère danser et à la rigueur, elle y aurait pris du plaisir si elle avait senti chez son mari un plus grand désir de danser avec elle, un désir aussi grand qu'il en prenait à danser avec d'autres. Parfois nous dînions au Schubert même, et Camus donnait le signal de la danse au milieu du repas dès que l'orchestre entamait les premières notes d'une chanson de Trenet qui lui tirait les larmes aux yeux : « Longtemps, longtemps, longtemps après que les poètes ont disparu... » Il était si heureux d'être triste et d'assumer le caprice d'une sensiblerie d'amusement, d'une nostalgie de complaisance. L'évocation de la danse aujourd'hui, dans cette clinique, dans cette chambre, dans mon état, dans ce plâtre, c'est l'évocation du paradis perdu.

Quand ai-je entendu parler pour la première fois de Camus ? J'étais en troisième, au « collège colonial de Blida ». Au dernier trimestre, l'Université nous a dépêché un jeune professeur de lettres qui était à peine certifié. Il était voûté, gauche, avec de grands yeux verts émerveillés derrière ses lunettes, il nous lisait des textes de Giono et de Cocteau. Il m'a distingué, entouré, invité. Chez lui, j'écoutais Debussy (*Nuages*), Ravel (la *Pavane*), Mozart (la sérénade *Haffner*). Un jour, il a interrompu une lecture de Gide (*Paludes*) pour décider qu'il m'emmènerait à Alger voir une représentation du Théâtre de l'Équipe, fondé et dirigé par un certain Camus. Ce jeune professeur, André Belamich, avait été en khâgne le condisciple de Camus. En même temps que Claude de Fréminville (Claude Terrien, d'Europe n° 1) et Maurice Perrin, qui vient d'être abattu par l'OAS. Je suis allé à Alger avec mon tout jeune professeur. J'ai assisté, à ses côtés, à la représentation fiévreuse et romantique d'une pièce sur l'insurrection d'Oviedo, *Révolte dans les Asturies*. Après cette représentation, la salle transformée en meeting a réclamé Camus, son héros. Il n'est pas venu. Je ne l'ai donc pas vu. Il a refusé de venir pour ne pas recueillir les dividendes d'une pièce qui était, selon lui, un « essai de création collective ».

Camus a été tout simplement pour moi un protecteur. J'ai admiré son œuvre avant de connaître l'homme. Mais dès que je l'ai connu, les témoignages d'amitié se sont succédé, impressionnants quand j'en fais la liste. Même si j'ai été pendant quelques années l'un de ses familiers, je n'étais pas véritablement son intime. Pourtant, lui qui courait après le temps qui passe, qui déclarait qu'il lui aurait fallu plusieurs vies pour faire face aux obligations de l'amitié, et qui se désespérait d'être en deçà des attentes, il a toujours trouvé le moment, le loisir, la disponibilité d'être présent quand il a eu le sentiment d'une vraie difficulté. A *Caliban*, cette revue où j'ai fait mes premiers pas dans la société littéraire, il a été, près de moi, du début à la fin. Puis, lors des préparatifs de la revue d'art *Valeurs* (qui n'a jamais vu le jour). Puis pour me faire entrer chez Bérard-Quélin (Société générale de presse où se trouvait son ami Bloch-Michel). Puis pour lancer et présenter mon premier récit, *l'Erreur*, publié dans sa collection chez Gallimard. Enfin, pour être l'un de mes deux parrains (l'autre étant PMF) pour me permettre d'assister au Kissinger's Harvard Seminary. Chaque fois il a été prévenant, attentif, efficace. Comme André Bénichou.

7 octobre

Marie me transmet un message de Jean Grenier. « Il m'a simplement chargé de te dire qu'il pensait à toi. » Grenier, le philosophe, l'auteur des *Iles*, l'ami de Guilloux, de tout le groupe de Saint-Brieuc, et surtout le maître de Camus. Me tient-il encore rigueur de mes engagements algériens ? Marie ne sait pas. Grenier avait été (discrètement) contre Nasser en Égypte. Depuis qu'il est revenu à Paris, il est pour l'Algérie française. Je n'ai jamais songé, moi, à lui en vouloir. C'est qu'il ne se manifestait pas, lui, comme je le fais chaque semaine. Je n'ai pas cessé d'admirer cet essayiste sceptique qui donnait aux khâgneux d'Alger les dernières informations sur ses amis de la NRF (Paulhan, Valéry, Gide, Malraux). Il ressemblait à l'acteur Michel Simon, dont il avait la manière bouffie, bavante et complaisamment hésitante de parler. Pour nous, il incarnait le scepticisme dans toute son aristocratique érudition. Il parlait de la *distance*, de l'*écart*, et du *recul*, mais je ne sais quel charme agissait pour captiver avec des concepts si éthérés des jeunes gens épris de ferveur et débordant de vitalité ambitieuse. Quand j'ai revu Grenier à Paris, c'est grâce à Henri Petit, le penseur d'Avallon, le grand résistant.

J'eus, un jour, l'occasion de réunir pour un sommaire Grenier, Camus, Paulhan et Char, lorsque *Caliban* s'arrêta et qu'un éditeur suisse tout droit sorti d'un récit de Jünger me demanda d'éditer une revue d'art. Nous obtînmes d'Étiemble l'autorisation de prendre le titre (*Valeurs*) de la revue qui avait fait son renom à Alexandrie. Et je me suis mis en situation de fabriquer et d'éditer la revue. Chagall fit la couverture d'un premier numéro qui ne vit jamais le jour. Entre-temps, l'éditeur suisse, incapable d'obtenir de ses commanditaires un argent en échange duquel il était prêt à tout donner (il se croyait très convoité par un banquier homosexuel), avait fait faillite.

Mais plusieurs réunions eurent lieu. Je nous revois dans ce même bureau de la rue de Richelieu, tout près du square Louvois et de la Bibliothèque nationale, qui avait été le siège vieillot et noble de la revue *Caliban*. Il y avait André Chamson, Henri Petit, Louis Guilloux, Jean Grenier, Albert Camus, Paulhan étant à Nice et Char à L'Isle-sur-la-Sorgue. Je servis à ces hommes célèbres de jeune secrétaire général. En dépouillant le courrier, je trouvai l'article que nous avions demandé à Jean Paulhan et que le pape de la NRF avait consacré à un peintre de moi inconnu : Campigli. On connaît bien aujourd'hui, je crois, ce chantre des naïfs. Pas à l'époque. Je me suis contenté d'annoncer que nous avions un article de Paulhan sur un peintre. L'expert parmi ces messieurs était André Chamson jusqu'à, disons... Courbet pour l'art contemporain. Pour l'art moderne, c'était Grenier dont j'avais déjà publié des textes aigus, fins, précieux. Quel peintre ? demande Chamson. Le romancier cévenol se glace d'embarras en entendant un nom qui n'évoque rien pour lui. Tous regardent alors du côté de Grenier qui, avec un sourire ravi, avance que c'est peut-être un canular de Paulhan. Tout de même, ce serait énorme, dit Henri Petit, vertueux, en dansant sur la jambe qu'il a plus courte que l'autre. Guilloux tire sur sa pipe, signifiant que tout cela le dépasse sans l'intéresser. Camus ne veut pas être pris en flagrant délit d'inculture mais il est pressé de savoir si le peintre en question existe ou non. Il propose que je téléphone à Paulhan, lequel se trouve à Nice. Il m'invite – tout heureux de sa trouvaille pour piéger Paulhan – à lui demander un conseil pour illustrer son article. Grenier qui, décidément, se divertit observe que Chamson, avec son autorité de conservateur du Petit Palais (c'est alors sa fonction), a plus d'autorité que moi. Guilloux, non sans vice, appuie la suggestion. A nouveau, Chamson est saisi d'épouvante. Paulhan, c'est pour lui à la fois le Pouvoir et l'Ironie. Grenier se retourne alors vers Camus et lui parle comme il devait le faire lorsqu'il était son professeur : « Vous saurez rendre Paulhan tout gêné de connaître quelqu'un que vous ignorez. » Camus se penche pour me dire à l'oreille mais de manière à être entendu de Grenier : « Quelle peau de vache ! »

C'est moi qui ai téléphoné à Paulhan. L'éminence a eu cette réflexion : « Vous connaissez, bien sûr, ce petit-maître des naïfs modernes ? Non ? Et Jean (Grenier) ? Peut-être pense-t-il qu'il n'a aucun avenir... Ce que j'en pense moi-même ? Vous savez, quand il s'agit de peinture, l'avenir, c'est le souci des marchands. »

14 octobre

Tout le bien que je me surprends à penser de *la Pitié de Dieu*, je viens de le dire à Jean Cau, son auteur, au téléphone. Avec une insistance qui a dû révéler combien j'étais loin de m'attendre à cela de lui. On parle déjà du livre pour le Goncourt. Influence de Sartre ? De Genet ? Pourquoi pas ? Quand cela serait ! J'envie en tout cas chez Cau le courage de rompre avec un journalisme où il brillait pour se consacrer à la littérature. Et, du premier coup, d'y réussir avec cet éclat.

16 octobre

Robert Buron me téléphone au moment où l'on m'administre des soins qui m'exaspèrent : on découpe mon plâtre du haut en bas avec une scie électrique dont les vibrations me font trembler. A chaque moment, j'ai l'impression que la scie va me découper la cuisse. Informé, semble-t-il, de mon état, le ministre s'est inquiété de savoir si les soins pouvaient être interrompus : il tenait à me parler avant un départ. Sachant tout ce à quoi Robert Buron est mêlé (tout simplement les négociations avec le FLN), je demande qu'on suspende un moment le travail en cours. J'en espère de plus un répit. Quand j'ai Buron au téléphone, il est complètement détendu. Ce scout faunesque, chrétien, barbu et claudicant, commence par me rappeler, sur un ton rapide et enjoué, que la dernière fois que nous nous sommes aperçus, c'est lorsque nous dansions au cours d'un bal en Afrique, à Poto-Poto. C'est vrai. Beau souvenir. Belle soirée. Le ministre puritain plongeait son regard avec une distraction feinte dans la gorge magnifiquement déployée d'une matrone noire et truculente. Mais je suppose qu'il ne m'a pas appelé, d'une façon si autoritaire, ou si pressante, pour évoquer sa timide prétention passée à un encanaillement de circonstance. Il embraye pour me dire qu'il faut absolument, quel que soit mon état, que je reçoive un de ses amis algériens, bien au fait de ce qui se prépare. Cet ami fait partie de la Fédération de France du FLN mais j'en saurai bien plus en le recevant et Buron me prête sur lui et sur sa fédération une influence dont il veut que je me serve « avant qu'il ne soit trop tard ». Buron s'est permis, dit-il, de m'adresser l'Algérien à telle heure, le lendemain matin, il se présentera sous un nom d'emprunt et il faut que je donne des ordres pour qu'on le conduise à ma chambre dès qu'il se présentera à l'entrée de la clinique.

17 octobre

L'émissaire de Buron arrive. Aucun accent, aucun physique particulier, rien qui trahisse ses origines. Il me dit qu'il a cédé aux instances de Robert Buron mais qu'il est déjà trop tard. De quoi s'agit-il ? Trop tard pour quoi ? Les Algériens de Paris ont reçu un mot d'ordre de mobilisation : ils manifesteront cet après-midi dans les rues. En principe ces manifestations doivent être très pacifiques mais le drapeau algérien y sera déployé, les noms des leaders insurgés acclamés et on criera : « Vive l'indépendance. » Qu'y puis-je ? Quelle autorité me reconnaît-on pour dissuader les amis de cet Algérien de faire quoi que ce soit ? Il ne s'agit plus de cela, répond mon interlocuteur. Buron est inquiet : il voulait faire appel à tous. Maintenant il faut éviter le pire. La Fédération peut être débordée, il peut y avoir des provocations de dissidents algériens et de policiers français. Il faut agir auprès des autorités françaises.

J'appelle le journal. Jean-Jacques est absent. Pas plus de chance du côté de Roger Stéphane dont j'espérais qu'il pourrait atteindre Guichard. Je n'ai pas les numéros de Matignon. Je demande à ma secrétaire, au journal, d'appeler René Brouillet pour qu'il se mette en contact avec moi, en lui disant qu'il y a urgence. Mais Buron n'était-il pas mieux placé pour le faire ? Ne l'a-t-il pas déjà fait ? Une demi-heure après, de *l'Express*, Philippe Grumbach m'appelle, hors de lui. Avant que je ne dise quoi que ce soit il m'annonce qu'on assiste, dans certaines rues, à une répression qui tourne au massacre. Un véritable lynchage de tous les Arabes, manifestants ou pas. Il dit : « C'est terrible, c'est terrible », et puis, professionnel, il m'adjure : « Préparez-vous à écrire l'article de votre vie. »

L'article de ma vie ? Dans mon état ? Sans rien savoir de précis ? Sans même attendre les informations de la radio ou de la télévision ? Et sur des massacres encore, alors qu'on est si près du but ? Alors que de Gaulle poursuit la politique de nos vœux ? Comment le FLN, qui a fait preuve de tant de responsabilité au sein de la Fédération de France, a-t-il pu prendre cette décision qui ne peut que retarder le processus et braquer l'opinion française ? Comment de Gaulle a-t-il pu ordonner ou peut-il cautionner le massacre ? En même temps, je me dis que c'est bien dans sa manière. On ira peut-être à l'indépendance mais à ses conditions, dans un ordre qu'il ne laissera troubler ni par l'armée ni par le FLN. J'attendrai avant d'écrire.

L'infirmier revient avec sa scie électrique pour terminer le travail de la veille qui m'avait déjà libéré jusqu'au torse. Cet alibi me donne du temps. Cette guerre d'Algérie, c'est l'enfer.

30 octobre

Charles Guetta est entré dans ma chambre avec la fougue généreuse et avantageuse d'un guerrier berbère. Il dit que ce qui s'est passé à Paris le 17 est cauchemardesque. Il s'est décidé à venir me voir lorsque, ne voyant rien de moi dans *l'Express*, il en a conclu que je devais être plus mal en point que jamais. Je suis heureux de le voir, de lui dire ce que je lui dois.

Ce jour, le 20 juillet dernier, où j'entendis l'un des rescapés de notre groupe dire : « Nous sommes sauvés », alors que je gisais ensanglanté, tenant ma jambe fracassée, dans une voiture qui se rapprochait enfin d'un hôpital ami, ce jour, j'ai su ce que pouvait représenter la solitude... « Ils sont sauvés, pas moi », me disais-je. Et pourtant, sans l'un d'entre eux qui, malgré mes protestations, avait pris la décision de me traîner par les épaules jusqu'à un lieu plus abrité, où serais-je ? C'est Charles Guetta qui a eu ce courage et cette affection. Je l'avais connu à Alger, à la faculté. C'était alors un étudiant en mathématiques, timide, frileux, complexé – ambitieux aussi. Il se disait « ébloui et reconnaissant » d'être *admis* dans notre groupe. Il parlait si vite qu'il en bégayait, mais c'est parce qu'il avait peur de s'entendre parler. Je l'ai revu ensuite en Tripolitaine, dans la division Leclerc. Un superbe Othello plein d'aisance et de charme. Il était devenu officier, spécialiste en explosifs et en déminage. La guerre acheva de le délivrer de ce qui lui restait de frilosité. Il était héroïque avec désinvolture, séducteur avec brutalité, généreux avec panache. Il avait trouvé son épanouissement et, en somme, sa patrie dans le courage. Il était dans une compagnie bien plus exposée que la mienne. Il était admiré, envié, redouté aussi. Après la guerre, nous nous sommes séparés. Il est devenu chef d'une grande entreprise. Le hasard a fait que je l'ai retrouvé à Bizerte. Je me souviens, dès l'entrée de la ville, en voyant la fumée des voitures incendiées, et il m'a dit :

« Cela ne te rappelle rien ? » Oui, cela me rappelait quelque chose. J'aurais dû en tenir compte. J'étais au comble de la présomption. Je me croyais invulnérable. Lui connaissait ses limites. Et il avait découvert ses possibilités. Dans cette clinique, chacun l'a remarqué. On est venu me demander : « Qui est cet homme ? » C'est, dans toute l'acception du mot, une force.

Faut-il que j'espace les visites ? Certains jours, la tête me tourne. Quand la douleur survient, j'apprends à la dissimuler mais il m'en reste ensuite quelque chose. De plus, cette position horizontale, qui me rend passif, paraît susciter chez les autres (chez certains importuns) un bavardage complaisant.

Exemple : cette femme que j'ai trouvée naguère si brillante. La surprise devant le bruit qu'a fait ma blessure a réveillé chez elle une amitié somnolente et une compassion mondaine. Elle ne gagne rien à être naturelle ; tout à être méconnue. Aujourd'hui, pourvu qu'elle parle et qu'elle parle d'elle, elle est prête à s'accuser, s'excuser, se diminuer. Pendant qu'elle se met au plus bas, elle règne : « Ne trouvez-vous pas que, dans cette affaire, j'ai été plutôt garce ? » Penser au célèbre mot de Custine sur le Français : « Il préfère se peindre laid que de s'oublier. »

Autre exemple : je partage souvent le plaisir que A. Z. a de s'écouter parler et même je ne suis pas loin d'approuver l'idée avantageuse qu'il se fait de lui-même. Mais si, en gidien, je comprends qu'on écrive sur soi (on n'oblige personne à vous lire), je ne supporte pas que l'on ne parle que de soi (s'imposer à l'autre, c'est le nier). J'ai heureusement avec mon état un fort alibi et une grande capacité d'inattention.

En revanche, bouleversante visite de Jean Bonneterre, mon ami d'enfance. Il avait rompu avec moi dès mes premiers articles sur l'Algérie. Il paraît bénir cette blessure qui permet nos retrouvailles. Il parle de ma famille comme s'il en était. Il en est.

Narcissisme

On écrit souvent sur soi quand on ne sait pas parler de soi de vive voix, qu'on a peur d'entendre sa propre voix, quand on est paralysé par le regard, le jugement, la présence d'autrui. Alors on est gagné par une pudeur particulière qui fait qu'on n'arrive même plus à entendre parler de soi, cependant que seul devant la page vide on se prélasse à se décrire et à se raconter. Ce qui fait qu'en définitive personne n'est plus discret en société que ceux qui sont prolixes en solitude. Et personne n'est plus curieux des autres ni spectateur plus attentif que ceux qui savent pouvoir se retrouver en tête à tête avec l'interlocuteur intime dans l'écriture. On a dit de Montaigne, d'Amiel, de Jules Renard, de Gide et même de Jean-Jacques l'atrabilaire qu'ils savaient écouter. Ce n'est pas un paradoxe. Ils se sont délestés dans leurs écrits de tout ce qui fait obstacle à l'écoute, à l'accueil, au regard. Les plus obsédés d'eux-mêmes ne sont pas des écrivains qui ont écrit sur eux. Malraux, qui déteste les confidences, l'introspection et les « petits tas de secrets », n'a jamais su écouter.

Lecture de *Vie de Jésus* de Renan. En-chan-te-ment. Cet ancien séminariste visité par le rationalisme grâce à la critique historique n'aura cessé de se rapprocher du divin en s'éloignant de Dieu. Il l'a trouvé dans le miracle grec, le mystère juif et le merveilleux chrétien. Ce chrétien a eu l'audace d'écrire que « Jésus a davantage été aimé qu'il n'a aimé ». Audacieuse et scandaleuse observation. Comme on comprend que ce maître à penser de l'époque ait suscité tant de turbulences ! Il faut que je lise tout de cet homme.

Lettre de Mauriac. Il dit qu'il m'a *toujours* porté « estime et amitié ». Je n'en suis pas sûr. Je crois qu'il supportait mal ce qu'il tenait pour ma dévotion à Camus.

Un jour, impatienté par le propos un peu exalté, il est vrai, que je tenais sur la mer et le désert, il me renvoya à « mon » Camus : « Ce sentiment de la nature qui ne s'arrime qu'aux grands espaces, c'est le contraire des racines aux deux sens du mot. Camus a-t-il jamais su ce qu'était un arbre ? »

31 octobre

Projet. Lettre à François Mauriac

Sa réponse à Jules Romains et les dernières lignes de son « Bloc-Notes » sur sa grand-mère centenaire sont souveraines.

Mais je veux le remercier pour cette lettre que Jean, son fils et mon ami, a provoquée. Elle me manquait d'autant plus que j'ai toujours eu, tandis qu'il officiait à *l'Express*, le sentiment de n'être pas reconnu de lui, et cela au moment où d'autres observaient que mes réflexions rejoignaient certaines des humeurs du « Bloc-Notes ».

3 novembre

J'aime me souvenir. Que faire d'autre ? Dans un lit, pour peu qu'on ne souffre pas, on n'est que le passé.

Certaines nuits, comme la dernière, toute mon enfance, toute mon adolescence, toute ma jeunesse revivent autant durant mes insomnies que dans mes rêves, et d'une manière à ne plus distinguer un état de l'autre. Je suis alors libéré de mon plâtre, je marche, cours et même vole d'un souvenir à l'autre à grandes enjambées et comme au ralenti. Ce ne sont d'ailleurs pas alors des souvenirs mais des sortes de maisons en forme de théâtre et dont je soulève chaque fois le toit pour y découvrir une scène différente. La nuit dernière, dans toutes les maisons, il y avait un âne, le petit âne triste qui tirait une charrette, et que j'entendais braire dans mon enfance, lorsque la rue étroite et commerçante où se nichait la grande maison s'éveillait. Je revois cet âne, comme je revois les garçons qui me rejoignaient sur la charrette, un ouvrier arabe tenant les rênes, qui nous conduisait vers l'olivier plusieurs fois centenaire au « Bois sacré ». Il ressemblait à ces immenses fromagers de Casamance dont les arêtes forment des abris. Près de l'olivier, il y avait des micocouliers dont nous arrachions les fruits en montant sur la charrette. Des noyaux de ces fruits (que nous appelions crottes de biche) nous faisions des projectiles pour nos sarbacanes.

C'est à cette époque que je rencontre Jean Bonneterre et Pierre Bordes, que je choisis pour leur beauté, dont le premier deviendra mon plus tendre et fidèle ami, jusqu'au jour où je prendrai parti contre l'Algérie française. C'est avec Bordes et Bonneterre que nous allons à bicyclette voir « les filles » dont l'une joue avec un élastique que je porte autour de mon poignet. Lorsque Mathilde, ma « grande sœur », me donne des bains de sels parce que je lèche le salpêtre des murs (je manque de calcium). Lorsque ma mère jette derrière moi dans l'escalier ce verre d'eau destiné à me faire revenir comme le ressac ramène la vague sur le rivage. Et puis les peurs, les scènes innombrables de peur : la peur des grands, la peur d'échouer à l'oral du bac, la peur d'être arrêté en novembre 1942 pendant l'insurrection d'Alger, toutes les scènes de peur et notamment (pourquoi celle-là plus que les autres ?) l'an dernier au Congo, un 21 juillet, jour de mon anniversaire, où des analphabètes géants, incapables de lire mes papiers pour vérifier mon identité et me prenant pour un officier belge en civil, tenaient devant moi conseil pour décider de mon sort... Je venais de rencontrer leur grand Patrice Lumumba, je le leur disais, ils me paraissaient plus grands et plus monstrueusement menaçants à mesure qu'ils doutaient de ce que je leur disais. J'avais beau me rappeler, pour me donner un peu de force et de moral, que j'avais tout de même appartenu à la division Leclerc en 1943. Je tremblais en évoquant cette épreuve africaine dans mon demi-sommeil, et le petit âne m'a sauvé en se remettant à braire, m'a réveillé.

4 novembre

Sur Camus et sur *Caliban*, cette revue de « vulgarisation culturelle » que j'ai fondée et dirigée de 1947 à 1952, j'avais gommé plusieurs choses dans ma mémoire. Je m'en aperçois en les confiant aujourd'hui à Dominique Rolin, cette pulpeuse et altière romancière flamande, véritable personnage de *la Kermesse héroïque*, épouse du sculpteur Bernard Milleret ; Dominique dont le rire sonore de contralto remplit la pièce et m'enchante. D'abord je lui dis que c'est à *Caliban* que je dois de connaître Camus. Trop intimidé par les êtres que j'admire, je n'aurais jamais pris l'initiative de forcer sa porte. C'est lui qui, une fois, m'a téléphoné parce qu'il voulait que je publie *la Maison du peuple*, de Louis Guilloux. Aussitôt, je lui demandais d'en écrire la préface, laquelle suscita mille polémiques puisque c'est dans ce texte qu'il doutait qu'on pût écrire sur la misère « autrement qu'en connaissance de cause ». Mais ce que j'avais gommé de ma mémoire, c'était que dans un moment de grandes difficultés pour la revue, Camus, presque sans le savoir et du fait de son seul ascendant, l'avait sauvée. Un jour de 1950 j'ai reçu un coup de téléphone de Louis Joxe, alors directeur des Relations culturelles au Quai d'Orsay. Il me demanda si j'étais bien celui qu'il avait connu comme jeune attaché de cabinet à la présidence du Conseil, lorsqu'il était, lui, secrétaire général du gouvernement. C'était bien moi, en effet, qui, à vingt-six ans, avait été parachuté dans le boudoir de Madame Mère à l'hôtel de Brienne, boudoir où m'avait précédé Claude Mauriac au temps où de Gaulle avait précédé Félix Gouin. Un ami de Blida me rencontrant rue des Écoles, tandis que je sortais encore en uniforme de la Sorbonne, me pria de venir rédiger les projets de discours du président du Conseil. Je crus d'abord à une farce. Pendant six mois, le petit colonial fraîchement débarqué de l'armée s'entendit appeler « Monsieur l'Attaché ». Oui, c'était bien moi que l'érudit et ironique Louis Joxe avait connu. Il me demandait de passer le voir car, la veille, à Jouy-en-Josas, chez Léon Blum, il avait été question de *Caliban*. Grands dieux !

J'ai couru au Quai d'Orsay et dès que je fus dans le bureau de Joxe, j'appris que c'était Camus qui, devant Blum, avait parlé de *Caliban* comme l'une des revues qui était le plus digne de représenter la France à l'étranger. « Alors, dit Joxe, comme ni Léon Blum ni moi-même ne saurions discuter les avis du jeune Maître, je vous ai préparé une surprise. Je vais vous commander un certain nombre d'abonnements pour nos ambassades. » C'était la manne qui tombait. J'ai dit que cette aide était inespérée, qu'elle venait à point, etc. Je m'attendais à une cinquantaine ou à une centaine d'abonnements. Sur la lettre qu'il me tendit, je vis qu'il s'agissait de mille, oui mille, deux fois cinq cents abonnements. Avec la fraîcheur de mon émotion, de mon âge, de ma gratitude, je dis : « Est-ce possible ? » Louis Joxe daigna mettre un terme très provisoire à son ironie souveraine. Il ne se montra pas complètement insensible à mes provinciales effusions.

Et Dominique Rolin de rire en parcourant toute une octave sur le thème « cher Albert, n'était-ce pas un homme mer-veil-leux ? ».

Mais mon récit n'était pas encore terminé. Car un mois plus tard je fus appelé par Jeanne Sicard, la directrice de cabinet de René Pleven, alors président du Conseil. Que pouvait-elle bien me dire ? Je savais qu'elle était d'Oran, qu'elle avait été parmi les premiers amis de Camus, et comme *Caliban* était devenu peu à peu un lieu de rendez-vous ou de travail pour le club des camusiens, j'ai cru que Jeanne Sicard voulait me recommander le manuscrit de l'un de ses protégés. En même temps, je me disais en me rendant à la présidence que, pour une telle démarche, elle ne m'aurait pas convoqué. Je me souviens que j'étais très mal habillé ce jour-là. Mon pantalon était sans pli, trop long, et il tombait sur des souliers mal cirés. Non seulement parce que je revenais d'une promenade en forêt mais parce que ma garde-robe si j'ose dire se limitait à deux costumes. Bref, c'est une sorte d'étudiant-clochard qu'on installa dans une bergère à cretonne, sous les plafonds à lambris. Autoritaire, élégante, sobre et masculine, Jeanne Sicard me dit : « J'ai appris que vous arriviez à peine à payer vos collaborateurs ces mois-ci. » C'était vrai. Par qui l'avait-elle appris ? Camus, bien sûr. Alors voici qu'éberlué je vis cette dame ouvrir un coffre qui était encastré dans un mur, y plonger sa main qu'elle retira pleine de liasses dont certaines m'étaient destinées. Elle mit les billets dans une enveloppe. « Il y en a, me dit-elle, pour un million de francs. » Un million ! Je n'avais jamais tenu de mes mains et en tout cas en espèces une somme pareille. Je la regardais si interdit qu'il ne devait y avoir nulle trace de remerciements dans mes yeux. Je ne savais pas qu'il y avait de l'argent dans des coffres, qu'on pouvait l'y prendre, le distribuer sans faire signer de reçu, sans exiger d'en contrôler l'usage. Ce don me mit dans un malaise dont je ne sortais qu'en me souvenant que je le devais à Camus. Grâce à lui, mes collaborateurs pourraient être payés.

5 novembre

Ma jeune infirmière, la soubrette du samedi soir, plus légère et séduisante que jamais, s'amuse à faire le portrait de quelques-unes de mes visiteuses. Elle ajoute avec une ingénuité calculée que l'hôpital, la chambre d'un malade s'il est encore jeune et, disons, éveillé, le lit lui-même suscitent souvent des appétits, rien de moins que « coquins ». Peut-être mais dans mon cas j'étais assez loin d'y penser. J'observe que mon plâtre couvre la moitié de mon corps. Réplique de théâtre de la soubrette : « Cela ne fait que rendre plus attirante l'autre moitié. » Elle ajoute minaudante et prudente : « Pas pour moi, vous pensez bien, j'en vois tant mais je remarque que les blessés, contrairement aux autres malades, sont loin de faire fuir, il y a des échanges rapides que l'on surprend en rentrant dans les chambres... » Je vois soudain ma clinique sous un autre jour. J'en parle au grand Julius (Jules Roy). Il doute d'une telle candeur. N'ai-je donc pas lu *l'Adieu aux armes* d'Hemingway ? Il me donne vingt exemples, mille détails et me quitte grivois, rieur et soupçonneux, comme si j'étais désormais, sur mon lit supposé de douleur, destiné à des ébats tumultueux.

7 novembre

A la fin des fins, qu'est-ce que l'hôpital ? C'est l'entreprise même de Sisyphe. On refait le jour ce qui est défait la nuit. On soigne tandis qu'alentour les hommes meurent et tuent. On fait comme si la souffrance et la violence étaient non pas dans la nature de l'homme mais dans les situations où il se met de manière contingente, accidentelle, marginale. L'institution même de l'hôpital est une institution de foi et d'espérance plus encore que de charité. C'est un défi à la fatalité, un combat contre le destin, une opposition à la volonté divine, une volonté de triompher des funestes hasards de la providence. Il y a quelque chose à la fois d'absurde et de prométhéen, de dérisoire et d'épique dans cette mobilisation contre le mal. Peut-être y suis-je plus sensible aujourd'hui parce que je n'ai cessé d'entendre, venant des couloirs de la clinique, l'annonce de l'arrivée des derniers accidentés de la route, tandis que me parvenaient les nouvelles des hécatombes algériennes. Y a-t-il un autre problème que celui de la violence ?

Comme Dostoïevski et comme Georges Sorel, Camus aura été obsédé par ce problème. Qui ne l'a été ? Qui ne devrait l'être ? Soudain Montherlant pour lequel j'ai eu un faible me devient insupportable. Désormais je ne pourrais plus être du côté de ceux qui brandissent tranquillement le mot de Hegel selon lequel la violence serait accoucheuse d'Histoire. Ce n'est jamais qu'une manière cuistre, cynique et finalement frivole de s'en accommoder. La vision de Dostoïevski était religieuse (Dieu permet-il le Mal ? S'il est la Vérité, alors, je préfère le Christ à la Vérité). Sorel n'a fait que réfléchir au bon usage de la violence. Par un tour de passe-passe, les religieux nous font parcourir sans cesse le chemin qui va de la Chute violente à la Rédemption béate. Les anthropologues étudient la fonction régulatrice de la violence tribale. Bref, tout le monde cherche à l'apprivoiser, sauf Job sur son fumier et Dostoïevski, encore lui, dans son épilepsie, ou devant un enfant mort. Les sartriens pourfendent Camus et sa « morale de Croix-Rouge ». Ce qui m'a rapproché du comportement camusien, c'est d'abord qu'il a fait de ce problème une obsession, à vrai dire bien plus importante chez lui que le concept théorique du suicide. La première phrase du *Mythe de Sisyphe* (« Le seul problème sérieux, c'est le suicide ») est celle d'un khâgneux sentencieux et nervalien. Plus tard, pour Camus, le problème de la violence sera au contraire dominé par un irrépressible amour de la vie, par une esthétique de l'instant, et par une éthique de la solidarité. Il finira par en tirer une morale. Il n'y a que des péchés, il n'y a pas de pécheur. Le pauvre n'a pas le droit de tuer le riche, ni l'esclave le maître. Mais, de plus, aucune doctrine ne justifie le sacrifice de générations entières pour rétablir la justice en multipliant les victimes sous prétexte de punir les bourreaux. Le grand moment de Camus, c'est lorsqu'il découvre l'éthique des terroristes russes. Ceux qui décident de s'abstenir d'assassiner le grand-duc Serge parce que dans le carrosse ils aperçoivent des enfants.

16 novembre

Dans le lot de journaux qu'on m'adresse ici, je trouve parfois *Rivarol* et je le feuillette alors, non comme Jacques-Laurent Bost, qui (selon son neveu Serge Lafaurie) ne manque aucune gazette d'extrême droite qu'il dévore avec une indignation entretenue : il lit, il tremble, il éructe, il hurle, puis se remet à lire. Je me passerais bien de ce poison absorbé comme une drogue. Mais un homme comme Lucien Rebatet n'est pas indifférent. J'avais lu, avec un mélange d'aversion et d'admiration, *les Décombres*. J'ai ensuite commencé avec plus d'intérêt encore *les Deux Étendards*. Ce Rebatet a l'âme basse et il se trahit à chaque ligne. Mais c'est un écrivain et il le prouve à chaque mot. Comment peut-on avoir été et être encore Rebatet ?

Dans ce numéro de *Rivarol*, Rebatet parle du livre d'un musulman, Amar Naroun (?), qui fut vichyssois, pétainiste et maurrassien. Et que dit cet incroyable Rebatet ? Tout simplement que Léon Blum et ses amis n'ont pas su faire aboutir leur projet de naturalisation d'un certain nombre d'Algériens et que les trois Républiques précédentes n'ont pas su, en temps utile, réaliser l'intégration. Rebatet partisan du brassage des races dans une France algérianisée ! Voilà où conduit le sentiment impérial. L'auteur assure que la monarchie qui ignore « et le racisme et les classes sociales » aurait joyeusement fait de tous les Algériens des Français. A l'époque évoquée par Rebatet, dans mon enfance, les maurrassiens étaient les pires racistes, les plus antiarabes, et le monarque qu'ils appelaient de leur vœu n'eût pas jugé cette race d'esclaves digne de faire partie des sujets du royaume. Mais il est significatif que le nationalisme et le besoin de grandeur deviennent aujourd'hui, chez des hommes de haine comme Rebatet, des sentiments plus forts que l'exigence de pureté, le souci de la tradition et l'aversion pour le cosmopolitisme. Je n'ai pas en tête les citations exactes, et je ne compare en rien Chateaubriand et Rebatet, mais on trouve souvent dans les *Mémoires*, qu'il s'agisse de la Révolution ou de Napoléon, une ambition pour la France qui fait disparaître un moment les préventions et les rites du conservatisme. Cela dit, je ne prends pas au sérieux la pensée d'un Rebatet qui, pour toute philosophie, affirme : « Nous souffrons depuis la Révolution d'un déséquilibre parce que nous avons perdu la notion de chef. » De Maistre est plus original (« Tout est miraculeusement mauvais sous la Révolution »). Maurras était moins simple et quand il disait cela, il le disait avec plus de souffle. Et si tout le talent de Rebatet était un peu, oserai-je le dire, sartrien ? « On voit ainsi apparaître le bourgeois au petit ventre, en bannière flottante et qui cherche ses pantoufles parmi les ruines et les cadavres tordus. » Cette phrase souvent citée, on pourrait la trouver dans *l'Age de raison*. La haine du bourgeois n'est ni de droite ni de gauche. C'est la respiration naturelle de l'artiste.

17 novembre

Je n'ai pu m'empêcher de lire *Rivarol* d'un bout à l'autre. D'autant que je m'y suis trouvé copieusement insulté et de manière infâme (« celui qui opère sous le nom de Jean Daniel et multiplie les trahisons »). Je n'ai pas encore acquis devant l'injure ce que Blum appelle « la sérénité du couvreur sur le toit ». Tout y passe : ma famille, mon nom, mes « complicités avec l'ennemi », etc. Ai-je connu vraiment des maurrassiens dans ma vie ? L'un de nos professeurs, un Alsacien qui détestait l'histoire bien qu'il fût chargé de nous l'enseigner, en avait la réputation. En fait, le premier maurrassien que j'ai rencontré, ce fut à Zabrata, en Tripolitaine, lorsque je rejoignis la division Leclerc. Mon ami Marcel Deffieux et moi avions pris contact, à Alger, avec un jeune aspirant qui jugeait utile de se déguiser et de feindre de ne pas nous reconnaître à chaque rendez-vous. Nous aurions décidé qu'il se destinait aux missions secrètes s'il n'avait eu le physique d'un garçon coiffeur ou d'un second rôle dans un film de Tino Rossi. Ces premiers contacts, que nous voulions épiques, avec les héros de la croix de Lorraine nous avaient laissé dans la bouche un goût âcre de dérision. Reste que notre Hercule Poirot de pacotille organisa bel et bien notre départ vers le grand Sud algéro-tunisien où, par plus de 50°, des chauffeurs annamites qui venaient du Tchad nous conduisirent jusqu'à ces camps romains dont les Italiens, en partant, avaient empoisonné les puits. Nous étions tout de même bien fiers de notre équipée. Deffieux, sec comme ces toréros dont il avait l'allure et la complaisance, toujours sur le défi et sur la riposte, décontenançait chacun par le plaisir avec lequel il contemplait la consistance... de ses selles. Je devais découvrir avec une stupéfaction scandalisée l'intérêt porté autour de moi aux excréments. J'avais, j'ai toujours eu horreur de tout ce qui relève de la scatologie et il faut croire que cette histoire m'a choqué pour que j'en fasse état ici, tant d'années après, alors qu'elle n'a rien à voir avec mon propos. Je ne veux d'ailleurs pas résumer mon cher Deffieux à cet épisode, alors que c'est Stendhal qui nous a réunis sur une place de Blida dont nous faisions sans cesse le tour. Stendhal et les histoires sur la mère de Deffieux. Je repousse encore mon récit : Deffieux vivait avec sa mère, une truculente Espagnole, à laquelle il s'opposait dans d'interminables discussions. « Seulement, notait Deffieux, il m'arrive d'avoir raison et de l'embarrasser. Dans ce cas-là, elle grogne parce que, dans l'impossibilité d'avoir le dernier mot, elle prétend avoir le dernier cri. »

Donc nous arrivons, Deffieux et moi, au camp de Zabrata, et après le centre de tri, mêlés à une colonie de légionnaires, nous rejoignons un rassemblement autour d'un drapeau, ce qui, dans le désert, les films l'ont montré, n'est jamais indifférent. Nous étions d'ailleurs prêts aux émotions les plus tricolores. Nous répondons à l'appel de notre nom, le rassemblement se disperse, mais l'adjudant nous appelle et le capitaine convoque séparément les derniers arrivés, pour un entretien particulier sous sa tente. Deffieux passe le premier, il se rend chez le capitaine avec une allure assez fière, assez libre aussi, pas du tout robotisé en tout cas, comme il sied d'une part à un descendant d'hidalgo, et d'autre part à un volontaire d'une grande cause. La façon dont il ressort de la tente me rend perplexe mais je n'ai pas le temps d'en savoir plus puisque je suis à mon tour introduit.

Visiblement, le capitaine en question n'a pas décidé d'être

aimable. « Pourquoi êtes-vous ici ? – Pour me battre contre les nazis, mon capitaine. – Non, corrige-t-il. – Pardon ? – Je répète : vous n'êtes pas ici pour vous battre contre les nazis mais pour bouter hors de France les boches qui l'occupent. – C'est ce que je voulais dire. – Ce n'est pas cela que vous avez dit. Dans cette division, et en tout cas dans ma compagnie, on ne s'occupe pas de ce que pense l'ennemi ni de ce qu'il est mais de ce qu'il fait. Il occupe la patrie. Vous, vous voulez faire de la politique. – Aucunement, mon capitaine, je suis ici parce que j'ai refusé l'armée Giraud et que je suis gaulliste. – Être gaulliste, c'est se battre pour l'honneur et pour la patrie. – De Gaulle n'a-t-il pas aussi promis de rétablir la république ? – D'abord on dit : le " général de Gaulle ". Ensuite je sais ce que c'est la France. La république, je ne connais pas. En tout cas, vous ne ferez pas de politique ici, sinon je vous casserai. »

J'ai vu deux fois le capitaine D. par la suite et en particulier. Les échanges furent à peu près les mêmes. Il avait le cheveu rare et blond, des yeux gris et têtus, le sourcil méchamment froncé. Il fut le premier officier de la division tué au débarquement de Normandie.

18 novembre

On m'apporte enfin ce livre dont tout le monde parle, *les Damnés de la terre*, de Franz Fanon. « L'événement, dit, de son bureau du *Monde*, Pierre Viansson-Ponté au téléphone, c'est la préface de Sartre, dites-moi vite vos réactions. » Je m'y enfouis et la brûlure des premières phrases est telle que je demande que l'on interdise ma porte et que l'on repousse les soins. Je sais que j'ai en ce moment une tendance à m'exalter que favorise une disposition clinique à la congestion. Mais l'efficacité du propos de Sartre ressemble à un feu de broussailles crépitant, irrésistible, fatal, une sorte de venin séduisant et mortel qui se précipite dans les veines. C'est la condamnation sans rémission d'une civilisation blanche et européenne pour l'enfermer à jamais dans ses crimes.

Pierre Viansson, dont j'ai partagé le bureau à *l'Express* et qui officie au *Monde*, sait ce que je pense du tiers-mondisme des intellectuels français. Voici Sartre s'adressant aux siens, aux Blancs, aux bourgeois, aux libéraux : « Ils ne connaissent, disiez-vous, que la force ? Bien sûr, d'abord ce ne sera que celle du colon et, bientôt, que la leur, cela veut dire : la même rejaillissant sur nous comme notre reflet vient du fond d'un miroir à notre rencontre. Ne vous y trompez pas ; par cette folle rogne, par cette bile et ce fiel, par leur désir permanent de nous tuer, par la contracture permanente de muscles puissants qui ont peur de se dénouer, ils sont hommes ; par le colon, qui les veut hommes de peine, et contre lui. Aveugle encore, abstraite, la haine est leur seul trésor. » Voici le grand sorcier blanc qui déchiffre pour les siens l'avertissement furieusement vindicatif de la grande colère noire, de la puissante révolte des aliénés, et le sorcier comprend, approuve, encourage, accompagne, exhorte ; il veut la mort des siens, il veut sa propre mort, il mourra avec les siens sous les coups des humbles, pour que d'autres vivent. Fini l'Occident, finie l'Europe, finis les Blancs, finie la France et toutes ces fins roulent dans l'apocalyptique cascade du style dont le souffle, l'ampleur, la puissance n'ont jamais atteint cette dimension. Génial. Épouvantable. Tout ce contre quoi j'ai lutté jusque-là. Apologie de la violence, rage de l'apologie, gloire du Mal qui est dans le sens de l'Histoire. Je ne vois rien ici d'exaltant sinon la fureur masochiste d'un spectateur que les siens dégoûtent et qui assiste dans l'extase au passage de l'humanité à un autre cycle où les opprimés deviennent oppresseurs et les victimes bourreaux. Ce n'est pas l'avènement de l'homme nouveau qui est ici annoncé, c'est l'avènement du nouveau bourreau ; Caliban devenu Caligula est chanté par un Prospero suicidaire, un Scipion dément.

19 novembre

Roger Stéphane, qui m'écoute parler de la préface de Sartre, cite Chesterton : « Nous sommes aux temps des vérités folles, et dans ces temps, il n'y a rien d'autre à faire que de ne pas devenir fou. »

Je lui lis certains passages. Incorrigible, il en admire le style. Nous sommes dans un pays où tout est littéraire. C'est Goldoni qui dit, je crois, de l'Italie : « Nous sommes dans une république où le tragique n'est pas transmissible. Tout est comédie. » En France le « tempérament » s'exprime non par le caractère mais par l'expression – peut-être parce que l'art de trouver le mot, les phrases, leur musique et leur agencement, cet art qui est en apparence le plus facile et le plus répandu, demeure le plus mystérieux.

Roger Stéphane est amical. Je lui dis ma gratitude et ma surprise. Il est de ceux que ma blessure a rapprochés de moi. Il dit que si j'étais valide, je ne le verrais pas. Pas autant. Je serais moins libre, moins souvent à Paris. « C'est comme si vous étiez contraint de tenir salon », me dit-il. Il me raconte les dernières rumeurs littéraires et politiques, parle de ses lectures et de ses rencontres, aucune gazette n'est plus distrayante. Je m'amuse de ses coquetteries, de son savoir-faire chez les grands. Nous sommes si différents ! Mais nous aimons Montaigne, Gide et Malraux et l'univers des livres nous est commun. En littérature, Stéphane ne me reproche qu'une chose : Camus (je crois qu'il est encouragé dans son impatience par Malraux qui ne tient pas Camus pour un grand). Il me raconte que, rencontrant un jour André Breton, et alors que lui, Stéphane, avait *la Peste* sous le bras, le Pape lui aurait dit, souverain et définitif : « Ce livre que vous portez n'est pas au-dessus de Paul Bourget, c'est *le Disciple* de notre époque. »

Stéphane m'a, de plus, vu en Tunisie dans mes exploits et mes débordements. Je retrouve chez lui le souvenir de mon ancienne vitalité. Il me comparait à un héros de Drieu. J'aimais la danse et le risque, la sensualité et le défi, bref j'étais dans un triomphe que n'embarrassait nulle ambition. Aux yeux de certains, comme Stéphane, je perdais souvent mon temps dans le bonheur, je ne savais pas gérer mon capital de dons et d'atouts. « Quand vous guérirez, il vous faudra des stratégies », me dit Stéphane. Il est gaulliste, ému de l'être, heureux de l'affirmer. Il organise, intrigue, réunit, complote avec un entregent de femme du monde et de monsignor italien. Au départ, c'est son intérêt pour moi qui, seul, m'attachait – je le crains. Je le trouvais ingrat, avantageux, bavard : je le trouve cultivé, amusant, disert – en tout cas, ce furent mes sentiments aujourd'hui tandis qu'il pérorait, debout, appuyé sur les barreaux de mon lit. « Vous ne trouvez pas que c'est un peu ennuyeux, la gauche ? » me dit-il en partant.

Jeudi 24 novembre

Jean-Jacques, Françoise Giroud, Serge Lafaurie, K. S. Karol et Philippe Grumbach escortent Jean Cau pour fêter son Goncourt autour de mon lit. Geste émouvant, attentif. Marie et Yole disent que je suis ingrat, que tous ces gens m'aiment bien et ne songent qu'à me faire plaisir. C'est vrai. Envers Jean-Jacques, cependant, suis-je ingrat ? Je me souviens trop que tout n'allait pas pour le mieux entre lui et moi avant ma blessure.

Je l'impatientais comme un rival au lieu de le servir comme un collaborateur. Sa mégalomanie (sa volonté d'être unique) en prenait ombrage. Cela ne m'empêchait pas d'admirer son courage physique, son énergie contagieuse, son imagination médiatique, et son vrai talent. J'ai aimé son livre, *Lieutenant en Algérie,* qui doit beaucoup à *l'Espoir* de Malraux, mais à coup sûr le meilleur qu'on ait écrit sur cette expérience, et qui n'a pas eu le sort qu'il méritait.

C'est un fait en tout cas que j'ai, peu à peu, suscité chez lui des allergies de plus en plus vives. Rompant avec la cour qui l'entourait, je me suis alors éloigné de lui, entraînant vers moi certains de ses fidèles. Quand la blessure est arrivée, tout a changé. Cette blessure flattait *l'Express* en faisant de moi un héros. JJSS m'a alors écrit deux lettres, fraternelles. Il a tout fait ensuite pour que je fusse soigné dans les meilleures conditions, par les meilleurs chirurgiens, ne lésinant jamais sur le prix que continue de coûter à *l'Express* aujourd'hui mon séjour dans cette dispendieuse clinique. Mais les miens ne peuvent comprendre que je vis sur une crête où la reconnaissance conjoncturelle compte moins que l'exigence permanente. Il ne s'agit plus de désaccords professionnels ni de frictions d'ambitions. Je ne suis plus en état de souffrir nos malentendus sur la guerre. Lui et les siens ne cesseront jamais de penser au pouvoir. C'est leur fonction, je ne leur en fais nul reproche ; peut-être mon mérite, s'il en est un (disons ma singularité), ne vient-il que d'un désintérêt profond pour la *carrière* politique. Mais enfin, l'Indochine et la Tunisie ont fait arriver PMF au pouvoir. Ils attendaient du drame algérien qu'il le fît revenir. Au lieu de quoi, c'est d'abord Guy Mollet qu'on a vu arriver en attendant que les colonels d'Algérie provoquent le retour du Général, frustrant chacun pour longtemps de toute perspective. Comment JJ et les siens souhaiteraient-ils autre chose que son échec ? « Souhaiter » est un mot trop fort. Comment ne puiseraient-ils pas, dans les conditions douteuses qui ont permis le retour de De Gaulle, des raisons de le combattre qui correspondent à leur besoin de s'affirmer ?

Alors aujourd'hui, oubliant l'amitié que prouve sa présence et celle que je nourris pour certains de ceux qui l'accompagnent, je ne pense même pas à refouler ce furieux besoin, longtemps enfoui, de crier ma vérité. Et je dois être grotesque, bien sûr. Voici que je me dresse sur mon lit, m'accroche à la potence, congestionné et intarissable. Ils sont tous gênés, Philippe Grumbach, atterré, regarde Jean-Jacques. Françoise change de conversation. A leurs yeux, je comprends que je manque de décence, d'à-propos et d'humour. Je suis seul à savoir que je suis chaque jour dans cet état vers 18 heures, quand la dernière pilule d'Atarax ne fait plus d'effet et qu'il me faut attendre la nouvelle infirmière pour avoir un autre cocktail de drogues destinées à me calmer.

Pourquoi Mic est-elle là ? Je n'ai pas osé le dire encore à ce carnet qui, après chaque page noircie, paraît me le réclamer. Elle est à la clinique, comme elle fut à l'hôpital à Tunis dès les premiers jours. Elle était dans un mas, chez Claude, dans les Parcs, près de la mer. Claude m'avait invité. Clavel venait de publier son livre *Une fille pour l'été*. Le titre était passé dans les mœurs, dans les plaisanteries. Pendant mon séjour au mas, JJSS m'a conseillé de me rendre à Tunis : on y redoutait de graves affrontements. Je suis parti.

Un télégramme m'attendait au Tunisia Palace. La fille pour l'été acceptait d'autres saisons. J'étais triomphant. Le lendemain, j'étais blessé. Au vu de mes blessures (l'une des balles avait traversé les tissus intersticiels), un médecin conclut hâtivement que si je m'en sortais, je serais stérile. Je ne pourrais plus avoir d'enfant. Michèle l'a appris au moment où elle croyait en attendre un de moi. Elle s'est dit qu'elle n'avait pas le droit de faire disparaître le seul enfant que je pourrais jamais avoir. Elle a décidé de venir à Tunis avec sa belle-sœur dont le mari était, comme moi, chargé de « couvrir » Bizerte. Elle est arrivée, m'a vu, ne m'a rien dit. Elle s'est occupée avec Sidney, mon beau-frère, un médecin qui partageait ma chambre chez les Dames-Augustines, de mon transfert à Paris. Je ne savais toujours rien. Je ne savais même pas qu'on avait redouté pour moi la stérilité. Un soir, à Paris, je m'étonnais que Mic fût toujours en train de grignoter la moindre friandise que l'on m'apportait – qu'elle-même m'apportait. Elle m'a dit : « Il faut que tu le saches, je suis enceinte. Il faut que tu saches aussi que je ne veux pas le rester. » Surprise. Stupéfaction. Silence. « N'ai-je pas mon mot à dire ? – Tu l'aurais eu si tu avais été stérile, comme on me l'a fait craindre. » Elle a quitté la chambre. J'étais bouleversé par tout : la perspective d'un enfant, la générosité de Mic, sa façon de tout garder pour elle, de tout décider – et aussi la crainte où les miens avaient été que je fusse stérile. Pas forcément impuissant, mais stérile. Les phases de mes opérations étaient alors plutôt dramatiques. Mic ne m'a pas donné l'occasion d'intervenir dans sa décision. Je n'ai pas eu à me poser la question. Et depuis, elle est là, belle, lumineuse, active, souveraine. C'est notre plus grand secret. J'ai l'impudique faiblesse de souhaiter qu'il soit, un jour lointain, partagé.

5 décembre

Gilbert Harrisson, de *New Republic*, m'appelle de Washington. Il me dit : « Guérissez vite et revenez, je vous présenterai *à nouveau* à John Kennedy. »

A nouveau ? J'étais correspondant de *New Republic*, hebdomadaire radical-chic, austère, libéral et dominé par l'influence et le prestige de Walter Lippmann, c'est-à-dire du plus grand « columnist » vivant. En 1957, à Washington, Gilbert Harrisson, au cours d'un déjeuner au May Flower donné en mon honneur, me plaça entre Walter Lippmann et un jeune sénateur dont le nom m'a échappé quand on me l'a présenté. Il a fallu que Gilbert Harrisson me fasse passer un petit mot pour que j'adresse à ce sénateur la parole, tout ennuyé de me priver des lumières de Walter Lippmann. Il s'agissait de John Kennedy, qui venait de faire un grand discours préconisant l'indépendance de l'Algérie.

6 décembre

La fièvre est tombée. Le professeur Worms triomphe. Son antibiotique (« N'oubliez pas son nom, me dit-il : la Flabiline ») a eu raison de mon staphylocoque, si doré qu'il soit. Mais il me prévient : c'est provisoire, ce microbe n'est pas n'importe qui. Il est fier, tenace, vaillant (Worms en parle comme d'un ennemi avec lequel la lutte est implacable mais valorisante), il a peut-être mis un genou en terre mais il sait se redresser, etc. Peu m'importe le genou de mon hardi staphylocoque. J'émerge et les infirmières saluent la victoire. Ce n'est pas la guerre qu'on vient de gagner mais une rude bataille. Ces infirmières font mon bonheur. J'aime, je respecte, j'admire les femmes qui s'affairent dans les hôpitaux et les maisons. Elles connaissent; elles réalisent; elles donnent; elles savent; elles gouvernent. Comment peut-on s'oublier à ce point dans la chose à faire pour les autres ? Comment peut-on la faire si bien ? Ces infirmières suscitent chez moi la même gratitude que j'éprouvais pour les servantes dans la grande maison de mon enfance. Je suis proche d'elles. Je suis leur confident. Je suis prêt à tout comprendre de leurs états d'âme; à tout excuser de leurs humeurs. Je vois bien ce qu'une Simone de Beauvoir pourrait déceler de suspect dans cette attitude. Mais entre *elles* et *elle*, mon choix est fait depuis longtemps.

Aussitôt je respire ce parfum de lessive sur les terrasses de mon enfance, tandis que les draps que l'on vient d'étendre dégoulinent d'eau, et que, depuis la fenêtre grillagée, on aperçoit la buanderie et les femmes qui lavent au milieu des vapeurs brûlantes. Aucun spectacle ne donne un tel sentiment de protection.

8 décembre

Mort de Franz Fanon aux États-Unis à trente-sept ans. A peine subi le choc de son livre, voici qu'il faut donner un destin à son message. Lui au moins va s'en tirer. Pas le préfacier. Pas Sartre. Fanon a écrit son livre tandis qu'il se savait condamné. Toutes les imprécations deviennent testamentaires et inspirées. Comment écrire lorsqu'une maladie dont on connaît l'issue immédiate et fatale vous retire du monde ? Les autres parlent de « fuite dans l'écriture ». Quelle dérision ! Aucune fuite n'est permise dans certaines conditions. On est plaqué, ligoté, camisolé. Fanon a-t-il écrit bien avant de savoir la vérité ? Ou d'être atteint par la souffrance ? Comment détourner son regard quand on sait ? Et si on y arrive, qu'est-ce qui peut ne pas rester vain ? Donc Fanon est arrivé à se concentrer suffisamment pour laisser quelque chose qui ne soit plus lui, qui n'était déjà plus lui, une présence utile aux autres et qui n'est pas la sienne. Aux autres ? Peut-être d'abord ses malades. Il était médecin et psychiatre dans un hôpital algérien, près de Blida. Une amie, Suzanne Taïeb, elle-même psychiatre, m'avait signalé la présence d'un illuminé toujours en état d'offrande et d'accueil. Fanon avait fait des études sur les névroses de ses clients. Il en avait tiré un livre *Peaux noires, masques blancs.* Cet Antillais avait remarqué que l'origine commune de toutes les névroses, c'était l'humiliation coloniale, la schizophrénie du colonisé, l'incapacité de vivre autrement que dans la pensée du dominateur. Lorsque ensuite il s'était mis au service de la révolution algérienne, il avait commencé à concevoir cet homme nouveau, c'est-à-dire pour lui *désaliéné* (décolonisé au sens le plus fort), qui avait besoin de supprimer sa référence à ce qui n'était pas lui – et Sartre dira de tuer l'incarnation de cette référence.

Je garde beaucoup de respect pour cet homme. Il avait quelque chose d'Oppenheimer, ce savant dont le masque m'avait frappé à Princeton. J'ai rencontré Fanon dans une capitale africaine, Addis-Abeba, je crois. Au fur et à mesure que son visage se creusait, et que ses yeux en somme le dévoraient, tout en lui s'intériorisait et sa poignée de main devenait plus pressante, et chaque fois chargée d'un message. Il avait une façon à la fois aiguë et indulgente d'affronter un regard. On hésitait toujours quelques secondes avant de savoir si l'on était admis dans l'exigeant univers où il s'était retiré, où il se tenait, pour penser à la condition des siens qui n'était pas encore pour lui la condition humaine.

Je ne suis pas sûr que les Algériens feront de lui un saint parce qu'il gêne tout le monde, parce qu'il aura dérangé tout le monde – y compris moi, d'ailleurs, tandis que j'écris ces lignes. Mais sa mort rend encore plus insupportable, je ne m'explique pas très bien pourquoi, la préface de Sartre. C'est Bechir Ben Yahmed qui est venu m'annoncer la mort de Fanon, peut-être en espérant que je pourrais écrire sur lui ? Déjà ? Et dans mon état ? A vrai dire, je pourrais écrire ce que je viens d'écrire mais Bechir Ben Yahmed déclare aimer la préface de Sartre. Si je ne tenais compte de son goût pour le paradoxe et la provocation, j'y verrais la mesure de ce qui nous sépare. Je lui lis une phrase : « Car en ce premier temps de révolte, il faut tuer. Abattre un Européen c'est faire d'une pierre deux coups, supprimer en même temps un oppresseur et un opprimé. Restent un homme mort et un homme libre; le survivant, pour la première fois, sent un sol national sous la plante des pieds (...), fils de la violence, l'homme neuf puise en elle à chaque instant son humanité; nous étions hommes à ses dépens, il se fait homme aux nôtres. Un autre homme de meilleure qualité. » Un autre homme ! Lequel ? Cette familiarité que j'ai eue malgré moi avec la violence m'a empêché d'éprouver jamais le besoin atroce de tuer pour « m'affirmer ». Quelle masturbation verbale ! Quelle mortelle frivolité ! Si je tuais, si je le pouvais, je me nierais, je nierais tous les hommes. Y compris le rebelle d'Aimé Césaire qui se présente : « Mon nom : offensé ; mon prénom : humilié ; mon état : révolté ; mon âge : l'âge de pierre. » Je n'ai jamais pensé que le courage consiste à préconiser le retour de chacun à l'âge de pierre. Je crois que ce que des colonisés (comme Bechir) disent aimer dans Sartre, c'est une certaine compréhension intime des fantasmes de l'humilié. Il est vrai que les Arabes m'ont toujours reproché mon amour de la vie, donc mon respect de la vie des autres. Pourquoi dis-je *les Arabes* ? Il me semble que l'islam leur a donné une plus grande capacité d'accueil et de consentement pour la mort.

Pour moi, le phénomène Fanon-Sartre est aussi important que le phénomène Sorel (Georges). Ce dernier avait infléchi les réflexions de Mussolini et de Lénine. Si *les Damnés de la terre* deviennent le livre référence de quelques grands agitateurs ou leaders, c'est tout le tiers monde qui peut entrer en convulsions. Après avoir trouvé nécessaire de tuer le colonialiste, ils trouveront indispensables de tuer ceux qui, parmi eux, hésitent à tuer. L'assassinat rédempteur sera pire que le crime logique des staliniens.

Ce livre de Fanon : un livre terrible, terriblement révélateur, terriblement annonciateur des justiciers barbares. Les disciples de ces thèses seront des assassins tranquilles, des bourreaux justifiés, des terroristes sans autre cause que celle de s'affirmer par la mort des autres. S'il faut la mort du Blanc pour que le Noir vive, alors on retourne au sacrifice du bouc émissaire. Je suis effaré, consterné, je suis trop malade pour répondre ; de toute manière, aurais-je eu la voix ? Qui parlera ? Le bâillon du progressisme et du masochisme frappe de mutisme les meilleurs. C'est le désert. Mauriac, lui aussi, se sent « coupable ». Et voici que Camus nous manque déjà. Il ne se doutait pas de ce qui lui survivrait. Ce n'est pas à Fanon que j'en ai, c'est à Sartre. Si c'est à cela que sert le génie, quelle dérision, quel démoniaque égarement !

9 décembre

Jean Mauriac m'informe, avec une certaine excitation dans la voix, que son père a rendu « enfin publics » ses sentiments à mon endroit. Il me demande de me procurer le « Bloc-Notes » du dernier *Figaro*, il se propose de me l'apporter, ne résiste pas au plaisir de me lire ces phrases : « J'aime beaucoup Jean Daniel. Il a autant de courage que de talent. Son déchirement est charnel. La politique y entre pour peu. » Tout le reste, insiste Jean, est « du même calibre ». Je remercie. J'en doute. Je demande à voir. Je ne sache pas que Mauriac ait jamais offert des roses sans épines, ni qu'on respire le parfum de ses compliments sans se piquer. Mais j'hésite sur ce qui me touche le plus : l'article du père ou la joie de son fils à m'en informer.

11 décembre

Visite de l'ambassadeur Le Roy. Je l'ai connu lorsqu'il était ministre près de Parodi, à Rabat. Sa femme Monette tenait ses appartenants ouverts aux correspondants et le couple m'avait en sympathie. Je n'ai plus entendu parler de lui depuis qu'il a été nommé secrétaire général de la Défense nationale. Il vient me voir aujourd'hui et il me fait un récit extraordinaire. Me fait-il confiance ? Croit-il qu'au point où j'en suis je mérite la vérité ? Est-il lui-même désespéré au point de ne plus rien vouloir dissimuler ? En tout cas, il m'apprend qu'il a été, le 19 juillet 1961, chargé de transmettre aux généraux de Tunisie *l'ordre de ne pas occuper Bizerte* ! et que cet ordre n'est arrivé à destination que vingt minutes après l'occupation de la ville ! Est-il concevable que de Gaulle lui-même n'ait pas été obéi ? C'est plus compliqué, dit-il. Quand le mécanisme d'une décision est enclenché, il devient quasiment irréversible. Mais là, il a fallu compter avec le désir d'en découdre des paras et le désaccord sur place entre l'amiral commandant l'amirauté et le chef des troupes stationnées en Algérie qui avaient fait mouvement vers la Tunisie. Je suis consterné et je le montre à Le Roy qui, soudain, paraît désolé de s'être abandonné à sa confidence, moins parce qu'elle peut passer pour la divulgation d'un secret d'État que pour ce qu'elle peut avoir de scandaleux aux yeux des victimes. Et puis, je vois passer sur son visage tout le scepticisme du grand commis qui se refuse le cynisme des hommes d'État. Il doit se dire que c'est à cause de cette capacité d'indignation qu'il n'a pas le destin des grands capitaines. Il doit imaginer le mépris du chef de guerre devant une histoire aussi ridicule, dérisoire, accidentelle que celle de Bizerte. L'orgueil du Général confondu avec l'honneur de la France ne vaut-il pas quelques milliers de morts (trois mille, dit-on) et un peu plus de blessés ? Comme si j'avais bien suivi ses pensées, je l'entends conclure, sortant de son silence : « Vous et moi ne sommes pas faits pour estimer que "le sang sèche vite" : nous refusons qu'il coule. » On dit que c'est un mot prononcé par de Gaulle lorsqu'on lui apprend le nombre des victimes tunisiennes et qu'on redoute, devant lui, le ressentiment contre la France.

Sartre encore. Il y a quelque chose de chrétien dans sa volonté mortificatrice d'incarner les péchés de l'Occident ; c'est ce que m'écrit Jean-Marie Domenach. Je n'en crois rien. C'est la projection d'un chrétien. D'abord, Sartre ne veut pas incarner, lui, la faute. Il en accable l'Occident, l'Europe, la France, la bourgeoisie – pas lui. Il retrouve, dans toutes ces entités, les « salauds » qu'il a traqués, les exploiteurs qu'il a décidé de pourchasser, les responsables de toutes les aliénations, dont la femme, le prolétaire, le colonisé, le juif et le Noir ont été victimes depuis des siècles et des siècles. Mais en Fanon il a trouvé l'aliéné exemplaire, qui joue sur l'ambiguïté du terme, puisque c'est un psychiatre antillais qui a la la « peau noire et (le) masque blanc » et qui se juge comme les siens en proie à une névrose collective, profonde, toujours à l'instant de se transformer en psychose. Et cette aliénation devient l'archétype. C'est celle-là qu'il faut éradiquer, exhumer, plus que toutes les autres parce que plus que l'oppression du sexe et l'exploitation du travail, elle est usurpatrice d'identité. Or la découverte démente, terrorisante et, surtout, romantique et ontologique, c'est que l'*être* reconquis du Noir ne peut surgir que du *néant* imposé au Blanc ; que la vie de la victime, c'est la mort du bourreau, même si la victime ne se reconnaît pas de bourreau. Les colonisateurs, leurs héritiers « innocents », leurs enfants irresponsables doivent être collectivement châtiés pour qu'il y ait transfert de la faute et guérison de la névrose. C'est un grand malheur que l'un des plus grands esprits du XXe siècle (le plus « génial », selon ce que Aron écrit avec regret ?) en soit arrivé à cautionner cette thèse ; et dans cette sorte d'état second où j'écris ces lignes, j'ai envie de prophétiser les pires démesures, les plus catastrophiques expériences. C'est mon drame depuis le début, de lutter contre le colonialisme tout en redoutant des lendemains atroces pour les peuples libérés et pour ceux avec lesquels ils voudront, par « souci d'exister », rompre dans le sang.

13 décembre

Visite de PMF. Je suis perplexe chaque fois que je ne suis pas d'accord avec lui. Il est si solide, si confiant : il donne envie de s'en remettre à lui de bien des angoisses, et puis la différence se révèle et il faut bien s'assumer, être seul responsable de ce qu'on pense, de ce qu'on est. Ce fut le problème (le drame) avec Camus. Arriver à considérer que les hommes supérieurs, ceux dont on admet la supériorité, puissent avoir tort. A la limite : admettre que Dieu puisse être dans l'erreur. Croire à la raison que l'on porte en soi contre ceux qui sont supposés être, plus que soi, dotés de raison... Contre Sartre, c'est facile : c'est une monstrueuse et fascinante mécanique intellectuelle. On peut comprendre qu'elle tourne à vide. Mais contre Camus, Aron, PMF, de Gaulle...

Chaque fois que je me suis inquiété que de Gaulle mît si longtemps à faire la paix en Algérie, des gaullistes de gauche m'ont rappelé que Mendès France et Mitterrand avaient proclamé : « L'Algérie, c'est la France » (en 1954). Hélas. Je me souviens combien je les en avais critiqués. En disant qu'au mieux ce propos était un souhait puisque la majorité des Algériens n'étaient pas encore considérés comme des Français comme les autres. Mais, par mon ami Claude Krief, j'ai répondu aux Vallon, Capitant, Michelet, deux choses. D'abord, que cette affirmation prononcée au moment de l'insurrection était contemporaine du désaveu des insurgés par les messalistes, les communistes et les fédéralistes, et qu'on ne pouvait concevoir qu'un responsable français fût plus nationaliste que les représentants du nationalisme. Ensuite que, si de Gaulle a été appelé, c'est tout de même pour faire mieux que ses prédécesseurs. Cela dit, même Camus ne pensait plus que l'Algérie, c'était la France. Et il l'a dit. Ce qu'on peut reprocher à Mitterrand c'est d'avoir, contre Mendès France, réaffirmé sa proclamation en 1956 quand il était ministre de la Justice sous Guy Mollet.

Sitôt enfermé dans une option et dans les réactions en chaîne de ses conséquences, je suis assailli par les avantages de l'option contraire. Et c'est seulement en m'en délivrant (en me défoulant sur ses inconvénients) que je peux me conforter dans mes choix initiaux. Si j'avais découvert plus tôt les vertus de ce carnet sur ce point, j'aurais fait l'économie de bien des étalages de déchirements et de contradictions.

16 décembre

Émission sur Hemingway. Le beau visage d'Ordoñez, ce toréro imposant de justesse quand il dit : « Depuis mes conversations avec Hemingway, je vis avec lui et surtout je vis dans ses mots. » Et il peut citer toutes les formules d'Hemingway sur la mort et sur le risque.

17 décembre

Cette familiarité d'Hemingway avec le risque m'a plongé dans la perplexité. Je n'ai jamais su partir, souffrir. Je ne suis pas prêt à mourir. Où ont-ils appris ? Je ne suis pas de la race des héros. De ceux pour lesquels les choses sont simples et comme déjà toutes dessinées. J'ai vu autour de moi une famille regroupée pour se protéger de la mort – ce scandale ; une société révoltée contre l'idée même de la souffrance. Quant aux départs, je ne m'y suis jamais résigné que déchiré, ayant partout réussi à faire mon nid là où les autres ne font que leur trou. On ne m'a pas appris à me priver de bonheur, de protection, de tendresse, d'approbation. Quand je me suis trouvé seul, je me sentais accompagné. Un peu comme je croyais voir mon père se déplacer sous le regard de Dieu, j'avançais dans l'existence sous la bénédiction des miens. Aucune prouesse, aucun exploit, aucune distinction, aucun bonheur n'aurait été pour moi digne du moindre effort si je n'en avais d'abord puisé le courage dans cette sécurité.

18 décembre

Inquiet, Jean Mauriac redoute les états d'âme de quelques ministres du Général. Il ne me dit pas lesquels. Selon lui, certains d'entre eux ne tiennent pas le coup, leurs nerfs lâchent. C'est la première fois que j'entends cela. Qu'en pense François Mauriac ? Jean me dit qu'il est angoissé mais aussi exalté. La solitude ne ferait qu'ajouter à la grandeur du destin du Général. Après tout, selon Jean, de Gaulle n'est venu que pour la décolonisation et il l'aura faite ; on ne pouvait en France, après le gâchis de la IVe République, décoloniser sans drame. D'où la fureur des Mauriac père et fils contre cette partie de la gauche (Sartre, Jeanson, les communistes, JJSS) qui aurait tenté d'« empêcher de Gaulle de faire la paix en Algérie ». Tout de même, l'armée y a un peu mis du sien, ainsi que les organisations de pieds-noirs ? Elles, c'était leur rôle, répondent-ils. Selon François, cité par Jean, c'était même leur *destin* – Mauriac commence à utiliser le mot destin aussi souvent que Malraux. Au fond, je tremble avec eux. Je comprends leur démarche : refusant d'observer que de Gaulle a présumé de ses forces, ils souhaitent qu'il soit le plus maudit. L'échec ne sied pas à de Gaulle : il lui faut passer de la gloire au martyre.

22 décembre

Visite insolite d'un gentilhomme tranquille. Il ne comprend pas l'inquiétude des Mauriac. Il a deux choses importantes à me confier. La première, c'est que l'accord sur le cessez-le-feu a *déjà* été réalisé et qu'il sera proclamé, avant la fin janvier, par deux communiqués simultanés de la France et du FLN. Il m'invite à la plus extrême discrétion mais il a trouvé que je « méritais » cette confidence. Énorme.

La deuxième chose, visiblement à ses yeux aussi importante, c'est qu'« on » s'est inquiété de moi. Il le sait grâce à Olivier Guichard, toujours bien en cour. « On », c'est par ce seul pronom que l'on ose évoquer le nom du Général, lequel, comme celui de Dieu dans la Bible, ne saurait être prononcé. C'est Yahvé à l'Élysée. Je ne suis évidemment pas insensible au message.

Le messager, c'est Coup de Fréjac. Avec un nom qui sonne comme celui d'un bretteur compagnon de Cyrano, il n'était pas passé inaperçu tandis qu'il jouait les mousquetaires libéraux auprès de Paul Delouvrier, dans les tourmentes d'Alger. Il était venu me voir à l'hôtel Saint-Georges pour m'informer que les colonels nous avaient décrétés, Jules Roy et moi, « comment dire, hum, plutôt indésirables ». Et que si Delouvrier s'était opposé à notre expulsion, il préférait pour notre sécurité nous voir librement quitter les lieux au plus vite. Le ton de Coup de Fréjac, pour m'alarmer, était celui d'un Oscar Wilde qui se serait plaint d'être privé de sa tasse de thé au moment où il est menacé de prison. Parmi les arbres exotiques du jardin du célèbre hôtel, je lui trouvai, tandis que nous déambulions par une soirée limpide, les charmes incertains d'un conspirateur délicat.

23 décembre

Ce jeune professeur, qui a fait tout le voyage depuis Arles pour me rendre visite, respire la liberté, le bonheur – la vie. Il parle de son métier avec une telle passion. Il évoque ses élèves avec un tel mélange de fierté et de gratitude qu'il me fait penser à Marcel Domerc. Il me dit qu'il va se promener sur les collines avec tous ses élèves. C'est ce que nous faisait faire Domerc. Combien d'élèves ? Une trentaine. Pas de ricaneurs ? De ceux qui, par pudeur, manifestent une gouaille caustique ou s'efforcent d'être vulgaires dès qu'on leur parle de poésie ? Il en a eu au début. Ils ont eu l'autorisation de ne pas venir en promenade. Puis ils ont rejoint les autres. Mon visiteur aime Cendrars, Vialatte, Genet, le sport et la danse. Il fait tout. Tout ce que j'aime. Tout ce que j'aimerais faire encore. La guerre d'Algérie ? C'est un problème bien simple pour lui : il faut que les Algériens gagnent. Pour lui, les Algériens, ce sont les insurgés, c'est le FLN. Que me veut-il ? Que puis-je lui apporter ? Se peut-il qu'il ait trouvé dans mes articles de quoi alimenter une simplicité si réductrice ? En aucune façon. Il est tombé sur un récit que j'ai commis, il y a bien longtemps, en 1953, et qui n'a été suivi jusque-là d'aucun autre. Ce récit, c'est Camus qui en avait trouvé le titre : *l'Erreur*. Et il l'avait pris dans sa collection, « L'espoir », chez Gallimard. René Char l'avait aimé : il a voulu me connaître. Brice Parain avait-il voulu faire plaisir à Camus ? En tout cas, il avait porté mon opuscule aux nues, prévoyant pour moi je ne sais quelle inévitable carrière. Le succès de prestige avait donc été honorable; celui de la critique moyen; celui de vente nul. Je devais ensuite avoir tous les alibis pour ne pas continuer. Mais ce jeune professeur à mon chevet, voici qu'il m'en fait l'éloge avec une gaieté sans fioritures. Il cite des phrases de Sylvain Regard, mon héros. Il demande s'il est possible que je ne continue pas à raconter sa vie. Il dit : « C'est un compagnon que j'ai croisé et que je ne veux pas perdre de vue. » L'attendrissement me guettant, je passe à des questions moins personnelles. « Avez-vous parfois l'impression que vous ne pouvez pas communiquer une passion à vos élèves ? » Il répond sans hésiter : oui, celle de Proust. Ce n'est pas un auteur pour la promenade. C'est le contraire de Giono. Je comprends. Proust ne se prête pas à des récits. Souvent je me suis demandé comment je pourrais triompher de la résistance des jeunes gens à Proust. J'ai cru en découvrir la recette un jour où le hasard des lectures m'a fait rapprocher certaines pages des *Jeunes filles en fleurs* de certains passages du *Temps retrouvé*. Après les descriptions si précises, si fouillées, si ferventes des triomphes ambigus de l'adolescence, de ces moments ténus, subtils, éphémères qui sont les fulgurances de la sensualité proustienne, j'ai sombré dans les brouillards du *Temps retrouvé* où il n'est question que du déclin, de la décadence et du naufrage, avec plus de tragique dans la dérision, plus de désespoir que dans *le Portrait de Dorian Gray* d'Oscar Wilde, ou dans *la Mort à Venise* de Thomas Mann. C'est l'une des clés de la recherche proustienne. Le temps que l'on veut retrouver, à la fin des fins, c'est celui de la fulgurance, celui de la seconde où la peau d'un certain éclat suscite un vaillant désir.

Émerveillement devant l'apparition furtive, secrète, de ce qui est jeune et qui, à peine l'a-t-on décrit, l'est déjà moins, comme le duvet sur l'épaule d'une adolescente. Et puis, révolte, désespoir, désolation devant le désastre de ce qui est devenu et qui n'évoque que par grimace ce qui fut – qui le mesure en le caricaturant. Pages terribles, les premières comme les dernières, un temps qui passe sur les fleurs et qui s'attarde sur les ronces. A peine le Narrateur de Proust se réchauffe-t-il devant les flammes qu'au lieu de voir la lumière, il n'est brûlé que par des cendres.

En rapprochant les deux textes (celui des *Jeunes filles* et celui du *Temps retrouvé*), je montrerais aux jeunes gens quel stupéfiant et incroyable privilège a été placé entre leurs mains par des dieux capricieux, lesquels, non contents de leur faire goûter l'humeur et la saveur de l'éternité, comme on le fait avec la morphine aux malades, passent leur temps ensuite à leur retirer ce privilège de manière perverse, insidieuse et progressive, les condamnant toute leur vie à se remémorer le bref instant béni de leur grâce. Alors je leur dirais que si Proust est bien de son temps, c'est-à-dire que, comme Bergson et Freud, il a trouvé que si rien n'était supérieur à la découverte des secrets du mécanisme complexe et énigmatique de la mémoire, et que rien n'était plus riche, et plus gratifiant que d'entreprendre la remémoration du passé, il s'agissait aussi et surtout, pour lui, de restituer le seul passé digne de l'être puisqu'il était le moment d'éclosion des passions. L'amour d'un adolescent étant la seule authentique re-naissance après les contingences de l'accouchement. C'est dans ce labyrinthe désespéré que le Narrateur nous entraîne, nous enténèbre, affecte de s'égarer, de se fourvoyer, de se sentir prisonnier alors qu'il possède seul le fil et qu'il s'agit d'une Ariane de l'adolescence, d'un souvenir de lumière. On passe toute sa vie dans la nostalgie de quelques moments. Après le bateau ivre, il faut partir pour l'Abyssinie pour se souvenir des illuminations. Mais faire en sorte que la reconstitution du passé sacralisé puisse triompher de l'intensité du regret ; arriver à remplacer la nostalgie par une vie au présent dans un passé perdu, puis retrouvé : c'est toute l'entreprise proustienne. C'est sa seule conception du bonheur. Telle en tout cas que je l'ai vécue dans le dédale des phrases, si lourdes au départ aux yeux de tant de jeunes gens, et en apparence si gratuitement complaisantes, et qui deviennent ensuite si indispensables et si évidentes. Il vient un moment où toute la caverne dans laquelle Proust nous enferme s'inonde de lumière, où les toits et les murs explosent, et nous exposent aux brûlures de cet astre mort : le soleil du passé.

J'aimerais bien que ce jeune professeur revienne. La confiance qu'il me fait me détourne de mes obsessions. Et puis, cela me rappelle que, pendant quelques mois à Oran, j'ai su communiquer à mes élèves un peu de mon amour pour la littérature : ces cours sur les héroïnes de Racine que nous avions prolongés tard dans la nuit sur une plage, et le visage d'une étudiante aux grands yeux clairs... à qui j'ai parlé de Guilloux, que j'ai revue. J'y pense souvent...

24 décembre

Avant de regagner Saint-Brieuc, décidément devenu pour moi un haut lieu, Louis Guilloux me rend visite. Aujourd'hui ce grand écrivain a l'air d'un clochard débraillé, aviné, flottant dans son pardessus fripé. Cripure ? Presque. Au bout de quelques secondes, il conte, il raconte, il enchante. Il a vu Malraux et il a retenu quelques tics du ministre. Il joue à être aussi stratège que son protecteur. Il dit : « Tout cela ne vaut tout de même pas les rapports que j'avais avec Albert. » Il parle de Camus. Il le fait comme avec précaution. Un peu comme lorsqu'il évoquait le voyage qu'il avait fait avec Gide en URSS, et où il s'était passé, si on le comprenait bien, certaines choses mystérieuses autour de la mort d'Eugène Dabit, l'un des compagnons du voyage en URSS. Je ne suis jamais arrivé à lui faire dire clairement ses réserves sur Gide, comme sur la dénonciation par le même Gide de l'Union soviétique. Il est resté chez Guilloux une sorte de patriotisme ouvriériste qui le maintient dans une vague solidarité avec ses frères de misère et avec les anciens combats. A propos de Camus, quand il prononce son nom devant moi, c'est comme s'il avait peur d'aborder un sujet tabou à cause de ce qu'il sait, de ce qu'il a dû entendre, de ce qu'il croit que je sais. Soudain Guilloux me dit : « En tout cas, cette fois, tu ne peux plus te disperser dans le spectacle du monde. Il faut que tu te racontes. » C'est une allusion à une conversation que nous avons eue, il y a quelques années, à Saint-Brieuc précisément.

Il m'avait demandé si je ne craignais pas de me laisser dévorer par le journalisme. En fait, il pensait que je souhaitais l'être. Par orgueil, parce que mon premier livre était passé inaperçu ; ou par une impatiente paresse, parce que je voulais me faire un nom avant d'avoir fait une œuvre. Pour lui, écrire c'était entrer en religion et c'était un peu se défroquer que de faire autre chose quand on avait commencé. « Et si c'était par modestie, lui ai-je répondu : parce que je ne crois pas encore suffisamment en moi ? » Cela voudrait dire en effet que tu n'es pas un écrivain, a tranché Guilloux. « Pourtant, pourtant, ajoutait-il en bourrant sa pipe et rabattant sa mèche, on ne fait pas *le Sang noir* du premier coup. Et tu n'étais pas trop mal parti. » En fait, je n'osais pas dire à Guilloux que, d'une part, je ne choisissais pas vraiment le journalisme ; c'est lui qui me choisissait, me happait ; que d'autre part, je ne renonçais nullement à l'écriture et même que c'était par le journalisme que les grands Américains avaient commencé. Or mes idoles étaient bien Hemingway, Steinbeck, Caldwell, le Malraux de *l'Espoir*. Et mon nouvel ami Elio Vittorini. C'était mon principal alibi. J'en avais d'autres, le premier était qu'il me fallait bien survivre ; le second, que la guerre d'Algérie s'était imposée à nous tous mais peut-être plus à moi qu'à d'autres. Il se mit alors à disserter sur les moyens d'existence. Il lui vint l'idée que ceux qui savaient écrire, ou en général créer, et qui étaient nés pauvres, étaient des traîtres à leur classe. Les bourgeois, disait-il, transmettent à leurs enfants ou un métier ou l'argent pour en avoir un. Nous autres, nous arrivons au monde tout nus, sans héritage, mais si nous avons ce don curieux de pouvoir écrire, ou peindre, ou jouer, alors nous ne faisons plus partie de notre classe. Moi, je suis un traître à l'échoppe de mon père cordonnier.

Il faudra que je demande à Guilloux pourquoi et combien de temps il a eu ce sentiment d'injustice, alors qu'il passe son temps à souffrir du manque d'argent, au grand scandale de ses amis qui trouvent minable la pension qui lui est allouée. Il a voulu m'assimiler à lui, mais je ne suis pas né pauvre même si je n'ai disposé d'aucun argent. Et quand je me suis rendu compte qu'on me prêtait des facilités d'écriture, je n'ai pas eu le sentiment de trahir qui que ce soit, et surtout pas ma famille qui avait, au contraire, un vrai respect pour ce genre de don. De plus, je n'ai jamais été habité dans mon adolescence par une telle noblesse de sentiment – celle de Guilloux. Rien ne me paraissait plus enivrant qu'un privilège, et je n'avais aucun effort à faire pour estimer qu'il était mérité. En tout cas, cette facilité m'a empêché de me poser des questions sur mon avenir : il était écrit que j'écrirai. Où, comment, je l'ignorais, mais comme je ne savais faire que cela...

Je vais dire ici cependant, comme à ma décharge, que le journalisme, surtout celui des grands reporters et des chroniqueurs, ne m'a jamais paru un dernier recours, encore moins ce que Montherlant, je crois, a nommé « le tout-à-l'égout des ratés de l'écriture ». On m'a sans doute appris en philosophie le recul et la distance, et longtemps j'ai eu l'habitude de répondre à une question en demandant qu'on me laisse réfléchir une journée pour y répondre. Mais l'idée d'apprivoiser ou d'accompagner ces « événements » qui font l'Histoire m'a paru enivrante le jour où, à Alger, un dimanche matin en 1936, dans un club de ciné-travail, j'ai entendu Malraux parler de Madrid et de Berlin. L'événement, c'était lui. Non pas qu'il y ajoutait par son génie, non pas qu'il le transformait par sa passion, mais parce qu'il s'identifiait à ce mystère de l'irruption de quelque chose qui se trouvait dans le néant avant d'occuper en une seconde tout le présent. Le tout dans les transes et la vaticination. Malraux, c'était Saint-Just, Lamennais, etc. Cette tension du corps, ce regard débordant la paupière inférieure, cette mèche qui tombe à chaque éclat d'éloquence, cette façon rageuse d'aspirer la cigarette en faisant saillir les pommettes, cette voix si régulièrement pathétique et qui interdisait toute banalité : qui ne l'a vu et entendu à cette époque ne peut comprendre pourquoi, en ce moment, en 1961, malgré son allure, son panache, sa hauteur, il peut apparaître parfois à certains comme théâtral et provincial, comme un comédien contemporain de Sarah Bernhardt ou de Lucien Guitry et qui force la note. Mais ce jour-là, à Alger, en 1936, après l'avoir entendu, je suis rentré chez moi, nous habitions alors rue de Constantine, ma « grande sœur » surveillait mes sorties, redoutant pour moi toutes les tentations du diable, et j'ai écrit sur mon carnet : « C'est seulement à la façon dont la vit Malraux que la vie vaut la peine d'être vécue. » Un peu sérieux, un brin grotesque, j'avais seize ans.

Je n'ai jamais dit cela à Malraux, bien entendu.

26 décembre

J'ai fêté, si j'ose dire, hier soir, mon premier Noël alité et plâtré. Mic avait fait livrer à la clinique un immense plateau d'huîtres et d'oursins venant de l'écailler de ses parents, celui de la brasserie La Lorraine, place des Ternes, où nous sommes allés plusieurs fois lorsque nous abandonnions Montparnasse et La Palette. Après minuit, revenant de la messe où elle se rend toutes les nuits de Noël depuis que je la connais, Marie a fait une apparition. Je lui ai annoncé qu'on allait me transporter le lendemain en ambulance chez des amis. Le choix des conditions de ma première sortie ne lui a pas paru innocent. Il ne l'est pas. Je me trouve aujourd'hui dans ce grand appartement du boulevard Suchet. Pour y parvenir, nous avons traversé le Bois et des avenues que j'ai, paraît-il, contemplés avec une intensité un peu hagarde, soulignée par ma maigreur. S. m'a dit : « Tu deviens tout naturellement pathétique, c'est un physique inemployé, on devrait t'utiliser au théâtre. » Si je ne savais que je dois rentrer en clinique le 2 janvier pour y être opéré le 5, je serais ici comblé. Je contemple la vie comme derrière une vitrine. Mais j'ai l'impression qu'il ne m'est plus impossible de passer bientôt de l'autre côté. Reste cette opération : la septième.

31 décembre

M. s'étonne que je puisse rire, et de si bon cœur, que je puisse, à vrai dire, m'esclaffer en voyant sur l'écran de télévision l'explosion de grimaces de Louis de Funès. On sait qu'il y a peu de raisons à la mécanique du rire, ou que, du moins, toutes les raisons en sont connues. Les comiques, les clowns, les bouffons ont le secret de cette mécanique convulsive. Mais dans la tradition, on porte un masque comme les artistes de la commedia dell'arte, ou l'on se maquille comme au cirque. Bref, on se cache. Il y a aussi les rites des comiques du texte, tel Fernandel : personne n'a jamais su mieux que lui savourer les mots jusqu'à l'obscénité contagieuse. Mais de Funès, lui, c'est le message de la grimace. C'est le miroir complètement déformé et complètement fidèle de notre visage. C'est l'image renvoyée de notre hystérie refoulée. C'est la singerie de nos sensations étouffées. Il ne dit rien qui vaille. Le propos est superflu, d'ailleurs inaudible : les mots ponctuent les gestes, deviennent des cris et ne sont que prétexte. Le grognement, le grommellement, le borborygme et l'onomatopée ne font que souligner, dans un contrepoint syncopé, la stylisation de la grimace. Froncement de sourcils, jeu d'avant-bras, hochement de tête, piaffements, trépignements, ruades et contorsions débouchent sur une transe où les stridences composent tous les ingrédients du rire. Plus question ici des recettes connues du comique (comique de rupture, de situation, etc.). Il y a pourtant dans cette frénésie une stupéfiante finesse qui dépasse la mécanique euphorique. Un condensé de Molière et des Marx Brothers alors que, dans les deux cas, seul compte le texte. Cet hurluberlu génial donne un sens à la gesticulation épileptique. La première fois que je l'ai vu, c'était en 1957, il y a quatre ans à peine, à l'occasion d'une tournée des galas Karsenty. J'ignorais tout de lui, je pensais qu'il s'agissait d'un débutant (était-il d'ailleurs connu ?). La jeune universitaire qui m'y avait traîné avait passé son temps à s'excuser et justifiait son initiative par le fait qu'elle était liée à l'un des organisateurs de la tournée. La pièce, un vaudeville quelconque, était plutôt bien ficelée avec les rebondissements qu'il faut, les quiproquos, les chassés-croisés, les sorties et les rentrées, mais dès que Louis de Funès apparaissait, il me semblait que je voyais le comique à l'état pur, l'essence, la quintessence, le résumé, mais en même temps qu'il exprimait les émois de l'inconscient, tous les rictus et petits gestes qu'on retient ou qu'on refoule. Je n'ai pas encore l'impression d'être au cœur du secret de Louis de Funès. Je sais bien en revanche ce qu'il représente : une *épure*. Seuls les grands y parviennent. Quand Ravel compose *la Valse*, il fait la synthèse de toutes les valses. Même chose quand il compose *Tzigane* que j'ai entendu hier. Fernand Raynaud est un sociologue. Louis de Funès crée, lui, la métaphysique du geste. C'est avec ce grand clown que je finis l'année.

– 1962 –

2 janvier

Première visite le jour où je réintègre la clinique : une jeune Américaine, dépêchée par *New Republic*, et qui s'intéresse à Camus et plus précisément à son rôle à *l'Express* et aux raisons de sa rupture avec moi. Coïncidence : il y a deux ans que Camus mourait. L'Américaine me rappelle que j'étais à Tunis et que j'ai écrit un article où je disais que Camus était un « voluptueux puritain ». Je m'en souviens très bien. Marcel Domerc, mon professeur, m'avait même dit qu'il s'agissait d'un autoportrait. (J'avais l'impression d'avoir dit bien autre chose et plus digne qu'on s'en souvînt !) Ce qui m'a le plus ému après la mort de Camus ? L'article de Sartre dans *France-Observateur* : « Certains meurent vieux ; d'autres toujours en sursis peuvent mourir à chaque minute sans que le sens de leur vie, de la vie, en soit changé. Mais pour nous, incertains, déboussolés, il fallait que nos meilleurs hommes arrivent au bout du tunnel (...). L'accident qui a tué Camus, je l'appelle scandale. (...) Pour tous ceux qui l'ont aimé, il y a dans cette mort une absurdité insupportable. » Admirable texte et qui fait que je ne pourrai jamais me détourner complètement de Sartre. On a bien lu « pour tous ceux qui l'ont aimé ». Sartre n'a jamais pu transmettre cet amour de Camus aux sartriens.

Alors, ma chère et jeune consœur américaine, qui savez tout, qui avez déjà tout lu, faisons le point. Camus à *l'Express* ? Après une période d'euphorie vraie, où il s'est vu fêter et célébrer par J.-J. Servan-Schreiber – ce à quoi Camus m'a plusieurs fois dit qu'il n'était pas indifférent ; après une période où nous étions tous si fiers d'appartenir à l'hebdomadaire de Mauriac et de Camus (j'inversais pour ma part l'ordre des grands hommes), Camus déçut assez rapidement les directeurs de *l'Express*. D'abord il prétendait être de la partie et quand l'hebdomadaire fut transformé en quotidien pendant six mois, avec les déboires que l'on sait pour ce qui fut des premiers numéros, Camus, ancien directeur de *Combat*, donna son avis : il était meurtrier. On trouva ensuite Camus hautain et ténébreux et ne réservant son humour, sa joie, son côté voyou qu'à certains de ses vieux complices réunis dans mon service comme Bloch-Michel, Erval, Namia et quelques jeunes femmes bien sûr qui ne s'étaient pas encore fait un nom. Enfin et surtout, on n'avait pu s'empêcher d'espérer de Camus qu'il précipitât par ses arrêts et son ascendant la chute des gouvernements opposés à la négociation en Algérie – tout comme Mauriac avait contribué à le faire pour ceux qui faisaient obstacle à l'indépendance marocaine. Georges Boris et Brigitte Servan-Schreiber m'avaient dit espérer de Camus qu'il écrirait une *Case de l'oncle Tom* où les Algériens remplaceraient les Noirs ! Et, de ce fait, leur déconvenue fut évidemment totale. Car Camus voulait de plus en plus tenir la balance égale entre les deux communautés d'Algérie, comme il prétendait juger avec autant de sévérité les deux armées (celle des maquisards et l'armée française). Surtout, Camus ne voyait pas d'analogie entre les Noirs d'Amérique qui ne demandaient alors que réparation et intégration, et les Arabes d'Algérie qui prétendaient, selon lui, exclure de leur pays à reconquérir tous ceux qui y avaient pris racine depuis 1830. Camus ne se lassait pas de rappeler que la province algérienne était depuis plus longtemps française que ne l'étaient Nice et la Savoie. Son refus de tout manichéisme se prêtait mal à une instrumentalisation du combat à des fins politiques intérieures. Après tout, pour Camus, et quelles que fussent les raisons du FLN, ce dernier demeurait bien l'ennemi pendant le temps où il s'attaquait aux Français d'Algérie, c'est-à-dire aux siens ; et l'armée française restait bien l'armée de la France pendant le temps où elle défendait, sur place, ces mêmes Français, même s'il fallait dénoncer – ce dont il ne se privait d'ailleurs pas – les tortures, les excès, les bavures. Il ne concevait pas qu'on pût, selon son expression, « tirer dans le dos » des enfants que la France envoyait se battre en Kabylie ou dans les Aurès. L'idée de « porter les valises » du FLN lui aurait paru aussi monstrueuse que si on lui avait demandé de tirer lui-même sur sa mère. Il croyait que JJSS, qui avait accepté de combattre comme lieutenant en Algérie, et qui s'y était d'ailleurs fièrement comporté, était d'accord avec lui sur l'essentiel. Mais plus le temps passait, et il passait très vite dans cette tourmente, et plus Camus avait l'impression qu'on attendait de lui autre chose que ce pour quoi il voulait témoigner et qui, en définitive, ne servait, selon lui, personne.

Ma consœur américaine observe que je lui dis tout cela avec une évidente sympathie pour Camus – alors que moi-même, etc. : c'est vrai. Dans la répartition des tâches et des rôles, ce qu'il se devait à lui-même n'était en rien comparable à ce que je m'imposais. Il était témoin de moralité; j'étais informateur engagé. Il m'est sans doute arrivé de déborder mes limites et de regretter que Camus ne prît pas son parti de l'inéluctable comme j'avais engagé Jules Roy à le faire – ne fût-ce d'ailleurs que pour rendre cet inéluctable plus humain, et pour en finir avec les massacres maintenant que le rêve camusien d'une solution « fédérale » n'avait plus la moindre chance. C'est vrai, à la fin des fins, que Camus m'a déçu. Mais il n'importe, chère consœur américaine qui m'écoutez avec tant de passion pour notre homme. Au moment où chaque jour apporte sa moisson d'horreurs et d'atrocités sur l'Algérie en détresse, je ne me soucie que de décrire un homme qui plus que les autres a fait son métier d'homme.

3 janvier

Je pense à ce que j'ai dit à cette Américaine et qui va peut-être l'écrire. Y avait-il chez Camus une distance vis-à-vis des Arabes ? Je dirais : moins que chez d'autres grands intellectuels d'aujourd'hui. Moins que chez Malraux, par exemple, qui m'a souvent parlé avec une inquiétude dépourvue de son habituelle curiosité de cette « montée un peu partout du césarisme musulman », qui, selon lui, barrait l'Histoire mais chaque fois pour en faire régresser le niveau. Comme il n'est rien que Malraux mît au-dessus de la civilisation de Sumer, de Chaldée, d'Assyrie et de Mari, de Memphis et de Thèbes, il ne pouvait s'empêcher de déplorer un déclin dont il a refusé de voir l'arrêt, en dépit des fulgurances ultérieures à Bagdad, Damas, Alexandrie. Il a davantage admiré le destin de Lawrence d'Arabie qu'il n'a déploré ces fameux accords Sykes-Picot (de 1916) qui ont mis fin aux rêves unitaires et arabes du héros britannique des *Sept Piliers de la Sagesse*. Le Lawrence admiré et lancé par Malraux en France, c'est d'ailleurs David Herbert *(l'Amant de lady Chatterley)* et non Thomas Edward.

Dans le seul entretien que j'ai eu avec lui sur l'Algérie, Malraux m'a répété : « Je ne connais pas vos Arabes », et ce n'était pas précisément pour se plaindre de son inculture. En revanche, le problème moral mais aussi stratégique posé par les « terroristes » l'intéressait. Encore fallait-il qu'on le persuadât que ce terrorisme n'avait rien à voir avec le fanatisme. En tout cas, juste avant que de Gaulle ne parvînt aux affaires, et conscient qu'il était presque plus difficile de décoloniser que de coloniser, Malraux était partisan que la France gardât un département témoin, une zone pilote, où le génie français, déployé à l'israélienne, eût constitué un pôle d'attraction pour le monde maghrébin et au-delà.

Pour Sartre, l'Arabe est abstrait. Il ne voit en lui que l'opprimé, l'humilié, l'aliéné mais aussi peu « positif » qu'un juif qui serait délivré du regard de l'antisémite. Au reste, les Arabes qu'on lui fait rencontrer en ce moment ce sont les révolutionnaires de la Fédération de France du FLN qui se présentent un peu comme des marxistes français. Sartre ignorait tout du problème arabe, maghrébin et plus précisément algérien. Je me souviens l'avoir vu, en 1956, présider un meeting messaliste (les ouvriers algériens étaient encore fidèles, à Paris, à l'ancien grand leader Messali Hadj) en faisant l'éloge du FLN. Le même Sartre, dans le même meeting, affirmait que les Français d'Algérie (qu'il appelait « les Blancs ») enlevaient aux petits Arabes les oranges de la bouche. André Mandouze, qui arrivait d'Alger et qui partageait mon respect pour Sartre, en frémit de surprise. Même Mandouze.

Sartre voit les paysans algériens à travers Franz Fanon. Rien ne lui est plus étranger que l'arabisme, l'islam et même la Méditerranée. C'est dans la mesure où la révolution les hisse au-dessus de leurs déterminations arabo-islamiques qu'il apprécie les Arabes, les soutient, entend prendre pour eux des risques, tous les risques, et il les rejoint alors avec une passion déterminée dans l'universel révolutionnaire et abstrait.

Quant à Raymond Aron, on ne peut pas dire qu'il ait soupçonné l'importance ou même l'existence de la nation arabe avant qu'elle ne suscite dans ses provinces égyptienne ou maghrébine des problèmes de gouvernement pour la métropole. Les deux livres qu'il a consacrés à la guerre d'Algérie ne sortent du pessimisme lucide et sec que pour manifester un frémissement polémique tantôt contre Thierry Maulnier, collaborateur comme lui du *Figaro*, tantôt contre Soustelle et Camus. Depuis 1956, Raymond Aron est persuadé que « la guerre d'Algérie met en péril ce qui subsiste de Communauté française ». Il est l'un des premiers à s'être résigné à l'indépendance, à en avoir prononcé le mot et à avoir déclaré que la France se battait en vain pour repousser définitivement l'indépendance algérienne. Il a été le plus sévère critique de Jacques Soustelle. Comme d'habitude, il a procédé à une analyse géopolitique, et même stratégico-économique, des mouvements du tiers monde, et de l'évolution des peuples sous tutelle française vers l'indépendance. C'est ce qu'il soutiendra avec un brio sec dans une réunion de la revue *Preuves* où la tribune était occupée par Germaine Tillion, Alain Savary et moi-même, en 1959. On sait qu'il n'est rien tant que Raymond Aron aime : les impasses. Il eut vite fait de reconnaître que personne ne voulait vraiment de l'indépendance sauf le FLN, lequel ne voulait que l'indépendance. D'où pas de solution. D'où, in fine, l'indépendance contre la France et en tout cas contre les Français d'Algérie. Pour l'Algérie, il a très vite décrété que l'intégration était « inacceptable pour les musulmans et inapplicable par les Français ». C'est à partir du moment où il a été attaqué de toutes parts (y compris à *l'Express*, et à tort, par moi-même) que Raymond Aron, voulant démontrer qu'il n'était ni insensible au drame d'une éventuelle sécession ni indifférent au destin des peuples, s'est attaché à découvrir les Arabes. Il a voulu montrer qu'il n'était pas « cartiériste », que le sort du Zambèze pouvait lui importer disons presque autant que la Corrèze, et c'est là qu'il a été le moins convaincant. On peut dire de Raymond Aron que, s'il s'est aussitôt attiré la reconnaissance du FLN par la radicalité de ses analyses en faveur de l'indépendance, il n'a pas jugé qu'il était de son rôle, ni dans son inclination, d'accompagner effectivement le drame dans tous ses soubresauts. Les Arabes n'ont en tout cas pas joué dans la vie de Raymond Aron, et c'est un euphémisme, un rôle comparable à celui de la philosophie allemande.

Pour Mauriac, les Arabes, ce sont surtout les Marocains. Habib Bourguiba aussi, bien sûr, parce que, grâce au leader tunisien, Mendès France *a conduit* une décolonisation alors qu'on l'avait *subie* en Indochine. Mais il fallait d'une part l'aversion pour la médiocrité et l'impuissance des gouvernants français, et d'autre part le caractère à la fois aristocratique et religieux de l'empire chérifien, pour qu'un Mauriac, dans la descendance spirituelle et esthétique d'un Lyautey, sortît de son gallocentrisme et de son provincialisme hautain et monoglotte pour se découvrir des tentations ou des intérêts arabes. Certains de ses interlocuteurs marocains avaient de plus la grâce, et quelques-uns l'ont gardée. Abderahim Bouabid, Mohammed Benhima, secs et minces comme des hispano-berbères, teint mat des cavaliers de l'Atlas, un charme fait de réserve, de distance et d'exigence altière. Je n'ai jamais partagé l'ironie souvent assassine des ennemis de Mauriac (qui se trouvaient aussi parmi nous) devant les faiblesses du maître à l'égard de ces beaux Marocains. Prêt à témoigner contre la torture à tout moment, aux temps de la IVe République, il se déclarera incompétent sous de Gaulle et il affirmera qu'il voulait « faire confiance à Malraux », lequel avait demandé aux Prix Nobel de constituer un jury d'honneur (Martin du Gard, Camus, Mauriac). Mais Mauriac ne voulait en rien gêner de Gaulle et il ne « sentait » pas, disait-il, ces Algériens qui résistaient à toutes les avances de son idole. Au demeurant, l'Arabe, pour ce Bordelais, c'était le Sarrasin jadis envahisseur et jadis refoulé de l'Espagne. Est-ce que la nation arabe intéressait Mauriac ? Je ne le crois pas. Louis Massignon, Charles André Julien, Régis Blachère, Jacques Berque se comportaient comme les parrains de Mauriac dans ses intermittentes initiations à l'arabo-islamisme. Mais Mauriac ne paraissait en retenir que la fidélité chez les Arabes à la parole donnée et les manquements de la France à cette tradition de l'honneur. Cela mettait Mauriac à l'abri de certaines dérives passionnelles, promptes à comprendre tous les excès qui font se transformer les victimes en bourreaux et les colonisés en fanatiques.

C'est peut-être chez Germaine Tillion que j'ai observé la plus grande familiarité, la proximité la plus naturelle avec les Algériens (arabes et berbères) musulmans. Chaque fois que je l'ai rencontrée, en Algérie ou en France, elle revenait de ses montagnes ou de ses banlieues tout imprégnée de la vie quotidienne de ceux qu'elle étudiait en partageant leur existence et leurs difficultés. Front beethovénien sur un corps de petite paysanne, voix de servante au grand cœur, méprisant ses réussites, sous-estimant ses difficultés, s'excusant de son héroïsme, elle avait séduit par son implacable douceur quelques voyous algériens devenus résistants. Chez cette ethnologue, ancienne déportée, dont le visage irradie la plus simple et la plus authentique générosité, il n'y a pas de préoccupation politique. Elle va droit à ce qui est pour elle l'essentiel et elle y plante sa tente quoi qu'il arrive : le sort de la majorité immense des Algériens coincés entre la rébellion et la répression. Elle a réuni toutes les données, elle a prévu à terme, et quelle que soit la solution, la « clochardisation » des Algériens. Est-elle trop pessimiste ? Passe-t-elle surtout à côté de cette passion arabe, l'« émeute identitaire » ? Je ne sais. J'ai avec cette femme exemplaire toutes les complicités ; j'ai pour elle tous les respects. C'est pour elle en tout cas que Montesquieu, cité par Aron, a écrit : « Être vrai partout, même sur sa patrie. Tout citoyen est obligé de mourir pour sa patrie ; personne n'est obligé de mentir pour elle. »

Aucun de ces grands intellectuels n'a de culture arabe. Camus et surtout Francine, sa femme, ont bien lu Gautier mais ils ne sauraient, plus que moi, citer un auteur arabe récent. Tous en sont restés à Ibn Khaldun, « père de la sociologie » et dont on retient qu'il a été sévère envers les siens (et que, comme saint Augustin, il est berbère). La culture universelle ne passe pas pour tous les beaux esprits par les créations *actuelles* de l'arabo-islamisme. Jean Grenier, visitant Fez, déclare : « On croit voyager dans l'espace, on voyage dans le temps. » C'est le passé qu'on aime dans les pays arabes. Pour l'avenir, selon Malraux, deux peuples seulement en sont porteurs : la Chine et Israël ! C'est ce qu'il m'a dit dans l'entretien évoqué plus haut, qui date de l'année dernière. Aron regarde du côté des États-Unis et de l'URSS en même temps. Camus voudrait penser que l'Europe et la France ont un destin. Il avait espéré en une civilisation méditerranéenne mais, depuis la guerre d'Algérie, il s'est tourné vers Dostoïevski plus que vers Cervantès, vers Kafka plus que vers Pirandello, et Jean Senac, ce jeune poète, ami dévot, pourri de complexes et de talent, n'arrive pas à lui faire croire qu'il y aura un René Char arabe, bien que lui, Camus, ait dit admirer Mouloud Feraoun et Mohammed Dib, deux écrivains de langue française « comme moi », précisait-il.

4 janvier

Ce qui a éloigné Camus de moi après son départ de *l'Express*, et au fur et à mesure que se déroulait et s'amplifiait la guerre d'Algérie, je ne l'ai jamais su de sa bouche. La dernière fois que nous avions eu un entretien, c'était en janvier 1956. Cet entretien était tendu, pathétique, mais il n'était pas dirigé contre moi. Camus venait de trouver sa vérité et il me l'a confié. Au point où les choses en étaient arrivées, c'est-à-dire la séparation des deux communautés et la faillite de l'autorité centrale française sous le gouvernement de Guy Mollet, Camus ne voulait pas ajouter au malheur par un témoignage qui ne pouvait être que déformé par les uns ou les autres selon leur passion. Il insistait surtout sur le fait qu'il y avait désormais en Algérie non pas des Français contre des Arabes mais une communauté non musulmane minoritaire et une communauté musulmane majoritaire. C'est l'islam, selon lui, qui était au centre de l'affrontement car l'Algérie ne pouvait appartenir à personne sinon à tous. J'ai rapporté cet entretien dans une revue (*Études méditerranéennes*, numéro d'avril 1960). Je ne dis pas que Camus m'associait dans sa réflexion ; ni même qu'il se soit soucié de me convaincre. J'ai eu l'impression qu'il parlait pour lui tout en me laissant le soin d'en tirer des conclusions personnelles. En tout cas, il s'agissait d'autant moins d'une rupture avec moi qu'il m'avait défendu plusieurs fois auprès des siens, notamment auprès de Francine Camus, sa femme, et auprès de Jean Grenier qui tous deux détestaient *l'Express*. L'épouse et le maître qui étaient nettement en faveur de l'Algérie française, et surtout profondément hostiles à toute mise en question du rôle de la France en Algérie, estimaient que Camus se compromettait à *l'Express* et qu'il n'arrivait pas à équilibrer par sa seule voix l'orientation générale du journal, orientation par eux considérée comme acquise à la cause de l'insurrection. Camus avait répondu – selon Suzanne Agnelli, sa secrétaire – qu'il me faisait confiance. Il m'avait écrit un petit mot (« il me suffit de penser que vous êtes comme moi déchiré »). Il avait eu l'occasion de vérifier mon état d'esprit lors d'un incident qui m'avait séparé de la direction du journal. C'était à propos de la publication d'un document photographique relatant la scène provoquée pour la circonstance d'un gendarme français tirant à bout portant sur un maquisard algérien. J'avais été scandalisé. Je l'avais dit à Camus. Il avait sursauté. Il m'avait dit alors que le moment était peut-être venu, pour lui et pour moi, de rompre. Alerté, Jean-Jacques Servan-Schreiber avait dit ses regrets, d'ailleurs sincères. Donc ce jour de janvier 1956, c'est-à-dire trois mois après l'incident, Camus avait décidé d'interrompre sa collaboration. J'étais accablé. D'abord, j'étais triste à l'idée d'être privé de l'occasion que Camus me donnait deux fois par semaine, en m'apportant son article et en affectant de me le soumettre, d'avoir avec lui des entretiens longs, riches, tantôt fiévreux et tantôt débridés. Ensuite il était évident que je m'appuyais sur lui, que je me sentais rassuré qu'il fût là, ce qui me permettait de m'aventurer dans des positions moins mesurées que les siennes. Enfin, pour lui et moi, l'Algérie était une cause charnelle qui n'avait rien à voir avec les stratégies du journalisme, de la politique et du pouvoir – surtout depuis que l'heure de Mendès France était passée.

Je n'eus vraiment connaissance de son éloignement que par Emmanuel Roblès, un jour que ce dernier, venant de chez Camus pour me rendre visite, m'avait rapporté un propos. Camus lui avait dit, après un mien article défendant les Français d'Algérie : « Enfin il se décide. » C'était injuste, inexact, cruel. Et c'est par Jean Grenier que j'ai eu confirmation d'un vrai désaveu de Camus. Grenier qui, sur l'Algérie, m'était depuis le début bien plus opposé que tous les amis du « clan » de Francine n'avait jamais cru, lui, devoir rompre avec moi. Il était trop sceptique sur tout. Peut-être aussi m'accordait-il moins d'importance dans son univers secret. Peu-être enfin me demeurait-il reconnaissant, lui qui croyait si peu en lui, de l'intimité que j'avais avec son œuvre.

En tout cas, c'est à Marie Susini que Jean Grenier confia un jour, avec, semble-t-il, un mélange ambigu de regret et de satisfaction, que Camus ne voulait plus avoir de rapports bien sûr avec les gens de *l'Express* mais aussi avec moi en dépit de l'amitié qu'il n'avait cessé de me porter et sur laquelle il lui arrivait maintenant de s'interroger. Sur le moment, j'ai choisi de ne pas croire aux propos de Grenier. Plusieurs années auparavant, à propos d'un malentendu bien plus anodin dont Louis Guilloux avait été sans le vouloir responsable, Camus m'avait écrit l'une de ces lettres fébriles qui rendaient pathétique l'attachement qu'on avait pour lui. Il me disait en conclusion : « Ne doutez jamais d'une amitié donnée sans retenue autrement que par ce que je pourrais vous en dire moi-même à un moment qui, de plus, aujourd'hui, me paraît exclu. » Il ne m'en a jamais rien dit. Jamais il ne m'a donné l'occasion de vérifier directement qu'il ne respectait pas mes options personnelles ni le déchirement avec lequel je les assumais.

Bien plus, après l'attribution de son prix Nobel, je l'ai rencontré par hasard dans un restaurant hongrois de la rue Montpensier, le Tokay. Je lui avais évidemment écrit mon émotion pour le féliciter. Nous nous sommes salués d'abord de loin, de table à table, tandis qu'un violoneux prodiguait quelques airs tsiganes, et que nos compagnes se dévisageaient. La sienne était suédoise et je me disais qu'il l'avait ramenée de Stockholm avec son prix. Au milieu du repas, au milieu et non à la fin, il s'est levé, il est venu à ma table, m'a serré les mains avec chaleur, sans rien dire, sans rien que j'aie entendu ou dont je me souvienne. Simplement, cette poignée de main était longue, très longue, et les regards échangés, au dire de ma compagne, témoignaient de son côté d'une fraternelle bienveillance et, du mien, d'une gratitude tendre. Voilà bien cette fameuse « amitié virile », ricana cette compagne qui lisait alors Hemingway.

Mais il est bien vrai que nous étions séparés. Je lui ai écrit. Exactement cinq fois, pour lui demander d'user de son influence et de son prestige en faveur d'un condamné à mort algérien. J'observai avec scrupule la convention passée entre nous. Je devais tenir secrètes mes démarches auprès de lui et tout aussi secrètes les réponses brèves et manuscrites qu'il me faisait. Chaque fois, il est intervenu et, selon Pierre Stibbe, l'un des avocats du FLN, son intervention avait été décisive – c'est-à-dire qu'on avait obtenu, du fait de son intervention, la grâce du condamné. Germaine Tillion peut apporter le même témoignage : elle n'a jamais en vain frappé à sa porte.

Mais encore une fois nous étions séparés. Si douloureuse que fût cette séparation, je n'arrivais pas à me donner tort. J'étais dans l'action, parfois dans la routine, peut-être dans la vitesse acquise.

Mais je me croyais dans l'implacable vérité. Il me semblait que j'épousais le cours irréversible des choses et que son rôle à lui, Camus, son personnage, en un mot son destin, était de refuser l'irréversible. D'ailleurs il me l'avait presque dit dans ce dernier entretien déjà évoqué. Je pensais qu'il servait sa gloire et sa vertu en refusant l'Histoire et que je faisais simplement mon métier en tâchant de l'apprivoiser. Contrairement à ce que disaient Francine Camus, André Bénichou et Jean Grenier, je n'avais aucune espèce de rancœur à l'égard des Français d'Algérie. Pas le moindre ressentiment. Ces Français, d'ailleurs, qui étaient-ils pour moi, sinon d'abord mes amis Jean Bonneterre et Marcel Deffieux, mon professeur Marcel Domerc, Camus lui-même ? Cette idée était misérable qui n'expliquait ma compréhension des Arabes que par le souvenir que j'aurais pu garder de l'ostracisme des « colons ». J'ai eu, au contraire, cette chance de n'en avoir jamais douloureusement souffert, de n'en avoir pas eu l'occasion, en tout cas pas de manière à en être marqué, à en avoir reçu je ne sais quelle sorte de prédétermination. Je l'ai dit : c'est en Tunisie que j'ai rencontré une certaine civilisation arabo-méditerranéenne qui m'a ouvert des horizons dont mon milieu algérien m'avait privé. S'il m'est arrivé d'en vouloir à certains milieux de « pieds-noirs », c'était surtout pour l'incroyable racisme dont ils faisaient preuve à l'égard des Arabes, des « melons » comme ils disaient.

Lorsque le bruit se fut répandu de la rupture de Camus avec *l'Express*, il ne manqua pas d'échotiers grinçants pour procéder à quelques procès obliques – bien dans la manière de la gouaille parisienne. Loin de pourfendre *l'Express*, Camus avait pourtant eu l'élégance d'affirmer qu'il avait besoin de solitude et de silence pour ne pas laisser son œuvre, romanesque et théâtrale notamment, dévorée par les fièvres et les urgences de l'actualité. C'était d'ailleurs en partie vrai. Au point qu'avant les incidents, j'étais enclin à trouver dans sa souffrance de ne plus écrire les vraies raisons de son malaise. De mon côté, sinon de celui de *l'Express*, les scrupules furent évidemment les mêmes. En fait, il me fallut résister à la séduction des progressistes, des sartriens et de tous ceux qui affectaient de prendre mon parti contre la prétendue « fuite de Camus devant le choix et l'engagement ». On se mit alors à décrire son silence comme le confort d'une « belle âme » et certains n'hésitèrent pas à déclarer qu'en se plaçant au-dessus de la mêlée il se faisait complice sans risque des institutions de la répression. C'était abject. Je sais que Camus en a souffert. Je lui fis connaître ma solidarité.

Mais il y avait autour de lui plusieurs clans. En dehors de celui de Francine Camus, et auquel s'agrégeaient les intellectuels oranais qui avaient été mes intimes, il en était d'autres, surtout formés par des acteurs, et qui étaient sincèrement meurtris de voir leur idole paraître s'écarter d'un combat qu'ils trouvaient essentiel et qui avait la faveur de leur jeune public. Plusieurs d'entre eux s'inquiétèrent auprès de moi de la « crise » qu'ils décelaient chez Camus, m'adjurèrent de tout faire pour le ramener dans le témoignage. Ils furent surpris de me voir protéger la retraite d'un homme qui se devait à son œuvre, dont les problèmes éthiques étaient parfaitement respectables, et sur lequel je savais ne plus pouvoir influer.

8 janvier

Jacques Berque m'annonce sa visite. Grand seigneur, il a refusé de faire un entretien avec aucun autre que moi – fût-ce dans ma chambre. J'ai un faible intermittent pour cet érudit autoritaire, pontifiant et subtil. De l'autodidacte, il a gardé, même au Collège de France, le goût de la préciosité. Du Français d'Algérie, il conserve la vulnérabilité et l'orgueil ombrageux comme la grandiloquence. Il se déplace, torse bombé, ventre rentré, menton haut, regard amusé et dominateur comme s'il avait autour de lui, invisible mais présente, une cour obséquieuse qu'il écarterait avec condescendance.

Je me suis rapproché de Jacques Berque encore davantage lorsque j'ai appris qu'il était né, tout comme l'historien de l'Afrique du Nord, Charles André Julien, en Algérie. Non seulement leurs travaux m'enrichissaient, et même plus exactement m'enseignaient tout ce que j'ignorais, mais je me sentais rassuré par le fait que ces deux grands intellectuels partisans de la négociation avec le FLN se revendiquaient « pieds-noirs ». Pour Jacques Berque, l'affaire était complexe. Tandis que Charles André Julien, qui fut présent au célèbre Congrès socialiste de Tours en 1920, prenait soin de comprendre de l'intérieur les valeurs de la civilisation arabe sans jamais abandonner celles de la démocratie européenne, Jacques Berque, influencé par son maître en mystique Louis Massignon, en arrivait à la conclusion qu'une intuition poétique et en somme bergsonienne était indispensable pour se placer au cœur des sources islamiques de l'arabité. Quitte à se permettre des distances privées, des vagabondages intimes, des repentirs secrets. L'aboutissement politique de cet élan a conduit Berque à rêver d'une Andalousie moderne, et d'une civilisation euro-arabe, sans se soucier des antagonismes entre le message théocratique du Coran et la rupture démocratique de 1789. Les journalistes spécialisés, les grands reporters, les diplomates en poste longtemps dans le même pays peuvent avoir cette même tentation : épouser les valeurs de l'univers qu'ils ont à étudier et à défendre. On commence par accueillir la différence et on finit par devenir semblable. L'aventure poétique ne manque pas alors de richesse ni de panache mais on ne peut pas dire qu'elle puisse guider sainement le jugement politique.

9 janvier

Comme je m'y attendais, les compliments de Mauriac n'étaient pas entièrement innocents. Avant l'opération, j'ai besoin de reprendre les brouillons d'une lettre que j'ai griffonnée en attendant la secrétaire.

Lettre à Mauriac.

Cher Monsieur,

Depuis longtemps je me proposais de vous remercier pour la lettre que vous avez bien voulu m'adresser, mais je me résignais mal à dicter et l'on me faisait prévoir une guérison bien plus rapide. J'ai été d'autant plus heureux de votre lettre que, comme vous l'a dit votre fils Jean, mon ami, il m'avait semblé que pendant toutes ces années de *l'Express*, votre regard me traversait sans me voir. Celui que, dans cette même lettre, vous appelez « mon patron », accaparait alors toute votre attention, tous vos soins, tout votre intérêt. Peut-être vous a-t-il échappé que certains de ceux qui, aujourd'hui, sont restés près de J.-J. Servan-Schreiber s'étonnaient fort de l'exclusivité et de l'intensité de votre dépendance. Pour être fidèle, peut-être faut-il n'être pas passionné...

En tout cas, j'ai été extrêmement sensible au fait d'être enfin « reconnu » par vous, et c'est dans cet état d'esprit que j'ai lu votre « Bloc-Notes » du *Figaro littéraire* du 9 décembre. Évidemment, on ne sait pas par quel bout il faut prendre cet article, du fait que vous y mettez en scène trois personnages. Cet « ami bien informé » qui prétend m' « aimer beaucoup », vous pouvez, bien sûr, ne pas partager ses sentiments ; de même que vous pouvez ne pas admettre son exégèse d'un mien article, exégèse faite de citations tronquées qui pour être louangeuses ne font que m'opposer au milieu où je vis et font de moi le niais qui, inconsciemment, « vend la mèche » et révèle le pot aux roses. Si bien que je ne sais ni qui remercier ni à qui m'en prendre. Je devrais probablement ne penser à faire ni l'un ni l'autre, et me contenter de cette consécration qui consiste à être si bien cité par François Mauriac, c'est-à-dire par un des Français de ce siècle pour lesquels j'ai le plus d'admiration.

Hélas, je suis ainsi fait que l'équivoque me blesse. Ne trouvez donc pas outrecuidant que je la dissipe et que j'éclaire votre ami, bien informé peut-être, mais singulièrement perfide. Il y a, en effet, une injure dans le propos que vous lui prêtez. Si vraiment je pensais de *l'Express* ce que l'on feint de croire que j'en pense, je l'écrirais. Et, pour entrer directement dans le vif du sujet, si j'avais eu un seul instant je ne dis même pas la preuve, mais le soupçon que mes amis pussent saboter les efforts du général de Gaulle – ou de quiconque – pour ramener la paix en Algérie, alors je serais parti.

Mais c'est là une calomnie. Le mérite, au contraire, des hommes qui furent vos amis, ce fut, chaque fois que je leur ai apporté une espérance concernant l'Algérie, de me laisser tout loisir de la décrire comme je l'entendais. Ce n'était pas un mince mérite puisque de Gaulle est pour eux l'ennemi ; puisque, pour eux, les conditions de son accession au pouvoir ne pouvaient et ne peuvent logiquement aboutir qu'à l'échec. Puisque c'est lui qui barre toutes les routes du pouvoir.

Pour ma part, il est bien vrai que je ne me suis jamais risqué à soumettre les faits que je voyais à une logique qui m'échappait ; ou plutôt je croyais de mon devoir d'analyser toutes les possibilités offertes par la situation créée par de Gaulle. Je provoquais alors le scepticisme ou l'embarras, mais non l'interdit. Jusqu'au jour où j'ai obtenu gain de cause : un éditorial de Jean-Jacques, présent dans toutes les mémoires, affirmait en effet : « Les Algériens s'entendront peut-être avec de Gaulle ; nous, non. » C'était exactement ce qu'il me fallait. Cette phrase faisait comprendre aux Algériens que leur intérêt pouvait différer de celui de la gauche française, ce que je n'ai cessé de croire et d'écrire.

En fait, il y a, chez les Algériens, une tendance dont les intérêts politiques coïncident en effet avec ceux d'une autre tendance de l'extrême gauche française. Entre ces deux tendances, qu'il y ait osmose, complicité, interpénétration, et surtout inter-influence, c'est tout à fait probable. Mais il s'agit d'Algériens d'abord, et les conseils que peuvent donner certains responsables français ne sont rien en regard de la volonté des Algériens. Je veux dire que la tendance algérienne dont je vous parle, et qui pour le moment est nettement minoritaire, est cependant assez forte pour n'avoir besoin d'aucun secours.

Pour cette tendance française, il s'agit de sa part moins de volonté malveillante que d'analyse erronée : une théorie progressiste à la mode veut que le capitalisme soit incompatible avec la décolonisation. (Ce qui consiste à nier la décolonisation en Indochine, au Maroc, et dans toute l'Afrique noire.) De Gaulle, « homme des monopoles », ne pourrait satisfaire les revendications des ouvriers et des paysans algériens. Il ne pourrait donc conduire à la paix, et, pour nous débarrasser de De Gaulle, il faudrait rejoindre le FLN. Telle est l'absurde doctrine que certains milieux « maximalistes » s'évertuent à défendre.

Mais si le FLN lui-même estimait qu'il convient de faire la paix et qu'on peut la faire avec de Gaulle ? Alors tout le calcul serait faussé. C'est là surtout où je voulais en venir : aucune force française ne peut exercer un sabotage réel. Jusqu'à maintenant la paix n'est pas intervenue simplement parce que l'heure n'en était venue ni pour les Algériens ni pour de Gaulle. A Melun et à Évian, sinon à Lugrin, les Français ont su de quelle manière ils pouvaient faire la paix s'ils le voulaient : ce n'est pas la gauche qui les en a empêchés. C'est la seule conception que le général de Gaulle, non sans raison peut-être, se faisait de cette paix.

Cher Monsieur, il m'est arrivé bien souvent de croire assister à des carrefours de l'Histoire, à des moments décisifs où de Gaulle pouvait tout et où il disposait de toutes les cartes et de tous les atouts. Combien de fois n'ai-je pas enragé de le voir gâcher de ses propres mains les chances qu'il avait lui-même données à la France. Dans ces cas – après les barricades de Lagaillarde, après le putsch d'avril – on finit par oublier que c'est lui qui a donné de telles chances. On ne constate plus qu'une seule réalité, c'est qu'il provoque une situation plus grave encore que celle qu'il s'était proposé de transformer et qu'il avait d'ailleurs effectivement transformée.

Voici maintenant qu'on le défend en disant qu'il a tout le monde contre lui ! Que n'a-t-il profité des moments où chacun le laissait agir ? Et comment le rabaisser au point de lui donner les mêmes sordides excuses qu'à ceux, coupables de médiocrité et d'impuissance, qu'il était venu, précisément, remplacer ? On prévoit qu'il finira comme le Christ, aux outrages : mais tout se passe comme si les crachats dont vous parlez, il les avait suscités, cherchés et comme appelés de lui-même. Cette vocation de martyr hautain n'est d'ailleurs pas étrangère à la nature de notre Général. Voilà bien sa présomption : dès qu'il s'aperçoit que le triomphe n'est pas possible, il lui faut l'échec spectaculaire. Parce qu'il a présumé de ses forces, il va se vouloir le plus faible.

En vérité, installé qu'il est dans l'Histoire, les urgences de la contingence ne l'atteignent plus, il nous échappe, et peut-être s'échappe-t-il à lui-même. La médiocrité de certains de ses ennemis ne peut plus dissimuler le déclin de sa courbe. Que ce destin puisse exercer une sorte de fascination littéraire sur Malraux et sur vous, comment ne pas le comprendre ? Mais la nation est toujours trop menacée par l'Histoire pour permettre à un tel destin de s'accomplir au détriment de ceux dont il finissait par ne plus faire que ses spectateurs. Le drame est qu'en son nom et avec sa caution tout ce que Malraux et vous-même haïssiez dans ce monde risque d'être encouragé. Vous voyez, cher Monsieur, où en est mon gaullisme et avec quels sentiments j'ai pu vous lire. (...).

Jean DANIEL.

10 janvier

Torrents de révolte et d'amertume après la septième opération qui s'est, bien sûr, « très bien passée » – selon les médecins. Passons.

Réponse de François Mauriac dont j'extrais ceci :

« Vous vous trompez tout à fait dans votre analyse de mes sentiments du temps que j'appartenais à *l'Express*. Je n'y mettais pour ainsi dire jamais les pieds. *L'Express*, pour moi, je m'en rends mieux compte maintenant, c'était essentiellement une tribune et un public – le public qu'il me fallait, tel que je n'en retrouverai jamais un autre. J.-J. faisait la liaison entre ce public et moi. »

11 janvier

Jacques Berque se demande si chez lui et chez moi « la curiosité pour l'Autre ne l'emporterait pas sur la solidarité clanique ». Je traduis de manière provocatrice : vous vous demandez en somme s'il n'y a pas en nous l'étoffe du traître ? Ce manque de nuance l'étonne, le déçoit mais le fait réagir. Il s'agit en somme de notre degré de solidarité avec le « clan » des Français d'Algérie. Il dit qu'il n'a pas employé au hasard le mot de « solidarité clanique ». Je m'en serais douté. C'était, précise-t-il, une manière de souligner que le clan était au-dessous de la communauté et au-dessous de la nation. En s'éloignant du clan, il s'est davantage solidarisé avec la nation. Bien sûr, bien sûr. C'est aussi mon cas, cela va sans dire. Reste que lui et moi pensons à Camus et à sa phrase de Stockholm où il assurait que si on l'obligeait à un choix, il préférerait toujours sa mère à la justice. Nous sommes trop, Berque et moi, « de là-bas » pour ne pas comprendre le principe d'une réaction de ce genre. Il faut un singulier effort sur ce qui est le plus sacré pour dénoncer les siens au profit des principes universels ; pour obéir à Dieu et se dire prêt à immoler son fils comme le fit Abraham ; pour suivre le Christ en laissant les morts ensevelir les morts, au moment où le père agonise. C'est vrai que j'ai la curiosité de l'Autre mais il s'agit d'esthétique alors, et non de morale. Quant aux orientalistes, ils n'ont pas seulement la curiosité de l'Autre, ils ont le besoin d'identification et le goût de la transgression.

12 janvier

Excellente, excitante émission de Roger Stéphane sur Proust (« Portrait-Souvenir » à la télévision). Comme moi, comme Jean Lacouture aussi dont je viens de lire de belles pages, Stéphane aime admirer. Comment peut-on nous en faire reproche ? Par peur que notre besoin ne se nourrisse de n'importe quoi ? Le risque est mince avec des esprits aussi critiques, aussi caustiques. Donc Proust : je ne suis pas sûr que Stéphane l'aime vraiment, comme il aime Montaigne ou Malraux. Je ne suis pas sûr qu'il juge (comme je le fais) que Proust est aussi important que Shakespeare et Dostoïevski. Imaginer le XXe siècle sans Proust, c'est le décapiter.

15 janvier

Goldfarb, ce juif séminariste qui habitait près de chez moi, rue Notre-Dame-des-Champs, m'apporte un volume de la Pléiade (Dostoïevski) que six de ses compagnons de bureau se sont cotisés pour m'offrir. Je ne connais aucun d'entre eux. Ils n'ont été retenus que par mes articles. Il me faut faire bon accueil à cette notoriété dont j'avais souhaité qu'elle me fût procurée par la littérature – même un jour très lointain.

19 janvier

Jacques, mon frère, pauvre Jacques, m'apprend que maman est morte.

Maman.

21 février

J'ai quitté ce carnet depuis un mois. Seule parfois la souffrance physique, revenue comme pour me divertir, m'a tiré d'un état somnambulique depuis le 19 janvier.

Il est arrivé ici, autour de moi, et en tout cas dans l'antichambre, dans les couloirs de la clinique, à portée d'appel, ce même phénomène de regroupement frileux et affectif, que j'avais connu à la mort de mon père. Mais tout alors s'était déroulé sur les lieux d'enracinement. Nous étions revenus précipitamment, Jacques et moi, de Paris à Blida, dans la Caravelle (ou le Constellation ?) qui faisait la navette en 1953. Il y avait aussi André, André Bénichou, qui veillait sur nous. Je venais de publier mon premier livre juste après que Marie Susini eut publié le sien et qui était magnifique (*Plein Soleil*). Nous sommes arrivés transis dans la grande maison où toutes les familles alliées étaient réunies pour veiller le patriarche disparu. Nous lisions dans les yeux de ceux, plus ou moins étrangers, qui nous accueillaient une compassion trop ostensible et qui nous obligeait à jouer un rôle. On nous a empêchés de voir notre père et j'ai cédé à cette prudence protectrice en la trouvant à la fois indigne et confortable. Nous n'avons pu voir non plus notre mère, en tout cas ce jour-là, car elle se terrait dans la pièce du fond, celle de Mathilde, celle où l'aîné avait seul le droit de se replier et de bénéficier, parmi les onze enfants, d'une certaine autonomie. Vinrent les obsèques qui me parurent lumineuses, j'ose ce mot, dans cet après-midi que la brise d'automne rendait poussiéreuse sur les chemins de sable autour du cimetière. Le cercueil était porté tantôt par des parents lointains, tantôt par des amis, tantôt par des inconnus qui se cédaient la place tous les cent mètres, une épaule relayant l'autre dans le silence et la ferveur d'une foule innombrable pour cette petite ville et qui perdait son ancêtre respecté. Un moment, complètement distrait de ma peine par le spectacle, j'aperçus sous les bras antérieurs du brancard deux Arabes qui prenaient la place de deux notables français dont la réputation n'était pas exempte de racisme. J'étais fier que mon père pût les réunir.

Le soir, nous nous sommes retrouvés autour d'une grande table dressée dans la salle du milieu, près de la cour mauresquc surmontée d'une coupole, et nous étions tous là, nous qui ne nous étions pas vus depuis si longtemps, nous étions tous là sauf ma mère, toujours réfugiée dans la chambre du fond, et elle nous paraissait comme plus absente que mon père. Nous avons mangé des mets savamment préparés dont nous avions presque perdu la mémoire, des mets que mon père aimait et que ma mère ne voulait plus faire parce que nous étions tous partis, que nous n'en avions plus le goût, que cela n'en valait plus la peine, et que c'était trop compliqué. Mais, de temps à autre, elle finissait par céder à mon père et ils appelaient quelques voisins pour que ce dérangement eût un sens et ne leur fût pas réservé puisqu'en somme ils ressentaient comme une certaine honte à se faire plaisir, à ne faire plaisir qu'à eux-mêmes. Pendant ce repas, nous étions heureux autour de mon père absent, nous étions dans ses pensées et dans ses goûts. Le manque, la tristesse, le vide ne devaient venir que bien après. Nous retenions qu'il avait eu une belle vie, une belle vieillesse, une belle mort. Une vie dans sa ville, une vieillesse parmi les siens. Tous ceux qui étaient supposés en être chargés n'avaient pas eu à lui fermer les yeux puisqu'il s'était éteint au bout d'un long sommeil. Il n'avait connu ni la dépendance, ni la solitude – ces deux abominations de la vieillesse.

22 février

L'infirmière demande si je veux qu'on me remette la télévision – je ne m'étais pas aperçu qu'on l'avait retirée par respect pour mon deuil.

Je devine qu'elle voudrait que je me confie à elle. C'est une chose que je fais volontiers devant des inconnus. Je ne sais pourquoi je lui dis ma surprise quand je suis arrivé à Paris : entendre les autres confesser leur gêne devant telle attitude de leurs « vieux ». Je n'ai jamais eu honte des miens. Si obscurs et simples qu'ils fussent, et quels qu'aient été les milieux que je fréquentais, j'ai toujours pensé à eux avec gratitude et fierté. Souvent, j'ai eu besoin de leur approbation implicite pour adopter tout à fait mes amis et même mes amours. Je les situais sur des cimes (ou des rivages) où leur noblesse et leur sérénité ne pouvaient qu'irradier une autorité supérieure. Je les trouvais beaux, et de plus en plus, au fur et à mesure qu'ils vieillissaient. Je me souviens que j'avais été blessé que ma mère, un jour, pût croire que ses propos devant mes amis me gênaient, alors que ces mêmes amis savaient qu'ils avaient à la conquérir s'ils voulaient me séduire. J'évoque ce jour de novembre 1942, après le débarquement des troupes américaines en Algérie où j'avais cru jouer les héros en guidant la nuit les premiers commandos sur les hauteurs d'Alger. J'avais eu la surprise et l'émotion de connaître un tout jeune colonel pilote d'aviation que j'avais conduit, en prenant le prétexte d'une pause, au chevet de mon père malade. Le glorieux chevalier texan m'avait dit, avec la lenteur d'un héros de western racontant son passé, que ces quelques moments près de mon vieux père seraient probablement son meilleur souvenir. Je pris cette politesse pour argent comptant tant la présence de mon patriarche de père me paraissait imposante. Peut-être ce pilote séducteur jouait-il la comédie. Peut-être avait-il trouvé mon idée saugrenue. Peut-être avait-il été surtout intéressé par une charmante belle-sœur qui se trouvait alors chez moi. Mais je ne pensais qu'à faire partager mes idoles. Je ne suis pourtant pas allé jusqu'à lui présenter ma mère. Là, il s'agissait de mon secret, de mon intime, de mon être au plus profond, au cœur du cœur. Maman. Il va falloir vivre sans toi. Je ne comprends pas très bien encore ce que cela veut dire.

Retouche à ce que j'ai écrit hier : quand j'ai connu Henri Petit (par Guilloux) l'une des premières choses qu'il ait faites a été de m'inviter à Avallon chez son père, un boucher, un personnage de légende puisqu'il passait pour avoir servi de modèle à Romain Rolland lorsqu'il écrivit à Vézelay *Colas Breugnon*. Je revois le père Petit écoutant les derniers aphorismes de son fils sur Descartes et Pascal ou lisant ses critiques littéraires dans *le Parisien libéré*.

25 février

Dans *France-Observateur*, hebdomadaire progressiste un peu terne mais si intelligent et si exigeant, je trouve sous la plume d'Edgar Morin : *la Fêlure* de Scott Fitzgerald est mille fois supérieure à *la Chute* de Camus. Mon faible pour l'auteur de *Gatsby* est sans limite. Mais Morin se trompe. Plus que sur la postérité de toutes les œuvres de Camus, je parie sur celle de *l'Étranger* et plus encore sur celle de *la Chute*. La question des deux livres (de

Fitzgerald et de Camus) est en tout cas : si on ne peut sortir de l'imposture et du malheur que par la dérision, que faire de la dérision ? C'est toute la condition humaine. Cela dit, je devine en Edgar Morin une possible complicité intellectuelle.

Les nouvelles d'Algérie : toutes plus macabres les unes que les autres. La haine, la division, l'émeute, les blessés, les morts. Si vraiment les accords avec le FLN peuvent être signés, alors veillons au grain. Il ne doit plus y avoir de place pour l'antigaullisme quel qu'en soit le prétexte. Il faut se regrouper derrière de Gaulle. C'est la seule manière de conserver à la France les pauvres atouts qui lui restent de garder suffisamment de liens avec les Algériens pour protéger les Français d'Algérie et pour éviter les dérives de la révolution arabe.

Quant à ce qu'on me raconte sur ceux qui profitent, intriguent, tirent parti, exploitent, cela me rappelle un passage des *Mémoires d'outre-tombe* qui avait froissé et même sali ma dévotion pour la Révolution, mais dont l'écriture saisit aujourd'hui encore. Comme si Chateaubriand avait trouvé l'universel de toutes les révolutions.

Jeudi 1er mars

Mon article célébrant le compromis et appelant à la coopération et à la fraternité n'est pas passé. JJ en a certes utilisé un passage. Mais c'est pour mieux le détourner de ses fins et dire que la paix gaulliste est affreuse. Et certes elle n'est pas belle. Elle est même épouvantable (les événements d'Oran m'ont donné le cauchemar cette nuit). Pouvait-elle l'être moins ? Le problème algérien n'a-t-il pas dépassé tout le monde, de Gaulle, les Français ? PMF eût-il fait moins de dégâts ? En tout cas, mon désaccord avec JJSS devient profond et les circonstances sont trop graves.

Mercredi 7 mars

Délivré de mon plâtre, affublé de béquilles, j'ai fait mes premiers pas dans ma chambre. Depuis sept mois. Ce n'est pas la guérison. J'ai encore une « fistule ouverte ». L'infection est jugulée mais non éteinte. N'importe, j'ai repris la station verticale pendant quelques moments. J'ai vu le monde changer, ne serait-ce que par redressement de mon horizon. Le vertige et le déséquilibre n'ont pas suffi à me gâter cette première. C'est debout que je prends le récepteur du téléphone : Jean Marin, président de l'AFP, m'informe que les accords avec le FLN seront signés à Évian le 18 mars. Il me demande d'en garder pour moi la confidence. Difficile.

J'ai l'impression de retourner à la vie au moment même où, après la disparition de ma mère, une certaine Algérie se meurt. Une certaine France aussi peut-être. Deux nouvelles nations vont naître. L'une lestée d'un avenir bien lourd pour elle ; l'autre délestée d'un empire bien lourd pour tous.

15 mars

Jacques Berque me rend visite pour l'entretien convenu. En principe, il s'agit de son livre *le Maghreb entre deux guerres*. En fait, nous sommes, lui et moi, dans la pesanteur de l'événement. Il rêvait pour l'Algérie d'une organisation libanaise. Organisation que l'attitude de la communauté française, contrairement à celle des chrétiens du Levant, a rendue impossible. « Cette communauté a choisi la subversion réactionnaire qui peut provoquer une régression musulmane. C'est un malheur. » Ce qui me frappe le plus (et me séduit) dans le discours de cet érudit, c'est la part qu'il accorde aux problèmes de la sexualité dans les rapports avec les Méditerranéens. Il écrit : « Dans cet univers masculin (celui du Maghreb), la France, tout armée qu'elle soit de brutales puissances et d'ordre passif, apparaît femme au Maghrébin dans la mesure où il entend, conquis, la conquérir. » Or les Européens d'Algérie ont hérité de cette vision qui leur est devenue aujourd'hui naturelle : la France est femelle et l'OAS doit la violer. Berque demeure optimiste. S'il y a identité profonde dans l'atroce, ce que démontrent les exactions aujourd'hui morbides, il y a identité aussi dans le besoin de retrouvailles : « On ne s'est pas entrelacé pendant cent trente ans sans que cela descende très profondément dans les âmes et dans les corps. La profondeur de l'impact français a dépassé ici de loin les aliénations habituelles du colonialisme, de l'exploitation coloniale et du mercantilisme.

Grande chance et grand malheur, ici l'être a été touché dans ses propres moelles. D'où la violence de ce ressentiment, sursaut qui le jette dans de terribles aventures. Mais de là aussi, peut-être, le principe d'une solution. Je crois que la solution franco-maghrébine ne réside pas dans la transaction mais dans l'expiation. » Berque se sépare radicalement de Sartre qu'il accuse de ressusciter un nouveau péché originel. Or l'expiation doit être double et partagée. Enfin il ajoute, ce qui me comble : « Je me fonde pour ma part, et au contraire de Sartre, sur l'étude du partenaire en tant que lui-même et auquel je ne m'identifie pas, même dans l'action ou le sentiment. Je ne suis pas l'Autre. Je me contente d'être son frère, ce qui n'est déjà pas si mal. » Voici qui me rapproche de Berque plus que je ne prévoyais. Son optimisme, de plus, justifie notre combat commun mais j'ai du mal aujourd'hui à le partager. L'affrontement des communautés explose en boucheries granguignolesques. Je n'arrive pas à me dégager du présent.

Je ne puis pas penser à l'OAS en évoquant seulement les « pétainistes, fascistes et comploteurs contre la République » dont parle le ministre Roger Frey. Je vois bien à qui il pense et ceux-là ne sont certes pas inactifs. Mais que seraient-ils, que pèseraient-ils, sans les activistes de l'Algérie française et le soutien que leur accordent tous ceux – officiers, préfets, administrateurs – qui se sont sentis liés par les promesses qu'ils ont cru devoir faire (qu'ils ont eu ordre de faire) aux harkis et aux populations. Parmi les nouveaux rebelles, j'évoque un visage, celui du commandant Denoix de Saint-Marc, un parachutiste ancien d'Indochine mais aussi rescapé de Buchenwald, et de qui j'avais obtenu qu'il protège certains maquisards de la torture. Je lui rendrai justice un jour. Je me souviens aussi de cet écrivain, océanographe et pétrolier, André Rosfelder, que Camus m'avait présenté, qui m'avait accompagné dans mon premier reportage en Algérie et qui m'a écrit un jour ce petit mot : « Nous sommes désormais de chaque côté d'une frontière d'où il est permis de tirer à vue. » J'ai toujours su, ou plutôt cru pour ma part, que de Gaulle ferait la paix en Algérie. J'ai écrit qu'il s'était lui-même condamné à la faire après son discours de 1958 à Conakry – discours où il a octroyé à tous le droit à l'indépendance. Pourquoi les Algériens eussent-ils été les seuls dans l'esprit de De Gaulle à ne pouvoir bénéficier de ce droit ? Ai-je cru cela parce que je le désirais ? Les autres ne l'ont-ils pas cru parce qu'ils ne le souhaitaient pas ? Qu'auraient fait tous ceux qui, à juste titre, se plaignent des mensonges si on leur avait dit la vérité ? Les gaullistes purs et durs en étaient arrivés à penser que de Gaulle créait chaque fois la vérité quand il évoluait. Ils acceptent aujourd'hui de dire que de Gaulle cherchait une vérité algérienne et que ce n'était pas mentir que de laisser cette recherche en suspens. Mendès France, Sartre, Servan-Schreiber, Bourdet ont-ils eu raison de penser que les conditions de l'arrivée de De Gaulle au pouvoir entraînaient le machiavélisme et le mensonge dès lors que l'indépendance serait inéluctable ? S'ils n'avaient annoncé que cela, ils triompheraient, mais à vrai dire, ils ont cru à la capitulation du Général devant les colonels d'Alger. Aujourd'hui en tout cas, devant l'étendue du désastre, je mets une sourdine à mon « gaullisme ».

18 mars

Les accords d'Évian sont en effet signés.

4 avril

Fusillade à Bab el-Oued. Fusillade rue d'Isly, attentats à Alger et à Paris. Plus d'une centaine de morts. Plusieurs centaines de blessés. Voilà comment les accords sont salués. On ne pouvait prévoir pires conditions pour la proclamation d'un cessez-le-feu. Cette victoire du FLN n'est pas un jour de gloire pour la France. L'OAS est responsable de tout ? C'est vrai. Mais qui est responsable de l'OAS ?

16 avril

Mort de Jean Amrouche. Il n'aura pas su dans quelles conditions effroyables se produisait l'événement qui a mobilisé les dix dernières années de sa vie. Plus que les autres, il a été malade de l'Algérie. Il se peut que le cancer qui vient de le terrasser n'y soit pas étranger. Il s'était repris à espérer avec l'arrivée de De Gaulle pour lequel sa dévotion était sans limite. Dévotion devenue religieuse et qui le conduisait à parler de « l'Arche d'alliance entre la France gaullienne et l'Algérie du FLN ». Sans doute la mort rôde-t-elle maintenant, familière autour de nous et ne sommes-nous plus surpris de connaître ceux qu'elle frappe. Sans doute étions-nous préparés à la disparition d'Amrouche. Mais la mort paraît ici tracer en pointillés cette partie détachable que devient le passé de l'Algérie puisqu'un pan entier de ce passé, avec Camus, Mouloud Feraoun, Maurice Perrin et maintenant Amrouche, s'écroule au milieu des hécatombes. Amrouche avait cependant tout fait pour ne pas s'identifier à ce passé et il s'était même montré ingrat à l'égard des Français d'Algérie, écrivains ou universitaires, auxquels il devait tant. Les professeurs qui ont fait la gloire de l'université d'Alger, Jean Grenier, Jacques Heurgon, Jean Hytier, le lui ont reproché. Peut-être dirait-il aujourd'hui que l'Algérie paysanne de demain pourra réaliser, elle et elle seule, cette fraternité que les écrivains avaient en effet réalisée. Un poète comme Jean Senac le croit et que peut-on faire d'autre que de parier sur cette espérance ?

Il était bien difficile d'être l'ami d'Amrouche – et surtout de le rester. Exigeant, ombrageux, exclusif, autoritaire, il avait les irritants défauts communs aux très fortes personnalités. Il se prenait au sérieux, constamment, et il fallait une certaine patience pour accepter qu'il eût raison de le faire. C'était un grave. Sur le doux pays de Tunisie, il avait écrit de magnifiques poèmes de marbre, seul peut-être à porter ce regard majestueux sur des rivages si nuancés. Sa plus grande tristesse a été de s'être, lui aussi, brouillé avec Camus mais il y a très longtemps. Et donc, lui, pour des raisons étrangères à l'Algérie.

25 avril

Mon privilège ici, dans, disons, l'infortune, et au moment de la blessure, ce fut de me sentir soutenu par l'intérêt, l'amitié, l'affection, en tout cas la fidélité. Cela ne supprime pas les moments de désespoir ni même de solitude qui surviennent toujours à la même heure, dans la nuit, en une seconde, comme si l'effet du somnifère cessait à la façon dont un son bref se sépare de ses harmoniques, à la façon dont une branche se détache sous le coup de la hache et, mieux encore, à la façon dont on décolle ces pansements adhésifs qui découvrent soudain une plaie qu'on avait oubliée. Mais cela ne dure pas et, en général, il m'arrive de me sentir soutenu et même porté par une sorte de litière de nuages constitués par des regards, des interrogations, des sentiments. J'ai souvent cette impression dans l'épreuve et je crois qu'elle est due à une enfance protégée dans une famille nombreuse. J'ai très vite quitté cette famille, à dix-sept ans, et depuis mes liens avec elle n'ont cessé de s'espacer. Elle est si nombreuse. Nous étions onze enfants. Mais lorsque je suis arrivé bon dernier, mon frère aîné et ma sœur aînée étaient mariés, si bien qu'il nous arrivait d'être quinze à table certains soirs de fête. Quand je dis que ma réalité charnelle n'est ni dans ma religion ni dans ma petite patrie, c'est parce que cette famille était un univers entier auquel il me semblait que rien ne manquait. Je crois bien que c'est à ce lieutenant tunisien, à l'hôpital, que j'ai confié, dans un état second, que je ne pouvais plus croire en Dieu depuis que le patriarche de cette famille n'était plus là pour en être l'intercesseur. La force des liens est si étrange que je me suis toujours senti comptable devant ma famille de ce que je pouvais faire sans elle, loin d'elle, et parfois, d'une certaine façon, comme à propos de la guerre d'Algérie, contre elle. A me voir vivre, mes amis pensaient que je n'avais pas le sentiment de la famille parce que je fuyais les rites des réunions ou les solidarités automatiques. Peut-être dans ce sens en ai-je rajouté à cause de Gide et de son « Famille, foyer clos, je vous hais ». Je me forçais. Gide ne pouvait sur ce plan rien m'apporter. Ou plutôt il pensait à ces familles de deux ou trois enfants, assez peuplées pour inciter à l'égoïsme, pas assez pour être l'image d'une société. Il y a aussi que je me suis cru différent de tous les autres, frères et sœurs, d'abord par refus de me laisser enfermer dans leur regard, ensuite parce que j'ai eu, comment comprendre cette vanité insolite, l'illusion qu'un destin m'était promis. Aujourd'hui, dans cette clinique, j'ai le sentiment que Yole, ma sœur, dépêche tous les soirs un bulletin de santé vers tous ceux qui me sont chers et dont malgré moi je fais partie au point de souffrir pour eux quand je souffre.

Quand il a lu le manuscrit de mon premier récit, Brice Parain m'a dit qu'il fallait se méfier des enfances heureuses. On passe toute sa vie ensuite à essayer de reconstituer l'âge d'or. Il en va, disait-il, des individus comme des civilisations et comme des religions : c'est le paradis perdu, la volonté de retrouver ce paradis, qui font la trame de leur existence. Il développait ce paradoxe que le péché (la chute) n'était rien d'autre que la dramatisation d'une erreur : celle qui consistait à avoir cru que l'on pouvait impunément sortir du paradis. Mais il y a des choses que pourtant je ne voudrais pas revivre comme, par exemple, de revoir ma mère souffrir quand elle avait ce qu'on appelait ses « malaises ». Mais c'est vrai que j'ai eu le sentiment et de vivre un paradis et d'être dans l'obligation imprudente d'en sortir. Ce que je retrouve parfois dans le maternage de la clinique, en fermant les yeux, c'est l'image de ma mère venant m'apporter la dernière tisane chaude parce que j'ai une angine et me disant, en se retirant sur la pointe des pieds parce que j'affecte de sommeiller : « Dors, mon fils. » Ces mots, ces trois mots, longtemps, me furent plus précieux que le fameux baiser maternel et vespéral.

15 mai

Les somnifères n'ont pas opéré. Je n'ai pu fermer l'œil. Je n'ai pas souffert. J'ai simplement pensé à cette jeune fille, en fait aujourd'hui cette jeune femme, dont on m'a annoncé, hier soir par téléphone, juste après les somnifères, la mort en Algérie. Une « fiancée » que j'ai laissée un jour de 1943 sur le quai de Mers el-Kebir pour m'embarquer avec la 2e DB vers le Yorkshire. Je n'avais même pas eu le temps de lui être fidèle. Je me partageais entre elle et la fille d'un sculpteur à la mode. Qui était charmante et minaudante. Qui flattait mon snobisme et ma sensualité. Elle, la fiancée, était pauvre, belle, indépendante, affublée d'une mère atroce. Longue chevelure, front immense, yeux écartés et bordés de cils comme la Minnie de Mickey. Des jambes parfaites, une voix apprêtée de cantatrice, une coquetterie maniérée et savante. Elle savait me rendre jaloux. Je la désirais. J'ai tout inventé, une fois dans l'armée, pour la revoir. Je me suis même inventé un amour. J'allais la rejoindre au bas de son balcon et refusais de monter chez elle de peur de voir sa mère. Elle venait chez moi et ma mère s'enfermait pour ne pas nous gêner. En fait ma mère me laissait tout. Elle m'aurait laissé sa vie : d'ailleurs, elle me la laissait chaque fois qu'elle me voyait partir. Je le savais. J'aimais ma mère. Je l'aime. J'aime l'aimer. Je suis fier de l'aimer. Mais la fiancée... belle et pauvre, et vaillante, et qui fonçait dans la vie tête baissée. Me faisait confiance. Un peu vulgaire, disaient les envieux. Un peu volage, disaient les grincheux. Un jour, je l'ai laissée, promettant tout, et d'autant plus sincère que je la désirais. D'autant plus définitif et crédible que je ne cessais de la désirer. Comme je la désirais encore après l'amour, je pouvais croire que je l'aimais. J'avais troqué l'uniforme anglais de Tripolitaine contre l'uniforme américain avec l'insigne de la division Leclerc et la croix de Lorraine des Français libres. Je me prenais pour un aventurier. J'avais vingt-deux ans. Ma tristesse m'enivrait. Elle pleurait dignement. Sa jupe ne recouvrait pas ses genoux. J'eus une larme de désir. J'ai cru à un arrachement amoureux. Je l'ai quittée « pour la guerre ». Quelle vérité ! Quel alibi ! Elle était piégée. Qu'y pouvait-elle ? J'avais eu l'amour. J'avais la « gloire ». Elle n'avait que sa beauté. J'y ai ajouté des engagements qu'elle ne réclamait pas. Je me déclarais d'autant plus lié que je la quittais. D'autant plus enchaîné, que j'étais libre. Elle serait ma prisonnière. J'oublierais jusqu'à la prison. Je suis parti. L'épopée. Adieu suprême des mouchoirs. Navire britannique. Onze jours de mer. Yorkshire. Pas de courrier pendant des mois : interdit. Hull. J'ai connu une jeune Anglaise. Aucune impression de « trahir » la fiancée. Pas une seconde. C'était la guerre. J'étais supposé avoir peu de chances de revenir. La fidélité n'avait d'ailleurs de sens qu'en amitié, en affection, dans le combat pour un idéal. Pas en « amour ». Explication ici reconstruite. Je ne sais pas ce que je pensais. Je ne pensais pas. Je ne me posais pas de questions. La guerre, c'est l'instant. C'est à Châteauroux, puis au Blanc, où nous nous reposions après la libération de Paris, que j'ai reçu d'un seul coup des dizaines de lettres. J'ai d'abord ouvert les lettres de ma mère et de mes sœurs. Et puis, j'ai lu les autres, les siennes. Je n'ai plus compris. Je n'ai rien compris. J'ai peut-être évoqué ses jambes. J'ai passé outre.

Ce n'était pas fini. Je devais la leurrer encore davantage. Après la guerre, elle apprend par une lettre que j'ai écrite, que j'ai pu lui écrire (comment ai-je fait ?), qu'elle n'est plus ma fiancée. Que je ne suis fait pour personne. Que j'ai découvert ma vérité, ma liberté, mon univers. J'étais à Paris, partagé entre la Sorbonne et la rue Gay-Lussac. Nous nous chauffions en faisant brûler de l'alcool. L'hiver 1945 était rude. Nous dévorions les ananas au sirop dont les boîtes nous arrivaient d'Alger. De la musique, des livres, des discussions. Nous étions heureux. Marie dévalait les escaliers en sifflant, entre deux cigarettes, avant de se rendre soit à la Bibliothèque nationale, soit chez Bachelard – qui a un faible pour elle, avec qui elle échange des cartes de vin contre des cartes de tabac.

Silence pendant des années. Arrive une nouvelle guerre, celle d'Algérie. M'étant vérifié invulnérable dans d'autres, je prends des risques : témérité littéraire. Je revois la fiancée, secrétaire du maire de Ourida. Elle se reprend à espérer en moi. Et puis, voici que je suis blessé. Elle l'ignore. Elle est elle-même dans le drame. Elle cherche un appui. On lui donne mon adresse : une clinique. Elle me rend visite. Je suis plâtré des pieds à l'épaule. J'ai des tuyaux de perfusion dans les veines. C'est moi qui suis à plaindre. Pas elle ; encore une fois. Je la contemple et, pour la première fois, je la comprends. Je l'ai mystifiée en partant pour la guerre. Je la berne en lui présentant mon plâtre. Que pourrait-elle avoir à dire et surtout à demander ? A cette minute, je sais que la victime, c'est elle. Elle part et je le sais. Chaque fois c'est moi qui ai le beau rôle. Impossible pour elle chaque fois d'avoir le recours du ressentiment, le refuge de l'apitoiement sur soi. Quand elle passe le seuil, je suis proche d'elle. Quelques mois plus tard, elle est assassinée par le FLN. On ne sait pourquoi, personne ne cherche à savoir, dans les tueries indistinctes et générales. On ne saura jamais la vérité. Il y a tant de victimes partout depuis si longtemps, mais surtout en ce moment. Mais elle, on est sûr : elle est tombée sous les balles de soldats du FLN. C'est-à-dire de ceux dont j'ai tout de même plutôt favorisé la victoire. Quand je l'apprends, je pense que c'est un peu moi qui l'ai tuée. En tout cas, que je n'y suis pas étranger. Pour fuir cette idée, mon corps, égoïste, me rappelle à la souffrance. Bref, je m'en tire.

28 mai

On me fait espérer une sortie demain vers une autre clinique où, délivré de mon plâtre, je pourrai commencer sur béquilles ma rééducation. Mais déjà on veut m'exhorter à la patience. J'ai une fistule qui sera ouverte ou fermée selon que le staphylocoque doré sera mis en sommeil ou réveillé (on ne dit pas qu'il peut disparaître, un microbe de ce genre peut vivre autant que moi). Cela veut dire quoi ? Cela veut dire que je peux très bien recommencer à marcher, car j'ai fait du cal, les greffes ont pris, mais que l'infection n'est pas définitivement jugulée, qu'il faudra peut-être, à nouveau, nettoyer, gratter l'os, donc « rouvrir ». Je me sens plus vaillant et je voudrais qu'on soit moins honnête, moins franc avec moi. Qu'on me laisse quelques semaines au moins avec l'impression, l'illusion, de la guérison définitive.

Je retiens en tout cas l'idée d'une sortie vers une autre clinique – d'un changement de résidence. Cela me rassure. Depuis quelque temps, je m'imagine que je peux être la cible des tueurs de l'OAS et que tout le monde sait où je suis. Depuis que l'immeuble où j'habitais, avenue des Ternes, a été plastiqué; depuis que cet officier gaulliste a été tué sur son lit d'hôpital en plein Paris, je me dis qu'ils peuvent très bien vouloir en finir avec les rédacteurs de *l'Express*. L'acharnement contre Malraux m'avait impressionné. Le chirurgien Cauchois semble penser que j'en rajoute par paranoïa, par surestimation des risques. « Pourquoi viendraient-ils ici ? » demande-t-il. Je réponds : « Pourquoi sont-ils allés ailleurs ? » Ce bon sens a le don d'embarrasser le grand médecin qui me contemple comme si je lui posais un problème psychologique. Il doit se dire qu'après tout même un paranoïaque peut avoir du bon sens.

Ce jeune journaliste de *l'Arche*, mensuel juif, qui vient me voir, s'étonne de mes positions, de mes réactions, de mes silences. Visiblement, il se pose la question : mais qui est-il donc ? J'ai l'impression pénible qu'il me soupçonne plus ou moins, sans oser se le formuler à lui-même, d'être quelque chose comme un renégat. Algérien dissimulé ? Juif honteux ? Pied-noir complexé ? Que sais-je ? Alors j'essaie de le mettre à l'aise. D'aller au-devant de ses suspicions. La réponse est simple pour moi. Pas pour lui. Je lui dis : Pourriez-vous vous contenter d'une réponse où je vous assurerais que je suis français ? Il me regarde, déçu et sceptique : « Dites au moins français d'Algérie. – Soit. Si vous voulez. – Ajoutez : français juif ! – Évidemment. Pourquoi pas ? » Il préférerait : juif français d'Algérie. Je souris. Je lui dis que si ça peut lui faire plaisir. J'y consens volontiers. Que j'irais même jusqu'à « juif algérien de France ». Que peu m'importe ce qu'il dira. Mais que s'il s'agit d'une conversation franche, et vraie, où il essaierait de me connaître, il faudrait qu'il accepte que je me définisse comme français. Pardi ! Je vois très bien les connotations ambiguës et obliques d'une telle affirmation. Que n'ai-je lu sur la haine de soi, les assimilés, les Dreyfus plus patriotes que les autres, etc. Mais quoi, par peur qu'on me soupçonne de me renier, en viendrais-je à me nier ? Il sourit. Il est sympathique. Il voudrait bien me croire. Il n'y arrive visiblement pas. Je lui dis : Quelle importance ? Mais si vous voulez savoir ce que je suis viscéralement, je vous confie cela : je suis français. Chut ! Ne le répétez surtout à personne ! C'est un secret. Je suis français. Et juif, bien sûr ; et méditerranéen, sans aucun doute ; et algérien, je n'en sais rien, mon enfance l'a été, pourquoi pas ? Mais la dominante, c'est la France. Attention, cher, cher monsieur. Je ne voudrais pas en remettre, surtout pas jouer les Bloch de Proust, je voudrais dire, discrètement, à voix basse, comme pour constater une évidence où je ne suis pour rien, et qui ne regarde personne, que c'est cela qui me résume le mieux. En fait, pas tout à fait. Je suis de ma famille et de la France. Ce sont mes deux réalités charnelles. Vous vous demandez comment je vis ma judéité ? En y pensant peu, je vous l'accorde. Depuis quand, s'il vous plaît, le fait d'être français, français juif de surcroît, empêcherait d'être fasciné par le mystère juif ? Pourquoi le serais-je moins que Péguy ? Plus que Bernard Lazare ? Pourquoi ce mystère devrait-il avoir moins d'importance que le miracle grec ? Le merveilleux chrétien ? Alors, évidemment, je choisis ma France. Ce n'est pas celle de Maurras, ni celle de Rebatet. C'est celle de Molière (*Tartufe* et *Dom Juan*), de Diderot, de Stendhal, de Rimbaud, de Proust, de Ravel et des impressionnistes – de mes amis Domerc, Bonneterre, Pélegri, Roy. Ils sont trop nombreux. La France si forte qu'elle fabrique des Français en une génération ; que ces Français-là sont comme moi : ils n'imaginent pas le temps où leurs ancêtres ont été autre chose.

C'est si difficile d'expliquer, de faire comprendre, de convaincre. On s'étonne que je ne réagisse pas en pied-noir. C'est que je n'ai pas été éduqué pour l'être. Tout, au contraire, m'en a détourné. Mon Algérie a été française et quand j'ai découvert, si j'ose dire, son algérianité, je ne lui appartenais plus, et d'ailleurs elle ne voulait plus de moi. J'ai de merveilleux souvenirs d'enfance à Blida, à Alger, au Chenoua, à Chréa, comme d'autres en ont à Saint-Brieuc, à Manosque, à Malagar, à Uzès. Mais quand j'évoque ces souvenirs, ce ne sont pas tant les lieux qui me manquent que mon enfance. La mer est aussi belle en Corse que sur les rivages de Cherchell. Mon Algérie était si française que, lorsque je suis venu en France après la guerre, je ne me suis pas senti déraciné, ni en exil, au contraire de tant d'autres. Au contraire de Camus lui-même. On m'a toujours enseigné que ce qui se faisait chez nous en Algérie, on le faisait encore mieux « là-bas », en France. Que l'Algérie était en quelque sorte un passage, une sorte de lieu d'initiation, une ébauche de la France, comme une salle d'attente avant de pénétrer dans le vrai temple. J'arrivais en Terre promise. La promesse m'en avait été faite des années durant. A vrai dire, culturellement, on m'avait enfermé dans l'univers français d'où je tirais d'exclusifs critères pour juger de toute chose. Ai-je été particulier ? Ma famille était-elle originale ? Je finis par le croire. J'entends ici qu'on parlait arabe à la maison ; là qu'on croyait aller à l'étranger en traversant la mer ; partout que l'Algérie était une patrie. Je n'ai rien senti de tel. D'abord, mes grands-parents avaient choisi ; mes parents avaient hérité de leur choix, l'assumant, le menant jusqu'à son terme, s'y épanouissant de manière activiste et volontariste. Ils étaient français. Ils n'étaient que français. Juifs, bien sûr et pratiquants mais comme d'autres étaient protestants. Rien de plus. Algériens, bien sûr, mais comme d'autres étaient bretons ou auvergnats. Rien de plus. Quand je suis arrivé, bon dernier en queue de progéniture, après dix frères et sœurs, tout était consommé. Je ne cherchais pas à me « dissoudre » dans une société. C'était déjà fait. Je ne voulais pas ressembler aux autres, je pensais que je ne leur étais pas différent. Et je ne l'étais d'ailleurs pas au fond – sinon parfois, bien sûr, dans le regard des autres. Je n'avais pas d'états d'âme, pas de déchirement, pas de tiraillements. Français, entouré de Français, ne parlant que le français, ami d'Arabes qui parlaient français, qui ne rêvaient que de devenir français. Je me suis inséré. En fait, j'étais déjà inséré depuis longtemps dans une tradition qui était celle de mes professeurs, de mes livres, de mes rêves. Dans mon imaginaire, je ne voyais l'Algérie arabe qu'au travers de Gide et Montherlant, Fromentin, Chassériau, Delacroix, mais comme si cet exotique passé n'avait plus rien à voir avec mon présent. Si bien que, lorsque je suis venu en France, sans rupture aucune, c'est un regard français que j'ai jeté sur le drame algérien – un regard d'intellectuel français, de gauche, anticolonialiste –, le regard, en somme, de mes maîtres, Marcel Domerc et Charles André Julien, et de mes idoles, Gide et Malraux. Un regard plein de regret pour ces gens qui s'égaraient au point de vouloir abandonner cette chance : appartenir au destin français. Un regard plein de pitié pour les Algériens auxquels certains Français avaient donné le besoin, la contrainte, l'obligation de combattre la France. Je voyais avec regret la France menacée d'amputation d'une partie d'elle-même, sa province algérienne. Alors que je trouvais logiques, normales et souhaitables toutes les indépendances (Tunisie, Maroc, Afrique noire, etc.). Cette France n'avait pas su rester entière. L'islam avait gagné. Il fallait s'y résigner. « Et qu'est-ce que c'est, pour vous, cette " France " ? » m'a demandé mon professeur, mon ami Marcel Domerc. Je m'entends lui répondre : « Un univers qui commence avec les cathédrales et qui se boucle avec la Révolution. » C'est toujours ce que je pense, au moins pour l'essentiel. Cela dit, ce qui s'est passé dans cette famille insolite, la mienne, je n'ai aucune peine à comprendre que cela était inconcevable pour les Arabes humiliés, les juifs bannis, les pieds-noirs exilés et tous ceux qui, aujourd'hui, sont arrachés à leurs racines et, comme ils le disent, à leurs morts. Et Vichy ? C'est vrai qu'il y a eu à ce moment-là un tremblement, une hésitation. J'étais révolté au plus profond de moi-même, non d'une situation que je partageais avec tant d'autres qui n'étaient pas juifs – l'homme que je respectais le plus, Marcel Domerc, mon professeur, a bien plus que moi souffert du pétainisme –, mais qu'on pût prétendre, en suspendant ma citoyenneté, mettre en question mon identité. En novembre 1942, au moment du débarquement des Américains à Alger, un jeune chevalier, José Aboulker, chef des commandos, futur patron de la neurochirurgie, balaya avec panache ces tourments qu'il jugeait artificiels en m'installant dans la guerre. Restait à affronter, en arrivant en France pendant et après la guerre, l'épouvantable récit des persécutions nazies. Un autre homme, André Chamson, qui nous avait pris sous son aile, Marie Susini et moi, m'a protégé de la tentation de l'isolement par tous les récits savants, épiques, détaillés qu'il nous faisait des persécutions dont les protestants avaient été victimes, et dont sa propre famille gardait encore les traces. Chamson me persuada, je n'attendais que cela, que les destins des protestants et des juifs s'étaient fondus dans le creuset français avec la Révolution.

Il y a un problème derrière ce débat sur le judaïsme et je ne veux pas affecter de l'ignorer. Au bout de l'intégration des Français juifs, on a parfois trouvé une logique de séparation d'avec les autres juifs, lors des persécutions. Les uns trouvaient que les juifs étrangers étaient trop nombreux et ils croyaient pouvoir se permettre une xénophobie de protection : après tout les Français chrétiens n'étaient-ils pas eux-mêmes partisans de limiter l'arrivée des Italiens, des Polonais et des Espagnols républicains, tous catholiques ? Autrement dit l'intégration complète ne conduisait-elle pas à adopter le nationalisme ? On s'est posé la question à propos du grand médiéviste Marc Bloch. Il a répondu avec la noblesse que l'on sait. Mais il doit être évident, impérieusement évident, que la solidarité avec les persécutés ne saurait souffrir aucune faille – surtout entre ceux qui sont persécutés pour les mêmes raisons. La communauté de destin, s'il faut se résigner à ce qu'elle existe, si elle ne peut façonner l'identité et le choix, doit susciter une raison supplémentaire de combattre la discrimination, le rejet – la barbarie.

30 mai

A propos de mes « racines ». Au temps de mes quinze ans, quel auteur juif, quel conteur algérien, quelle célébrité pied-noir – Camus n'avait pas encore écrit – pouvait prétendre à l'importance que Gide avait pour moi ? Il paraît qu'on ne peut plus le lire. Déjà, c'est vrai, son afféterie et ses poses faisaient grincer. Mais l'ascendant de ce gentilhomme protestant et de ce perturbateur souverain nous en imposait. Nous étions « engagés » et nous savions qu'il avait, en 1927, dénoncé le colonialisme au Congo (« Moins le Blanc est intelligent, plus le Noir lui paraît bête »). Auparavant, dès 1912, il avait dénoncé la justice de classe. Puis il se mettra tout le monde à dos en défendant la pédérastie avant d'adhérer solennellement à une idéologie communiste qu'il dénoncera ensuite spectaculairement. Je dois à Gide la curiosité pour le contraire, l'accueil de l'autre, le goût pour le singulier, le rare et l'irremplaçable. Il est le premier à avoir osé l'éloge de la différence et le respect dévot de la liberté du différent. Comme lui, j'ai répondu à chaque instant : « Ce qu'on me reproche, c'est moi-même. » Pernicieuse maxime qui conduit à chérir ses propres défauts et à les contempler comme autant de merveilles. Je savais par cœur jusqu'aux fades *Poésies d'André Walter* et lorsque, feuilletant un livre, j'y trouvais un index des noms cités, c'était celui dc

Gide que j'étais pressé d'y découvrir. A l'époque, Gide me faisait lire ce qu'il voulait. C'est grâce à lui que j'ai lu Dostoïevski, Taha Hussein, Tagore, Dashiell Hammett, Simenon, tant d'autres. Et si Guilloux devait me devenir si cher plus tard, c'est que Gide lisait des passages du *Sang noir* dans les rues de Paris en 1935. Sans Malraux, Gide aurait pu me faire du mal. L'auteur de *la Condition humaine* est arrivé juste au moment où il pouvait corriger, infléchir, canaliser l'influence gidienne, de manière à ne pas faire de moi, pour employer les mots du maître, une chrysalide qui ne peut devenir papillon par excès d'introspection. Et plus que Malraux ensuite, bien sûr, mon salut, si j'ose dire, ce fut la guerre.

21 juillet

Avec Tom Brady, au milieu de sa cour de jeunes Tunisiennes en fleur, dans sa villa de Sidi Bou, nous évoquons les événements qui ont caracolé, depuis mai dernier. L'indépendance de l'Algérie, le retour de Ben Bella, les foules, les femmes qui protestent contre la guerre civile en hurlant : « Sept ans, c'est assez ! », et la manifestation, dans les salons de l'hôtel Aletti, où le leader marocain Youssefi s'est employé à aider Michèle à me protéger des débordements, alors que je m'appuie encore sur des béquilles. Tom me dit que c'est une curieuse idée de penser comme je le fais aujourd'hui à mon anniversaire. A la rigueur, il aurait compris que je ressente quelque vertige il y a deux ans, pour ma quarantième année. C'était alors un cap. Je lui rappelle qu'il y a deux ans j'étais à Léopoldville. C'était les premières convulsions annonciatrices des indépendances africaines. Je prenais de bien païennes vacances à Hammamet avec lui, Tom, et Marie-Thérèse, lorsqu'on m'a téléphoné de *l'Express* pour me demander si le personnage de Lumumba m'intéressait au point de renoncer à ce qui me restait de mes vacances. J'ai demandé quelques heures de réflexion. J'ai fait part de mes hésitations à Tom qui prenait son petit déjeuner, notamment en versant le contenu de son œuf à la coque dans une tasse où il avait déjà vidé un pot de confiture. Tom admira qu'on me proposât une mission si différente de ma « spécialité »; s'alarma que je pusse hésiter; se réjouit d'être bientôt seul avec Marie-Thérèse; enfin (mais le tout en une minute), s'attrista de me voir partir, m'envia de le faire, et résolut de demander au *New York Times* l'autorisation de me rejoindre. Ce qu'il fit et obtint en quelques jours. (C'est du Congo que nous avons décidé d'envoyer simultanément un article contenant la phrase : « La vie n'est pas simple », phrase qui fut en effet publiée dans le *N. Y. Times* et *l'Express*.)

Mais le 21 juillet, j'arrivais à Brazzaville tard dans la soirée, et il n'y avait plus de possibilité de passer le fleuve pour me rendre à Léopoldville. Où passer la nuit ? Je tentai ma chance à l'hôtel Transat. Il était complet. « Sauf qu'en Afrique on s'entraide », me dit une métis très allurée dont je me disais que sa mère blanche avait probablement du sang vietnamien, et son père noir probablement du sang indien. J'étais en train de contempler les merveilles du brassage et du métissage, je me demandais aussi en quoi consistait exactement l'« entraide africaine » évoquée par la déesse du Transat lorsqu'un Français, habillé en broussard, l'air rude et bourru, visage de séducteur bougon, corps de sportif, allure de para, demanda la clé de sa chambre. Le chef-d'œuvre de tous les croisements s'adressa alors à moi pour me dire : « C'est complet à moins que M. Camus que voici, et qui dispose d'une grande chambre à deux lits, n'accepte d'offrir l'hospitalité à l'un de ses confrères. » Le nom était bien Camus ? « Oui, Camus, ct alors ?... » Alors rien.

Qui j'étais ? Lui était photographe et il ne connaissait pas les « mecs de la corpo ». Il était simplement furieux. Pas spécialement de quoi que ce fût. Même pas d'avoir à me répondre. Il était furieux comme moi j'étais fatigué. Regardant de biais la créature de rêve, il lui dit que si vraiment « elle » y tenait, il ne s'opposait pas à ce partage de sa chambre. Il s'en « foutait ». Il n'y venait que pour dormir. Ça ou autre chose. Moi ou quelqu'un d'autre. L'idée de chercher un autre gîte me déplut davantage que l'accueil de mon confrère. Au demeurant, capable d'être distant et taciturne, j'étais prêt à m'adapter pour une nuit.

Il se dirigea vers sa chambre. Je le suivis. Belle chambre : vaste, simple, sobre, on ne peut plus coloniale, un grand ventilateur au plafond, j'adore. Il remplit le lavabo et se lava tout nu à grande eau, comme on voit dans un western les héros le faire à peine descendus de cheval, après une grande randonnée dans le désert. Il se jeta nu sur son lit. En se retournant il a grommelé : « Faites vite pour vous laver, j'ai sommeil. » Je fis plus vite qu'il ne souhaitait.

Je mis ma tête sous le robinet et, sans me sécher car la chaleur ne cessait d'être moite, insinuante, et plus insupportable la nuit que le jour, je m'affalai sur l'autre lit. Il éteignit la lumière. Il a ronflé quelques minutes (pour moi, des heures). Je ne pouvais m'endormir. J'étais harassé mais en même temps incommodé par la chaleur. D'ailleurs, je ne m'endors jamais tout de suite. Il faut que je lise ou que je rêve, ou que j'évoque la journée. Si j'ai à écrire le lendemain, je ne suis tranquille qu'après avoir composé dans ma tête les premières phrases. J'allais m'endormir, j'étais tout prêt à le faire, lorsque le ronflement a cessé. J'ai entendu alors mon para de voisin énoncer des phrases tout à fait courtoises, sur un ton surprenant de civilité et même, me sembla-t-il, de cordialité. Il me demanda si je dormais. Non pas encore. Sinon, il ne voulait pas « m'emmerder ». Mais non, mais non. Alors, comme ça j'étais Jean Daniel. C'était un fait. Il avait vaguement entendu parler de moi. Lui, avait-il entendu parler de l'autre Camus ? Il me demanda lequel. Je dis : « Comment, lequel ? » Il ne connaissait pas d'autre Camus « dans la profession ». Après un silence, j'ai cru qu'il s'était rendormi. Il a dit : « Tu n'insistes pas parce que tu penses que je ne connais pas l'écrivain. – Mais non, je ne pense rien », ai-je dit. Il m'a dit : « Tu as tort, je sais qui c'est, mais c'est pas mon truc. »

Je m'aperçois qu'il m'a tutoyé. Il me demande si je me trouve bien dans ce « putain de pays ». Réponse : je viens d'arriver.

« Tu vas voir, ici il y a un problème.

– ...

– En tout cas, moi j'ai un problème.

– ...

– Les filles.

– Les filles ?

– Oui, les filles. Elles sont noires.

– En Afrique noire, c'est plutôt normal.

– Oui mais moi, il faut que je baise et je ne peux pas baiser de Noires. J'y arrive pas. Même en faisant la nuit. Il y a des filles que je trouve belles, très belles, et même plus belles que les Blanches, surtout au Sénégal, ou en Guinée. Mais je ne peux pas les baiser.

– Évidemment...

– Tu t'en fous parce que tu viens et tu repars. Moi j'en ai pour des semaines ici et ailleurs.

– Il n'y a pas de femmes blanches ?

– Il y a bien les femmes de l'ambassade, la femme de l'attaché militaire : des emmerdeuses. Et puis, il y a les femmes de la haute société belge. Tous les samedis, elles font du hors-bord sur le Congo, elles jouent à s'approcher le plus près des tourbillons et des crocodiles. Elles se font peur. C'est pas mon truc. »

Et il s'est endormi. Le lendemain matin, il s'est levé sans m'adresser la parole. Il avait son air furieux. J'étais surpris et soulagé de ne pas avoir chaud. J'ai dit : au fond, il semble n'y avoir qu'une belle heure dans ce pays, c'est juste avant le lever du soleil. Il m'a regardé avec son air toujours furieux. Et il est sorti. Je l'ai suivi du regard. Du pas de la porte, je l'ai vu qui parlait au directeur de l'hôtel. Plus tard, quand je suis sorti, le directeur m'a dit : « Votre confrère s'absente en brousse pour quelques jours, il propose que vous occupiez sa chambre, vous êtes son invité. » J'ai pensé que c'était comme s'il avait laissé un mot signé « Meursault ». Je me suis dit que j'avais passé la nuit de mes quarante ans auprès d'un nommé Camus. Tandis que le mien de Camus, est mort le 4 janvier 1960, sept mois avant.

22 août

Nouvel attentat manqué contre de Gaulle au rond-point du Petit-Clamart. Cette fois le Général a failli vraiment y rester. Pourtant il me semble que l'émotion, pour considérable qu'elle soit, n'a pas la même qualité que celle suscitée l'an dernier le 8 septembre 1961 alors que les terroristes s'étaient livrés à un travail d'amateur. A peine connue la nouvelle que de Gaulle y avait échappé, on a fait comme s'il était invulnérable. A moins que la France ne soit gorgée et blasée de violences. A moins que cet attentat manqué ne semble ponctuer et sanctionner de manière légitime l'indépendance de l'Algérie reconnue le 3 juillet. Le 1er juillet le suicide du général de Larminat, compagnon de toujours du Général, qui s'est estimé impuissant à faire condamner les généraux rebelles par le Haut Tribunal militaire, ce suicide qui est certainement l'un des actes les plus pathétiques, les plus shaskespeariens de cette guerre et sur lequel j'ai soif de tout savoir, a donné les dimensions de l'ambiguïté gaullienne et du malaise français. Je respire une fois encore à l'idée que de Gaulle reste en vie. Mais pourquoi cet attentat me paraît-il dans l'ordre des choses ?

Samedi 20 octobre

Et me revoilà. Même chambre. Même clinique. Même carnet. Contrecoup de l'opération du 16, il y a quatre jours. Pourquoi tant de soins sur un corps déjà usé, sur un esprit qui ne donnera plus rien peut-être, qui recense les problèmes au lieu de les résoudre, qui ne peut que gémir avec complaisance sur lui-même – sur un destin sans importance ?

Je suis ramené un an en arrière, avec le cortège des médecins, des interventions, des incertitudes. Mais, cette fois, je ne suis plus soutenu par l'effet spectaculaire de ma blessure chez les autres. Je ne suis plus accompagné dans la douleur. Je souffre d'une manière plus misérable. Avec la perspective d'une nouvelle intervention : une greffe le 15 novembre. Le professeur Worms est un saint. Mais aujourd'hui, il ne me fait plus aucun bien. C'est un vieux célibataire, personnage d'Anatole France et de Montherlant à la fois. Il me regarde avec tendresse. Il a tout lu et il aime parler de ses lectures. Il cite *les Nourritures terrestres* et chaque fois de manière inexacte.

23 octobre

Discours de Kennedy sur Cuba. La perspective de l'apocalypse, qui égalise et nivelle le sort de tous les gens bien portants, suscite chez les malades une sorte de résurrection. Ce président américain a décidément une énorme séduction, une énorme autorité, bref un vrai charisme. Il n'a pourtant aucun des traits qui d'ordinaire en imposent. Il fait encore un peu jeune chien ; d'après sa mèche, on devine qu'il peut sortir d'une partie de base-ball et peut encore hésiter entre croquer du maïs et sucer un ice-cream en regardant un western. Il fait en même temps très bien élevé, très sportif de bonne famille, très grand enfant naïf à l'œil clair mais qui doit tout de même avoir beaucoup de choses à dire à confesse. Étrange qu'un destin si planétaire oppose deux leaders de charme car Fidel Castro gouverne au charisme lui aussi. Il y a dans le leader cubain une sorte de sauvagerie bourgeoise où le regard machiste joue un effet dompteur et persuasif. Aucun de ces deux géants qui s'affrontent n'est vulgaire, même si on devine le panache aventurier du Cubain. Il se passe quelque chose d'impressionnant, peut-être de gigantesque dans le monde. J'enrage de n'être pas sur mes jambes, réfléchissant en fumant, marchant, courant, m'informant, voyageant. Avec K.S. Karol, nous ne cessons de passer de Kennedy à Castro et de Castro à Khrouchtchev.

25 octobre

Visite de Jules Roy. Je ne suis pas étonné de le voir dès qu'il y a du pathétique ou de l'épopée dans l'air. En plissant ses paupières, juste assez pour laisser percer le regard vrillant et noir, il dit avec le murmure du sourd : « Alors, c'est le déluge ? » Cher Julius. J'ai l'impression de le connaître depuis si longtemps. Par Camus, bien sûr. Du vivant de Camus, il était plutôt distant. C'est après la mort de Camus qu'il lui a manqué quelqu'un et qu'il a cherché, m'a-t-il semblé, de mon côté, ce qui pouvait demeurer de Camus en moi, à quoi il pourrait s'arrimer pour le prolonger. Il est venu hier et je n'ai pu le recevoir. Si j'en crois la rumeur, il a impressionné les infirmières, surtout cette Canadienne à la peau mate et douce, regard de biche, démarche féline, voix enjouée de jeune première et qui me dit parfois, avec une perversité d'Agnès au petit chat : « Il faut que je vous laisse, je dois faire la toilette d'un mort. » Dire cela à un malade non encore tout à fait sorti d'affaire, point assuré de l'être jamais, au moment même où on suscite chez lui un désir de désir... Julius est entré aujourd'hui, grand, superbe, long, mince, avec cette coiffure coupée ras et déjà blanche, son allure de moine-soldat, son machisme tendre, cette façon si particulière de jeter de très haut un regard qui paraît à la fois habité par Dieu, par la guerre, par les femmes. Il a d'autorité levé le drap qui me recouvrait : « Je veux voir une cuisse glorieuse. » En fait de cuisse, il n'a vu que le plâtre qui m'enferme à nouveau du côté gauche, de la poitrine à l'orteil. Il m'a dit qu'il voulait revenir avec son ancienne compagne, l'actrice Anabella. Il s'assied près de moi. Il me regarde en silence, longuement, très longuement. Je ne trouve rien à dire et commence à m'inquiéter lorsque je l'entends : « Tu es aimé, trop aimé. C'est cela qui cloche avec toi. » Je ne comprends pas. Je n'ai pas envie de comprendre. Je sais qu'il a l'amitié exclusive et que je n'y ai pas répondu (doutant de ses sentiments plus que des miens d'ailleurs) comme il le voulait. Alors nous restons silencieux. Pendant ce moment, il est l'homme, le soldat, l'écrivain, l'ami le plus beau que j'aie jamais rencontré – depuis Serge L.

Dimanche 28 octobre

Khrouchtchev cède. Une partie planétaire. Tout est prodigieusement inquiétant, passionnant dans cette histoire. Les acteurs, les enjeux, les moyens. J'en arrive jusqu'à oublier mon état. Cela va être l'affaire du siècle. Ce qui s'est passé dans la tête de Khrouchtchev, de Kennedy, de Castro. Cela inspirera un *Guerre et Paix* dans quelques années. Ou un film à grand spectacle. Castro ne se sort pas très bien de cette épreuve entre les supergrands. De Gaulle a soutenu Kennedy, à la surprise de tous.

Le drame algérien me semble épisodique à côté de cette peur cosmique. J'en parle avec une telle passion, ma volonté de me reconvertir et de me consacrer à cet événement est si évidente que Mic observe : « Donc dès que tu seras guéri, tu repartiras. » Je me dis : que peut-elle me souhaiter de mieux ? Elle se dit : que peut-il me souhaiter de pire ?

Mardi 30 octobre

Opéré il y a quinze jours, j'attends une nouvelle opération dans quinze jours.

Dimanche soir, Jules Roy, Anabella, Serge, Karol, Claude P., et Mic ont attendu avec moi les résultats du référendum.

Pense à Deffieux, à Marinette Amar. Ces deux êtres chers à mon adolescence, qui font partie des morts de l'indépendance. Non, ce n'est pas une fête pour moi que cette conclusion de l'inéluctable.

JJ me demande, et je lui en suis reconnaissant, de suivre ma pente et d'écrire une défense des Français d'Algérie. Je l'écris et je provoque la saisie de *l'Express* par le gouvernement de la République algérienne indépendante...

Les « Je vous l'avais bien dit » et « Nous n'avons pas combattu pour cela »... Me suis-je fait des illusions ? Pas depuis deux ans en tout cas. L'indépendance, c'est la conquête du droit à l'erreur. Les Algériens sont en train d'abuser de ce droit.

Jeudi 8 novembre

Miracle. J'avais souffert, mal dormi, j'étais d'une humeur massacrante parce qu'après m'avoir administré des somnifères très tard dans la nuit, la discipline de la clinique a fait qu'on m'a réveillé très tôt le matin pour me prendre la température, la tension, etc. Et puis, on m'a apporté un livre. Je l'ai reconnu à sa reliure et alors qu'il n'y a aucune inscription. J'ai commencé par le caresser, puis je l'ai ouvert, je m'y suis plongé, rien ne m'en a distrait. Pendant trois heures, je ne sentais plus rien, j'étais en esprit dans mon lit d'enfance lorsque j'étais grippé comme souvent et que ma mère n'interrompait ma lecture que pour un cataplasme de farine de lin ou de farine de moutarde, ou quelques ventouses. Ma maison était à Blida, comme cette clinique se trouve à Neuilly, mais mon lit, lui, dans les deux cas, se trouve à Verrières, qui peut passer pour « l'une des plus jolies petites villes de la Franche-Comté. Avec ses maisons blanches et leurs toits pointus aux tuiles rouges, qui s'étendent sur la pente d'une colline dont des touffes de vigoureux châtaigniers marquent les moindres sinuosités. Le Doubs coule à quelques centaines de pieds au-dessous de ces fortifications, bâties jadis par les Espagnols, et maintenant ruinées », etc.

Oui, le livre c'est *le Rouge et le Noir*. L'édition que l'on m'apporte, celle sur papier de Rives, numérotée 948, une édition Henri Cyral de 1927. Mais surtout avec des illustrations de Daniel-Girard qui sont dans mon esprit associées aux mots et aux personnages pour toujours. Les deux tomes de ce livre qui appartient à Mathilde, ma sœur, et dont elle vient de me faire présent, c'est toute mon enfance et toute mon adolescence mais seulement pendant les périodes de maladie. Chaque fois que je me suis trouvé alité, je me suis retrouvé à Verrières avec Madame de

Rénal, Julien Sorel, le curé Chelan. Et j'ai chaque fois voulu retenir le temps, pour ne pas arriver trop vite au château du marquis de La Mole et dans l'univers de Mathilde. Une fois encore, dans cette clinique, et comme on redoute en classe l'issue des batailles de Napoléon, j'apprécie phrase par phrase les douceurs provinciales du jardin de Monsieur de Rénal et les scènes où Julien s'impose de séduire, pour se refuser aussitôt lorsqu'il redoute qu'on lui fasse payer ses victoires. Je ne crois pas que dans ce que l'on appelle la réalité, ou dans ce qui nous tient lieu de racines, les personnages du livre de Stendhal aient moins compté que les gens qui m'entourent.

Je connais comme si j'y avais séjourné toutes les rues de la petite ville imaginaire de Verrières. Je peux dire où est la grande scierie, comme la bruyante usine à fabriquer des clous. Je sais qu'on est sensible, à Verrières, à ce qui « rapporte du revenu » et que l'on se soucie de ne pas déplaire, en Franche-Comté, aux gens sages qui « distribuent la considération ». Je me souviens du dialogue entre Julien et l'abbé Pirard : « *Loquerisne linguam latinam ? – Ita Pater optime* », etc. Mais à ce moment-là, Julien est à Besançon, il a fait ses adieux à Madame de Rénal, il a vu son ami Fouquet, et Amanda, la demoiselle du comptoir. Tout est encore possible dans le destin de Julien. D'autant qu'il commence à se trouver lui-même un peu trop méfiant, calculateur, « politique », l'obsession de Napoléon le conduit trop souvent à imiter Tartufe ou plutôt le dernier acte de *Dom Juan*. Que de fois j'ai imaginé, interrompant là ma lecture pour plusieurs jours, de donner à Julien d'autres destins ! Et combien de conversations j'ai eues à ce sujet avec Mathilde (la mienne) au début, plus tard avec tous mes amis, tous ces amis que j'avais choisis parce qu'ils voyaient la vie à travers les yeux de Julien, ou de l'abbé Chelan, ou de Mathilde de La Mole. Peut-être la Bible a-t-elle eu une influence aussi grande sur certains esprits. Aucun passage des Prophètes ou des Évangiles n'aurait pu, ce matin, me procurer cette familiarité, ce bonheur, cette plénitude.

9 novembre

Je ne sais plus avec quelle Mathilde j'ai passé ma nuit de veille. Ma sœur aînée s'appelle donc Mathilde et j'ai toujours soupçonné que ce prénom l'avait conduite à s'identifier à Mathilde de La Mole. En tout cas, dès que je fus, selon elle, en âge de bien lire, elle entreprit de me détourner de ce Gide dans l'œuvre de qui je m'étais immergé, en partie d'ailleurs par sa faute. Pour elle, il n'y avait que Stendhal ; dans Stendhal il n'y avait que *le Rouge et le Noir* ; et dans le *Rouge* il n'y avait que Mathilde. Elle m'enjoignit de résister à la tentation commune : m'attendrir sur ce cœur simple que représentait Madame de Rénal avec son amour exaspérant. Les balles dont elle avait été victime à l'église, pour un peu, ma sœur eût pensé qu'elle ne les avait pas volées. Elle regrettait en tout cas que cet attentat eût donné à la grise châtelaine de Verrières le rôle final d'une grande amoureuse. « Enlevez Mathilde de La Mole, disait-elle, et que devient le personnage même de Julien ? » Chère Mathilde... C'est vrai que j'en ai beaucoup voulu à Julien de traiter si mal Mathilde de La Mole dans la prison où seule Madame de Rénal le détournait parfois de sa volonté de mourir. Mais en dépit des objurgations de ma sœur, je suis resté fidèle à la provinciale de Verrières, si proche d'Anna Karénine et d'Emma Bovary par certains côtés.

10 novembre

Tom Brady vient me dire adieu avant son départ pour New Delhi comme correspondant du *New York Times*. En nous embrassant, ce que nous n'avions jamais fait, nous avons surtout dit adieu à une époque, à notre vitalité sans cesse émerveillée, à notre liberté lumineuse de Sidi Bou Saïd. S'ajoute à ma sentimentalité le fait que je lui cache : on vient de m'informer que je vais devoir subir une nouvelle opération, le 13 novembre prochain. Tom a été, pendant toutes ces années, l'un de mes meilleurs amis : le meilleur peut-être. Il ne fait partie ni de ma famille, ni de mon enfance, ni de ma jeunesse. Nos univers sont différents et nos obsessions étrangères. Dès que je le revois pourtant, même après la séparation la plus longue, c'est une intimité naturelle qui s'installe, une complicité amusée et intense, que je ne me connais qu'avec très peu d'autres. Il ne m'avait jamais manqué. Le voici qui me manque parce qu'il me dit adieu et il me semble que je le perds.

Mardi 20 novembre

Si je dissimule des choses importantes dans ce carnet comme ce qui s'est passé la veille de mon opération, juste la veille avec la visite de S., par exemple, ce n'est pas parce que je redoute qu'on puisse le lire. C'est parce que je n'ose pas le formuler, que ce serait en augmenter l'épaisseur et la nocivité. C'est aussi parce que ce carnet s'est distancié, il est devenu un interlocuteur autonome et indiscret, il a sa vie propre qui n'est pas tout à fait la mienne, et je dois en somme jouer avec lui. Il faudrait, il faudra bientôt le carnet du carnet...

Dans la revue *Preuves*, un enseignant kabyle a la tranquille audace de se demander si le nationalisme algérien ne s'est pas surtout nourri du désespoir de voir jamais Paris imposer sa loi aux Français d'Algérie. Il rappelle, et lui seul pouvait le faire, que l'intensité du sentiment nationaliste a commencé à décroître lorsque, pour la première fois, le sang français a coulé à Alger du fait des combats entre les forces françaises et les partisans de l'OAS. Il dit, en somme, que bien des Algériens ne sont que des Français exclus. C'est ce que j'ai voulu penser, c'est ce que j'ai longtemps pensé. Cette observation rejoint ma thèse personnelle sur la *contingence* du nationalisme algérien. J'ai pensé qu'il n'était que l'aboutissement de l'une des virtualistés en suspens : qu'il aurait pu ne pas être. *Nécessaire* ailleurs, le nationalisme n'a peut-être été en Algérie que l'illustration de la célèbre prophétie du gouverneur général Viollette : « Si vous ne trouvez pas une patrie aux Algériens, ils s'en trouveront une. » En fait, devant le fait accompli, on a davantage envie de croire à sa nécessité qu'à sa contingence.

Les historiens font souvent comme si la thèse de la pluralité des causes en Histoire était valable avant l'événement-effet, et non après. Je parle de ceux qui se sont insurgés contre le sens de l'Histoire et la philosophie soit providentialiste de certains chrétiens, soit marxiste de la causalité unique. Ils finissent par choisir une cause dominante, ce qui est une façon de revenir à la cause unique. La reconstitution du passé devient alors un inventaire des causes déterminantes, ou supposées telles, dans lesquelles on n'en retient qu'une seule qui devient *nécessaire*. Peut-être les journalistes qui réfléchissent sur leur métier ont-ils davantage le sens de la contingence ?

Il est bien vrai que j'ai vu en Algérie se rétrécir le champ des possibles. Et il y a un moment où il ne reste plus qu'un seul possible. Il est vrai aussi que j'ai la tentation de me dire aujourd'hui que rien ne pouvait être autre que ce qui est puisque cela est advenu. Mais je me dis qu'il n'y a pas eu un moment où tout pouvait être différent, que ce n'est qu'une inclination de l'esprit, un besoin de cohérence universelle et un scepticisme inconscient sur la possibilité pour les hommes d'infléchir le cours de l'Histoire. Il y aurait donc un *cours de l'Histoire*. C'est pourtant une telle attitude qui désarme devant l'imprévisible. En quoi l'établissement en Palestine d'un État israélien était-il inéluctable, *nécessaire* ? Comment trouver une cause unique hors de la volonté d'un groupe de rêveurs que tout aurait dû décourager ?

En fait, il me semble qu'en Algérie aussi le nouvel État est dû à un groupe de rêveurs. Les premiers maquisards de novembre 1954 ont fait ce rêve insensé de livrer d'abord une guerre civile, pour transformer tous les Algériens en étrangers à l'intérieur d'un territoire francisé. Cela ne pouvait se faire que dans le sang, par la terreur, le sectarisme, l'intimidation religieuse. Il fallait transformer en traîtres tous ceux qui n'étaient pas pour l'indépendance ou qui n'y songeaient pas. Il fallait créer un état de rupture. Ils ont eu tout le monde contre eux mais d'abord et surtout leurs frères. Les messalistes, les fédéralistes, les communistes, la masse des paysans dépersonnalisés. Il fallait inventer le concept de trahison et faire de tous les incertains et de tous les tièdes, comme de tous les passifs, des renégats, des apostats et des collaborateurs. C'est d'abord cela la révolution algérienne. Se mettre en état de rupture. Tous les drames de cette guerre viennent, d'une part, de l'intensité de l'enracinement français et, d'autre part, de la volonté maquisarde de déracinement en débutant par une atroce guerre civile. Prendre les choses là où on les avait laissées en 1830 et qui étaient pourtant radicalement différentes. Les Israéliens ont bien renoué avec une histoire rompue il y a deux mille ans. Je ne vois pas que ces vérités puissent être assumées par les nationalistes algériens, et encore moins par leurs partisans zélés en France.

Dimanche 25 novembre

L'actrice Nicole Courcel dont j'ai admiré la performance lorsqu'elle interprétait Hermione, pendant la guerre, me dit que j'avais l'air heureux et ténébreux à la fois à Tunis. Heureux? C'est vrai que j'y étais attendu, accueilli comme une sorte de frère ou de héros. Les amis me conduisaient depuis l'aéroport sur les plages, avant même que je leur raconte les drames et les tourments du pays voisin. Et comme, précisément, mes visites dans l'Algérie souffrante étaient fréquentes, comme je n'évitais pas les risques et que cela était connu, je n'avais pas le moindre complexe pour m'abandonner à tous les repos du guerrier. Mais, de plus, c'est vrai, dans cette sorte d'intensité volée, la vie était pour moi plus piquante, plus fervente, plus pleine, plus dotée de sens et la volupté m'apparaissait comme le romantisme charnel de l'épopée. Bref, j'étais souvent amoureux. Et non pas seulement des triomphes de l'aube et des feux de midi sur la mer.

Lundi 26 novembre

Aux temps où ce professeur, Pierre Mesnard, nous faisait un cours sur saint Jean de la Croix, avec une vulgarité qui se voulait truculente, j'avais été frappé tout de même par un épisode sur la mortification. Sur la tentation de la mortification. Sur le plaisir trouble et inconscient qu'on peut y prendre. Sur la complaisance qui guette le pénitent sur le chemin de la sainteté. La souffrance que l'on décide librement de s'administrer contient aussi l'euphorie de la liberté. Un peu comme le plaisir de la liberté chez les stoïciens. Il faut donc fuir Sénèque, Épictète, Marc Aurèle. Le saint n'est pas le sage. Il faut de mêmer fuir Dostoïevski. Le saint n'est pas le masochiste pathétique ni l'exhibitionniste. Pourquoi ai-je pris de l'intérêt à cet épisode? La sainteté, c'est peu dire, n'était pas dans l'ordre de mes tentations ou de mes préoccupations. Elle ne l'est pas davantage aujourd'hui. Elle ne l'a jamais été. Non pas seulement par sens du ridicule, conscience de mes limites évidentes. Mais parce que spontanément j'ai cherché mon idéal dans le métier d'homme. Plus soucieux d'être d'accord avec moi-même que de me référer à une morale; redoutant davantage mon propre repentir que le jugement des hommes ou celui de Dieu, et ne croyant au fond jamais au péché ni à la rédemption. Je crois pourtant qu'il y a quelque chose de divin dans l'impératif catégorique qui inspire à Kant le discernement entre le Bien et le Mal comme dans l'inspiration qui conduit Nietzsche à séparer la valeur de la médiocrité. Je crois au repentir et je crois au pardon. Mais plus qu'à tout le reste j'ai cru au bonheur, à la noblesse de sa recherche, à la grandeur de sa protection pour ceux que j'aime, pour les miens, pour moi.

Pourquoi alors cette pensée, depuis quelques jours, sur les complaisances de l'autocritique et les tentations masochistes? Peut-être parce que, depuis que je suis dans cette clinique, je ne suis contraint qu'à des bilans et il en est peu dont je sorte innocent, victorieux ou simplement indemne. Je ne me prépare à aucun jugement dernier. Je ne cherche pas de salut. Je ne cherche pas à imaginer ce qu'un Être suprême, extérieur à moi, et disposant de la toute-puissance et de l'infinie justice, pourrait formuler comme jugement sur ma vie. Je n'imagine Dieu, quand je l'imagine, que miséricordieux et dispensateur de bonheurs. Je ne vois rien de divin dans le Dieu terrible, vengeur, chef des armées, menaçant de ses foudres ceux qui viendraient à lui désobéir, et réclamant finalement pour lui seul cette idolâtrerie dénoncée chez les païens. Je ne vois pas les beaux sentiments qui conduisent à parier sur un bonheur futur qu'il promettrait, en ne se souciant que par intermittence du malheur d'ici-bas. Comment pourrais-je croire à un Dieu sans amour indistinct et même à un Dieu qui ne protégerait pas les voluptés dont il nous aurait donné le goût? C'est pourquoi je ne connais d'autre prière que les actions de grâces. C'est pourquoi aussi les seuls prophètes de la Bible qui me touchent sont ceux qui se sont révoltés contre Dieu. C'est pourquoi enfin le Christ qui me touche le plus c'est celui qui demande à son Père pourquoi il l'a abandonné.

Mardi 27 novembre

Suite aux réflexions d'hier : l'Algérie est tout de même dans mes nuits d'insomnie une sorte de purgatoire. Ce matin, je ne me suis pas envoyé en enfer.

Car oui, oui, et oui.

Oui, j'ai eu raison de nier :

(contre Camus) : que la solution fédérale pût encore éviter la négociation avec le FLN ;

(contre Sartre) : que seule la solidarité entre la gauche française et le FLN pût aboutir à la paix ;

(contre PMF) : que les colonels ne laisseraient jamais de Gaulle faire la paix en Algérie (il a failli avoir raison mais enfin, il a eu tort) ;

(contre JJSS) : que de Gaulle était l'homme des monopoles, donc du colonialisme, et qu'il oscillait entre Pétain et Franco ;

(contre Bourdet et Jeanson) : que la révolution algérienne était notre guerre d'Espagne, qu'elle était ouverte, non recluse dans l'arabo-islamisme, et que d'autres que les Algériens pouvaient s'y intégrer.

Cela dit, je ne sais vraiment pas où j'ai pu trouver la force de m'opposer à de si prestigieuses et contagieuses influences dans ma famille intellectuelle. Car je n'avais ni l'autorité, ni les titres, ni la fonction, ni même peut-être les épaules assez larges pour faire front dans la solitude. Ce qui m'a mis à l'abri de l'erreur, c'est d'être sur le terrain et d'encaisser plutôt que de compter tous les coups. Je dois cela non à ma possibilité d'être comme le clerc abstrait cher à Benda, mais à la pluralité croisée et assumée de mes déterminations. C'est aussi une façon de remplir un rôle d'intellectuel : trouver l'universel en partageant plusieurs engagements. Serais-je resté à Paris, donc privé de la possibilité de témoigner, non seulement je ne me serais pas fait entendre mais peut-être me serais-je rallié aux écoles régnantes. Il fallait de la distance et des subjectivités contradictoires pour s'opposer aux deux monuments que constituaient Camus et Sartre.

Il me faut cependant mettre un bémol à cette autosatisfaction étrange et matinale qui n'annonce peut-être que la volonté de guérir. D'une part, j'ai bien trop projeté, dans ma psychologie des chefs historiques du FLN, ma fréquentation des héros de Malraux ; d'autre part, je n'ai pas su rendre justice aux analyses implacables et glacées de Raymond Aron. J'ai réagi à la fois comme un Français d'Algérie libéral à qui on prétend arracher ses rêves de fraternité, et comme un politique volontariste, soucieux de gagner un pari et d'influer sur le cours des choses. Je voulais tout faire pour que l'Algérie nouvelle pût organiser la coexistence des deux communautés, alors qu'Aron réclamait qu'on préparât déjà en France l'accueil de tous les Français d'Algérie dont il prévoyait l'exode inéluctable et massif. Pronostic qui ne me paraissait nullement irréfutable avant l'apparition de l'OAS, et qui même me paraissait en favoriser l'émergence. Autrement dit, je ne jugeais pas les concepts d'Aron opérationnels : s'ils l'étaient, en tout cas, c'était dans le mauvais sens. Aron, peu webérien en la circonstance, se souciait plus, pour une fois, de manifester son éthique de conviction (ou son pessimisme de principe) que son éthique de responsabilité. Mais le résultat final est là. C'est lui qui a eu raison.

– 1963 –

Megève, 19 janvier

Il y a un an, maman, tu es partie. Je n'étais pas là. Je ne t'ai pas vue partir. Je ne t'ai pas pris la main. Je ne t'ai pas rendu une dernière fois un peu de ce que tu n'as cessé de me prodiguer. Un peu de cette partie de moi qui est remplie de toi. Je n'étais pas là. Comme toujours. Ce n'était pas, cette fois, de ma faute. J'étais alité, tu ne le savais pas. On te l'avait caché. Mais enfin, comme toujours, j'étais loin. Je ne t'ai pas accompagnée, toi qui es en moi si intensément, si constamment. Je garde sur moi une lettre de toi comme un talisman, une amulette, une *mezouza*, un texte sacré. Le reste d'une voix éteinte qui balbutie encore dans cette écriture tremblée, frémissante, une écriture qui appelle, et qui enrage de ne pas exprimer le sentiment pourtant hurlé dans les irrégularités mêmes du tracé, une écriture qui me fait tout imaginer de ta main en train d'écrire. Nous avons passé notre temps à nous quitter, à regretter de le faire, à nous demander par quelle aberration nous étions éloignés l'un de l'autre et pourquoi, alors qu'un bonheur si simple et si plein était si facile à réaliser, nous ne le réalisions pas. J'ai toujours imaginé que tu m'attendais où que je me sois trouvé et quoi que j'aie pu faire. Partir avec la bénédiction de mon père, chérir la certitude de ton attente, voilà qui rendait mes départs sereins et obligatoires mes retours. Chaque fois que je suis revenu, j'ai vu s'illuminer ton visage, après que tu te fus longuement et presque complaisamment refusé à me reconnaître, me prouvant ainsi que si je n'avais cessé d'être dans tes pensées, dans tes souhaits, tu craignais de rêver plutôt que de consentir aussitôt à ce que l'espérance s'incarne. Tu disais : « Mais non, ce n'est pas

Jean. Ce n'est pas possible que ce soit Jean. » Je t'embrassais, confus, meurtri par ce pouvoir facile et injuste que j'avais de te rendre heureuse et par cette parcimonie avec laquelle j'en usais. Sur le moment, rien ne me semblait préférable, digne d'être préféré à ton bonheur ; et rien de ce que je pouvais faire ailleurs ne semblait justifier cette tristesse que je pressentais pour le moment de mon départ. D'ailleurs, le doute sur ce que je faisais, quoi que je fisse alors, s'emparait de moi et il me semblait que cette désertion était la pire, qui ne trouvait plus d'objectif. Maman, tu me disais : « Je t'embrasse comme je t'aime », à la fin de chaque lettre, et tu me disais de prendre soin de moi comme si c'était un devoir à remplir envers toi. Tu avais le sens de l'égoïsme et tu pensais que je pourrais être paresseux, négligent, « fou », mais pas héroïque car tu ne te payais pas de mots ; alors tu me demandais de faire l'effort de satisfaire ton égoïsme qui était de m'aimer, de m'intégrer à toi. Tu me demandais d'être heureux, même loin de toi, mais pour toi. Un jour de guerre je suis venu en Algérie, des amis m'avaient fait savoir que je les compromettais en les revoyant. Seuls Domerc et Deffieux m'avaient accueilli et avec chaleur. Je suis arrivé à Blida sans prévenir. Tu étais comblée de me revoir, tremblante de me savoir en danger, soucieuse de n'en rien laisser paraître, douloureusement délivrée à l'idée que je partirais le lendemain et que tu pourrais regretter ma présence sans t'alarmer pour ma sécurité. Ce soir-là j'ai trouvé un tract où on t'invitait à m'avertir. Ou bien mes articles cesseraient de paraître ou notre maison aurait à en pâtir. Tu ne m'as rien dit. Personne ne m'a rien dit. C'était le dernier de nombreux tracts adressés à mes frères. Le matin je suis parti et je voulais te dire un mot entre deux baisers, deux étreintes. « Va, mon fils. » J'ai compris : va vers ton destin, comme tu l'entends. Tandis que j'écris ces lignes, la qualité, l'ampleur, le souffle de ton amour me font tressaillir d'émotion.

Pourquoi ne suis-je pas resté avec toi ? Je n'ai pas cessé de me poser cette question, non avec facilité depuis que tu n'es plus, que tu nous as quittés, et pour la première fois, je vais écrire le mot, depuis que tu es morte. Morte. Mais non ; quand j'errais dans Paris consommant certains échecs et sachant que ma seule réussite était près de toi. Après la guerre, lorsque j'en ai réchappé et que Yole, participant à cette intensité, m'a écrit : « Lorsque tu reviendras, nous n'aurons plus le droit d'être malheureux. » Après la mort d'Adrey, ce peintre, mon ami, dont j'ai raconté le suicide.

Après notre Raoul. Après papa, surtout, bien sûr. Combien de fois ai-je revécu mes rêves d'enfant où je me voyais devenu grand médecin et seul capable de te sauver, de te guérir de tes crises. Puis je me suis mis à imaginer que je revenais à Blida et que je succédais à papa, ne connaissant rien au commerce. Que j'imposais que toutes les traditions continuent autour de toi, n'ayant jamais respecté ces traditions ; qu'enfin, j'étais là où je devais être.

20 janvier

Aujourd'hui le soleil rend tous les sommets neigeux triomphants. J'ai pu marcher dans les sentiers qui mènent aux Alpilles avec au cœur un peu plus de jeunesse, mais je ne t'ai pas quittée, maman. Si d'ailleurs il fallait mesurer l'affection aux heures que l'on passe en pensée, avec les êtres, alors maman et toi, Marie, toi à qui si souvent je rêve ou je songe, pourriez être certaines de ma constance et de mon appartenance. Marie : je t'écrirai ici, sur ce cahier, pour n'être pas pris au dépourvu par un événement quelconque. Si je mourais avant toi, je voudrais que ceci te parvienne. Aujourd'hui, j'ai envie de ne pas me séparer de maman et de ne m'en laisser séparer par personne, fût-ce par toi Marie, que maman aimait, après que mon père t'eut bénie. Ici, à Megève, comment imaginer cadre moins fait pour évoquer ces êtres sacrés ? En apparence seulement. Car les êtres les plus étrangers ne peuvent faire qu'à cette heure du soir où j'écris, seul dans le living-room du chalet, les dernières lumières du couchant ne me rappellent la nudité saharienne à la fois exaltante et menaçante : ils ne peuvent faire que cette neige ne soit le sable de mon âme. Et Michèle, pure dans son indélébile innocence et sa fidélité à la vie, rien ne peut ternir l'amour qu'elle ressent et qui s'apparente directement à celui qui m'a fortifié depuis l'enfance et après la Libération rue Gay-Lussac.

Maman, je sais bien au fond pourquoi je ne suis pas resté auprès de toi. Par excès de sensibilité à tout ce qui te touchait, par une participation trop immédiate et trop intense à ta vie, bref par cette possibilité exceptionnelle que j'avais de revivre en toi, de ressentir en toi ce que tu sentais. Comment alors ne me serais-je pas senti envahi, submergé, annihilé ? Comment n'aurais-je alors pas laissé passer « la vie », moi qui croyais pouvoir faire de ma vie une chose précieuse, achevée, originale et qui supposait une rupture. J'ai choisi les fuites, les départs surtout aux moments où j'avais une irrépressible envie de tout faire pour toi. Je trouvais qu'on te traitait mal, qu'on devait tout te donner, que tu étais mal logée, mal servie, délaissée... et je partais. J'ai dit à Marie un jour, il n'y a pas si longtemps : « Si je reste, je te comprendrai et si je finis par te comprendre comme avant, alors je souffrirai d'avoir à me mutiler, je souffrirai de tes souffrances. » Mais toi, à qui je n'apportais que le bonheur ? Eh bien je souffrais de ne pas me consacrer à toi. Ce fameux devoir d'égoïsme qui n'est peut-être que confort. D'où il ne reste que le confort lorsqu'on n'a rien fait de sa vie, cette absurdité entre deux néants (comme dit Roger Martin du Gard).

21 janvier

J'ai toujours aimé des plaisirs ou des sports qui m'ont fait vivre dans des milieux où je ne pouvais être à l'aise : le tennis, la danse, le ski, la natation. Adolescent, je voyais ces activités (sauf la natation) confisquées par la riche bourgeoisie, ou des fils de colons qui s'organisaient en clubs comme les Sudistes américains. Plus tard, en France, tout était ouvert, accueillant et possible à la condition de payer et de supporter un état d'esprit très particulier. En général, anti-culturel, si on peut dire.

J'ai écrit ces lignes ce matin dans le brouillard lugubre qui s'engouffrait dans le chalet. A midi, nous sommes montés au-dessus de la mer de nuages et nous avons fait en téléphérique ce que l'on fait si souvent en avion : émerger dans la pureté glorieuse des glaciers tout baignés d'un bleu implacable. Devant la qualité d'émerveillement de cette société de danseurs, de skieurs, de pilotes d'avion, bateau, auto de course, etc., et dont je voulais m'éloigner, tout à l'heure, je me suis dit qu'il n'y avait peut-être de barrières qu'entre ceux qui ont eu leur enfance nourrie de livres et les autres. Pourtant, en général, devant la beauté, je n'apprécie que le silence. Jamais celui des pêcheurs-clochards arabes qui rêvent pendant de longues heures, accoudés sur les parapets des boulevards qui bordent la baie d'Alger. Un jour, j'ai demandé à l'un d'entre eux, mon voisin en la circonstance, de s'extasier avec moi devant la majesté blanche d'un navire qui s'avançait dans le port. Il m'a dit : « Quel navire ? » Il rêvait. Il ne regardait même pas. Il ne voyait pas. Le silence est souvent aussi une drogue pour entrer en soi-même, s'y installer, fermer les portes. Et interdire l'entrée.

Gaving Young, écrivain journaliste à l'*Observer*, long, mince, pudique, caustique, élégant, me dit que les Français exposent et que les Anglais suggèrent. « Vous faites des conférences; nous chuchotons des faits! » On trouve selon lui dans l'hésitation grommelée et calculée des Britanniques (ce « hum » entre chaque mot), un « si vous voyez ce que je veux dire » ou « faut-il vraiment le dire ? » qui seraient le signe d'une certaine hauteur. L'élégance consiste ici à montrer qu'il y a de la vulgarité à parler trop bien, trop rond, trop « fini ». L'ascendant de Malraux, ce n'est pas de parler, c'est de vaticiner. Je cherchais qui pouvait le mieux exprimer ce rapport à la parole, mais c'est Guilloux, bien sûr! C'est la moue de Louis devant une phrase qui retombe trop bien sur ses pieds. Devant ceux qui finissent leurs phrases. L'essentiel ne se parle pas. A la rigueur, il s'écrit : quand on est Guilloux – ou Stendhal.

26 janvier, 18 heures

Maman, en ce moment presque tous tes enfants sont réunis et tous, en tout cas, pensent à toi. Yole et Mathilde m'ont téléphoné. C'est ce soir, à cette heure, que nous prions pour que ce Dieu que tu invoquais le matin en te levant, coiffée d'un châle, ce Dieu que tu appelais dans tes moments de souffrance ou de détresse, que tu remerciais aussi quand tu nous revoyais après une longue absence, pour qu'il te bénisse, qu'il ait près de lui ton âme, et nous le prions avec ferveur puisque le besoin que nous avons que tu vives encore et que tu nous voies, la volonté de croire que près de papa tu nous protèges encore, nous fait ne pas douter qu'il existe. Ce soir, pour nous, Dieu est indiscutable puisque c'est à toi que nous pensons. J'écris ce soir pour toi, pour moi, pour nous seuls et soudain je t'entends qui parle sur ton lit à Blida, dans cette ancienne salle à manger dont tu avais fait ta chambre. Aux murs, il y a des photos, dont l'une me représente cheveux longs à dix ans. Tu n'as pas cessé de penser à moi d'après ce portrait et à toutes les nouvelles domestiques tu disais : « Voici mon fils » et ces domestiques ont vu successivement arriver un homme de trente, trente-cinq puis quarante ans. Maman, de ce lit, tu dis ta douleur d'être vieille. « N'ayez jamais besoin de vos enfants quand vous devenez vieux, aucune maladie n'est pire que la vieillesse. » C'est dimanche. Tu as passé un après-midi solitaire, des heures difficiles à passer près de ton téléphone qui ne servait à rien. Tu es injuste mais tu en as le droit : nous t'avons laissée seule. Je t'entends et j'ai des pincements au cœur. Je suis ce soir non pas avec tes autres enfants à Paris mais à Megève, encore, et autour de moi des êtres jeunes et généreux s'agitent bruyamment. Tout à l'heure, je devrais participer à leur dîner, peut-être à leur fête. Tu sais que tu es en moi, que je ne saurais être tout à fait heureux, tout à fait fataliste, tout à fait résigné alors non pas que tu n'es plus là, je te rejoindrai un jour, comme on dit, et c'est l'ordre des choses, mais alors que je pense à ces heures où tu as souffert de notre fait, de mon fait, parce que quelque chose que je pouvais faire, je ne l'ai pas fait. Maman, toi qui as besoin de nous pour survivre et qui, en même temps, n'a plus aucun besoin, toi qui nous appelais et que j'appelle encore comme si tu n'avais pas eu assez de toute ta vie pour donner, donner et donner encore, aide-moi, je t'embrasse comme je t'aime.

31 janvier

Depuis que Serge s'est cassé la jambe, le chalet a perdu la foi dans le plaisir. Il est vrai que le soleil est plus rare, moins chaud aussi quand il réapparaît. Il est vrai aussi que la composition du chalet est plus hétéroclite. Mais Serge nous a obsédés. Tout le monde pourtant ne le connaît pas intimement. Les autres n'ont pas mes raisons de mesurer la chute dans l'invalidité et de voir cet immense gaillard à la figure d'ange passer du côté des invalides. Soudain dans le chalet le doute s'est glissé sur ces « valeurs rares » que sont la vitesse, la course, la compétition. Serge, en scout sportif protestant, avait décidé ici de se « purifier ». Il s'est brisé. Son regard bleu est le même dans l'exigence du plaisir que dans sa lutte contre la douleur : il est ailleurs, et d'une impassibilité un peu mortelle.

22 mars

Transfiguration d'une jeune fille : « Votre histoire est si belle, elle me dépasse tellement, que j'accepterais que tu me quittes pour lui donner une fin digne. » Mic sait-elle en disant ces mots qu'elle n'a jamais été plus belle, plus lumineuse et que déjà je lui appartiens ? Elle était une branche de mon arbre, elle fait partie du tronc. Je le sais aujourd'hui. Je l'ai intégrée dans mes souvenirs et dans mes fidélités.

23 mars

De coup d'État en complots, et de complots en bouleversements, le nassérisme fait des progrès au Proche-Orient. Mais personne ne s'y intéresse tant le monde arabe paraît avoir pris la place qu'occupaient les Balkans au début de ce siècle. L'hebdomadaire *Jeune Afrique* titre sa « une » sur la révolution syrienne : « Le coup d'État du mois ». Il y a dans ce titre toute la distance de mes amis bourguibistes à l'égard des Arabes. Bourguiba m'a dit un jour : « Chez les Arabes, le désir d'unité est une malédiction. »

25 mars

André Maurois, dans la préface au *Journal* de Boswell : « Rousseau disait tout de lui en gémissant, Boswell en se moquant. » Il se peut après tout que le journal soit un genre faux. Écrit-on pour dire la vérité, pour confier une faiblesse, pour garder une trace ? Ou pour se mentir à soi-même en créant une ombre, un double, un reflet complaisant ? Pourquoi n'y aurait-il pas autant de genres que de journaux intimes ? Il me semble savoir ce que moi j'y trouve. D'abord, je crois qu'il s'agit d'une volonté acharnée d'évoquer le passé, de le retenir, de lui donner une forme, comme si soudain je m'avisais qu'il n'y a plus d'avenir et que pour exister encore il faut prouver qu'on a existé, que ce qui compte c'est ce qui a compté, et qu'en dehors du passé il n'y a que vide, gouffre, néant. Ensuite, c'est vrai qu'on finit par donner une existence à quelqu'un d'autre, mais ce quelqu'un n'est pas un reflet, ce n'est pas soi, il devient très impersonnel, c'est l'interlocuteur intime et étranger. Il veut qu'on lui rende des comptes mais il ne juge pas. De temps à autre, tandis qu'on écrit, son regard un peu sceptique fait hésiter la plume. Ce n'est pas sur les faits qu'on ment, qu'on peut être tenté de mentir ou que malgré soi on ne dit pas une vérité complète : c'est plutôt sur le regard que l'on pose sur soi-même. La plupart du temps, même quand il est critique, il est avantageux. Au fond, comme dirait Guilloux, le plus grand plaisir qu'on peut prendre à se confier à un journal, c'est que lui, au moins, ne vous interrompt pas.

25 avril

Je suis arrivé à Madrid avec dans la tête les images du film de Frédéric Rossif, *Mourir à Madrid.* Porteur aussi de cette fixation romantique de mes seize ans sur la guerre civile des Asturies, Guadalajara, Guernica. Magie indélébile des vérités de jeunesse. Lorca, Bergamin, Malraux, Picasso, Bernanos. J'étais venu pour savoir pourquoi Franco, malgré l'intervention du pape, de Khrouchtchev et de Kennedy, exécutait le communiste Grimau. Mais ce qui m'a le plus frappé pendant ce voyage et dont je ne peux rendre compte dans un article, c'est – enfin – que les héros mythiques étaient fatigués de la violence. Qu'ils étaient tous héritiers de la guerre civile. Que dans cette Espagne « du sang, de la volupté et de la mort », on se demandait si tout compte fait la violence était jamais révolutionnaire, et si elle n'incarnait pas tout simplement le Mal absolu, et dans une certaine mesure le péché. Nulle trace ici de croisades, d'inquisition, de guerre sainte ou de révolte sacrée. Pause dans l'histoire de l'Espagne ? Parenthèse ? Je ne sais. Mais j'en ai tellement assez des sornettes assassines sur la violence « accoucheuse de l'Histoire », sur le machisme « rédempteur » et sur les atrocités « justifiées » que je respire. Il n'y aura pas d'insurrection contre Franco et s'il n'y a pas de grève générale, on dira que le peuple se couche. Tout le débat recommencera. Un jeune professeur catholique, dont les parents sont morts pendant la guerre civile du côté républicain, me dit : « Je préfère lutter pacifiquement pour hâter la fin de ce régime horrible. Ma génération a payé son tribut. » Les dieux ont eu trop soif en Espagne.

28 avril

Quand je suis revenu du Congo, précédé par la publication d'articles que j'avais télexés depuis Léopoldville (Kinshasa), je me suis arrêté à Nice où m'attendait l'un des conseillers français de Patrice Lumumba. Selon lui, j'avais rendu compte de la complexité africaine avec fidélité, mais il me manquait d'avoir su apprécier une situation infra-révolutionnaire. Ce galimatias signifiait que les Congolais, mosaïque de tribus assez aliénées pour ne parler entre elles que la langue française du colonisateur puisqu'elles étaient enfermées chacune dans un dialecte, n'avaient pas encore accédé à la conscience de classe ni à la mystique de la révolution. « Ce qu'il leur faut, décréta ce gauchiste raffiné, sur la terrasse d'un grand hôtel, c'est un million de morts. » Je lui demandai comment il avait fixé le barème. Mon ironie lui échappa. J'observai que les épidémies et la mortalité infantile étaient déjà de bonnes pourvoyeuses de morts collectives. Il m'attendait là. Il était indispensable de provoquer une répression telle que, dans la mémoire congolaise, s'inscrive le fait que les Belges, les colonialistes et les impérialistes avaient massacré un million de Congolais. C'était à ses yeux la seule manière de susciter chez ces primitifs une conscience révolutionnaire. Quand j'ai rapporté ces propos à Paris, il s'est trouvé dans mon entourage, au journal, quelques jeunes théoriciens léninistes pour s'étonner de ma sensiblerie. Je crois que c'est depuis cette histoire que j'ai commencé à me demander si ce que certains appréciaient le plus dans la violence révolutionnaire, ce n'était pas précisément la violence.

9 mai

Nasser à Alger. Un cyclone au mois de mai fait quatorze morts ; un bateau de l'escorte du président égyptien est projeté contre une digue et provoque une dizaine de morts dont le commandant du navire. Le service d'ordre blesse grièvement, pour contenir l'enthousiasme des foules, plus de gens que s'il s'était agi de la répression d'une manifestation hostile. Agonisant depuis vingt-quatre jours, le jeune ministre algérien des affaires étrangères, abattu – j'y étais – par les balles d'un fou, s'éteint. Un orage shakespearien enténèbre les visages. Nasser croit-il aux signes ? Il a précipité son départ.

J'ai fait ce voyage en compagnie de Jean Lacouture. Je le connaissais mal. Je le connais peu encore. Déjà admiratif de ses talents, je l'avais rencontré au Maroc; mais son inlassable curiosité me paraissait alors plus instrumentale qu'attentive. Il ne me semblait pas connaître de répit dans sa quête gourmande d'informations. Il n'était pas assez paresseux pour mon goût et son incroyable disponibilité ne me semblait destinée qu'à engranger ce qu'il pouvait traduire dans un reportage (souvent magnifique) ou dans un livre. Et voici que je nous découvre de vraies complicités, des affinités profondes, nous avons une sensibilité commune à tant d'événements, de lectures et de spectacles que les échanges sont intenses. Je le crois trop nassérien pour bien sentir mon Algérie mais nous oublions avec délivrance les fièvres de l'actualité pour vagabonder dans la philosophie des révolutions et le portrait comparé des hommes d'exception. Au fond, s'il s'intéresse à tout, et parfois goulûment, c'est parce qu'il est capable d'émerveillements devant l'insolite et qu'il a, lui aussi, besoin d'admiration. Nous avons parlé de Mauriac et il me l'a mieux fait comprendre. Nerveux et vif, il riposte plus qu'il ne répond, joute plus qu'il ne dialogue. N'était la bonté profonde et brillante d'un regard vert, on verrait en lui un bretteur gascon plus prompt à relever un défi qu'à répondre à une attente. On le voit cérémonieux et provincial, d'une courtoisie un peu convenue, et puis le voici qui puise dans sa culture généreuse le trait fraternel. Cette rencontre avec un Lacouture : plus importante pour moi que les turbulences nassériennes. Je me réjouis de le retrouver à Addis-Abeba à la fin du mois.

29 juin

Peut-être l'un des plus beaux voyages de ma vie : Alger, Le Caire, Addis-Abeba, Le Caire, Athènes, Jérusalem, Rome. Intensité des émotions.

Je viens de déchirer quatre ou cinq « Prières sur l'Acropole » qui, à les relire, relèvent de la niaiserie achevée. Après Chateaubriand et surtout après Nerval, il faut se taire. La force de Lacouture, c'est précisément d'intégrer Chateaubriand, Nerval, et d'être lui-même avec un téméraire panache qui finit par en imposer.

Au Caire, placé derrière Ben Bella et Nasser pour un spectacle son et lumière devant les pyramides, j'ai vu soudain Nasser interrompre la cérémonie et donner quelques ordres pour que le commentaire fût prononcé en français. Ben Bella ne comprenait pas l'arabe (égyptien ?). Le chef de la nouvelle Algérie a entendu alors la voix de Jean-Louis Barrault. Ben Bella m'a ensuite présenté à Nasser, lequel m'a entraîné à l'écart pour un court entretien. Aucun propos marquant, sinon un hommage à de Gaulle alors que nous sortions de la guerre algérienne. Je l'ai revu ensuite plus longuement. Rédigé pour Danièle Eyquem une dépêche à destination de l'AFP. La séduisante Danièle fait ici ses premières armes. A Jérusalem, j'ai vu Ben Gourion, toujours aussi impressionnant. Je lui ai rappelé notre conversation de 1956, date de mon premier voyage en Israël. Il m'avait longuement parlé de Spinoza et de la correspondance qu'il entretenait avec U Nu, le chef d'État birman. Sur Spinoza ! En pleine guerre ! Il y a sept ans, à ma question : « Croyez-vous en Dieu ? » Ben Gourion avait répondu, touchant une bible : « Je crois au Livre. Je ne me pose pas de question sur ses auteurs. » Cette fois, en 1963, U Nu ne pense plus à Spinoza, il est hors d'état de le faire, et Ben Gourion n'est pas d'humeur à faire une distinction entre le Créateur et celles de ses créatures qui parlent dans le Livre saint, il a des problèmes qu'il juge mesquins, dérisoires dans son gouvernement, dans son parti. « Le danger purifie, dit-il. En ce moment nous avons une pause. » Mais il me raconte comment il avait conseillé à de Gaulle d'envoyer en Algérie autant de Français de France qu'il y a en Algérie de musulmans. Seule manière, à ses yeux, de garder l'Algérie. De Gaulle avait paru amusé. Mais lui, Ben Gourion, pour Israël, il est bien persuadé que le seul ennemi véritable, c'est la démographie.

A Addis-Abeba, tout ce que le tiers monde compte de leaders était là. Embrassades des frères ennemis. Nasser, Bourguiba. Modibo Keita, Senghor. Houphouët-Boigny, Sékou Touré. Dans une boîte de nuit où le cher et très chrétien Robert Barrat s'encanaille avec retenue, de superbes adolescentes font lascivement danser tous les ministres qui ont accompagné les présidents et les rois. « Sans la danse, me dit Aimé Césaire, il ne peut y avoir de journée satisfaisante pour un homme du tiers monde et surtout pour un Africain. »

Paris, 30 juin

Pour me convaincre de donner un article au *Figaro littéraire*, Michel Droit me fait valoir trois choses. D'abord que Pierre Brisson souhaite faire du « *littéraire* » un terrain neutre uniquement culturel et bien séparé des orientations politiques du *Figaro*. Ensuite, que David Rousset déjà collabore à ce *Figaro*-là. Enfin que *l'Express* ne saurait me reprocher de faire par intermittence des articles littéraires. J'accepte en tout cas de faire un long article sur Camus. Le lendemain de la publication, je reçois une lettre de Brisson m'assurant que « (ma) place est au *Figaro littéraire* »! C'est une lettre chaleureuse et sobre. Mauriac m'a toujours dit en quelle estime il tenait Brisson.

En dépit de ce que dit Brisson, il est clair que ma place, si à la rigueur et à l'occasion elle peut être *près* de lui au « *littéraire* », n'est pas *chez* lui, au *Figaro*.

Alger, 25 juillet

Juan Goytisolo est un Catalan secret, qui aime le vin rosé « comme Hemingway ». Je crois qu'il retrouve *Le soleil se lève aussi* dans chaque verre. Mais dans cette fête où je le mène, et où une belle Gitane tente en vain de le séduire, il observe plus qu'il ne participe, il est plus voyeur qu'acteur, comme s'il était plus préoccupé de relater que de vivre, comme si le souci de relater le retenait de jouir, comme s'il ne pouvait s'abandonner que par procuration.

Il réussit à me faire rencontrer Che Guevara dans une villa, à deux heures du matin, sur les hauteurs d'Alger. Autour du héros, tout le monde boit. A Alger, le « Che » est heureux : « Tout, même et surtout le désordre, est ici révolutionnaire », proclame-t-il. Il a été acclamé par les foules qui assistaient au match de football entre Algériens et Égyptiens. A certains moments, lorsqu'il n'a pas son sourire candide et abandonné, il y a en lui une gravité un peu mystique. « Le communisme pour faire marcher l'économie, je n'y crois pas », dit-il avec un sourire convaincu, une conviction souriante. Que veut-il dire ? « S'il faut équilibrer les comptes, les capitalistes savent s'y prendre. Nous, nous devons éradiquer de l'âme humaine le goût du profit. Le reste, ça ne m'intéresse pas, même si ça marche. » Il a une façon de boire qui n'est ni d'un gourmand ni d'un gourmet. Il boit comme il fume et il fume comme il marche, comme il respire. Juan Goytisolo surveille mes réactions. Il craint de me découvrir moins fasciné que lui. Il a tort.

J'ai envie de me rendre à Cuba. « Venez, dit Guevara, il se passe des choses passionnantes. » Il regrette de ne pas pouvoir passer par Paris. Il précise : « A cause du Louvre. » Et à cause du Général, s'empresse-t-il d'ajouter. Tiens ! « Oui, de Gaulle. Il a une façon d'emmerder les Américains qui me ravit », dit le « Che » en me serrant les mains, en donnant l'accolade à Juan.

Saint-Tropez, 16 août

(Chez Claude Perdriel)

Encore une Sainte-Marie – la seconde seulement, je crois, depuis que je connais Marie – que je ne lui aurai pas souhaitée. La Sainte-Marie, chaque 15 août, j'avais fini par la célébrer à travers elle comme le plus rituel des chrétiens. De même que le jour de Pâques, le Christ mourait en moi pour Marie. J'écris tout cela un peu pour elle, en pensant qu'un jour peut-être elle le lira. J'écris cela pour rendre ce cahier cher, précieux et familier puisqu'il est plein de Maman, de Marie – et désormais de Michèle. Je suis devenu autre, un autre à coup sûr, mais ma seule continuité aura été à tout jamais tissée par ce qu'ont fait de moi ma mère, mes sœurs, Jean Bonneterre, Marcel Domerc, Norbert Bensaïd, Serge Lafaurie, Tom Brady, Marie et quelques êtres à qui j'ai cru donner mais dont j'ai surtout reçu.

21 août

A Saint-Tropez, il y a quelques jours, il m'est arrivé une chose dont je veux me délivrer en la consignant ici. C'était à l'Épi-Plage.

J'y étais arrivé avec Michèle, Martine Lyon, Philippe Cambassedes et Jean-Claude Caminade, collaborateur de Claude Perdriel. Le bateau avait eu quelques difficultés à triompher des vagues parfois hautes. Je ne m'en sentais que mieux. Je redécouvrais une aisance du corps, qui achevait ma convalescence et me replongeait dans cette jeunesse physique dont j'ai si souvent rêvé en clinique. J'ai pris des leçons de plongeon. Je m'étais promis de le faire si je guérissais. Au sortir du dernier plongeon, au bord de la piscine, j'ai remarqué dans l'eau un homme qui venait lui-même de plonger, une cinquantaine d'années environ, trop bien conservé, un peu vieux beau aux allures sportives, et qui s'adressant à un gosse de douze ans, son fils apparemment, déclare : « Mince, c'est de l'eau douce. » Son accent aurait suffi pour me faire reconnaître un « pied-noir ». Mais sa réflexion m'amusait aussi. Que l'on puisse, à cent mètres de la mer, aménager une piscine d'eau douce est un scandale pour un habitué du sel algérois. J'avais hésité à reconnaître en lui Maurice Sarner, un dentiste juif, ami de Fernand mon frère, intrigant politique, matamore truculent et qui m'avait tenu compagnie et encouragé le 8 novembre 1942, lorsque José Aboulker m'avait confié l'ingrate mission de faire le guet à la fenêtre du PC de la rue Michelet (au 28, chez Aboulker lui-même) alors que nous attendions l'assaut des hommes de Vichy. J'avais eu de la sympathie pour cet inconnu, cet aîné, qui avait bien vu que je faisais mes premières armes et que je ne tenais pas ma mitraillette avec une aisance experte tandis qu'un bouillant ami, Lucien Adès, s'alarmait des dangers que nous courions et doutait, d'ailleurs avec bon sens, de l'opportunité de la mission précise qui m'avait été confiée.

Je revoyais donc cet homme à la piscine, et j'évoquais ce souvenir, lui le cherchait. Il m'a dit en me tendant la main : « Je crois que nous nous connaissons, moi je suis Maurice Sarner. » J'ai décliné à mon tour mon identité. Après un moment de saisissement, il a déclaré qu'il regrettait de m'avoir serré la main, que cela le salissait, que j'avais fait une besogne épouvantable, que même ma famille et en tout cas son ami, mon frère, me désapprouvaient. A ce moment-là, il était furieux mais non violent. Il s'est soudain excité sans que je lui en donne l'occasion. Son visage est devenu haineux, les pires injures sont aussitôt apparues dans sa bouche. Cela devait conduire à un règlement de comptes. Je l'ai laissé parler, à la fois paralysé et inquiet, voyant en lui ma famille accusatrice mais aussi une bête déchaînée. Il voulait en découdre.

Je n'y songeais même pas. Je suis allé vers le plongeoir. Comme je traînais encore la jambe à l'époque, je me dis que le rappel de ma blessure découragerait ses intentions. Il s'est au contraire rapproché, rendant son défi plus direct, sa provocation plus insultante. Je ne voulais décidément pas me battre. Cette journée avait été belle. Je revoyais la clinique et les blessures; non je ne voulais pas me battre. J'ai laissé le torrent d'injures passer jusqu'au terme de « lâche ». Là, j'ai réagi. J'ai eu l'idée de me lancer contre lui. Il avait déjà amorcé lentement son départ. Je me suis bien gardé de le rattraper.

Les raisons de ne pas me battre, si assurées auparavant, ont alors disparu. Il ne m'est resté que le soupçon d'avoir été lâche. Et un flot de souvenirs d'adolescence m'a submergé de longs moments. Des souvenirs de petites lâchetés. Petites? Mais comment la Résistance, la guerre, le Congo, le Maroc et surtout Bizerte ne m'ont pas donné, ne sont pas arrivés à me donner la certitude que je pouvais surmonter ma peur et que la lâcheté me conduisait finalement au courage? J'ai chaque fois, vis-à-vis de moi-même, à faire la preuve que je peux être physiquement courageux. En ce moment, ma lâcheté est tissée de la peur de retrouver l'hôpital. J'apprécie chaque minute de cette vie de miraculé.

Paris, 29 septembre

J'ai envie de Rimbaud et de Proust, ces deux pôles opposés de toute tension de l'âme.

J'ai envie de sortir des histoires algériennes, arabes et tiers-mondistes. Je m'y suis enfermé, on veut m'y maintenir. Guy Schoeller et François Furet m'invitent à déjeuner et le premier, pour les éditions Hachette, me propose tout ce que je veux: de l'argent, une équipe, du temps, pour diriger une grande histoire de la guerre d'Algérie. Je les surprends (je me surprends moi-même) par la violence de mon refus. Je dis : « Il n'en est pas question. J'ai autre chose à dire. Il y a deux ans, à quarante ans, j'ai cru mourir, puis j'ai cru que j'étais vieux. Je ne suis pas mort. Je suis jeune. » J'ai fait sourire, bien entendu. Ils ne pouvaient comprendre. C'est l'accueil de *l'Express* à mon retour de clinique, lorsque je m'appuyais encore sur des béquilles, qui m'a alerté. Les fleurs dont on me couvrait ressemblaient à des couronnes. On ne savait pas très bien quoi faire de cet ancien combattant, sans doute glorieux, mais qui ne pourrait jamais s'adapter aux temps nouveaux de la paix. D'ailleurs si j'avais manifesté quelque talent, n'était-ce pas parce que le problème algérien m'était familier, intime ? J'enrageais. Mais je puisais dans cette colère (et dans les triomphes de la convalescence) une détermination farouche. La proposition de Guy Schoeller sans doute me flatte, mais à sa manière, elle m'enterre aussi. Maintenant je veux m'intéresser aux grandes épopées du monde. J'ai à refaire mes preuves d'être vivant, le romancier du réel plus d'ailleurs que l'historien de l'instant. Je n'aime pas cette dernière expression. L'instant, cela se vit, cela ne se raconte pas, parce que tout ce qui dépasse l'instant et qui est nécessaire à sa relation trahit le fugace, la fulgurance, l'instantané. Il n'y a que les photographes pour faire des instantanés. On sait ce qu'en vaut l'aune : il raconte autre chose que ce qui fut et qui est insaisissable. L'enivrant, c'est de se perdre dans le réel touffu, divers, étalé pour en restituer la complexité. Je n'ai jamais eu l'impression de réussir dans mon métier que lorsque j'en ai été le romancier. De là, quelques-unes de mes réussites que Sartre, un jour, a bien voulu saluer, d'ailleurs comme à regret, lorsqu'il m'a dit que, grâce à l'un de mes reportages, il avait vu vivre pour la première fois ces maquisards qui étaient pour lui abstraits. De là aussi, bien sûr, les accusations faciles dont j'ai été la cible parce que les doctrinaires n'arrivaient plus à déceler parfois dans mes écrits et dans mes portraits à qui je donnais tort, et à qui raison. J'ai, de plus, été trop imprégné dans mon adolescence de littérature universelle pour croire que la civilisation arabe puisse prétendre, si peu que ce soit, épuiser les trésors et les messages de l'humanité entière. C'est à une révolution que j'ai participé comme spectateur engagé. Sans doute cette révolution se déroulait dans un site, un décor, une scène, un théâtre où les rôles étaient tenus par les personnages de mon enfance. Mais c'est dans la mesure où la terre natale vivait une épopée dotée d'universalité que je lui étais fidèle. Si je me souviens d'émotions fortes, elles n'avaient rien à voir, mon inculture en étant seule la cause, avec Avicenne, Averroes ou l'émir Abd el-Kader – si mystique qu'ait été la fin de ce dernier. Je ne connaissais pas les grands arabisants et islamisants qui régnaient à la faculté d'Alger comme Émile Dermenguen, William Marçais et cet homme que j'ai appris depuis à aimer, E.F. Gautier, spécialiste des berbères sahariens. Mon premier professeur, comme j'aimerais lui faire signe, André

Belamich, qui consacre aujourd'hui sa vie à Lorca, m'avait initié au Giono d'un recueil de nouvelles qui ne semble plus se lire aujourd'hui : *Solitude de la pitié*. Il me vient des élans qui frôlent le reniement, en tout cas la saturation, et qui me font espérer une nouvelle vie, une seconde vie, si les dieux me sont favorables, un envol à la fois vers des cieux inconnus et un autre moi-même. J'ai toujours eu envie de « transformer en conscience l'expérience la plus large possible » selon le mot de Malraux alors bien connu dans mes jeunes années. Quand j'ai connu Marcel Domerc, mon professeur déterminant, j'ai eu le sentiment plein de gratitude d'être *reconnu* parce qu'il cautionnait chez moi de multiples révoltes : je refusais, impatient et piaffant, de me laisser enfermer nulle part et par personne. Surtout pas dans l'idée que se faisaient de moi les autres. Il semble bien que toutes ces lignes écrites dans la fièvre témoignent d'une convalescence. J'ai envie d'écrire que la seule véritable énergie, on la puise dans cet état. Ce qui tourne vraiment le dos à la résignation, cette forme de mort, c'est la convalescence, ce lyrisme du corps.

30 septembre

Après Raoul Lévy qui se proposait de tirer pour Billy Wilder un scénario de mes reportages, voici que Frédéric Rossif veut faire un film avec mon « expérience algérienne ». Il l'intitulerait *Éducation méditerranéenne*. Flaubert + Romain Gary : peut-on rêver synthèse plus évocatrice, plus audacieuse, plus gratifiante ? J'avais raison de ne pas trop croire au producteur séduisant de Brigitte Bardot : son projet a tourné court. Mais Rossif, ce serait merveilleux et cela m'ouvrirait aussi la porte de nouveaux rêves. En attendant, j'ai de très ambitieux projets.

— 1964 —

New York, 3 janvier

Période d'accomplissement. Relisant les pages qui précèdent, je m'avise que seule la superstition m'a empêché de noter ce que je préparais. J'avais un grand projet. Je n'en parle ici, je ne consens et me résous à le faire que parce que je l'ai mené à bien. J'avais trop peur de le compromettre, fût-ce en le confiant à ce carnet intime, ce double, ce fantôme de moi-même. Nouvelle preuve d'ailleurs qu'il prend une existence autonome. C'est à peine si je voulais le formuler sans l'écrire. Je refusais de me regarder en train de le réaliser. De tenter de le faire. Il est vrai que ce projet était insensé. Je songeais comme tout le monde à voir Fidel Castro pour recueillir de sa bouche sa version sur cette affaire de missiles qui a failli déclencher, l'an dernier, un conflit mondial et nucléaire. Mais auparavant, et pour que l'entreprise fût spectaculaire, pour qu'elle pût aussi contribuer à l'histoire de notre temps, je voulais voir Kennedy. Je voulais être en situation de transmettre à Castro la version du président des États-Unis sur cette même affaire. Je me souviens de la tête de JJSS lorsque je lui ai demandé de commanditer mon projet. Le directeur de *l'Express* me contempla avec une bienveillante commisération. Il semblait penser que j'étais loin d'être encore tout à fait guéri, que je me ressentais encore des effets secondaires et prolongés de ma blessure, et que ses ondes répercutées provoquaient en moi de bien démentes témérités. En même temps, familier des audaces, il n'osait me décourager. Quelque chose en lui se découvrait complice. Il finit par me dire en me souhaitant bonne chance que la trésorerie (menacée après la fin de la guerre d'Algérie) de

« notre » journal ne lui permettait pas de m'accorder un budget si dispendieux. Aucunement découragé, alors que ma confiance professionnelle pour lui était entière, je fis appel à quatre journaux européens et réunis facilement les fonds nécessaires à mon entreprise. Fonds d'ailleurs bien modestes, tout compte fait. A Washington, j'avais trois amis ou alliés : Joe Kraft, Ben Bradlee et Walter Lippmann. Ce sont les plus grandes signatures aujourd'hui de la presse américaine. En tout cas pour Walter Lippmann, cela ne fait aucun doute. J'ai vu Kennedy. Je suis parti avec Michèle pour le Mexique que j'ai visité, avec le plus prestigieux des guides, le romancier Alejo Carpentier – qui devait me rappeler ma joie d'avoir découvert Venise guidé par un autre romancier, Elio Vittorini. Du Mexique, nous avons gagné Cuba. J'ai appris la mort de John Kennedy en déjeunant avec Fidel Castro. J'en ai tiré un grand reportage. Me voici à New York. Dans cette ville où je suis un complet inconnu, et dans ce restaurant de poisson où je déjeune avec Kermit Lansner, rédacteur en chef de *Newsweek*, dont c'est la cantine, avec Gilbert Harrisson, directeur de *The New Republic*, et Simon Malley, le champion du tiers-mondisme à l'ONU, je vois tous mes voisins lire la première page du *New York Times* qui publie l'intégralité de mon article en même temps que les grands quotidiens de tous les pays occidentaux. Simon Malley en dresse la liste, me prédit la fortune. Ce que je vois en tout cas, c'est la notoriété. Je me produis sur toutes les chaînes de télévision. Adalbert de Segonzac, correspondant de l'ORTF à New York, me présente dans son émission comme le Français dont on parle. Il me faudra raconter tous les détails de cette incroyable histoire. Pour le moment, je savoure dans le sophistiqué hôtel Carlisle, en compagnie de Michèle, Florence Malraux et Claude Perdriel, l'explosion des vanités. Hier soir, dans une boîte de jazz, tandis que nous écoutions Thelonious Monk, j'ai dit à Michèle : « Je crois que la blessure est derrière moi. » A son regard, je comprends qu'elle me conseille tout de même de ne pas m'envoler. Je suis son conseil – plus par superstition que par modestie.

28 février

Je quitte *l'Express*. Le nouvel état-major se réunit en tribunal. Surprise : Jean Ferniot en fait partie. Moustaches sur un nœud papillon, il a l'air mal à l'aise. Vis-à-vis d'un « historique » du journal comme moi, ce nouveau venu sent très bien qu'il ne tire sa légitimité que d'avoir épousé la sœur du patron. J'ai toujours eu de l'estime pour cet excellent professionnel, qui promène son scepticisme gourmand dans les coulisses de la politique intérieure. Il est d'ordinaire plus élégant, plus décent – plus prudent aussi. Que fait-il dans cette galère ? En me regardant, il se le demande lui-même. Scène affligeante pour tous. J'avais fini par croire que ce journal était aussi le mien ; qu'aucun conflit ne pourrait jamais me déposséder de ma contribution. Je découvre l'arbitraire du capital, le caprice du propriétaire, la lutte des classes en somme. Sur le moment, je ne suis pas arrivé à puiser dans ma nouvelle notoriété une quelconque consolation.

En sortant du bureau directorial, je croise Serge Lafaurie. Il me dit qu'il savait que cela finirait ainsi. Prévoir le pire est chez lui une disposition d'esprit : il lui trouve toujours une irrépressible logique. Il m'informe qu'il partira en même temps que moi. Il n'a aucune raison de le faire. Tout le monde l'apprécie, l'admire, veut le retenir. Sa décision est prise. Je lui rappelle qu'il ne percevra, lui, aucune indemnité. Il dit que c'est son affaire. Je sais qu'il n'a aucun argent de côté. Il répète avec une nuance d'impatience qu'il part avec moi et qu'il n'y a pas lieu de s'attarder sur sa décision. Sa pudeur est si contagieuse que je me sens paralysé, même seul devant cette page, pour dire qui est Serge Lafaurie.

2 mars

Téléphone de Beuve-Méry ! Il m'invite à collaborer au *Monde*. Le plus prestigieux directeur de journal de son pays refuse, quelle revanche, que je demeure sans « tribune » plus de quarante-huit heures. Commencerai dès cette semaine. Jacques Fauvet m'accueille. Il pratique, comme c'est de bon ton au *Monde*, un scepticisme feutré mais il y ajoute un soupçon de chaleur et il s'abandonne, quelle audace, au point de me dire que si Beuve-Méry ne m'avait pas téléphoné, il l'aurait fait. Depuis quelques mois, il caresse en effet l'idée de faire de Jean Lacouture, de Jean Cau et de moi-même un trio de grands reporters libres et polyvalents. Mais Beuve-Méry l'avait prévenu que les « colonels » (chefs de service) s'opposeraient farouchement à ce projet. Je lui propose un article sur ce qui m'a le plus surpris dans mes voyages en Afrique et, plus récemment, au Mexique et à Cuba : la popularité de De Gaulle. Il dit qu'il n'est pas sûr que ce sera très apprécié. Mon article est cependant publié en première page et sans qu'on m'ait suggéré la moindre correction. Jean Mauriac au téléphone : l'Élysée n'en revient pas. « On » n'est pas habitué à lire dans *le Monde* des articles qui ne soient pas hostiles au Général. Je n'oublierai jamais le geste de Beuve-Méry.

21 mai

Réunion chez Françoise Verny. François Mauriac arrive, princier, long, cabotin avec sobriété, l'œil mobile, avide, perfide, le geste efféminé ou ecclésiastique. Il met de temps à autre ses deux mains jointes entre ses genoux comme un adolescent pécheur espiègle et coquin. Il a le badinage dense. Pas un mot qui n'aille infiniment plus loin que le motif pour lequel il est prononcé. « J'ignorais qu'à soixante-dix-huit ans le monde pût encore s'intéresser à ma vie sexuelle », dit-il, ravi, à propos des ragots de Roger Peyrefitte. Il finit son livre sur de Gaulle. Il aurait voulu, lui aussi, et comme son héros, rencontrer Staline. Il dit qu'il ne faut pas sous-estimer Pompidou. Il croit à la succession au profit d'un gaulliste et s'en félicite. J'observe que de Gaulle est fascinant par son unicité et sa solitude. Étant unique et seul, il ne saurait transmettre une continuité. « Cher, cher Jean Daniel, c'est vrai, pour l'Histoire, riposte-t-il avec onction. Mais pour les politiques, ceux de la gauche auraient tort de transformer votre jugement prophétique en prévision. Une fois encore, ils seront frustrés. » Et il est ravi. Pendant tout le repas, c'est lui seul, Mauriac, qui fascine par cette ironie supérieure et fine, sa vigilance inquiète et informée, sa distance pleine d'aisance et de grâce. L'âge donne aux grands la seule chose qui leur a parfois manqué : la liberté. Délivrés de toute stratégie, de toute ambition, de tout regret, obsédés par la mort, ils donnent du prix à l'instant et vivent dans la décapante simplicité. Ils ont laissé là toute espérance et ils sont disponibles pour la vérité.

26 mai

Déjeuner chez Mendès France. Avant l'arrivée de Charles Gombault et de Jean-Marie Soutou, le « Président » s'abandonne avec amertume en propos désabusés sur de Gaulle. En définitive, le Général, dit-il, aura trompé l'armée, les Français d'Algérie, les siens et, parmi eux, ses intimes. Comment l'expliquer ? Selon PMF, de Gaulle ne croit plus à rien et en tout cas il ne croit plus aux Français. Depuis 1945, c'est un long cheminement. Lorsqu'il a vu ceux qu'il a libérés se disputer les places de commissaire de police, se disputer les licences de bureaux de tabac, lorsqu'il a vu, de plus, dans les sordides déploiements de leurs mesquines ambitions ceux à qui, à Londres, il pensait comme à des héros et à des martyrs, il a désespéré. Un immense ressentiment l'a envahi, et c'est le sens de son premier départ. Il avait, à Londres, un sens de l'essentiel, un projecteur constamment braqué, quoi qu'il arrive, sur le même objectif. De Gaulle était clair, direct et brutal, alors. Il était grand parce qu'il était net. Depuis, il brouille toutes les cartes, il n'a plus de ligne de conduite, l'incohérence est partout : il est passé de la « multitude jaune » à la grande Chine « plus vieille que l'Histoire », de l'accord avec Ben Bella à l'intervention au Gabon et à la suppression de l'aide à la Tunisie; il méprise les Français et, de ce fait, il ne parie plus sur la France. PMF insiste : « Pour de Gaulle, la France est une putain : elle couche avec n'importe qui. Il n'y a plus rien à faire. Il veut qu'il y ait eu Vercingétorix, Jeanne d'Arc, Louis XIV, Napoléon et de Gaulle. Cela seul l'amuse. Mais il ne croit plus à rien... » Quand Gombault et Soutou arrivent, on parle d'autre chose. Et moi je n'arrive plus à dire un mot.

27 mai

Dîner avec Jules Roy, Jean Pélegri, Mohammed Dib. Évocations algériennes autour d'un couscous parisien. Dib est, de beaucoup, le plus sombre. Le plus nostalgique. Nostalgie de quoi ? Dib est né le même jour, la même année, dans le même pays que moi. Lui à Tlemcen. Moi à Blida. Ma famille m'a en somme enfermé dans la France. La sienne n'a pas réussi à l'enfermer dans l'Algérie. Peut-être a-t-il la nostalgie des combats comme ces tolstoïens qui se sont épuisés dans la lutte contre le servage et qui ont été surpris par l'émancipation. Non déçus : surpris, pris de court. Le vide que donne l'objectif atteint. La dépossession que suscite la victoire. Le combat, c'est l'intensité et l'authentique. C'est l'épopée. L'intimité entre ennemis devient si intense que la haine perd son sens. Mais soudain la victoire est si convulsive, prosaïque, incertaine pour Dib. Il dit des Algériens : « Attendons. » Quoi ? Il ne sait pas. Dib a toujours son beau visage espagnol, un peu creusé, très intérieur, très secret. Je dis : « Il faut que l'islam soit " ouvert "... » Banalité qu'il approuve. Il espère. Il n'y croit pas. Pélegri me rappelle notre banc commun au lycée. Il était premier, moi second en dissertation, chaque fois. Il était calme, solide et catholique militant. Il avait un agenda des Jeunesses étudiantes catholiques et, par-dessus son épaule, j'y ai lu un jour, avec un frémissement que je ne lui aurais avoué pour rien au monde sur le moment, le poème de Claudel, *Midi* : « Mère de Jésus-Christ, je ne viens pas prier. Je n'ai rien à vous dire, rien à vous demander. Je viens seulement, Mère, savoir cela. Que vous êtes belle et que vous êtes là. » Autour de notre table : une communauté telle que je la souhaite aux nouveaux Algériens d'en réaliser une, un jour, très vite...

28 mai

Le docteur S., mon protecteur depuis si longtemps, a voulu mourir. Il a tout fait pour mourir. Il n'a pas réussi. Après dix longs jours de coma, le voici qui attend sur son lit d'hôpital une convalescence annoncée. Histoire absurde ? Je lui trouve un sens particulier puisque je l'ai pleuré et que je re-nais avec lui. Il a voulu disparaître. Il a même d'une certaine façon vécu la mort puisque pendant si longtemps son maintien en vie a été artificiel. Tandis que déjà nous le pleurions, lui négociait son retour. Le destin lui a refusé la mort, s'est opposé à sa volonté pendant dix jours, record, paraît-il, pour un coma, il aura permis aux autres de donner à sa vie le sens dont il la croyait dépourvue. En le pleurant, par fausse anticipation, nous avons supprimé ses raisons de mourir et justifié la décision du destin. Il faudra qu'il le sache.

Qu'il ne se révolte pas comme ce fut son inclination. Qu'il ne croie pas que même cela, sa mort, il l'aura raté alors qu'il voulait en faire un acte de liberté pure. Selon l'usage, après son suicide, nous avons regretté de ne pas lui avoir dit, de ne pas nous être rendu compte nous-mêmes, combien il comptait pour nous. Et voici qu'il nous est donné de le savoir ; et peut-être de pouvoir l'en convaincre. Il pourrait, si nous lui en communiquions la volonté, recevoir par cette résurrection véritable la justification de sa place dans le monde et au moins parmi nous.

Son pessimisme lui donnait, en même temps qu'une certaine passivité, l'effacement, l'indulgence, la générosité. La lettre qu'il m'a écrite avant de tenter de se donner la mort, je la lui ai reprochée, peut-être parce que, pour la première fois, c'est à lui seul qu'il pensait.

2 juin

Une Tunisic égale à elle-même. Privée du pathétique (le contrepoint de la guerre d'Algérie), elle offre son opium et, au sens valéryen, ses *charmes*. Je m'y insère avec aisance, retrouvant comme une vie antérieure. Envoûtement de l'attendu. Images d'Épinal sur la douceur. Cartes postales pour les paysages. A quoi sert l'ambition quand il fait si bon y dormir ? Bourguiba se déploie et parfois s'ennuie. L'émerveillement qu'il a d'être lui-même arrive à peine à le distraire. Il nous a invités hier, Tom Brady et moi, en son palais de Monastir. Son imposante femme était là, héroïne shakespearienne, femme de cour, matrone sicilienne, toujours prompte à intriguer, à diviser, à régenter. Elle fait devant nous le portrait d'une épouse de ministre avec une truculence qui m'arrache des rires. Elle s'inquiète des raisons de cette joie. Bourguiba jusque-là un peu absent lui répond avec une candeur ravie : « Tu demandes pourquoi Jean Daniel rit ? Mais c'est parce qu'il est heureux, il est heureux de voir Bourguiba en personne, il est heureux d'être là, avec moi. » Il se met à ma place. Et on voit bien qu'il m'envie un instant de n'être pas lui, ce qui me donne la possibilité de l'admirer. Pourtant, manifestement, nous partageons cette possibilité. C'est un coup (le bonheur de le voir) qu'il m'a déjà fait mais cela marche toujours. Pour lui en tout cas. A la fin du repas, il me demande de le suivre dans un petit bureau, sorte de boudoir décoré de turqueries anciennes et de portraits de famille. Là, le Combattant suprême – quel curieux surnom, pourquoi suprême ? – m'annonce avec une solennité napoléonienne appuyée par le fait que ce petit homme se met sur la pointe des pieds pour me pincer la joue que la Tunisie en sa personne a décidé de m'offrir une villa dans le site que j'aime le plus, Sidi Bou Saïd. Respectueusement, après m'être répandu en remerciements, je décline l'offre, dans une confusion totale, moins nourrie d'ailleurs par la gratitude que par la conscience où je suis que refuser est une offense. Elle l'est à l'égard d'un particulier en Méditerranée. Elle l'est encore plus à l'égard d'un prince. Lequel fait comme si mon refus était de circonstance. Quand enfin il arrive à être persuadé que, décidément, il me sera impossible d'accepter ce don, alors il se détourne de moi pour retrouver sa femme et lui annoncer, ombrageux, sa déception. Pour qui se prend-il donc ? a-t-il l'air de dire. Avec souveraineté, la présidente sauve l'autorité de son auguste mari en décrétant : « Jean Daniel n'a pas besoin d'une villa particulière : nous ferons en sorte qu'il se sente partout chez lui dans le pays de Bourguiba. » Large sourire du président qui savoure le rétablissement. En quittant le palais, nous avons tout de même évoqué, Tom et moi, la joie que nous aurions eue à posséder une telle villa si la décence, etc.

6 juin

C'est vrai : Sidi Bou est un lieu magique. Ce n'est pas seulement que le décor y soit somptueux. Il l'est tout aussi bien dans les tableaux du peintre Jellal Ben Abdallah, tableaux et miniatures immobiles, voluptueux, obsédants. C'est que la richesse de son cosmopolitisme y explose partout. Je me demande si même l'Alexandrie de Durrell a offert cet étincelant et microcosmique broyage de cultures en fusion. J'exagère à peine. Peut-être l'Andalousie, peut-être l'ancienne Salonique ou la vieille Corfou ont pu réaliser ces prodiges de métissage. Le mot n'est pas exact. On ne se mélange pas complètement mais on se côtoie de si près, on y forme des groupes de composition si hétérogène, mais de structures si homogènes, on y pratique à ce point l'échange et le partage que chaque moment se révèle le fruit de différences complémentaires et jaillissantes. Le soir, cette société de bohème, de diplomates, de faux espions et de vrais clochards, d'artistes et d'aventuriers, s'est inventée une vie sur fond de minarets, d'appels de muezzins, de cimetières marins, de venelles dallées et de blancheur écrasante. Cette société a deux idoles : l'amitié et la sensualité. Ces deux cultes sont pratiqués sans ostentation mais avec une organisation raffinée et savante. Les architectes d'un certain nombre de villas, ou d'anciens palais transformés, ont fui le baroque pour construire des temples où se consomment, selon les heures de la journée, des sensations étudiées; demeures généreuses en ce qu'elles paraissent préparer dans tout recoin l'accueil de l'hôte. Les nuits sont l'occasion de fêtes civilisées. On passe de la villa du philosophe Jean Duvignaud, à celle du Turc énigmatique et hollywoodien Umbaracci; de la terrasse des voyageurs sans passeports et sans bagages comme les Sitbon, à celle des Gréco-Britanniques, les Clive. Partout il y a un petit mystère mais qui semble respecté. Personne n'a d'autre souci que de protéger le plaisir de l'autre – son *kif*. Il y a, pour épicer cette épure, un parfum de perversité et de décadence. Comme si chacun se disait qu'il n'avait pas le droit à une telle plénitude et qu'il s'inventait une menace.

24 juin

Claude Perdriel veut faire un journal. Depuis longtemps, il prépare son coup. Il veut le faire avec moi. Il veut prendre la suite de *France-Observateur*. JJSS n'a jamais trouvé innocent que l'ami de Françoise Sagan et de Bernard Frank, qui est aussi actionnaire de *France-Observateur*, déploie tant de charme auprès d'une équipe de *l'Express* et devienne le familier de Serge Lafaurie, K. S. Karol et moi-même. Faire *notre* journal, quel rêve. Chacun rêve que ce journal sera le sien. Claude et moi, en tout cas, probablement. Bien que Claude soit, pour le moment, industriel. Mais ces chefs d'entreprise, cela sait tout faire, tout apprendre, tout diriger, puis tout inspirer. Ce qui me fait rêver dès qu'on évoque la création d'un journal (dont je dirigerais la rédaction), c'est, aux yeux des amis, très clair : la revanche sur *l'Express* – sur l'insolence avec laquelle le propriétaire du capital d'un journal peut décider soudain que l'œuvre commune est son bien exclusif, même si on en a partagé toutes les épreuves et qu'on a contribué à toutes ses réussites. Il y a là une indécence insupportable et dont le souvenir m'empêcherait d'être jamais « patron de presse » si, du moins, j'en avais l'envie, l'occasion et la compétence. Cela dit, ces avis sont réducteurs. Mon rêve se nourrit surtout de la conviction présomptueuse que je saurais diriger une rédaction pour faire le journal que j'ai en tête et ce que m'ont appris 1° la lecture de *Combat*; 2° la confection de *Caliban*; 3° la formation chez Bérard-Quélin; 4° l'école des directeurs de *l'Express*. Encore que je ne sois pas sûr du tout qu'un journal de grand prestige, tel que je le rêve, puisse être aussi destiné à un public supérieur à 60 ou 70 000 lecteurs. Peut-être 100 000, puisqu'on me dit que *France-Observateur*, aidé par la guerre d'Algérie, et en dépit de son caractère universitaire, a atteint ce tirage.

Je le vois. La couverture du *New Statesman and Nation*. Une colonne de sommaire à côté de l'édito en première page. Le rapport des masses et des blancs comme dans *Micromégas* ou *la Rue*. Une écriture soignée, irréprochable, comme dans le *Combat* de Camus. Des articles parfois longs comme dans *New Yorker*.

Mais je verrais aussi dans ce journal l'occasion de réaliser les vieux rêves nés dans la lecture de *Vendredi*, l'hebdomadaire du Front populaire. Nous avions seize ans, Gide et Malraux étaient nos idoles, cet hebdomadaire était notre bible. Bible éphémère comme le *Combat* de Camus (« Un *Combat* qui n'aurait pas disparu, c'est comme un Jésus non crucifié : i.e. rien », disait Louis Guilloux, qui voyait dans une certaine qualité d'échec la preuve même de la réussite – *sub specie aeternitatis*). J'avais entre autres choses été frappé par le fait que, sous le titre *Vendredi*, il y avait cette mention : « Hebdomadaire fait par des intellectuels et des artistes et dirigé par eux ». Et j'avais été frappé par le besoin qu'avaient les directeurs (Chamson, Guéhenno, Viollis) de s'expliquer auprès des lecteurs (ou le devoir qu'ils s'imposaient de le faire). Non pas seulement sur les comptes, l'origine des fonds, le nombre (faible) de pages de publicité, mais sur la formule, sur le contenu des chroniques, sur la ligne politique, sur les débats intérieurs, etc. Ils se racontaient. Ce qui passionnait les adolescents engagés que nous étions déjà, c'était de partager en somme les inquiétudes et les fiertés, bref les responsabilités de ceux qui confectionnaient pour nous leur journal. Évidemment on n'a pas toujours à se mettre sous la dent un débat comme celui provoqué par Gide à son retour d'URSS. Mais je rêve d'un journal qui se raconterait, qui se décrirait en train de se faire et dont les lecteurs connaîtraient les pensées de ceux qui le dirigent et de ceux qui y écrivent. Un journal du journal, comme certains romanciers ont fait (Dostoïevski, Gide) les carnets de leur roman.

23 août

ODE A JELLAL ET LATIFA
Princes de Sidi Bou Saïd

En souvenir de Tom Brady.

1. *Triomphes de l'aube.* Implacables blancheurs. Encore quelques frissons nocturnes dans les crinières de l'eucalyptus. Les acacias sont précoces cette année. La mer au loin déjà organisée. Toutes les fambloyantes promesses sont en place. Sortir des torpeurs. S'armer pour le plaisir. Sourire religieux de la servante. Le sang des oranges, le fouet du café. Regard craintif d'abord, et vite rassuré, pour vérifier le calme de la Baie où veille le Bou Kornine. Premiers cris. L'épicier, le rémouleur, le vitrier. Départ des quelques jeunes éphèbes vers les plages. Premier goût du soleil sur les terrasses. Dans les venelles les dalles brûlent déjà. Le village dans l'attente des héros après leurs amours avec la mer. Volupté écrasante des siestes. Frémissement du crépuscule où s'affolent les hirondelles. Déchaînements étudiés des nuits.

Toutes les brûlures du bonheur dans le calme cours des heures.

2. Nourritures enivrées. Les beignets craquelants. Les figues noires et glacées, les briks, la graine de semoule fine aux poivrons épicés, aux piments brûlants. L'attente pour exaspérer la faim, pour tourmenter les nerfs. Une pastèque sortie d'un tableau de Jellal Ben Abdallah et où plonge une tête d'enfant, aux yeux si verts quand il la relève. Un raisin qui se mérite et qui craque sous

la dent. Les galettes croquantes, salées, qui font boire le granité de l'eau-de-vie de figue. Glaces chez l'Italien. Poulpes chez le Maltais. Fèves au cumin chez le Juif. Pois chiches au piment rouge chez le Sfaxien.

Toutes les intensités dans chaque saveur.

3. L'excès comme une bénédiction. Le soir *trop* tendre et le jasmin *trop* sucré. Le café maure *trop* chanté et le narguilé *trop* convenu. Les rêveries sur les terrasses encore chaudes tandis que les oiseaux s'engouffrent dans les myriades d'étoiles. Cette voix andalouse, et si plaintive du muezzin. La nostalgie éperdue de rien ; le regret frémissant, envieux, de tout. Des jeunes filles imaginées derrière les persiennes bleues, entrouvertes. Les regards insolents des filles délurées. Des femmes. Des flammes qui passent. Ray Charles. *I can't stop loving you / I can see this far away look in your eyes. / I'll never leave you.*

Tout le bonheur dans la promesse d'un regard.

4. La nuit maintenant si profonde et si claire que les fulgurances s'apprivoisent. Il faut se presser avant de se faire voler le mystère. Des hommes passent comme des ombres fugaces. Les enfants ont déserté les fontaines, les adolescents sont rappelés par les vieillards, c'est le règne des jeunes hommes, tandis que les mouettes que la fraîcheur libère apportent ici l'azur et le sel. Liberté totale en suspens. Frénésie de disponibilité. Fracas des amours qui s'abattent. Mahalia Jackson : *In the Upper Room.* Sidi Bou Saïd. Un Américain définitivement exilé qui erre. C'est Tom. Tom Brady.

Toute la vie dans une amitié.

Octobre

Ce projet de faire un journal (de gauche) m'excite, d'abord parce que j'ai envie de faire mes preuves comme animateur d'équipe, ensuite parce que j'ai envie de réaliser un rêve de jeunesse; enfin, il faut bien que je le confie à ce carnet, parce que la gauche n'existe pas. La gauche a ceci de commun aujourd'hui avec la nation arabe, avec l'unité européenne et aussi avec le bonheur, qu'elle est un souvenir ou une aspiration, une nostalgie ou un projet, mais qu'elle n'a, ni heureusement dans l'organisation, ni non moins heureusement dans la doctrine, le caractère monolithique, massif, fermé, aveugle et sectaire des grandes formations politiques. Il y a bien le terrorisme idéologique des néo-marxistes, ou le despotisme intellectuel des groupuscules, mais enfin l'heure est à la perplexité et à la recherche. Pour l'heure, la formule, c'est : « La gauche sait qu'elle existe mais elle ne sait plus qui elle est. » Tant mieux! Si elle le savait, je l'aurais désertée. C'est un espace entre de Gaulle et le PC. De toute manière, moi qui ai passé mon temps à fuir les embrigadements et le militantisme, qui me sens asphyxié à l'idée même d'appartenir à tout ce qui peut ressembler à un parti ou une formation, je n'aurais jamais songé à une obédience. Passe encore de favoriser les ambitions d'un homme qu'on admire (PMF), encore d'ailleurs faut-il que ce soit dans une situation de crise. Mais mettre un journal quelconque, surtout intellectuel ou culturel, au service d'une institution c'est le condamner.

– 1966-1968 –

1er juillet 1966

Le *N.O.* est né le 23 novembre 1964. Il y a plus de deux ans que je n'ai rien noté ici. Il me semble que j'ai caché tant de choses à un intime qu'il m'est difficile de reprendre langue avec lui. Je suis à Saint-Tropez, dans une villa où Michèle règne, sereine, heureuse, lumineuse. Je serai père dans deux mois. Il s'appellera Jérôme ou Jean-Marie. Elle s'appellera Sara. A cause d'une Sarah, longue et dorée, sœur de Léone, qui est passée un jour dans un bureau de *l'Express* et que je n'ai plus jamais revue.

Tozeur, vendredi 29 décembre

Noël chez Josette et Raouf. Avec les Morin (Edgar et Joanne) et Claude Perdriel. Nous avons laissé Sara à Paris. Josette, qui est la grâce même, et dont les yeux pétillent tantôt d'intelligence, tantôt de promesses, a toutes les qualités pour devenir une vraie, une grande journaliste. Elle sait écouter, susciter, s'effacer, engranger et enfin traduire. Elle a le don de l'image et du rapprochement. Elle écrit gai et vif. Elle s'identifie à ce qu'elle veut décrire au point de s'y dissoudre. Vibrante et impatiente, elle ressemble à certains moments à cette actrice anglaise, Greer Garson, qui jouait dans *la Citadelle*, d'après Cronin, l'épouse de Robert Donat. Cette jeune Sarthoise catholique baigne dans la politique tunisienne avec l'aisance de ces insectes qui prennent la couleur de l'herbe qu'ils frôlent.

J'écris ces notes au soleil. Joanne Morin tricote en murmurant une chanson. Michèle et Josette préparent le déjeuner. Claude tente en vain de téléphoner. Edgar travaille. Je ne le connais pas depuis longtemps. Je découvre qu'il a toutes les curiosités, toutes les gourmandises, toutes les disponibilités et qu'il est capable de s'émouvoir avec autant d'euphorie devant une chansonnette que devant un beau texte, devant un mets épicé que devant une thèse séduisante; il y a en lui du curé rabelaisien qui dégouline de culture, de voracité, de gaillardise parfois jusqu'à l'obscénité. Mais il peut être aussi ce disciple de Pic de La Mirandole, qui voudrait tout engranger, tout posséder et tout produire. Il a le bonheur avide, narcissique et contagieux. Mais le personnage qui me paraît irrésistible dans l'originalité, souverain dans l'insolite, c'est bien sûr cette Joanne, longue Canadienne noire au regard à la fois fin, rieur, aigu et généreux, qui n'en finit pas de s'extasier devant les caprices d'Edgar. J'imagine bien Joanne au début de ce siècle à Montparnasse, ne vivant que la nuit, parmi les peintres et les artistes, ignorant l'heure et les contraintes, capable de tout l'amour du monde et dont la liberté éperdue est tout entière tournée vers le plaisir des autres. Joanne est une grande dame, une artiste-née, un être bénéfique. Personne n'aime aussi profondément dispenser la prévenance, les attentions, les égards, la joie. Elle nous est à tous et de beaucoup supérieure.

30 décembre

Edgar (Morin), en dépit de son désir de ne rien laisser échapper de la culture – et de la science – universelle, est très marqué par son expérience communiste. Je croyais qu'il s'en était délivré, mais il en parle sans cesse. Il me raconte notamment comment il a été exclu du Parti sur la dénonciation d'une intellectuelle stalinienne dont le portrait qu'il fait inspire de l'effroi, Annie Kriegel. Edgar s'était rendu coupable d'avoir écrit dans un hebdomadaire... *France-Observateur*. C'était l'hebdo de Bourdet, puis de Galard et de Martinet, dont le *N.O.* a pris la suite. A certain moment de l'échange, je sens qu'il y a un clivage entre ceux qui ont été membres du Parti et les autres. Les défroqués sont toujours enclins à prétendre mieux connaître que les gens de l'extérieur le milieu qu'ils ont renié ou rejeté. Parfois ils ont raison, parfois non.

Reste qu'au nom de cette expérience, et au cœur d'une amitié qui s'affirme, Edgar paraît toujours me soupçonner de je ne sais quelles attaches indirectes ou même inconscientes avec les compagnons de route du PC et surtout avec les sartriens. J'ai beau lui dire que la victime des *Temps modernes,* pendant la guerre d'Algérie, c'était moi, il ne retient que le discutable œcuménisme qui m'a conduit à m'acoquiner avec des sartriens dès la fondation du *N.O.* Il est intolérant à l'égard de l'intolérance. Les communistes et les sartriens sont dogmatiques, c'est évident. Mais le débat passe aussi par eux, à mes yeux, à cette époque précise, c'est non moins évident. Je crois qu'Edgar se sent persécuté par une mafia avec laquelle il regrette affectivement que je n'ai pas rompu. A cet égard, je me sens plus libre que lui. Et, bien sûr, sur le fond des choses, bien plus proche de lui que de ceux dont il redoute la haine.

Je voudrais lui faire comprendre que le militantisme n'a jamais été mon fort et que l'appartenance à des clans me fait horreur. Il faudrait lui parler de l'expérience de la blessure mais je répugne à évoquer cette période. D'abord, nous ne sommes pas encore assez intimes ; ensuite, je redoute de paraître avantageux ; enfin et surtout (à vrai dire c'est peut-être la seule raison), la seule évocation de Bizerte, des hôpitaux et de la clinique rappelle, réveille et ravive une douleur à ma cuisse blessée. C'est comme si mon staphylocoque était assoupi et qu'il suffisait d'un mot, d'une image pour le tirer de sa torpeur. Il reste que mon regard a changé et qu'en particulier aucun engagement politique, si je suis bien sincère, ne me paraît pouvoir épuiser une vie. Au contraire. Je suis bien plus à l'aise quand nous abordons tous les deux, Edgar et moi, un débat sur la jalousie. Et quand je peux lui parler de mon intimité avec les héroïnes de Racine et les héros de Proust. Pour Edgar, qui refuse d'une manière moderniste et antimachiste toute idée de possession, l'amour c'est la conscience intense et triomphante de la complémentarité. Exit la jalousie. Avec cette idée, on supprime la littérature universelle. Il y en aura une autre ? En tout cas c'est cette culture qui nous a faits. Pour moi, ce dont le jaloux souffre, c'est, quoi qu'on dise, d'une forme de dépossession réelle ou imaginée. La possession pouvant d'ailleurs n'être qu'une inquiétude sur la vitalité d'une dépendance partagée. Sans inquiétude, sans émerveillement, sans jalousie, il n'est pas d'amour. La finalité de la jalousie serait de tuer l'amour ? On se protégerait du caractère insupportable de l'amour-passion par une jalousie meurtrière donc salvatrice ? Paradoxe. Confusion entre l'effet et la cause. L'amour-passion, combat mortel, est la saveur d'une existence, la couleur des journées. Pour moi il aura été, au-delà de toutes les ambitions et de toutes les voluptés, la grande affaire. En le disant à Edgar, je me le suis pour la première fois avoué à moi-même. Après cela, on peut énoncer que cet amour n'est pas l'amour, qu'il n'aime pas ceux qui l'aiment, que rien ne remplace ce mélange de désir et de tendresse, de complicité généreuse qui conduit à se refuser de faire disparaître du visage de l'être aimé le sourire que l'on n'a pas provoqué et que parfois même quelqu'un d'autre provoque. Tout cela a un très beau nom : l'amitié. Ce n'est pas l'amour. C'est peut-être plus. A certains moments je le crois. Mais c'est autre chose.

3 janvier 1967

Michèle Charreau, mon altière et secrète assistante, me lit au téléphone un mot du biologiste Jacques Monod. Quelques lignes amicales et distantes pour me demander en gros ce que je compte faire du *N.O.* Lui aussi, comme Morin, est un ancien communiste et il se peut que ses questions rejoignent les réticences d'Edgar bien que ce ne soit pas clair du tout. Ce laconisme aristocratique ressemble fort à (et annonce peut-être) un éloignement. C'est de lui que j'ai reçu l'une des premières lettres de soutien lorsque la rumeur s'est répandue sur notre projet de fonder un journal. Je ne le connaissais pratiquement pas. Je l'avais aperçu un jour chez le romancier Jean Bloch-Michel. Sa voussure distinguée, sa ressemblance avec l'acteur Henry Fonda, son assurance sauvage, le timbre juvénile de ses éclats de rire complaisants, tout était séduisant en lui, il le savait, il en jouait. Il était déjà apprécié de ses pairs, on venait de l'inviter aux États-Unis, il disait avec une indignation mesurée et sarcastique que l'ambassade américaine à Paris lui avait refusé un visa parce qu'il avait appartenu au parti communiste dans la Résistance et en dépit du fait qu'il avait quitté le Parti avec éclat lors de la célèbre affaire Lyssenko, ce biologiste soviétique qui croyait avoir révolutionné l'agriculture et qui avait fini par imposer par la terreur le plus déconcertant obscurantisme dans la société scientifique de son pays. Ce jour-là, chez Bloch-Michel, l'événement c'était la rencontre entre Monod et Camus.

J'étais en quelque sorte, grâce à l'amitié de nos hôtes, Vivette et Jean, invité à assister à cette rencontre. Les deux rivaux en séduction, malgré l'attentive courtoisie de l'un et de l'autre, finirent par se comporter comme s'ils étaient seuls, et nous les en approuvions. Rarement une admiration mutuelle ne se déployait devant mes yeux avec autant de vrai charme, d'authentique simplicité, et d'indifférence pour la rumeur du monde. Aucun des gémissements convenus sur la médiocrité de la société parisienne, aucune évocation de la malveillance ou de la bassesse des confrères de l'un ou de l'autre. Au contraire, chacun se proposait de faire pénétrer l'autre dans son milieu, de lui présenter les plus dignes de faire partie de la nouvelle confrérie qu'ils venaient, sans le dire, de fonder tous les deux sous l'effet d'un coup de foudre. « Vous ne pouvez pas ne pas connaître René Char », a dit Camus à Monod. Pourtant, et curieusement, mon souvenir dominant sur cette rencontre, c'est celui de la fierté qui habitait ces deux princes, le romancier étant plus glorieux mais plus complexé que le biologiste.

4 janvier

Les questions d'Edgar Morin et de Jacques Monod me ramènent un peu plus de deux ans en arrière. Sur le moment, je n'ai pas vraiment compris pourquoi, en cette fin d'été 1964, tant de gens, si nombreux et si prestigieux dans tous les domaines, ont manifesté leur impatience de nous voir faire un journal. Qui étaient-ils ? Qu'attendaient-ils ? Pourquoi se précipitaient-ils sur la seule rumeur d'un projet en gestation ? Je me suis senti à la fois porté et dépassé. Ou plutôt porté et lesté de responsabilités.

Ceux qui avaient un nom étaient en général des créateurs, écrivains, artistes, chercheurs. Les autres étaient souvent des intellectuels, comme on dit, en tout cas des universitaires, des enseignants, des étudiants, syndicalistes d'avant-garde, autogestionnaires sans doctrine, marginaux des groupuscules et de la vie associative. On pouvait distinguer dans le courrier des chrétiens tiers-mondistes, des jeunes gens qui étaient revenus de la guerre d'Algérie dans la confusion et la rancœur, des technocrates progressistes qui regrettaient Mendès France. Tous se déclaraient déçus sans être surpris par les transformations de *l'Express*. Georges Perec, dans *les Choses*, a écrit que ses amis et lui ne s'étaient jamais complètement reconnus dans le « journal de JJSS » et qu'il s'en était voulu de le tenir pour indispensable. A la question de savoir quel était le seul journal intelligent, le bon ton était de répondre : *l'Express*, hélas. Il fallait qu'il y eût autre chose et précisément du côté de l'ancien *Observateur*.

C'est Guy Dumur, gentilhomme candide et vulnérable, qui tient à la fois du moniteur de ski et du professeur d'Oxford, dont la caustique mondanité dissimule l'érudition, c'est lui qui aujourd'hui me fait comprendre que ce public, qui nous a attendus, ce fut en somme celui du TNP. Les fidèles de Jean Vilar, de Gérard Philipe, de Maurice Jarre – de tant d'autres. Je connais bien ce public. J'avais l'habitude de le retrouver entre deux reportages. Pendant la guerre, lorsque de loin je pensais à Paris, c'était le palais de Chaillot qui en résumait les enchantements. Dans ce qui est bien plus un temple populaire du théâtre qu'un théâtre populaire, je retrouve une France qui, lors de messes sophistiquées et éclatantes, se réinventait une mémoire que l'incapacité de ses représentants et la majesté gaullienne lui avaient confisquée. Cette partie de la France a été contestatrice sous la IVe, frémissante sous PMF, orpheline sous de Gaulle. C'est elle qui nous attendait et qui, dès qu'elle a eu le sentiment que nous pouvions lui faire signe, s'est regroupée autour de notre projet. Ce que je désigne ici sous l'expression de regroupement n'a été ni massif ni perceptible, ni même distinct. Je le reconstitue aujourd'hui. J'ai eu depuis, en effet, quelques témoignages sur la disposition d'esprit de ces inconnus qui étaient dans l'attente. De nous ou d'autres. De notre projet ou d'un autre. Avec toujours la même morose ambition d'installer la gloire de la « gauche » dans le camp de l'opposition et de s'y faire respecter par le pouvoir gaullien. Séquelle, là encore, de la maladie algérienne. L'Algérie, thème de regroupement et de mobilisation, a nourri une sorte d'indignation gauchisante contre les socialistes de Guy Mollet. Déjà il y avait donc un embarras. Avec *l'Express*, *France-Obs.*, puis *Témoignage chrétien,* et *le Monde*, après le manifeste des 121 intellectuels en faveur de l'insoumission, on a cru savoir un moment où était le bien et où était le colonialisme. Mais quand il fallut ensuite aider le Général à vaincre les putschistes, les comploteurs, les colonels et l'OAS, alors ce fut la déroute et la détresse dans cette mouvance du TNP. Vilar ne pouvait consentir à rendre les armes à Malraux. Après la guerre, le TNP, je parle ici toujours de son public, n'avait plus envie d'entendre parler du colonialisme, de l'Algérie, des Arabes. Il a bien cru retourner aux vraies valeurs des traditions révolutionnaires. Claude Roy, dont je fis la connaissance après avoir admiré depuis longtemps le talent étincelant et qui avait d'infaillibles antennes, traduisit bien ce désenchantement actif. Il s'en retourna, lui, non pas vers la révolution mais vers Stendhal. C'est alors Roger Vailland, malade, cancéreux, qui entendit rappeler à l'ordre les esprits incertains. K.S. Karol, dont il était le confident, lui a fait écrire, dans les premiers numéros du *N.O.*, un « Éloge de la politique » pour redonner du pathétique aux élans.

5 janvier

Départ pour Gafsa avec Duvignaud toujours excité, illuminé, jamais indifférent.

A Tozeur, rencontre avec Edgar et Lucie Faure. Puis la merveilleuse lumière du désert, la nuit comme dilatée par les étoiles, tous les bleus limpides au-dessus de la grande muraille ocre de Nefta. En pensée, je décris ce spectacle à Bonneterre et Domerc. Ma jeunesse revient. Après Gabès et Medenine, voici Djerba. Michèle est heureuse. Je retrouve à Tunis Duvignaud en crise. Il est en proie aux délires de la solitude, de l'inquiétude, de l'orgueil blessé. Toutes les conditions en somme pour qu'un écrivain, surtout comme lui, écrive un bon livre. C'est, j'en ai lu des ébauches, ce qu'il fait. Ce sera très beau, j'en suis certain.

7 janvier

Duvignaud m'aide à comprendre ce qui s'est passé autour de nous, un peu avant la naissance du journal. De l'extérieur, il a bien vu, lui, émerger une effervescence intellectuelle et une velléité d'engagement, phénomènes qui ont accompagné, dit-il, le *Combat* de 1945, *l'Express* de 1953, sa propre revue *Arguments*. Le fond du paysage de *Combat*, c'était la Résistance qui l'avait précédé; celui de *l'Express*, l'enlisement colonial de la IVe République et la volonté d'en sortir grâce à l'ambition politique; notre paysage, sur fond de tiers-mondisme critique et de décolonisation gaulliste, c'est à la fois la recherche d'un socialisme moral, d'une explosion sociologique et d'une modernité technologique. Ce que dit Duvignaud est exact. Il ne sait pourtant pas, il est frappé d'apprendre, que dès les premiers jours, Jean Vilar et Francis Perrin, l'homme de théâtre et le savant; Roger Vailland et Jacques Le Goff, le romancier et l'historien; Michel Rocard et Alain Savary; Jacques Monod et Jean-Louis Barrault, nous ont adressé des messages que personne, pas un seul instant, n'a pensé à leur demander. Le sens général de leur propos était des plus vagues : il nous fallait, selon eux, occuper un terrain; comme s'ils s'en remettaient à nous du soin de faire écho à leur déréliction politique. Sans doute ne sommes-nous pas partis de rien. Certains ont pu se dire que la fusion des équipes de deux hebdomadaires intéressants pouvait n'être pas indifférente. Cela ne suffit pas à expliquer les ferveurs d'un engouement qui se veut engagement. Et cela nous remplit aujourd'hui de responsabilités.

8 janvier

Décidément, Duvignaud tient salon. Chez lui, on ne quitte Georges Balandier que pour rencontrer Raymond Aron, ou prendre rendez-vous avec Henri Lefebvre. L'africaniste, l'antimarxiste et le marxiste sont entourés de jeunes femmes, dégustent l'eau-de-vie de figue et se prélassent au soleil, sur les divans. Mais les obsessions se déploient indépendamment des voluptés. Les miennes aussi d'ailleurs. Dès qu'Aron me pose la question sur le concept de gauche, je n'ai aucune peine à redémarrer sur le journal. D'autant que, des trois universitaires, Aron est à la fois celui qui m'attire le moins et qui m'intrigue le plus; le seul dont je connais suffisamment l'œuvre pour l'admirer (il faut que je me dépêche de lire le grand livre de Balandier sur l'Afrique : Duvignaud le place très haut).

Je dis qu'avant de créer ce journal, je n'avais jamais vérifié à quel point la gauche était une patrie où les références peuvent être mythologiques et folkloriques, mais qui n'en représente pas moins un besoin de se retrouver et de marquer des frontières. « C'est l'une des deux France, dit Henri Lefebvre : toutes deux vivent intensément depuis la Révolution de 1789. » Sans doute. Les preuves autour de notre journal en restent saisissantes, même et surtout dans les préoccupations les plus « culturelles ». Et j'évoque tous les projets nourris avec des collaborateurs sur lesquels j'ai parié, je parie et avec lesquels la discussion ne cesse de me stimuler et de m'enrichir. Jacques Ozouf pour le diagnostic électoral, François Furet et Mona Ozouf en histoire, André Fermigier pour l'art, Maurice Fleuret pour la musique, Michel Cournot et Jean-Louis Bory pour le cinéma, Guy Dumur pour le théâtre, Claude Roy et Bernard Frank pour la littérature, tous ces chroniqueurs se sentent bien à gauche sans pouvoir dire sur quoi ils sont d'accord. L'homme qui me paraît le plus représentatif de cette mythologie est sans doute André Fermigier. Dilettante, aristocrate ombrageux, célibataire raffiné, d'une culture aussi étendue qu'insolite, ce critique d'art aime faire un tour de France en évitant les circonscriptions qui votent à droite. Cet homme déclare n'apprécier ni les fromages ni les musées des régions de France dont les élus ne se réclament pas de la gauche.

Dès les débuts, j'ai eu à arbitrer l'un des conflits les plus prestigieux qu'on puisse rêver. En préparant le premier numéro, nous avons accepté les plans ambitieux de Michel Cournot pour le cinéma. Mais il faut que la place accordée à Cournot ne lèse pas le critique Robert Benayoun, que nous avons trouvé à *France-Observateur*. L'un et l'autre ont des prétentions exclusives. Ils ont aussi des protecteurs. C'est ainsi que je reçois une lettre d'André Breton en faveur de Benayoun et une lettre d'Henri Michaux en faveur de Cournot. Les deux lettres, si magnifiquement calligraphiées et signées qu'on va s'empresser de me les dérober, ont bien des choses en commun : chaque protégé y est déclaré « génial » par le protecteur ; je suis supposé être « criminel » si je préfère l'un à l'autre ; mais ce qui me frappe, c'est, de la part de ces deux grands poètes, la référence à la gauche sur le ton : « Pour une fois qu'il est question de créer un vrai grand journal culturel de gauche, il me paraît impossible que vous songiez seulement à vous priver de l'irremplaçable concours de X ou Y. » J'apprécie Benayoun mais je suis d'accord avec Michaux : je trouve que cette tête de pioche de Michel Cournot a une sorte de génie. Je tranche, vite comme on doit le faire, mais intimidé d'avoir à prononcer un tel arbitrage. Avec Furet et Fleuret, que j'ai déjà cités, c'est plus facile bien que l'un et l'autre me présentent leur affaire comme un défi. Auras-tu le courage, me demande l'historien, de trancher le débat qui m'oppose aux communistes sur l'histoire de la Révolution ? Sur un ton distant et hautain mais honnête, il développe les conséquences de mon choix. Il s'agit d'un vrai débat sur le marxisme. Le ton de Furet me déplaît. Sa vaste intelligence me séduit. Sur le fond, je suis déjà prévenu en sa faveur, d'une part par l'historien Georges Duby qui m'avait invité à faire une conférence à Aix-en-Provence où il enseignait; et de l'autre, par mon ami Claude Krief, aujourd'hui à mes côtés, et qui a quitté *l'Express* pour me rejoindre. Maurice Fleuret, lui, est un homme plus chaleureux mais d'aussi grande ambition. Il me dit vouloir créer une nouvelle critique musicale, une chronique d'initiation à la musique contemporaine et non de compte rendu. Il me prévient : vous aurez tout le monde contre vous. Si je lui ai fait confiance, je crois bien que c'est parce que j'ai moi-même envie de m'initier à cette musique qui m'échappe aussi radicalement que la musique arabe. Je m'avise que je suis également élogieux pour chacun. C'est que pour moi l'entourage qu'ils forment est un privilège, leur compagnie une fête. Ce sont tous des névrosés. Comme moi, probablement : nous le sommes tous dans ce métier. Mais je suis fier d'eux.

10 janvier

De retour à Paris, je téléphone à Jacques Monod pour lui dire que je suis à sa disposition pour répondre à sa lettre sans être sûr de l'avoir bien comprise. Il me répond qu'il s'est demandé pourquoi j'avais jugé utile d'ajouter au parrainage de Mendès France, qu'il admire, celui de Sartre, qu'il exècre. Il faut que je lui écrive une longue lettre. Après sa lettre de soutien de 1964, Monod m'avait réservé, un an plus tard, le jour de son prix Nobel, plusieurs heures d'entretien à l'Institut Pasteur. Je ne voudrais pas perdre sa collaboration ni cette sorte d'amitié qu'il semble me garder.

20 avril 1968

Latifa et Jellal ont organisé sur ma demande un dîner sur leur terrasse où j'ai fait se rencontrer Jacques Berque et Michel Foucault. Jellal fait le procès de l'art abstrait au nom de l'obligation de fidélité aux racines. Berque répond que tout dans la civilisation arabe conduit aux mathématiques, aux signes, à l'abstraction – et d'abord l'interdiction islamique de représenter Dieu, le Prophète, les saints. L'arabisant arabise la modernité que l'Arabe rejette. Foucault est silencieux. De temps en temps, il accompagne courtoisement la pensée de celui qui intervient. Il ne semble pas s'ennuyer pourtant ; il engrange au contraire avidement je ne sais quoi, pas ce qui se dit en tout cas, mais ce qu'il voit chez chacun de nous, ce qu'implique un tel dîner avec de telles gens, réunis à mon initiative. Il vit l'« archéologie » du repas (ce mot mis par lui à la mode l'exaspère). Je suis pressé d'apprendre ce qu'un esprit comme le sien, si particulier, si pénétrant et insolite à la fois, qui s'intéresse aux marges et aux franges, dont la pensée procède par détours et reprises, je suis pressé de savoir ce qu'il aura vu d'inattendu, d'illuminant et de morbide dans ce dîner charmant et banal, où sa présence a été à la fois légère et énigmatique – assez énigmatique pour n'être pas tout à fait légère.

21 avril

Foucault a été, dit-il, « passionné » par « les détails et l'environnement de ce dîner ». Il me fait donc une description très « nouveau roman » (et me laisse donc sur ma soif) de la rencontre. Il a noté le mobilier vénitien, les fauteuils de marbre, les statuettes siciliennes, les turqueries au mur, un tableau que le peintre a distraitement attribué à sa femme, le caractère à la fois traditionnel et provincial, cérémonieux et artiste de l'ordonnancement, de l'invitation au dîner, du souci de l'hôtesse, intense beauté indienne, à se présenter tard comme si ce pigeonnier raffiné, haut juché sur des terrasses, était un palais. Foucault a été frappé par le récit que le peintre, notre hôte, a fait de sa partie d'échecs avec Gide en 1942 et il s'est réjoui que le peintre eût choisi de gagner – contrairement à tous les partenaires flagorneurs du grand immoraliste. Foucault fait-il du Robbe-Grillet par peur de me heurter s'il faisait du Proust ? Son sulfureux sourire me le laisse imaginer. Nous nous promenons dans la nuit soudain toute gonflée d'étoiles. J'aime son intelligence si particulière et qui, sans effort, hisse pendant un moment l'interlocuteur à son niveau.

Foucault dit curieusement qu'il a beaucoup pensé à moi *pendant le dîner* avec Berque et nos hôtes. Pourquoi à moi ? Parce que soudain, dans ce cadre, il ne sait pourquoi, il a trouvé ce à quoi je devrais me consacrer, ce pour quoi j'étais fait, au moins pour quelque temps, selon lui. Il a découvert que j'avais l'esprit fait pour les récits, les portraits et les essais. Mes thèmes « évidents » sont, selon lui, le bonheur, la violence, le sacré. Le bonheur ? Il corrige : peut-être la volupté. « Bien sûr, ajoute-t-il, il est manifeste que vous êtes aussi destiné à des fonctions d'autorité. Mais il faudrait alterner. »

25 avril

A Porto Farina, que Foucault rapproche du « rivage des Syrtes » (« L'un des plus beaux romans que j'aie jamais lus », dit-il), j'essaie de comprendre pourquoi l'auteur des *Mots et les Choses* s'intéresse si intensément à la politique. Ce qui est en train de se passer à Nanterre est passionnant et me passionne. Mais pourquoi celui qui a annoncé la mort de l'homme, démythifié le sujet et fait de la liberté un concept aussi grossièrement présomptueux que misérable, pourquoi l'esprit qui a eu l'audace d'aborder des rivages en somme si déshumanisés redécouvre-t-il le moindre intérêt à une gesticulation parisienne ?

Mes questions, intensément amicales, et qui sont accompagnées d'un besoin qu'il y soit répondu de manière convaincante, paraissent soudain agresser Foucault. Il avance qu'au contraire l'action, *la politique*, *le présent*, *l'aujourd'hui*, c'est tout ce qui l'intéresse. La philosophie en est désormais réduite à engranger ce qui se passe, qui advient, qui surgit pour se contenter d'en faire aussitôt l'archéologie. Il dit qu'on ne doit pas tirer de son œuvre une négation des libertés mais une contestation fondamentale de la liberté. Je ne comprends pas. Je ne le lui dis pas. Depuis que je le connais il a rarement été aussi lumineux mais sans, cette fois, me donner la possibilité de recueillir sa lumière. « Je vais vous écrire une lettre, me dit-il. Cette nuit même [1]. » Nous en venons au sens de l'agitation dans les facultés. Je lui confie que rien dans ma vie ne m'a formé pour comprendre les slogans de ces mouvements d'étudiants. Le savoir, un pouvoir ? Lequel sinon celui donné à tous de se former, de s'affirmer, de s'imposer ? Ce savoir serait

1. Cette lettre il la reprendra plus tard dans l'article sur *l'Ère des ruptures* qui sert de préface au livre dans l'édition de poche de mon livre.

concentré entre les mains d'une classe ? Dans mon cas, des maîtres libérateurs et incomparables étaient tous d'origine modeste. L'université, une caserne ? L'enseignement, un opium ? Les diplômes, une aliénation ? Je ne sais pas ce que tout cela veut dire. J'y pressens une frivolité, un luxe dont j'espère qu'il cache autre chose de profond et qu'il faut découvrir. Foucault, lui, paraît curieux, impatient de connaître, avide d'entendre. Il dit qu'il croit comprendre. Je lui dis qu'il me semble que l'avenir du monde ne passe pas par Paris. Il me répond : peut-être mais l'avenir de De Gaulle pourrait s'en ressentir et derrière la vanité des slogans, il y a le renouvellement des mœurs. « Et si cette politique qui vous assomme était complètement transformée par l'esprit des mœurs ? » me dit-il. « Cette politique qui m'assomme » ? Il faut préciser. C'est la politique des partis qui me donne la nausée. Mais de Gaulle me divertit la plupart du temps et souvent me passionne. Mendès France n'en a jamais fini d'exiger de chacun de nous le meilleur, le plus difficile. Mais je devine ce que veut dire Foucault et au fond ce qu'il espère : que nos façons de penser la politique pourraient être bouleversées par une révolution de la vie quotidienne [1]. Soudain, grâce à Foucault, je suis pressé de voir, d'entendre, de décrire. Il faut vite rentrer à Paris.

1. *Cf.* p. 227 « Le regret des illusions lyriques ».

II

LE TEMPS QUI VIENT

Nous voici donc les témoins d'un étrange spectacle : notre société, il est vrai, a retrouvé sa liberté, mais elle se comporte dans certains domaines pire encore que du temps où la liberté n'existait pas. La criminalité se développe et on voit se déverser dans les médias (je pense surtout à la presse à sensation) ces effluves qui jaillissent toujours, dans les périodes de bouleversements historiques, des profondeurs obscures de l'esprit, mais d'autres phénomènes, plus graves et plus dangereux encore, se manifestent : la rancune et la suspicion nationalistes, le racisme et même certaines manifestations de fascisme, la démagogie sans limites, le goût de l'intrigue et le mensonge conscient, l'arrivisme politique, le combat effréné au nom d'intérêts exclusivement particuliers.

(...) Bref, tout est terriblement triste et déprimant.

Je me dis pourtant que si, avec une poignée d'amis, j'ai pu longtemps me frapper la tête contre les murs en proclamant la vérité sur le totalitarisme communiste, dans un océan d'indifférence, il n'y a aucune raison de ne pas continuer à le faire parce que, en dépit des sourires condescendants, je ne cesserai pas de parler inlassablement de responsabilité et de morale, face au marasme actuel de notre société, et je considère donc qu'il n'y a aucune raison de croire ce combat perdu d'avance. Un seul combat peut l'être sûrement : celui auquel nous renonçons.

— LE TEMPS QUI VIENT —

(...) La vraie politique, la seule digne de ce nom, et d'ailleurs la seule que je consens à pratiquer, est la politique au service du prochain. Au service de la communauté. Au service des générations futures. Son fondement est éthique, en tant qu'elle n'est que la réalisation de la responsabilité de tous et envers tous. C'est la responsabilité telle qu'en elle-même. Celle que j'appelle la responsabilité « supérieure », supérieure par le fait qu'elle s'ancre dans la métaphysique. Elle se nourrit de la certitude, consciente ou inconsciente, que rien ne se termine par la mort, car tout s'inscrit pour toujours, tout s'évalue ailleurs, quelque part « au-dessus de nous », dans ce que j'ai déjà appelé la « mémoire de l'être », dans cette partie indissociable de l'ordre mystérieux du cosmos, de la nature et de la vie, que les croyants nomment Dieu, et au jugement duquel tout est soumis.

VÁCLAV HAVEL,
les Méditations d'été

TRENTE ANS APRÈS

Contracté en clinique, le vice du carnet intime ne devait plus me quitter vraiment. La blessure m'avait fait en somme retrouver la pernicieuse influence exercée par Gide sur mon adolescence. Mais, dès après la naissance du journal, à l'automne 1964, je n'ai plus rien noté qu'en voyage, surtout dans les avions, ou en vacances. Celui qui, de ce fait, écrit ici en 1991 ne peut être le même que l'auteur du Carnet. Il a changé. Il prend sa place. Il vit le présent. C'est à cette lumière qu'il revisite le passé. Là où le premier témoignait, l'autre reconstitue. Je ne pensais pas au lecteur : je me chuchotais des aveux. Là je m'adresse à lui.

J'ai changé : pas seulement avec l'âge. Tous ceux dont la vie a été barrée par une longue maladie savent qu'après la rupture, ils ont vécu dans une autre peau, une autre enveloppe. Comme si on se réincarnait dans un être identique et nouveau. Le regard change. On l'oublie ; on en a rarement conscience. D'autant que rien n'est clair. Il faut toute une vie, beaucoup de recul en tout cas, pour comparer les périodes que j'appellerais d'innocence avec celles où les projets eux-mêmes semblent lestés de cicatrices.

Si je m'interroge sur le plus net enseignement que, malgré moi et, plus que ma conscience, mon corps a tiré de la blessure, c'est une imagination plus précise de l'arbitraire du sort et de l'inégalité des situations. J'avais déjà fait une guerre. Je m'en étais sorti. Confusément, je me croyais invulnérable. Plus confusément encore, je me comportais comme si je pensais que ceux qui n'en étaient pas sortis indemnes l'avaient plutôt cherché. Lorsque j'ai été frappé à mon tour, force m'a été d'en déduire que seul le hasard m'avait jusque-là protégé et que j'étais donc à la merci des loteries de la providence. C'est ainsi qu'on perd confiance dans son étoile. Ou plus exactement qu'on change d'étoile. En fait c'est ainsi qu'on quitte la jeunesse : être jeune c'est se croire immortel bien sûr, mais aussi invulnérable. Les enfants handicapés ne sont pas jeunes. Les enfants blessés de Beyrouth et d'ailleurs ne sont plus jeunes. La vie est un miracle mais les miraculés de la vie savent qu'ils devront vivre avec la mort des autres en attendant la leur. Quant à l'inégalité, celle dont je parle me paraît de plus en plus le scandale des scandales. En voyant souffrir et mourir tant de gens, j'ai eu la révélation que, contrairement à ce qu'on nous enseigne, les hommes ne sont pas égaux devant la souffrance et devant la mort. On console les faibles, les démunis et d'ailleurs tous les autres en les persuadant que la perspective du néant nivelle l'humanité. Nous sommes imprégnés de somptueuses pages de l'Ecclésiaste comme de Bossuet sur ce thème ténébreux et rassurant. Le mot de Staline, complaisamment répété par de Gaulle et selon lequel « à la fin des fins, il n'y a que la mort qui gagne », n'est que le verdict d'un Caligula déconcerté de se découvrir homme alors qu'il a rêvé d'être Dieu. Ce mot fait oublier qu'il règne parmi les perdants, les souffrants et les moribonds la plus atroce et la plus implacable des injustices. On sait qu'on ne souffre pas et qu'on ne meurt pas de la même façon si l'on est riche ou pauvre, seul ou entouré, aimé ou détesté, dans un hôtel particulier ou dans un mouroir, et c'est déjà un inacceptable scandale. Mais il y a plus encore : « Il n'est pas vrai que les hommes soient égaux devant la souffrance et, comme on ne connaît la mort que par ce qui la précède, il n'est donc pas vrai qu'ils soient égaux devant la mort. » C'est ce que je lisais dans mon enfance lorsqu'un médecin devenu écrivain, Georges Duhamel, relatait, dans un livre intitulé *Civilisation,* les réactions des rescapés des tranchées de 1914-1918 lorsqu'on les amputait d'un bras ou d'une jambe.

Mais le scandale s'est encore amplifié avec l'allongement de la durée de vie, et l'incapacité des sociétés dites industrielles de le prendre en charge. L'homme souffre et meurt de moins en moins dans la maison de famille qui assurait une sorte de continuité de l'existence et donnait le sentiment de l'immortalité du groupe. On n'est pas impunément le dernier rejeton d'une nombreuse famille et mes récentes visites dans les services de gériatrie de différents hôpitaux m'ont convaincu qu'il fallait être un saint pour être médecin ou infirmier. Il y a des saints. Même eux ne peuvent rien parfois contre l'inégalité des malades. On entre dans une salle et on sait aussitôt s'il s'agit d'un mouroir ou du champ clos où se déroule le combat entre la vie et la mort. Dès la porte ouverte, on sait s'il reste encore, flottant dans l'air si particulier que les chambres de malades sécrètent, quelque chose qui ressemble vaguement à de la vie. Chaque malade suscite, par son comportement particulier, presque autant que par le degré de gravité de sa maladie, des soins, des attentions, et même des traitements différents. J'ai visité tellement d'hôpitaux cette année, vu tant de malades, d'infirmiers et de médecins que je peux témoigner qu'on ne souffre pas de la même façon si on est seul ou si on reçoit des visites ; si on est dans une chambre à un lit ou dans un dortoir ; si on est lavé deux fois par jour ou une seule fois ; si quelqu'un a envie de vous adresser un sourire (si le malade provoque ou non cette envie) ou si on vous enferme dans votre détresse. On ne souffre pas de la même façon donc on ne meurt pas de la même façon. On meurt toujours seul, disent-ils. Bien sûr. La souffrance sépare, éloigne, isole, et parfois on ne peut plus être rattrapé. Pourtant, la vivacité d'un regard intime, la chaleur d'une main sur un front, une façon d'accompagner le malade dans sa souffrance, je sais combien tout cela peut être source de secours, d'allégement, de *distraction*. Il y a certains appels qui, la nuit surtout, le corps hospitalier sait bien tout cela, ne traduisent que le besoin d'une présence, d'une voix. « Que voulez-vous ? – Je ne sais plus. – Il ne faut pas me déranger inutilement. – C'est vrai, je ne puis m'en empêcher, excusez-moi. – Je suis en train de donner leurs médicaments à des malades qui souffrent plus que vous. – Je sais, je sais. » Ce genre de dialogue m'est tellement familier que je me demande si je l'ai entendu ou si je l'ai jadis tenu, bref il est partout.

Alors, après la guérison, malgré les triomphes de la convalescence, cette renaissance, on garde telle une inscription tatouée sur le corps le rappel qu'il faut mourir, qu'il faut souffrir, que nous ne serons pas tous égaux pendant ces moments-là et que, pourtant, la possibilité nous est donnée d'engranger les moments de bonheur dont on a plus qu'avant le goût, le besoin et surtout la disposition à les vivre intensément. A Vienne, au milieu des malheurs qui commençaient à s'abattre sur l'ancien « paradis » de l'Empire austro-hongrois, l'écrivain Stefan Zweig notait, après avoir entendu Gustav Mahler diriger un opéra ou après avoir lu le dernier poème de Hofmannstahl : « J'ai aujourd'hui une raison de plus d'aimer le monde. » Mot incroyable. C'est ce qu'on se dit lorsqu'on revient de Toscane, par exemple, où l'on voit des millions de souffrants admirer les écrasants chefs-d'œuvre que d'autres souffrants ont par miracle réalisés, pendant deux siècles à peine, on ne sait pourquoi à ce moment-là plutôt qu'à un autre, dans cette région plutôt qu'ailleurs, en un quadrilatère entre Sienne, San Geminiani, Orvieto et Florence. L'amour, l'art, la mort, qu'est-ce qu'il y a d'autre ? Plus précisément, qu'y a-t-il en dehors de la lumière d'un regard, la beauté d'un corps qui glisse dans l'eau, le panache d'un geste, l'accord avec soi-même, le bonheur d'admirer – sinon l'inquiétude de perdre tout cela à chaque instant, la certitude de tout perdre un jour, à jamais, dans la souffrance et dans la mort. Habité par de telles obsessions, on découvre vite alors que ce n'est certes pas par la politique qu'on touchera l'essentiel. Ou plutôt, si l'on veut, qu'il n'est de politique visant l'essentiel qui ne doive être imprégnée d'une immense pitié pour la condition humaine. C'est la pitié qui soudain devient une valeur – la valeur. C'est ainsi que le regard change.

Entre-temps, j'ai vécu. Intensément. Souvent dans le tourment. Toujours dans l'émerveillement. Ce qui était un projet est devenu une réalité. Après d'autres, avec d'autres, j'ai fait un journal. Dans la passion, la fièvre, les turbulences. Je ne l'ai que trop fait. Je n'ai même fait peut-être que cela. Je m'y suis enfoui, perdu, retrouvé, reperdu. J'ai eu le sentiment de vivre l'événement, parfois d'accompagner l'Histoire, jamais d'en infléchir le sens. Au point que, saisi par la vanité, j'ai eu plusieurs fois la tentation, et d'ailleurs l'occasion, de faire autre chose. Chaque fois – peur du risque ou sens de mes limites – j'ai fini par décider de m'enrouler à ce journal en m'inventant tous les alibis, à commencer bien sûr par celui bien connu de l'irremplaçabilité. D'autant que j'avais, au surplus et chaque fois, l'impression de me renouveler parce que l'événement du jour effaçant celui de la veille procurait une ivresse vécue sur le moment comme originale. Sans m'apercevoir que la vie nous pousse comme dans ces flacons que l'on voit encore dans certaines pharmacies de province, et où des spirales colorées tournent autour d'un axe, spirales sans cesse nouvelles et toujours identiques. En fait j'ai, comme bien d'autres, comme tant d'autres, fait alterner les passions et les drogues ; le sentiment de responsabilité et l'illusion du pouvoir ; le mouvement planifié et la vitesse acquise. J'ai été de ce fait conduit comme malgré moi à refuser quelques honneurs que je croyais désirer et qui, dès lors que je pouvais les obtenir, me paraissaient aussitôt inférieurs aux caprices et aux conforts de ma liberté.

Nous sommes plusieurs à avoir fait le récit des débuts du *Nouvel Observateur*. Ces moments qui entourent et accompagnent la naissance d'un journal sont passionnants et privilégiés. J'ai eu les confidences de Camus sur le premier *Combat*. Je regrette qu'il ne les ait pas lui-même écrites. Le silence d'Hubert Beuve-Méry sur les premiers jours du *Monde* me frustre. Je suis déçu de voir ce qu'il reste dans les Mémoires de JJSS des pathétiques aventures où il a su pourtant nous entraîner. Si Serge July songe à revenir sur les débuts de *Libération*, je serai son premier lecteur. Et je me souviens combien Emmanuel Berl regrettait, il l'a écrit, de ne pas avoir fait pour *Marianne* ce que j'avais commencé à faire pour *le Nouvel Observateur* dans un livre.

Le danger, dans toute reconstitution, c'est bien sûr d'injecter des intentions partout où il n'y a eu qu'improvisation. Après tout, on fait un journal pour faire un journal, dans les conditions d'une époque donnée, avec un air du temps précis, sans parler des contraintes financières et techniques souvent plus incontournables que les passions. Si je compare ce que je rêvais de faire et ce que nous avons été contraints de faire, je ne me dissimule aucun écart et parfois même aucun fossé. L'information, surtout celle qu'on baptise communication, n'est plus aujourd'hui qu'une marchandise comme les autres, et qui, comme les autres, subit les lois du marché. Il reste que certaines entreprises de presse vivent souvent de leur différence, de leur singularité, de ce qui leur évite d'être interchangeables. Cela n'est pas toujours perçu par les experts du « marketing » et des instituts de sondages. Il reste aussi qu'un journal se juge sur la façon dont il a « couvert » certains événements. Pour le vingtième anniversaire du *N.O.*, j'ai fait un bilan. Il rappelle comment un journal à prétentions culturelles peut subir des modes sous le prétexte de ne rater aucun événement. Pourtant, à la question : à quoi peut bien servir un journal en dehors du plaisir qu'il procure à ceux qui le font, et de l'intérêt que peuvent y prendre ceux qui le lisent ? j'ai envie de répondre, avec modestie mais sans humilité. Je trouve que *le Nouvel Observateur* n'a pas été complètement inutile lorsqu'il a entrepris de démarxiser la gauche avec des principes de gauche; lorsqu'il a compris avant les autres le projet social-démocrate de Mitterrand; lorsqu'il a joué un rôle bénéfique pendant la crise portugaise. Il a été parmi les tout premiers à accueillir le message des dissidents de l'Est. Il n'a pas raté un grand événement dans l'art et la littérature. Il a été enfin nécessaire à la formation d'une opinion sur les questions israélienne et palestinienne comme sur toutes les affaires du Maghreb et du Proche- et du Moyen-Orient. Quant au pouvoir intellectuel que nous sommes supposés avoir exercé pendant de nombreuses années, personne n'a mieux rendu hommage au *Nouvel Observateur* que ceux qui furent un moment nos détracteurs et qui ont fait le procès de ce pouvoir, avec talent pour Régis Debray, avec ressentiment pour Pierre Bourdieu.

Faut-il le dire ? S'il est quelque chose d'ingrat dans notre métier, c'est de comparer l'intensité de l'intérêt qu'on peut susciter sur le moment avec le souvenir que les chroniqueurs de la longue durée entendent en garder. Relisant la description consignée dans mes Carnets de l'accueil fait au projet de fondation du *Nouvel Observateur* (et qui ressemble pour mes yeux indulgents à rien de moins qu'à un événement sociologique), je ne peux être qu'attristé par les comptes rendus aussi distraits que désinvoltes réalisés par les historiens du siècle. Michel Winock, par exemple, a mis sur le compte de mon « entregent » (?) le fait d'avoir réuni des signatures prestigieuses. Il a corrigé ensuite, sur ma demande, plus par courtoisie que par conviction. René Rémond, dans une notule de bas de page de sa somme sur *le Siècle*, évoque la tentative de redonner vie au mendésisme. Peut-être une vision si réductrice est-elle explicable par la volonté qu'on nous a prêté de créer une chapelle, sinon une école, et le sentiment pour certains d'en avoir été exclus. Mais on se dit aussitôt qu'après tout le rôle qu'on a cru jouer avait plus d'éclat que de profondeur et que les successions d'instants fiévreux finissent dans le souvenir par ressembler à ces balles traçantes qui ont ébloui mon baptême du feu. Il faut bien s'y résoudre. De même qu'il faut prendre son parti d'entendre dans les dîners en ville réciter des articles publiés dans le journal, comme si le récitant venait d'en improviser sur place la teneur. Le journalisme doit durer une journée, c'est sa définition. Ceux qui tentent de faire du journalisme dit culturel ont toujours le vain espoir qu'ils iront au-delà. Cela laisse parfois, dès que la fièvre de l'urgence disparaît, un parfum âcre dans les regrets.

Mais je ne veux pas en terminer avec le journal avant de noter l'une des vraies joies de notre métier : lorsqu'on gagne le pari que l'on fait (surtout si on est seul à le faire, si on le fait contre tous) sur la réussite, le succès, la carrière d'un collaborateur. C'est un pari que je n'ai pas eu à faire avec les journalistes déjà confirmés que j'ai trouvés à *France-Observateur* et qui faisaient partie de l'ancienne équipe, comme Jean-Francis Held, Katia D. Kaupp, Olivier Todd, Yvon Levaillant. Mais je l'ai fait à propos de Josette Alia, la plus douée, la plus polyvalente, et que j'ai déjà évoquée. Je l'ai fait avec Guy Sitbon qui, en plantant sa tente dans le paradoxe provocateur, déconcerte, irrite et stimule. Avec Pierre Bénichou, prisonnier volontaire d'un humour truculent, d'un désenchantement cultivé et d'une juste conscience de son professionnalisme. Je l'ai fait avec Franz-Olivier Giesbert, avec Bernard Guetta, Jean-Paul Enthoven, René Backmann, François Caviglioli, tant d'autres nouveaux venus que je ne puis citer. J'ai eu la même chance exceptionnelle avec deux chroniqueurs choisis pour la télévision, Maurice Clavel puis Françoise Giroud – quelle paire ! Pour le premier, c'est Hector de Galard qui avait songé à l'attirer chez nous pendant l'affaire Ben Barka ; c'est ensuite moi qui l'ai retenu en inventant pour lui une rubrique (la télévision) pour laquelle il ne se voyait aucune disposition. Quant à Françoise, mon ancienne directrice, et qui, pas plus que Clavel, ne m'avait attendu pour être célèbre, il me fut donné de faire appel à son talent dans un moment où l'inlassable lutteuse traversait une épreuve. Dès le troisième article, pour Françoise la partie était gagnée. Ce fut ma victoire. J'ai ressenti la même joie avec le choix de Jacques Julliard, que j'ai tout de suite deviné proche, intellectuellement intime, et capable en peu de temps d'introduire dans notre journalisme l'impertinence inspirée et le discernement allègre dont il sait faire preuve dans ses pugnaces humeurs philosophiques. Je n'ai pas prêté attention à ceux qui m'assuraient que cet universitaire n'était pas fait pour écrire dans les gazettes. On m'avait fait le même coup en 1964. « Écrivain-journaliste », je n'étais pas fait pour diriger une équipe. J'ai gardé pour la fin le plaisir rare que j'ai eu à fréquenter des dessinateurs. Le mérite de les avoir découverts ou, lorsqu'ils étaient déjà connus, d'avoir fait appel à eux, ne me revient pas. C'est Serge Lafaurie qui a parié sur Copi, c'est Pierre Ajame qui a fait appel à Chaval et à Sempé, Christiane Duparc a pensé à Wolinski et à Reiser, Serge encore a choisi Desclozeaux et Wiaz, et puis nous avons tous élu pour nous fustiger nous-mêmes avec une sorte de génie, notre chère, grande et belle Claire Brétécher.

Pour tout dire sur ce point, le plus bel hommage que j'aie jamais entendu sur nous a été prononcé dans une ambassade de France en Europe centrale. Un attaché culturel m'a récemment déclaré : « Je suis obligé de lire tous les hebdomadaires. Pourtant, si je peux citer huit à dix collaborateurs du *Nouvel Observateur*, il me serait impossible d'en citer plus de deux ou trois parmi ceux de vos confrères. » Juste, injuste ? Je ne sais. Mais pour un vrai chef d'équipe, c'est le bonheur. Car ne pas tout faire pour le succès de ses proches, en arriver à se méfier de leur renommée est une tentation qui ne débouche pas seulement sur la solitude, mais à court terme sur l'échec. Et il est vrai que de ce point de vue je ne suis ni blasé, ni désenchanté, ni insatisfait. Je ne sais rien de plus rassurant, précieux, gratifiant, à la fin des fins, que de traverser l'époque, le siècle, la vie en compagnie d'êtres de qualité, connus ou pas, bien sûr. J'ai eu cette chance. J'ai eu ce privilège. Il m'est arrivé de lire des numéros du journal qui me remplissaient de gratitude quand les talents de chacun étaient portés à l'incandescence. Mais je suis fier aussi de l'affirmation de Bernard Guetta et de F.-O. Giesbert, d'Alain Schifres, même quand elle se déploie à l'extérieur. Le jour de la disparition de notre Guy Dumur, Jean-François Josselin, avec toute la générosité efficace de son talent, a évoqué des déjeuners dans un restaurant proche de la place des Victoires, avec Maurice Fleuret, André Fermigier, Jean-Louis Bory, Jean-Paul Aron, et puis tous les survivants, de Claude Roy à Mona Ozouf et de Jean-Paul Enthoven à Guy Sitbon. Des déjeuners de princes.

Il est dans notre métier de rencontrer les grands de ce monde. Souvent ce sont eux qui prennent l'initiative de ces rencontres. Notre mérite est donc nul. Faut-il cependant les mentionner ? On voit très vite si en le faisant certains veulent usurper la gloire des grands (leur voler l'immortalité selon Kundera) ou s'ils enrichissent la connaissance que l'on a déjà d'eux. J'ai essayé de tenir compte de ces observations. Mais ce que je veux souligner, c'est qu'il m'aura été donné de connaître bien des gens avant leur consécration. Alain Duhamel me taquine pour le goût qu'il me suppose à l'égard des professeurs au Collège de France. Je pourrais dire : pourquoi pas ? Il y a des références moins dignes et des univers moins prestigieux. Mais ni Berque, ni Duby, ni Foucault, ni Vernant, ni Le Roy Ladurie n'étaient au Collège quand je les ai connus. Et j'ai été l'ami d'Olof Palme, Mario Soares, Felipe Gonzalez, Habib Boulares, Lakhdar Brahimi, sans parler de Mitterrand et de ses ministres, bien avant qu'ils n'accèdent à un gouvernement quelconque. Un jour, Léopold Senghor, qui était alors président du Sénégal et que je remerciais de son hospitalité, m'a dit avec une élégance bien dans sa manière : « Nous avons tous été ensemble les servants d'une même cause, je cherche ainsi, par l'amitié que je vous offre, à m'excuser d'avoir été seul à en percevoir les dividendes... » C'est vrai que j'ai retrouvé installés dans des palais tous ceux que j'avais connus alors qu'ils étaient de jeunes réprouvés, marginaux, détenus politiques ou simplement dans l'attente. Il faut ensuite savoir reprendre des distances professionnelles avec les anciens amis devenus puissants. Difficile entreprise.

Compte tenu du changement opéré dans le regard, par-delà l'expérience vécue dans le journal, qu'est-ce qui frappe le plus si l'on compare l'air du temps de cet automne 1991 et celui des années 1960 ? D'abord le fait que l'individualisme, qu'il soit frileux ou aventurier des jeunes d'aujourd'hui, était absent de nos esprits. Nous avions plus de préjugés, plus de tabous, mais donc aussi plus de goût de transgresser les interdits. Des murs nous entouraient que nous voulions tantôt abattre et tantôt déchiffrer. On sait que l'homme de la rue, sans qu'il s'en doute le moins du monde, est influencé par les systèmes de pensée dominants. Quels étaient-ils alors ? Pour les résumer, j'utiliserai l'avant-propos d'un de mes livres [1] : « *Deviens ce que tu es* est une invitation nietzschéenne qui date de plus d'un siècle. Et l'on assure aujourd'hui que nous n'avons guère la possibilité de prendre part à ce devenir. Notre vie ? Elle aurait été " programmée " d'abord dans nos gènes et nos chromosomes ; notre comportement dépendrait d'un inconscient, d'une libido déjà formés dans une existence utérine. Notre psychologie ? Elle serait définitivement façonnée à l'âge de deux ans, selon nos rapports avec nos parents et les " modèles culturels " de notre environnement. Notre savoir, enfin, dépendrait du langage qui nous a été imposé, tandis que notre pensée n'exprimerait que les structures familiales où nous avons grandi. Quant au reste, si l'on ose dire, il ne saurait évidemment échapper aux déterminismes économiques. Ainsi le marxisme, la psychanalyse, le structuralisme et la sémiologie, unis pour nous priver de toute illusion concernant notre liberté, ont-ils achevé de tuer cet homme que Nietzsche, déjà, avait privé de Dieu. »

Cela aurait pu nous rendre prisonniers ? Cela nous donnait en fait la soif et la volonté de prendre conscience de toutes ces déterminations, comme l'énergie de les dépasser – de s'affirmer en dehors d'elles. Une fois découverte la contrainte des structures, nous nous demandions comment les dominer. Cette période, que quelques intellectuels ont baptisée « glaciation » (*cf.* le livre de Jean-Paul Aron sur *les Modernes*), ne fut pourtant pas stérile sur tous les plans. Sans doute, dans les idées, cela se traduisait-il par le primat

1. *Le Temps qui reste* (Gallimard).

de la structure sur le spontané ou, si l'on veut, du collectif sur l'individu. En politique, de 1960 à 1975, cela coïncidait avec (ou conduisait à) la croyance aux ardentes obligations du dirigisme, de la centralisation et de la realpolitik. Mais cette prison était d'une certaine manière sécuritaire : elle permettait des rêves de libération. Elle incitait à briser les murs. C'est bien ce qui se produisit, lorsque advint, notamment apportée par les dissidents de l'Est, l'irruption du retour au sujet, du triomphe de l'individu, et de la glorification de la liberté aux dépens de l'égalité. Mais bien vite alors, trop vite, les jeunes gens livrés à leur souveraineté se mirent à rechercher, pour fuir la solitude et en l'absence de toute hiérarchie, des frères, des « potes » et des refuges – bientôt, à nouveau, un père.

L'immense progrès des générations actuelles, c'est qu'elles sont devenues libres alors que nous avions, nous, à nous libérer. La libération bande l'énergie ; la liberté élargit l'horizon. Le nombre des problèmes que les générations actuelles ont résolu est déconcertant. Celui des rapports avec les parents, avec les enfants, avec les rites de la vie conjugale (mariage, divorce) ou les interdits de la vie sexuelle (avortement). Ce sont eux en général qui, au départ, sont les moins racistes et les moins xénophobes. Délestés de tout endoctrinement, ils se révèlent accueillants pour les idées les plus inattendues. Privés de tout préjugé, ils ont un post-jugement plutôt sain. En revanche, je vois rarement trace chez eux de ce qui fut notre désir d'engagement ; de notre besoin de servir une grande cause ; de notre respect spontané pour les valeurs de solidarité. J'observe surtout que, peu encombrés du sens (souvent inexact) que nous donnions à l'Histoire, nos jeunes gens se trouvent plus nus que nous ne l'avons été face à la solitude, à la souffrance et à la mort. A l'hôpital et en dépit de tout ce que j'ai pu écrire, je n'ai jamais eu l'impression nette et indiscutable que j'avais été blessé pour rien.

Autre observation. Avec le retour de l'individu, avec l'individualisme pourtant décrit par maints auteurs comme une libération, cette fameuse société de consommation dénoncée comme la barbarie des temps modernes dans les années 60 est devenue un lieu d'épanouissement – d' « éclatement », comme ils disent. La victorieuse lutte contre l'État s'est transformée en indifférence à l'égard de la Cité, et c'est une sorte de liberté sans responsabilité qui a succédé aux rites de l'esprit civique. La démocratie ne semble plus intéresser que ceux qui en sont privés et s'il faut se féliciter sans réserve de l'écroulement de l'utopie bolchevique, il faut bien observer que les orphelins qui sont le plus durement touchés ne sont pas ceux qui ont adhéré à cette utopie mais ceux qui s'étaient investis de la mission de lutter contre elle. Adossés à ce combat, ils se comportent comme s'ils n'avaient plus devant eux que le vide depuis que l'ennemi est terrassé. Nous sommes en présence d'une nouvelle *déréliction* comme après la guerre contre le nazisme. Ce qui explique en grande partie le besoin de la bande, du groupe et surtout de la communauté.

Enfin bien qu'ils se réclament de plus en plus souvent de « communautés » diverses, les jeunes gens d'aujourd'hui me paraissent, entre eux, bien moins différents que ceux que je recevais à la naissance du journal et dont la diversité me saisissait. La démocratisation des modèles culturels comme leur martèlement nous dirige vers une sorte de massification formelle. Nous en connaissons bien la raison. Elle se trouve dans cette civilisation de l'audiovisuel dans laquelle nous sommes immergés et qu'on appelle aussi, sans doute par antiphrase, l'ère de la communication. J'ai lu qu'il fallait nous enchanter de devenir frères égalitaires en regardant ou en subissant tous à la même seconde la même image, même si cette égalité se faisait dans le nivellement du médiocre et la banalisation du vide. Tout heureux d'être à contre-courant, un sociologue pourtant expert, Dominique Wolton, nous assure en effet que si jamais la spécialisation des chaînes de télévision nous privait de l'identité des situations d'hébétude devant le petit écran, il s'ensuivrait des catastrophes, comme la solitude élitiste et la communication interrompue.

La civilisation de l'image, c'est la tarte à la crème, et le pensum obligé, je le sais. Mais le rapprochement entre notre vie actuelle et celle des années 60 (trente années seulement) donne le vertige. Dans les émissions de télévision, personne ne redoutait alors de faire un effort et parfois d'en demander un. L'accélération n'était pas la loi suprême et l'on pouvait voir des visages en état de réflexion, entendre des propos élaborés sans qu'un meneur de jeu ultranerveux et hyperagité redoute toutes les quinze secondes que le téléspectateur ne s'ennuie, qu'il tremble à l'idée de le voir « zapper », passer à autre chose sur une autre chaîne, faire baisser l'« audimat », et diminuer les recettes publicitaires. *Passer à autre chose* : c'est le mot d'ordre hystérique d'une époque qui n'a plus que la gesticulation à opposer au destin. Et quand, d'aventure, les événements pèsent d'un poids assez lourd pour qu'on ne puisse échapper à la concentration, alors un autre piège nous guette. On plonge dans l'illusion prise pour vérité, on confond l'objectif de la caméra avec l'objectivité, on vit par procuration et par l'intermédiaire d'acteurs, qui miment nos émotions supposées jusqu'à nous les suggérer – nous les imposer. Et puis ce n'est pas, on l'aura deviné, ce qui s'est passé pendant les convulsions roumaines ou pendant la guerre du Golfe qui m'a réconcilié avec la télévision que je n'ai jamais tout à fait, raison de plus pour lui en vouloir, la force de ne pas regarder. J'aime le dimanche matin certaines émissions religieuses, « Continentales » et ses revues de presse européennes sur FR 3, en plusieurs langues, la retransmission en anglais du répertoire de Shakespeare, quelques talk shows, le tennis et le foot, l'athlétisme et la danse et quelques très mauvais téléfilms policiers dont le sujet est rarement indifférent. J'aime l'occasion de revoir les grands comiques : Pierre Dac et Francis Blanche, précurseurs d'une vraie dérision sans vulgarité, Raymond Devos bien sûr, et Jerry Lewis qui a remplacé Louis de Funès dans mon panthéon intime.

Je demeure dans la nostalgie des grandes émotions que la télévision m'a procurées lorsque j'étais alité. Je citerai l'adaptation des *Perses* d'Eschyle, l'*Amphitryon* de Giraudoux avec Robert Hirsch , un festival de jazz avec Lionel Hampton, quelques matches de football, et bien sûr des reportages sur la guerre d'Algérie où mes confrères ont été non seulement courageux et talentueux, mais bien plus complets et bien plus habiles à faire passer leur vérité qu'on ne devait ensuite l'écrire. Mais la qualité et la vivacité de ces émotions sont associées à la longueur des émissions, au temps que l'on accordait aux protagonistes pour se produire ou s'exprimer, au fait aussi peut-être qu'on n'avait pas envie de passer à autre chose puisque rien d'autre ne nous était offert. J'ai su en tout cas ce que pouvait apporter la télévision à un malade. Le lien avec la vie y est étrange. D'abord parce qu'on a le sentiment de vivre les mêmes événements que les gens valides ; quand ils regardent, ils sont exactement dans la même situation d'immobilité et de passivité. L'inégalité disparaît de ce fait. Ensuite les échanges entre valides et invalides se réfèrent aux mêmes choses vues. Enfin le malade ne peut pas avoir un sentiment de frustration devant l'image puisqu'il est clair que, pour lui, c'est un recours, un substitut et qu'il ne pourrait faire autre chose que de penser à sa souffrance s'il ne vivait pas la vie des autres. L'image c'est la vérité des immobilisés. Il y a sans doute des moments d'angoisse où l'intensité de la souffrance comme le doute éventuel sur la guérison peuvent conduire à un sentiment d'écart, de recul devant ces ombres qui dansent sur un écran. Mais c'est précisément à ce moment que l'on s'aperçoit de la réalité de ces ombres car ce dont on s'éloigne alors, c'est de la vie – la vie elle-même. Tout cela marque bien mon intérêt pour l'audiovisuel, mon appréciation du phénomène sociologique qu'il constitue, l'importance que je lui accorde, la dette que j'ai jadis contractée envers lui. Mais il faut bien dire de ce prodigieux progrès technologique qu'avant son existence, et grâce à la radio, on ne vivait pas moins bien et que, depuis qu'il existe, on vit parfois beaucoup plus mal. Quand il est à son meilleur, il ne remplace rien d'essentiel. Quand il est à son pire, il est plus nocif que les autres moyens de communication. En tout cas, et c'est mon propos : il nivelle. On n'agit plus, on mime. Récemment, sur un court de tennis voisin du mien, j'ai vu des gosses s'insérer dans tous les tics et toutes les attitudes des champions du jour. Et d'autres, en venant près de moi solliciter un emploi, s'inventèrent le profil des présentateurs de journal parlé.

J'ai noté que la génération actuelle était délestée de tout catéchisme. Mais, handicap moins contournable, elle s'est privée de toute possibilité de pari sur les siècles à venir. Cela ne s'appelle plus l'aurore. A la fin d'un siècle si tragique et si absurde, comment pourrait-on adresser le moindre reproche à ceux qui l'ont en héritage ? Mais enfin, pour donner un exemple, l'entretien que j'avais avec Che Guevara en 1963 [1] disait l'essentiel. La seule révolution qui comptait alors à ses yeux était celle qui devait aboutir non pas au bonheur de tous, ni même à la suppression de l'exploitation de quelques-uns, mais à la possibilité d'extirper de l'esprit de l'homme sa funeste inclination à préférer aujourd'hui la spéculation à la production, le profit au salut, l'intérêt à l'amour, la compétition à la solidarité. Le reste n'intéressait pas cet homme religieux au sens le plus large et le plus noble du terme. Il y avait même en lui, me semble-t-il, cette idée qu'une telle entreprise était peut-être vouée à l'échec mais que l'impératif, « pour ne jamais quitter le camp des humiliés », et pour ne pas se résigner à l'ordre injuste du monde, était de combattre pour combattre même sans espérance.

Je ne suis pas irrémédiablement pessimiste. A défaut de la mystique attitude de Guevara, et qui devrait être réservée à l'apostolat plutôt qu'à l'émeute, le fait qu'une ère des réformateurs succède à une ère des révolutionnaires est un progrès considérable. Je crois

1. *Cf.* p. 148-149.

que les révoltes vont être d'autant plus grandes contre le présent que l'on aura abandonné la révolution pour l'avenir. Je crois que la nécessité implacable d'avoir à sauver la planète de sa destruction écologique et des milliards d'hommes des épidémies, de la pauvreté et de la démographie démente va triompher des égoïsmes individuels, ethniques ou religieux. Mais je crois que nous allons traverser une longue et difficile période de recherche du *sens* – tout simplement parce que nous l'avons perdu.

Observer tout ce qui paraît manquer aujourd'hui à nos jeunes gens et qu'ils vont chercher dans la communion du rock, dans le refuge des communautés et parfois dans les sectes religieuses rend plus attentif au besoin d'appartenance et au besoin de croire qui se tapissent dans les recoins de l'âme. J'ai cherché à comprendre, par exemple, ce qu'était pour les révolutionnaires mais aussi pour tous les autres le besoin de croire à un avenir qui fût un au-delà ; à un ailleurs qui fût une terre promise ; à comprendre aussi pourquoi chaque chute d'un rêve ne faisait qu'aviver la rédemption d'un autre. De Moscou à Cuba, de Castro à Mao, de la Révolution culturelle chinoise à l'insurrection palestinienne : on ne s'est jamais lassé, pendant des années et des années, de rêver. J'y reviendrai. Mais je voudrais déjà dire ici que ce qui devait me frapper le plus pendant mes entretiens avec l'historien soviétique Youri Afanassiev (aujourd'hui transformé en ultra-libéral et avec qui j'ai écrit un livre), c'était la confiance qu'il m'a dit avoir eue pendant de longues années dans le destin de la société soviétique, quelles que fussent les bavures et les monstrueuses dérives. Un *destin*, il insistait sur le mot, qui conduisait cette société à être constamment aux avant-gardes de l'audace et du progrès, sur des positions d'où l'on pouvait apercevoir un avenir qui ressemblait étrangement à l'élection. Il croyait sa société élue. Dans le lointain, il devinait chaque soir les couleurs d'aurore de la société sans classes. *Le rêve égalitaire est aussi ancré dans l'esprit de l'homme que celui de la liberté.* On dit un peu vite aujourd'hui que l'égalité, c'est le Goulag. Comme les Lumières. Comme le monothéisme. Ce n'est pas de cette manière qu'on étanche la soif d'égalité. Il est étrange de voir combien les philosophes aiment la polémique ; les polémistes, l'humeur réductrice et partiale (« ce sont, disent-ils, les lois du genre »). Après quoi, tout ce joli monde est d'accord pour vitupérer les mœurs simplificatrices des journalistes qui d'ailleurs, souvent, méritent ces reproches. Un jour, un de mes amis, soucieux qu'on cessât d'être léger avec la mémoire des 40 millions de victimes (40 !) du bolchevisme, s'abandonnait à penser ou à écrire, ou peut-être les deux, que la France pleurait la mort du communisme et prenait le deuil des bourreaux plutôt que celui des martyrs. Je partageais mille fois son inspiration initiale : pourquoi n'y aurait-il pas à l'égard de ces victimes une mémoire et un culte ? Mais, dans son élan, et voulant pourfendre les nostalgiques et les orphelins du communisme, il s'en prit aussi à ceux qui avaient osé rappeler que le concept, l'idée, le projet communiste, tels qu'ils étaient nés dans les socialismes français du XIXe siècle, puis dans les intentions proclamées de ceux qui avaient fait briller, en 1917, « cette grande lueur à l'Est », que ce concept, cette idée, ce projet avaient fait se lever dans le cœur de millions d'homme l'immense espérance d'une société plus heureuse. C'est pourtant simplement vrai.

L'égalité devant Dieu dans une autre vie ou devant l'Histoire dans un avenir lointain a été l'hommage du vice de l'injustice à la vertu égalitaire. Il n'est pas vrai qu'il ne se soit jamais trouvé une époque, fût-elle en apparence la plus équilibrée, où la révolte contre l'inégalité ait été absente. Je cherche en vain cette époque depuis les Gracques chez les Romains jusqu'aujourd'hui dans le nouveau mouvement aux États-Unis (« PC » : *politically correct*). Mouvement dangereux parce qu'il tend à rassembler une population majoritaire qui se vit comme marginale (Noirs, Asiatiques, Hispaniques, femmes et homosexuels), mais qui est une illustration de la pérennité des révoltes égalitaires. Encore une fois, on n'y répondra pas en se contentant de dire que l'égalité a toujours, dans l'Histoire, menacé la liberté [1].

Je ne dirais pas que le rêve égalitaire était partagé par tous autour de moi à l'époque des Carnets. Y pensais-je moi-même ? Mais enfin et pour les moins révolutionnaires, les mythes de la révolution avaient encore leur magie. Et puis, chaque chose en son temps : nous étions plus soucieux d'abattre le colonialisme que de combattre le bolchevisme et l'Union soviétique se trouvait d'ailleurs souvent du côté du tiers monde contre l'« impérialisme occidental ». De même que Malraux, interrogé sur ce qu'il pensait du stalinisme pendant la Seconde Guerre mondiale, répondait qu'il fallait savoir choisir l'urgence prioritaire du combat contre le nazisme, de même aurions-nous pu répondre que la lutte contre le colonialisme, ce « péché majeur de l'Occident » (Lévi-Strauss), constituait l'urgence prioritaire. Quand, pour ma part, en finirais-je avec cet alibi straté-

1. *Cf.* p. 312.

gique ? La rupture a été moins brutale pour ce qui me concerne puisque mon adhésion aux valeurs collectivistes ainsi mises en question n'avait jamais été entière ni profonde. J'ai toujours eu le cœur révolutionnaire par intermittence, et l'esprit social-démocrate dans la continuité, accompagné de crises de pessimisme individuel et élitiste. J'ai toujours abhorré dans la révolution ce qui, pourtant, la constitue aux yeux de tant d'autres : la violence et le sectarisme. Longtemps, je ne me suis pas soucié d'avoir une cohérence précise. Jusqu'au jour où j'ai éprouvé le besoin non de m'inventer une doctrine mais, vers 1975, de me fixer un comportement : accueillir toutes les révoltes, se méfier de toutes les révolutions. C'était tourner le dos à ma jeunesse. Dans mon Algérie française, nous étions élevés dans le respect de la Révolution. Laquelle ? Réponse : toutes. On trouvait toujours moyen avant Pétain de mettre une majuscule à ce mot. On nous enseignait en tout cas que la violence fasciste et celle, plus hypocrite, de l'« État bourgeois » justifiaient toujours et largement l'insurrection. Tout cela débordait de beaucoup le seul enseignement de la doctrine marxiste et ne concernait pas seulement les esprits inféodés à une idéologie, ou embrigadés dans un parti. Nous n'étions pas des militants. C'était dans nos milieux la philosophie dominante, plus ou moins vaguement assumée, ou corrigée de manière humaniste, par nos professeurs. Le jour où à Bizerte j'ai été soigné entre autres par un chirurgien communiste, je n'ai pas été étonné de son dévouement et de sa générosité fraternelle et depuis ce jour je me suis interdit de jamais confondre les jeunes gens qui ont opté pour le communisme avec ceux qui ont opté pour le fascisme. La démarche est radicalement différente et on ne triomphe pas de cette différence en disant que Staline égale Hitler. En tout cas, pour me cantonner à une époque qui va de 1973 à 1980, on peut dire que l'horreur confirmée du bolchevisme n'altère en rien la croyance qu'une ère postcapitaliste, sur laquelle on ne sait pas grand-chose, pourrait à nouveau faire croire à l'avènement de la société heureuse. Une certaine dose d'utopie est toujours possible. La vision politique conserve encore, avec l'arrivée de la gauche au pouvoir en France, cette dimension qu'on appelle eschatologique par référence aux promesses de l'au-delà contenues dans les religions. C'est cette dimension qui est soudain totalement exclue de l'horizon de l'homme moderne. Cet homme des années 1990 est condamné à faire son métier d'homme ici et maintenant, dans une lucidité privée d'espérance, une énergie qui se consume dans le présent et la conscience diffuse que ce qui n'est pas possible dans l'immédiat n'est peut-être pas souhaitable.

On devine que je ne saurais en terminer avec cette surimpression du présent par le passé, ce jeu de contrepoint et de comparaison, sans évoquer la sanglante et absurde parenthèse de la guerre du Golfe. Nombreux sont ceux, surtout sur les rivages maghrébins de la Méditerranée, qui ont cru retrouver notre guerre d'Algérie. Tous les ingrédients y étaient. L'affirmation d'un condottiere arabe qui se voulait le Nasser des années 1990, les enjeux économiques et pétroliers, la gigantesque riposte « occidentale ». Nous avons cru voir soudain ces mondes arabes et islamiques, que les libérations en chaîne des pays de l'Est avaient plus ou moins expulsés vers les antichambres glacées de l'indifférence, se réveiller comme pour signifier que, s'il plaisait à chacun de proclamer la fin de l'Histoire, eux, les Arabo-musulmans, voulaient bien se charger de continuer à la faire. C'est sans doute dans ce sens qu'un Jacques Berque a pu tranquillement écrire qu'il concédait à Saddam Hussein un « dynamisme » dont les autres Arabes étaient de plus en plus dépourvus – ce qui avait fait redouter à nos orientalistes d'avoir consacré leur vie à quelques épisodes « anhistoriques » pour utiliser le mot cruel de Hegel. Avec le Golfe, voici que ces orientalistes éminents retrouvaient un second souffle, une seconde vie, un peu comme des collectionneurs d'insectes verraient battre des ailes les papillons qu'ils croyaient avoir épinglés. Et soudain voici que reparaissaient à la surface tous ces débats, toutes ces interrogations, et tous ces drames, encore il y a quelques mois enfouis dans la menue poussière du passé, et dont la nouvelle incandescence rejoignait en intensité les incendies qui m'avaient conduit dans un hôpital.

Nous avons donc vu revenir les Arabes, l'islam, le Machrek, le Maghreb, les décombres de l'Empire ottoman, les accords Sykes-Picot, le colonialisme, l'humiliation, l'hégémonie occidentale, la déclaration Balfour, l'identité française, les maîtres à penser, le sens de la violence. Convulsions redondantes ! Litaniques soubresauts ! L'Histoire ici ne cesse de bégayer que pour psalmodier. On était en train d'avancer sur des chemins qu'on espérait plus ou moins vierges malgré la régression nationaliste, les conflits frontaliers et les affirmations des micro-ethnies. En tout cas, ces irruptions de l'imprévisible étaient déconcertantes, inquiétantes, passionnantes et on s'émerveillait de voir tant de peuples s'ébranler dès la pichenette donnée par le Zeus Gorbatchev, comme un « big bang » à l'origine d'un nouveau monde.

Avec l'Est on en était tous à dire que l'on n'avait jamais osé espérer vivre assez longtemps pour voir un événement aussi démesuré. Avec le Golfe, on a soudain déploré de revivre une si banale et si répétitive convulsion. Je vois très bien ce qu'il peut y avoir d'esthétique dans cette lassitude. Et de surprenant de la part d'un homme qui a subi sinon la fascination de l'arabo-islamisme, en tout cas l'intermittente contagion de sa grandeur et une considération inquiète pour ses défis. Mais quoi ? On voudrait bien, dans une seule vie, satisfaire les curiosités les plus vastes et diversifier les passions. Pour ma part, j'étais en train de me convertir et je m'enfouissais dans l'univers de Kafka, de Mahler, et de Kundera. Peut-on rêver civilisation plus forte que celle qui a explosé à Vienne et à Prague à la fin du siècle dernier. A cette question posée par Kundera, auquel je dois une partie de ma « conversion », je répondais qu'il y avait tout de même la Toscane, entre le XIIe et le XIIIe siècle. Il y a quelques années, j'aurais répondu : oui, l'Andalousie de l'époque des trois religions. Mais depuis 1973, j'avais troqué Sidi Bou Saïd contre Porto Ercole. Toujours la Méditerranée mais l'archipel toscan.

Cela dit, une fois dans la tragédie, tout, bien sûr, est redevenu neuf. J'ai vu mes amis arabes (ceux du Maghreb exclusivement) en état de révolte, de rage, parfois d'hystérie. Ils retournaient contre moi mon passé, mes articles, mes livres. J'eus l'impression d'un échec personnel lorsque je les vis céder aux solidarités automatiques et aux réflexes vindicatifs. Je compris que pour eux Saddam Hussein était le seul qui aurait pu vaincre Israël et réparer l'affront fait à la « nation arabe ». Ils pensaient moins à l'Irak ou aux Palestiniens qu'à l'apparition d'une puissance militaire arabe qui flattait leur orgueil, et qui allait sombrer sous les coups – encore ! – d'une superpuissance alliée d'Israël. Même ceux dont je savais qu'ils avaient compris les bouleversements du monde pestaient contre les alliés, et contre cette France dont ils ne connaissaient la voix que par cette télévision française qui venait jusque dans leurs foyers les agresser tous les soirs. Ils ont retrouvé les sentiments des années 60 et de la guerre d'Algérie avec de plus la rage au cœur de voir qu'ils étaient, eux Maghrébins, les seuls Arabes à en souffrir vraiment. Et je me suis pris à redécouvrir ce que je savais. Par exemple que, pour d'étranges raisons, les Arabes, peuples de conquérants et hommes de foi, se sentaient encore plus humiliés que les Noirs et que les juifs. Qu'ils avaient toutes les vulnérabilités de l'orgueil blessé, toutes les névroses qui accompagnent les complexes d'échec. Découverte chaque fois saisissante quand on connaît la superbe marocaine, et la sagesse égyptienne, par exemple. Gardons-nous cependant d'assigner une mission aux peuples : ils finiraient par y croire pour le malheur des autres. Mais il est vrai que tout se passe comme si les servants de la tradition arabo-islamique s'étaient donné pour mission véritable de suspendre le temps, d'opposer les racines à l'errance et de retenir l'évolution du progrès. Dans cette tradition, c'est le conservatisme qui demeure héroïque : il faut conserver le sens de l'honneur, la fidélité à la parole donnée, le respect de l'ancien, la sacralisation de l'hospitalité, la solidité des liens familiaux, bref toutes les règles, rites et tabous du patriarcat sont mille fois plus importants que l'émancipation de l'individu et la conquête des libertés.

D'un côté, on croyait retrouver les mêmes Arabes avec leur rêve d'unité et la réalité de leurs divisions; avec leur incapacité à se consoler d'avoir été vaincus et si souvent par le petit État hébreu; avec leur indignation qu'on pût faire deux poids et deux mesures dès qu'il s'agissait de juger le délit par agression d'un Arabe ou le délit par autodéfense d'Israël. Et d'un autre côté, les Maghrébins et les Palestiniens en retard de décennies ressuscitaient le visage bien connu du colonialisme avec son arrogance, ses sermons bénisseurs, sa diplomatie de la canonnière et le cynisme savant avec lequel, depuis en somme 1492, il a appris à dispenser les principes du droit et les bombes de la destruction. La guerre du Golfe s'est accompagnée ainsi d'un affrontement de spectres.

Il a fallu un certain temps aux deux camps pour découvrir que l'Histoire n'était pas aussi litanique qu'il avait semblé et que, loin de bégayer, elle essayait de dire autre chose. Pendant la crise du Golfe, la quasi-unanimité des Arabes et des musulmans condamnait Saddam Hussein, l'Arabe coupable d'avoir agressé un pays arabe. Pendant la guerre du Golfe, le plus historique des pays arabes, l'Égypte, était aux côtés de l'Occident. Il ne s'est trouvé presque personne, ni en Assemblée générale des Nations unies, ni au Conseil de sécurité, pour condamner la guerre des alliés. Davantage : sans le feu vert, bientôt l'accord et finalement le soutien de l'Union soviétique, cette guerre n'aurait pas pu avoir lieu. La Chine, l'immense Chine, ne s'y est pas opposée. Ce fut alors la fin du tiers monde comme force, comme pôle de référence, comme mouvement d'idées. Le monde s'est rallié au plus fort, en l'occurrence la civilisation démocratique incarnée par les États-

Unis et qui venait de remporter une victoire par forfait sur l'Union soviétique. On peut dire que, de ce fait, l'Occident, en se dilatant sur toutes ses frontières, était devenu un concept trop large pour être un pôle d'hostilité. Tout était changé, et radicalement, de ce qui constituait le décor, les protagonistes et les forces en présence de notre guerre d'Algérie. La seule chose qui restait identique et profonde, c'est, dans le tréfonds de l'âme arabe, le sentiment lancinant et impuissant de l'humiliation. Entre juillet 1962 et août 1990 il n'y avait que cela de commun. Entre l'expédition de Suez de 1956 et la guerre d'Irak de 1991 tout, tout, était différent.

Quant à l'Algérie, trente ans après la guerre d'indépendance, pour échapper à l'Occident dont elle est nourrie, elle ne veut plus être algérienne. Contre la colonisation, elle avait découvert son algérianité : riche d'un islam équilibré, d'un socialisme ouvert, d'un apport berbère et d'un leadership de prestige sur le tiers monde non aligné. Voici nos Algériens écrasés par la faillite d'une économie centralisée et basée sur la fausse manne pétrolière, par le totalitarisme politique et par une démographie démente encouragée par des responsables aveugles. Ils n'ont qu'une hâte désormais : se fondre dans l'uniformité arabo-islamique pour éviter « l'uniformité occidentalo-capitaliste ». C'est ce que nos Orientalistes baptisent « récupération d'identité » ! « Quelle identité ? demandait avec indignation Kateb Yacine. Pourquoi nos racines seraient-elles seulement celles de la foi de neuf cents millions de musulmans ? » Cette aventure islamiste est bien celle que prophétisait et redoutait Camus, lequel estimait que seule la présence d'un grand nombre de non-musulmans pourrait endiguer une si désastreuse dérive.

On ne peut comprendre, j'ai fini par le penser, ni la guerre du Golfe ni les convulsions dans les pays de l'Est libérés si on n'apprécie pas exactement la signification pour l'humanité entière de la révolution gorbatchévienne. Le fait essentiel, me semble-t-il, à y réfléchir, c'est qu'un beau jour, sans coup férir, sans affrontement véritable et direct, en tout cas, un Grand a dit à l'autre : je suis au faîte de ma puissance, je pourrais t'affronter dans un combat planétaire, mais je baisse les bras, je rends les armes, je capitule. C'est de ton côté que se trouvent l'intelligence, la réussite donc aussi la force. J'ai rêvé de l'égalité, j'ai supprimé la liberté, et les hommes ne sont pas pour autant égaux sauf parfois dans la pauvreté. Tu as instauré la liberté au service des plus forts et des plus habiles, bien des gens se plaignent chez toi du chômage, du rejet, de la brutalité de la vie, des crimes, de la drogue et du vice. Mais le fait de se plaindre semble les défouler et ne leur a pas ôté l'espoir de corriger les inégalités. En tout cas, tous les miens regardent vers toi, veulent aller chez toi, sans s'arrêter en chemin sur des lieux de compromis entre la liberté réelle et l'égalité rêvée. Tu as gagné. Par forfait peut-être. Sans grand mérite, sans doute. Je vais t'emprunter ta constitution, ton système parlementaire, ton multipartisme, ton économie de marché. Je te laisse la place. Je reviendrai peut-être un jour, fort cette fois de mon passé plus que de mon message et au moment où les nations auront assez de ta puissance. Mais aujourd'hui le monde t'appartient si du moins les Japonais et les Allemands le commanditent et si tu peux concilier ta volonté de puissance et les principes qui t'ont rendu puissant. En attendant tu es obligé de m'aider à parcourir ce chemin qui va vers toi. Je dirais même que tu n'as pas le choix. Car si je renonce à l'aventure qui consistait à rivaliser avec toi, j'ai gardé les moyens qui peuvent, même malgré moi, nous conduire l'un et l'autre au suicide. Pendant le temps où Gorbatchev s'exprimait ainsi, le monde écoutait, entendait, s'instruisait. Et il tirait les conclusions suivantes. Le neutralisme qui consistait à s'appuyer sur l'un ou l'autre protagoniste de la guerre froide en se vendant au plus offrant apprit qu'il n'avait plus qu'un seul client, donc un seul patron. Le gaullisme, expression occidentale du neutralisme, sut qu'il devait rejoindre au plus vite le camp des Européens même pour la défense nationale puisqu'il n'y avait plus d'ennemi supposé que l'allié américain. Les populations de l'Est libéré virent leur choix confirmé au-delà de leurs espérances. Elles espéraient au mieux être « finlandisées » et bénéficier d'une autonomie intérieure en se résignant à la tutelle soviétique. Voici qu'on leur donne les moyens de l'impatience et de la sécession : elles se précipitent alors dans l'antichambre de la Communauté européenne et de l'OTAN. Les quinze républiques soviétiques et d'abord les baltes ne comprirent plus pourquoi il leur fallait attendre le bon vouloir d'un libérateur dépassé par ses libérations. Les Israéliens virent d'abord la possibilité de faire venir chez eux les juifs soviétiques; puis de soustraire aux Arabes l'exclusivité de bons rapports avec l'URSS. Ils découvrirent plus tard que les USA pourraient les délivrer de la menace irakienne sans redouter l'opposition soviétique. Mais dès la guerre du Golfe commencée, à laquelle ils s'interdirent de participer pour ne pas déplaire aux Américains, ils devinrent conscients : 1° de leur vulnérabilité (les

Scud) ; 2° de leur dépendance (la non-riposte) ; 3° de ce que leur règne était terminé au Proche-Orient pour faire place à celui de la *pax americana*. Israël n'était plus l'allié stratégique le plus sûr puisque les USA n'avaient sur place plus besoin de qui que ce soit pour une besogne dont ils s'étaient eux-mêmes très bien acquittés.

Tous ceux qui, au nom de leur réflexion ancienne (et dépassée) sur le colonialisme, ou brandissant une realpolitik conforme à la « tradition » américaine, se sont gaussés avec indignation de la prétention de MM. Bush, Mitterrand et Perez de Cuellar à défendre un droit qui n'avait pas existé dans le passé et n'existait pas encore pour les autres, ceux-là sont, me semble-t-il, allègrement passés à côté de tout ce qui précède. C'est le terme de droit qui a choqué, avec ses prétentions pharisiennes à moraliser. Il suffit pourtant, façon d'être dans le ton des persifleurs, de remplacer le mot droit par l'expression règle du jeu pour cerner au moins l'une des vérités nouvelles créées par le forfait soviétique. Après l'effondrement du condominium américano-soviétique pendant l'implosion du mur de Berlin, il était clair (en tout cas pour Bush et ses alliés) qu'il fallait faire connaître au monde qu'on ne pouvait pas faire n'importe quoi. Et que le premier qui, après novembre 89 (mur de Berlin), violerait les anciennes règles du jeu avec l'espérance qu'il n'y aurait plus de police, celui-là serait condamné par toute la communauté internationale. C'est ce qui est arrivé, on le sait. Mais on oublie (Saddam Hussein et les progressistes de tout poil n'ont pas vu) qu'aussi importante que la décision des Américains de prendre en main le destin du monde, il y a la demande formulée par ce monde, le besoin exprimé par lui, le regard braqué du tiers monde en particulier sur les seuls Américains. Quand on parcourt la liste des nations qui ont cautionné l'initiative américaine tant à l'ONU, à la Ligue arabe, au Conseil de sécurité, à la CEE, à l'OTAN, dans les pays de l'Est... on se frotte les yeux pour vérifier qu'on ne rêve pas. Et j'évoque ici surtout l'attitude de la Chine au Conseil de sécurité où elle dispose d'un droit de veto. Non pas seulement au moment de l'annexion du Koweït mais pendant la guerre aérienne et lors de l'offensive terrestre contre l'Irak. Il y a eu ici et là de discrètes abstentions. En dehors de Cuba et du Yémen, personne ne s'est opposé. Passer ce fait énorme et inédit sous silence c'est se priver des moyens de juger. C'est n'en avoir même pas le désir. L'explication de ce phénomène étant bien entendu résumée dans la victoire – par abandon de l'Union soviétique après quarante années de rounds acharnés – du champion américain.

SARTRE ET ARON

LA VISITE A JEAN-PAUL SARTRE

Voici qu'il m'est donné, tant d'années après, de répondre à l'interrogation du biologiste Jacques Monod [1] : pourquoi ai-je désiré associer Sartre au premier numéro du journal. Après avoir lu ce que j'ai écrit sur la préface de Sartre aux *Damnés de la terre* de Franz Fanon, le lecteur a toutes les raisons de se poser la même question que le lauréat du prix Nobel de médecine. Comment ai-je pu ? Je ne suis pas allé voir le « grand écrivain » comme Barrès est allé voir Renan, et Mauriac, Barrès. Je me suis adressé à une légende, non à une pensée. J'ai voulu m'emparer pour le journal de quelques lambeaux de gloire et non recueillir un message auquel je ne croyais pas. Mais fallait-il le faire ? Difficile de rendre aujourd'hui cette décision cohérente. Essayons. En octobre 1964, Sartre est censé contenir, envelopper, dominer et, à vrai dire, écraser toute l'intelligence et, au passage, toute l'intelligentsia. Pour être convaincu de son magistère, il ne faut pas y penser à la lumière de la révision actuelle. Il faut exhumer (c'est facile, les textes sont là) le ton, la manière, le style incroyablement déférent des détracteurs. Qui s'est opposé à Sartre ? Merleau-Ponty, Camus, Lévi-Strauss, Lacan et, bien sûr, Raymond Aron. Il y en a eu d'autres. Limitons à ceux-là notre liste. Il n'est aucun de ces grands esprits qui n'ait fait preuve dans ses plus sévères critiques d'un respect embarrassé ou d'une considération révérentielle. Les aroniens sont paralysés : Aron ne cesse en effet de décréter que son ancien « petit camarade » de Normale sup est tout simplement un génie. Il l'attaque, il le démonte, il le pourfend. Mais il s'incline. Il se signe et il passe. On dit parfois : « Sartre hélas ! » mais on

1. *Cf.* page 182.

constate que Sartre occupe l'espace; qu'il y règne; qu'il le gouverne.

J'espère avoir déjà justifié l'état naturel d'intimidation intellectuelle où je pouvais me trouver en cet automne 1964. Où en est le génie ? A cette époque, Sartre s'est déjà éloigné des communistes français. Pas des italiens; ni des cubains. Des français. Il est, d'une manière qu'on dira gauchiste et gaulliste, contre la guerre au Vietnam. Le léninisme comme technique de l'action communiste ne lui paraît en rien dépassé. Il n'est revenu sur aucun écrit et notamment pas sur la préface aux *Damnés de la terre*. Sartre ne revient jamais sur rien. Pendant la guerre d'Algérie, il a été l'objet d'égards particuliers (pour lui insupportables) de la part du général de Gaulle lequel déclare : « On n'emprisonne pas Voltaire », dès lors qu'on prétend inquiéter Sartre pour ses provocations. Il vient de refuser le prix Nobel. Donc il l'a mérité. Il gagne sur tous les tableaux. Voilà déjà une autre réponse : l'homme jeune qui prétend fonder un journal culturel de gauche peut désirer rendre visite à Sartre comme on allait voir Voltaire – parce qu'il incarne à la fois la rébellion et le génie, le marginal et l'universel. Aubaine d'obtenir la caution de l'homme le plus consacré lorsqu'il s'agit aussi de l'homme le plus hostile aux consécrations. Sartre est à ce moment-là de ceux, privilégiés et rares, que grandit chaque refus des honneurs. Alors qu'on finit par ignorer ceux qui ne peuvent se targuer de refuser des consécrations que personne ne songe à leur attribuer.

Autrement dit, il y a presque du conformisme à désirer rendre visite à Sartre en octobre 1964. Notre Voltaire, pour citer de Gaulle, est sans doute ballotté par les convulsions successives des différents léninismes, mais du fait de l'ascendant d'une pensée profonde et grâce au prestige d'un comportement libre et rebelle, il réussit à incarner la mauvaise conscience de l'Occident. Est-ce légitime ? Personne n'ose poser la question. Comme si chacun savait par cœur les pages de *l'Être et le Néant* sur la mauvaise foi. Nouvelle illustration sur ce qui est avancé plus haut concernant la déférence générale. Il n'est pas un détracteur du pape existentialiste qui n'assortisse son désaveu d'une considération accablée devant le « génie » de Sartre. Ils en parlent comme d'un monstre. Là aussi, à propos de la mauvaise foi, le plus sévère mais aussi le plus ébloui, c'est Aron. Le monstre Sartre a tort, c'est évident, mais là où il se situe, sur les cimes où il se déploie, avoir tort ou raison n'a guère de sens, décrète Aron avec une indulgence déconcertée. Aron ne compte pas sur Sartre pour la vérité. Avec le recul on se dit même que Gabriel Marcel, le philosophe de l'existentialisme chrétien, a eu plutôt du courage cette année-là. Il est seul à dire : « En la personne de Sartre, c'est un fossoyeur de l'Occident que le jury du prix Nobel a porté sur le pavois. »

Ce n'est pas faux. L'Occident pour Sartre c'est tout ensemble l'institution, la culture, et la violence d'État au service de la mauvaise foi. Il en est resté à 1492 en somme. L'Occident ce n'est plus qu'une grande machine à fabriquer de l'aliénation, or, avec le recul, à bien y réfléchir, le concept le plus important de toutes ces années qui iront jusqu'aux environs de 1975, jusqu'aux années des dissidents, c'est l'*aliénation*. On juge d'un phénomène selon la dose d'aliénation qu'il entraîne. C'est ce qu'on retient de Nietzsche et de Marx. C'est la clé pour tout comprendre de l'oppression bourgeoise et pour tout justifier dans la révolte violente des « masses ». L'aliénation, c'est le voile dont les bourgeois recouvrent le juif, le Noir, le colonisé, le prolétaire, la femme, l'homosexuel et le délinquant. Il faut dénoncer tous les alibis brandis par la bourgeoisie pour maintenir les victimes de l'aliénation sous le voile de la mise en condition. Le libérateur, c'est celui qui arrachera ce voile avec le plus d'éclat. Il fera nécessairement scandale. Sartre veut devenir et devient sans effort ce que Merleau-Ponty a appelé dès 1949 un « auteur scandaleux ». Encore une fois c'est à cette capacité de scandale philosophique mais aussi social que le jury de Stockholm octroie le prix Nobel. Cette société ne s'aime pas. Elle ne connaît l'ivresse que dans un masochisme qu'elle baptise lucidité.

Camus et Aron comprendront très vite que Sartre s'est emparé d'une question essentielle mais qu'il y introduit une nécessité implacable au nom de laquelle il ne cesse de s'égarer et de se fourvoyer avec toujours la même verve furieuse et torrentielle, étincelante et imprécatoire. Désirer approcher Sartre, c'est, sans toujours en avoir une conscience claire, surtout sur le moment, tenter de s'installer au cœur de la question des questions, comme au premier siècle les gens en quête d'un Christ écoutaient, selon Renan, des dizaines de candidats à la prophétie. Ceux qui approchent Sartre rencontrent un petit homme laid, oblique, mais si simple et si bon qu'il a l'air de n'être pas responsable des trésors de pensée qu'une étrange voix de fausset traduisait. Le visiteur recueille le message déjà lui-même imprégné des codes et des grilles de la société fermée : il voit en Sartre une liberté en exercice, à la fois imprévisible parce que indéterminée et pourtant nécessaire parce que faite de *situations* et de *projets*, parce qu'elle est acte fait d'autres actes, parce qu'un homme, avait dit Malraux (avant Sartre mais en somme pour Sartre), c'est la somme de ses actes. Le visiteur que j'étais en l'occurrence savait par cœur des passages des *Mots*, avait été délivré par les *Réflexions sur la question juive* et il était tout heureux d'avoir pu lire, étudier et commenter *l'Être et le Néant* malgré les difficultés d'accès à ce livre, difficultés dont personne n'osait se plaindre. J'avais en travers de la gorge cette préface aux *Damnés de la terre*. Sans doute. Mais je n'arrivais pas à oublier le texte de Sartre sur Camus, le plus beau texte jamais écrit sur la mort de son ancien ami. La mort de Camus lui paraît alors un « scandale ». Rien n'est simple dans le débat sur la bonne conscience et la mauvaise foi. Pourquoi Sartre devient-il en somme camusien à l'occasion du conflit israélo-arabe ? Comme si sa mère, à lui, Sartre, était juive et qu'il n'avait que faire d'une justice palestinienne qui lui fît sacrifier sa mère ? Pourquoi dira-t-il, comme Dostoïevski et comme Camus, que rien au monde ne saurait « peser devant la mort d'un enfant » ? Pourquoi en 1956, après Budapest, écrit-il qu'il n'a plus de raisons de serrer encore la main d'un communiste, ce qui le montre susceptible de manifester les mêmes outrances sentimentales et sans lendemain qu'il dénonce chez les « belles âmes » ?

Aujourd'hui, les néophytes de la culture d'entreprise et les cuistres de l'ultralibéralisme exigent qu'on crache tous les jours sur la tombe de Sartre, se signent à la seule évocation de son nom et se demandent pourquoi et comment deux ou trois générations d'imbéciles n'ont pas réussi à enfermer Sartre dans ses erreurs. A l'isoler ; à le bannir ; à l'exclure. La question, tout compte fait, n'est peut-être pas aussi sotte que mon impatience est vive. Mais j'aurais bien voulu les y voir. Il suffisait alors de contempler leurs aînés ou parfois de les contempler eux-mêmes. Pardi ! C'est que Sartre ne se laissait pas enfermer ! Il ignorait tout, poursuivait son chemin, allait chaque fois jusqu'au bout et ne regardait jamais en arrière. Comment l'enfermer ? Il explosait partout. Et si les disciples actuels de Raymond Aron n'arrivent pas à comprendre les faiblesses de leur maître pour ce perturbateur-corrupteur, c'est qu'ils n'ont pas de souvenirs, pas de lectures – ou pas d'imagination.

Je suis donc allé voir Sartre en 1964. Trahissant Camus ? Non, Camus était mort en 1960 et Sartre avait publié le somptueux article évoqué. Un an avant cette visite, j'étais encore à *l'Express*. Il y avait alors deux sartriens. Un vrai, Gérard Horst (alias André Gorz), et un faux, Serge Lafaurie, bien plus camusien, en réalité, qu'il ne le soupçonnait. Il y avait aussi K. S. Karol et J.-B. Pontalis, le premier plus près de *l'Express* que des *Temps modernes*, le second plus proche de Sartre que de Servan-Schreiber. Les rapports de Sartre avec *l'Express* oscillaient entre la condescendance impatiente et la bienveillance intéressée. Un jour, en 1960, j'avais reçu Marguerite Duras et Dionys Mascolo. Ils me proposaient de signer un manifeste qui allait être celui des 121, en faveur du droit à l'insoumission pour les appelés de la guerre d'Algérie. J'avais accepté de signer le manifeste à la condition qu'il contînt un additif en faveur des Français d'Algérie. Pour Marguerite et Dionys, cela ne posait aucun problème. Mais le manifeste parut ensuite sans l'additif et sans mon nom. Jean Cau crut devoir me révéler plus tard que Sartre en personne s'était opposé à la modification du texte. Cela me parut vraisemblable, Sartre et les siens me trouvant à juste titre plus anticolonialiste que partisan du FLN, plus soucieux de favoriser une négociation que d'appeler à la désertion et enfin obsédé par le sort des miens (les non-musulmans d'Algérie qui n'avaient aucune ressource pour s'exiler). Je fus d'ailleurs malmené, et rudement, dans *les Temps modernes*. C'est seulement après qu'il y eut l'épisode, déjà évoqué, de la préface aux *Damnés de la terre,* à l'automne 1961.

Que s'est-il passé ? Était-ce parce que j'eus à lire ce texte stupéfiant dans un hôpital où depuis des mois m'avait cloué une blessure ? En tout cas, ce texte incroyable et dévastateur, cette exaltation apologétique de la violence comme seule voie de salut des opprimés, et même comme voie d'accès à l'être et à l'existence, cette prophétie maso-messianique de la nouvelle société, ce texte enfin dont je pouvais très bien imaginer comment il serait reçu, adopté et brandi par ceux qui se penseraient ainsi délivrés de toute censure bourgeoise et de toute éthique de classe, me procura vertiges, nausées, angoisses, insomnies. Je relis les phrases : « Car en ce premier temps de révolte, il faut tuer. Abattre un Européen c'est faire d'une pierre deux coups, supprimer en même temps un oppresseur et un opprimé. Restent un homme mort et un homme libre ; le survivant, pour la première fois, sent un sol national sous la plante des pieds (...), fils de la violence, l'homme neuf puise en elle à chaque instant son humanité; nous étions hommes à ses dépens, il se fait homme aux nôtres. Un autre homme de meilleure qualité. »

Je renvoie à mon Carnet : tout dans cette thèse me heurtait, m'indignait – m'éloignait. Comment Sartre pouvait-il l'avoir conçue, écrite, publiée ? Pourquoi la guerre d'Algérie nourrissait-elle cette logique ? J'avais en 1943 participé à une guerre juste en me demandant comment je survivrais au meurtre d'un homme, fût-il nazi, voici que nos maîtres à penser enseignaient l'assassinat indistinct des hommes dont le hasard avait fait les héritiers de colonisateurs. Les terroristes russes épargnaient la calèche du grand-duc parce que des enfants s'y trouvaient; Stendhal disait que le remords était la morale des hommes bien nés; Nietszche professait que le surhomme pouvait se passer de violence, et voici que notre « Voltaire » s'enivrait du meurtre collectif dont nous serions en Europe les victimes et grâce auquel apparaîtrait un autre homme « de meilleure qualité ».

Auparavant, je n'osais poser la question de savoir à quoi sert le génie. Question, pour mon milieu, blasphématoire. Le génie, c'était pour moi comme la recherche fondamentale, selon Jacques Monod : c'est seulement s'il sert à quelque chose qu'il est suspect. Il se contente d'être. Il est là pour nous donner une idée de la toute-puissance. De la beauté, du divin, bref des archétypes. Il se trompe ? Quel sens cela peut-il avoir ? Par rapport à quelle vérité pourrait-on juger de son erreur ? Le génie crée et impose sa vérité. La preuve, c'est que cette même vérité n'a plus aucune force d'évidence dès qu'elle est formulée ou répétée par d'autres. C'est tout le problème des disciples : ils sont condamnés à l'inexistence parce qu'ils ne font qu'imiter l'Être, etc. C'est ce que je me disais. Mais tous ces raisonnements, c'était bon pour moi avant *les Damnés de la terre*. L'air du temps. L'idéologie que l'on décrète dominante parce que l'on s'y soumet. Mais depuis cette préface tout était changé. Le problème de la violence, c'était le mien. C'était ma façon politique de vivre le problème du Mal. Oui, j'étais incroyant mais religieux devant la violence et devant le Mal. Je croyais qu'il y avait du hasard dans le fait de les distribuer et de la culpabilité dans le fait de les accepter. Comment ai-je fait pour oublier le texte de Sartre ? Peut-être parce que je l'ai lié, associé à une longue maladie et que je me suis guéri en même temps de l'un et de l'autre.

Donc je vais voir Voltaire. Il n'y a rien « à gauche » et il veut qu'il y ait quelque chose. Ce jour-là, boulevard Raspail, Serge Lafaurie et moi sommes désarmés et séduits par cette simplicité dont seuls Françoise Sagan et Jean Cau, me semble-t-il, et à ma surprise, ont su parler avec justesse. Une simplicité d'autant plus impressionnante que c'est, j'y insiste, un corps disgracieux et un visage ingrat qui en irradient la souveraineté. J'ai déjà vu Mendès France, autre exemple de laideur séduisante. Sartre comprend que ce que j'ai dans la tête, c'est l'ambition d'unir le plus grand prestige intellectuel (le sien) à la plus grande responsabilité politique (celle de PMF). Il pense que Mendès est un homme « honnête mais peu, bien peu marxiste ». Je ne le détrompe pas ! En relisant mon carnet, je découvre que j'ai eu, ce jour d'octobre 1964, dans ce petit appartement, la révélation de deux clés importantes pour comprendre le comportement politique sartrien. Plus Sartre parle, plus, à l'occasion de chaque détail, il se veut agitateur-théoricien. Il ne peut rien faire sans abstraire, conceptualiser, systématiser. Comme il théorise l'agitation, on croit qu'il sait ce qu'il va construire sur les ruines qu'il provoque. Et quand il tient une théorie, alors l'imagination et la culture arrivent comme un fleuve pour charrier les idées et, dans une sorte de délire logique et de mécanique onirique, on voit surgir de savantes architectures qui sont autant de ponts sur ce fleuve. Bien sûr, je pense à *l'Être et le Néant*. Mais quand il parle des communistes, c'est encore plus spectaculaire. La seconde clé qui me paraît opérationnelle, c'est chez Sartre et les siens une haine flaubertienne, anarchistante, élitiste, puritaine et marxiste du « bourgeois ». Cette haine est d'abord la haine de soi : tout le clan est bourgeois. Mais c'est aussi une règle de vie et une esthétique. J'en ai retrouvé les traces à l'époque dans l'attitude des élus. On y recherchait les restaurants de chauffeurs, les bistrots de routiers, les bars populaires où l'on servait du whisky et les grosses voitures d'occasion ; le vêtement ni trop artiste ni trop prolétaire mais rappelant l'un et l'autre ; le goût de mêler l'argot des camarades aux formules des grands classiques ; passant des libertés de *l'Age de raison*, où le sartrien bon teint se souvient de Zola, à la féroce et altière concision des *Mots*, où Laclos comme Chamfort ne sont jamais très loin ; une aversion tout universitaire pour l'Université (il faut en avoir été pour cracher dessus) ; une méfiance viscérale à l'égard des curés et une attitude déconcertée devant l'anticléricalisme ; un goût éperdu pour le débat idéologique mais à la condition d'en avoir fixé de manière autoritaire le cadre et la finalité. Un pessimisme foncier sur la vie, le destin ou la providence, accompagné d'un optimisme volontariste sur l'homme et la révolution. C'est ainsi que la richesse de la déréliction débouche chez eux sur la sécheresse d'un « humanisme » très particulier. Le clan cultive une sorte de snobisme de l'intolérance. Il méprise complaisamment ceux qu'il exclut. Il détient une vérité négative donc des critères infaillibles pour juger de la vanité des mots et des choses. Il n'est rien dont le clan a davantage horreur que l'œcuménisme, le consensus, la bonne volonté à l'égard de l'adversaire et le respect des règles avec l'ennemi de classe. Un jour, un sartrien (Jacques-Laurent Bost) me dira en me faisant des adieux prématurés : « Que veux-tu, tu voudrais réunir Sartre et Aron, donc tu n'es pas des nôtres. » Je n'en étais pas en effet. Il reste que Sartre et Aron se sont plus tard réunis. A cette époque de 1964, on précipite encore dans le même sac, même si le geste trop répété devient un peu las, les scouts intellectuels et les « moralistes de Croix-Rouge » comme Péguy, Teilhard de Chardin, Saint-Exupéry, Camus et Jacques Monod. Bien sûr, en cet automne, les hérauts et complices du clan se sont dispersés et brouillés et Sartre, celui qui me reçoit, qui sait qui je suis, qui trouve peut-être intérêt à ce que je sois ce que je suis, ne s'appuie plus que sur quelques fidèles.

Tous ces aller-retour pour montrer ce que j'ai dans l'esprit quand je demande, en somme, à Sartre de coparrainer avec Mendès France le lancement du journal. Sartre a bien compris : « Vous êtes, dit-il, vous êtes, je crois, et pour aller vite, camusien, c'est-à-dire que vous recherchez dans le combat politique et dans l'information les rapports de la morale et de l'histoire. Pourquoi pas ? Nous pouvons bien avoir cela en commun. Disons que, pour ma part, et désormais, je recherche ces rapports autour du grand débat sur le marxisme. » J'ai noté qu'il aurait pu se contenter de dire qu'il cherchait ces rapports *dans* le marxisme. Le besoin d'évoquer un débat « autour » marquait une distance, une interrogation, en tout cas un examen critique. Michel Foucault, à qui je fis plus tard la relation de cet entretien, en fut comme moi frappé. La fameuse phrase sur le marxisme comme « horizon indépassable » n'était pas explicitement reniée mais clairement infléchie. Après tout, je pouvais très bien accepter moi-même l'idée qu'on ne pouvait prétendre faire l'économie d'un grand débat sur le marxisme du fait du nombre et de l'importance des pays qui le pratiquaient, du fait de l'omnipotence des partis marxistes dans la gauche européenne et dans certains pays du tiers monde, du fait enfin que la pensée occidentale s'appuyait sur l'idéologie marxiste pour la combattre, essayer de l'exclure ou de l'intégrer. Toute l'œuvre de Raymond Aron me confortait dans cette idée. En tout cas, c'est ainsi qu'il m'arrangeait d'interpréter le propos du Maître. Je devais bientôt déchanter quand survint l'époque maoïste. J'eus alors avec Sartre mon propre débat sur la violence. Il m'adressa deux lettres, ou plutôt deux mots, griffonnés sur une nappe en papier de restaurant, qui étaient à la fois attentifs et durs. Ils me valurent la considération des sartriens tout surpris que leur idole m'accordât assez d'intérêt pour m'écrire, même ainsi. Et pour finir, je recueillis, un mois avant sa mort, au téléphone, sa volonté, exprimée d'une voix nette et bien timbrée, de voir publier dans *le Nouvel Observateur* des textes discutés aujourd'hui et qui étaient, selon sa propre expression, proches de ma « fréquentation de la violence et du mal ».

De Sartre, il va rester bien des choses. Chacun peut faire son anthologie : la mienne serait volumineuse. Mais on retiendra surtout, je le crains, pendant longtemps, le temps qu'il a perdu à étudier le marxisme « incontournable ». Autant je suis mal à l'aise parmi ses détracteurs haineux et hargneux, autant je suis obligé de convenir qu'il a joué un rôle néfaste et pernicieux. Et que ce philosophe de la liberté n'a fait, en politique, qu'affaiblir la lutte pour la liberté. Alors que, sur le même plan, son « petit camarade » Raymond Aron peut se flatter d'avoir armé cette lutte dont il n'a pas pu connaître de son vivant le triomphe absolu. Mais c'est le moment pour moi de rappeler un épisode bien anecdotique où j'ai croisé la vie de Raymond Aron.

RAYMOND ARON ET LE DESTIN D'UNE BOUTADE

Aron n'a cessé d'être, pour ma génération, « l'homme-qui-a-raison » et qu'on supporte mal. Soit qu'on donnât un sens restrictif et en tout cas non créateur à son concept, devenu anglo-saxon après avoir été germanique, de rationalité. Soit qu'on se montrât impatient à l'égard d'une attitude intellectuelle jugée souvent « arrogante » : c'est le mot que l'on retrouve sous certaines plumes. On aurait tort de croire que cette réaction était le lot exclusif de ses adversaires politiques. Camus et Jean Grenier, qui pouvaient prétendre, autant que l'auteur de *l'Opium des intellectuels*, avoir contribué à la démythification du marxisme, se sentaient méprisés par Aron et ne s'en accommodaient pas sans humeur. Pendant toute une époque, Aron ne paraissait vouloir dialoguer qu'avec Sartre, seul adversaire qu'il considérât digne de lui, et par-dessus la tête de tous les autres. Il était à ce moment-là obsédé par son « petit camarade ». On peut penser qu'il n'a trouvé de consécration complète, malgré la renommée qui fut la sienne dans ces quinze dernières années, que lorsque Sartre, rendant en somme les armes, accepta de se rendre à l'Élysée à ses côtés pour obtenir de Valéry Giscard d'Estaing une aide en faveur des boat-people qui fuyaient le Vietnam écrasé par le communisme.

Il est dans le destin des pensées fortes de ne pas rencontrer dans l'immédiat l'audience dont elles sont dignes. Mais pour ce qui est de l'urgence des interventions politiques, il n'est pas toujours facile d'expliquer les résistances rencontrées. Pour moi, qui relis aujourd'hui les deux pamphlets d'Aron sur la guerre d'Algérie écrits à chaud en 1957 et 1958 [1], je ne peux qu'admirer leur pertinence, leur clarté, leur résistance au temps. Il n'y a pas une ligne à changer aujourd'hui en 1991 à ces textes qui n'ont pas eu de retentissement. Je n'ai rien fait à l'époque pour contribuer à leur renommée. Dans cette nouvelle lecture, je découvre qu'Aron parlait déjà d'indépendance au moment où PMF évoquait encore l'empire, l'un et l'autre pensant pourtant la même chose, c'est-à-dire n'ayant aucune illusion sur l'avenir de l'Algérie. Il se peut d'ailleurs que Mendès France m'ait influencé, impatienté comme il l'était par le pessimisme ombrageux et la syllogistique hautaine d'Aron. L'homme politique estimait que le professeur, en énonçant des vérités extrêmes, se privait de l'indispensable pédagogie pour préparer la nation à des solutions audacieuses. Mendès France, volontariste, pensait qu'on pouvait corriger, infléchir, adoucir l'inéluctable en aménageant les conditions de son irruption. Le devoir de vérité en politique n'implique pas, disait-il, la nécessité de démoraliser. Mais à lire aujourd'hui Aron, on se dit

1. *La Tragédie algérienne* (Plon); *L'Algérie et la République* (Plon).

que, loin de démoraliser, il « annonçait », sans doute trop brutalement, mais avec l'espoir de conjurer. Je rappelle que Raymond Aron a été le seul grand intellectuel – comme Mendès France a été le seul homme d'État non communiste – à avoir condamné, en 1956, l'expédition franco-anglo-israélienne de Suez. Mérite qui n'est pas mince. Mais peut-être Aron n'a-t-il jamais compris, vécu, éprouvé l'importance des liens charnels qui unissaient la France à l'Algérie, importance qui condamnait à une gestion prudente, progressive et sans doute manœuvrière de la conduite du pays vers l'octroi de l'indépendance à des territoires francisés. Ce n'est pas un hasard si, dans le processus de décolonisation, aucun pays n'a suscité plus de crises, de convulsions et de saignées que l'Algérie en guerre. Le verdict d'Aron était irrécusable. Comme était irrécusable depuis deux ans le verdict selon lequel l'Union soviétique est condamnée à gérer la dislocation de l'empire des tsars. Un verdict n'empêche pas les tragiques soubresauts. L'inévitable décolonisation des républiques soviétiques est, on le sait, l'une des raisons qui ont provoqué le complot avorté du 19 août 1991 contre Gorbatchev.

Dans ses *Mémoires*, Aron se trompe sur mon compte. Je n'ai jamais eu à son égard le genre d'allergie que j'ai signalé plus haut chez les miens. Ni d'ailleurs, au moins pendant un certain temps, ce genre de fascination. Sa vaste intelligence m'en imposait : il n'est personne qui n'en ait subi le charme. Mais il ne faisait pas partie de mon univers, je connaissais mal son œuvre et le journaliste me paraissait inégal. Aron s'est souvent trompé. Il l'a reconnu quelques fois. Il se corrigeait d'ailleurs volontiers comme en témoigne le net infléchissement de sa thèse sur les sociétés industrielles. A la fin de sa vie, il s'est trompé en écrivant que la peste rouge demeurait plus dangereuse que la peste brune, en sous-estimant le populisme, les dérives nationalistes et les islamistes. En revanche, seul ou presque au milieu des siens, il prophétisait qu'« il n'y a aucune raison de croire que l'Union soviétique sera le seul État du monde à échapper aux métamorphoses du devenir historique ». A l'époque où il écrivait cette phrase, la plupart des aroniens se comportaient comme s'ils pensaient le contraire. L'avènement de Gorbatchev et la chute du mur de Berlin en 1989 leur furent un affront. Il n'est que de voir comment certains ont respiré pendant les trois jours du complot du 19 août. Le communisme n'était pas mort. Ouf ! On pouvait reprendre le combat contre lui.

J'ai commencé à prendre la mesure de Raymond Aron lorsque j'ai voulu m'initier à l'œuvre de ceux dont il a le mieux approfondi la pensée : Marx, Tocqueville et Max Weber. Sans *les Étapes de la pensée sociologique*, devenues l'un de mes livres de chevet et de travail, je me serais privé de lumières. De celles de Marx en particulier dont la lecture m'a toujours assommé et dont Aron est peut-être l'un des plus grands vulgarisateurs. Et puis, peu à peu, il m'a semblé découvrir l'un des secrets de Raymond Aron. Au cours d'un déjeuner dans une ambassade quelconque où l'on nous invitait régulièrement, André Fontaine, Aron et moi, c'était pendant cette Union de la gauche planifiée par Mitterrand avant 1981, Aron nous déclara : « Le drame de la gauche, c'est qu'elle ne sait pas qu'elle a vaincu. En fait, elle est morte d'avoir vaincu. » Aron voulait dire, il l'a expliqué ensuite ailleurs, que le phénomène essentiel de la vie politique en France, c'était la conversion de la droite à un libéralisme économique dont les valeurs politiques ne pouvaient être que celles du droit et du progrès, alors que la gauche n'arrivait pas à se délivrer de l'analyse marxiste du droit et des libertés « formelles ». Toujours dans ses *Mémoires*, Aron rappelle qu'il a toujours été mal à l'aise dans les milieux de droite, qu'il n'en partageait ni les traditions ni les références. En fait, Aron s'est constamment adressé à la gauche comme si, déplorant sa perversion marxisante, il la considérait comme une famille qui aurait trahi ses vraies origines. C'est ce qui m'a fait écrire le jour de sa mort que si la droite perdait son héraut le plus prestigieux, la gauche, elle, perdait avec lui une partie de sa conscience intellectuelle.

J'avais cru m'être rapproché de lui dans les dernières années de sa vie. Outre les rencontres que j'ai évoquées, il m'arrivait de le voir pendant les entractes des spectacles de la Comédie-Française qu'il fréquentait volontiers. Une grave maladie, pendant laquelle, curieusement, il avait perdu, amnésie sélective, le seul usage de la langue allemande, l'avait vieilli, usé, mais aussi adouci, humanisé, et son regard, qui d'ordinaire s'illuminait d'autosatisfaction lorsqu'il avait résumé en une formule brillante une situation complexe, était empreint d'indulgence et même de bonté résignée. Les traits de son masque d'épagneul caustique s'étaient allongés comme s'ils avaient été reflétés par un miroir déformant et sa puissante laideur, aussi singulière que celle de Sartre, irradiait une compréhension qui n'était plus seulement intellectuelle pour la comédie humaine. Un jour, il m'invita à déjeuner dans un restaurant. Je le priais de venir plutôt chez moi. Il vint. Au cours de ce tête-à-tête, où je m'arrangeais pour qu'il fût seul à parler, qui fut un enchantement intellectuel dont je garde le souvenir le plus gratifiant et le plus précis, il finit par me dire, quittant les cimes où il avait évolué jusque-là, qu'on ne commandait pas à sa mémoire et qu'il ne pouvait s'empêcher de m'en vouloir pour un fait très ancien, très particulier, à vrai dire dérisoire. Mais c'était ainsi et il tenait à s'en ouvrir auprès de moi, chez moi.

Voici le fait en question. C'était dans les semaines qui ont suivi Mai 68. Nous avions publié un entretien où Sartre ne souhaitait rien de moins que voir son camarade Aron promené nu dans l'Université. Nous avions jugé cette truculence plutôt outrancière, on s'en doute, mais l'idée de censurer Sartre n'est jamais venue à qui que ce soit en ce monde. En revanche, les anciens élèves d'Aron, dont Pierre Nora qui m'était proche, nous ont demandé de publier leur témoignage de solidarité avec leur ancien maître. Ce que nous avons fait. Et comme j'ai toujours eu de la considération intellectuelle pour Aron, j'ai même pris l'initiative de l'appeler, mais je n'ai eu au téléphone qu'un Raymond Aron ulcéré et méprisant.

Il fit de cette conversation une chronique déconcertante dans *le Figaro*. C'est alors que, m'adressant à Claude Roy et commentant cette chronique, je déclarai avec accablement et impatience qu'à la fin des fins je me demandais s'il n'était pas plus facile (plus confortable) d'avoir tort avec Sartre qui « trucule, exubère et effervesce » (Claudel), plutôt que d'avoir raison dans la morosité avec Aron. Ce n'était évidemment qu'une humeur et qui concernait le caractère de l'homme et en aucune façon ses idées. La semaine suivante, je vis cette phrase à peine modifiée dans un article où Claude Roy me citait. Mais deux ans plus tard, Bernard-Henri Lévy, s'entretenant pour nous avec Raymond Aron, lui soumettait la même réflexion dont il avait lui-même oublié l'auteur et en la mettant sur le compte d'une certaine « vulgate d'hostilité ». Et c'est vrai qu'aujourd'hui on retrouve cette citation à peu près partout.

Je n'ai pas très bien compris au cours du déjeuner si ce qui avait le plus blessé Aron était que j'eusse publié le texte de Sartre ou le fait que je fusse à l'origine de cette boutade qui l'enfermait dans une image de lui ancienne, image qui lui avait collé à la peau, et qui soulignait un trait supposé de son tempérament et de son attitude qu'il désavouait. Mais une citation d'Aron me trottait dans l'esprit sans que je fusse sûr de son exactitude et je ne pus en faire état. C'est après son départ que je me précipitais sur la préface aux *Étapes de la pensée sociologique* pour trouver ceci qui est assez admirable : « Obligé de me contraindre quand il s'agit de reconnaître les mérites de Durkheim, je conserve à Max Weber l'admiration que je lui ai vouée dès ma jeunesse. Sur bien des points, et même des points importants, je me sens très éloigné de lui ; il reste que Max Weber ne m'irrite jamais même quand je lui donne tort, alors qu'il m'arrive d'éprouver un sentiment de malaise même quand les arguments de Durkheim me convainquent (...). Je laisse aux psychanalystes et aux sociologues le soin d'interpréter ces réactions probablement indignes d'un homme de science (...). »

Si j'avais eu la mémoire plus présente, je me serais ainsi offert le bonheur d'une belle repartie. Mais j'aurais aussi, alors, donné à ma boutade une dimension qu'elle n'avait nullement. Cette dimension, un livre très fin d'Étienne Bariller[1] la développe pour ma confusion. Il rapproche cette boutade de la réflexion de Camus déclarant qu'il préférait sa mère à la justice, et de celle de Dostoïevski : « Même si l'on me prouve que le Christ n'est pas la vérité, je choisirai le Christ contre la vérité. » Sartre n'a jamais été pour moi ni ma mère ni le Christ. Pas plus d'ailleurs qu'Aron ne représentait toute la Justice et toute la Vérité. Il reste que ce penseur prestigieux, à qui je paye ma dette ici, s'est montré vulnérable. Plus haut on place certains esprits, et plus on a tendance à les croire insensibles.

1. *Les Petits Camarades* (Calmann-Lévy).

MAI 68
LE REGRET DES ILLUSIONS LYRIQUES

Mes Carnets se terminent sur mon refus intime de ce qui s'annonce en Mai 68. Dans un livre [1], j'ai décrit mes changements d'attitude devant les passions des jeunes gens dans les rues. Mais je veux aujourd'hui consigner quelques observations dont je n'ai pas tiré parti sur Mendès France et Mitterrand. Et, d'abord, raviver le souvenir d'un ami véritable.

L'un des plus beaux compliments que l'on peut faire à un animateur de journal, c'est de lui reconnaître du « réflexe » : le discernement immédiat de l'événement, ce fruit des surprises et des répétitions, qui aura un peu plus d'importance que les autres; qui a, plus que les autres, la chance de ne pas disparaître aussitôt après son émergence, et qui est donc destiné à frapper en informant. La détention de ce flair est rare. Il est indépendant du talent d'écriture ou de la culture. L'instinct y joue un rôle dominant. On dit que Pierre Lazareff, qui ne savait ni écrire ni parler, et qui ne prétendait pas « penser », était, de ce point de vue et à sa manière, un *génie*. J'en ai connu un autre, pour utiliser cette enflure sémantique, auquel on reconnaissait d'autant moins ce don qu'il le cachait, prétendant, lui, à bien d'autres qualités qui ne lui faisaient d'ailleurs pas défaut. Je parle de Pierre Viansson-Ponté, que j'ai connu d'abord chez Bérard-Quélin, dont j'ai ensuite partagé le bureau à *l'Express* où il m'avait fait venir, et qui devint rédacteur en chef au *Monde*. Pierre fut probablement le plus grand « vrai » journaliste que j'aie connu. Il avait du talent et de la culture. Il aimait l'histoire et tenait à en respecter les disciplines – comme devait le prouver son travail sur la Ve République.

1. *L'Ère des ruptures* (Grasset).

Contrairement à une tradition qui veut que les grands journalistes écrivent « court », il ne donnait sa mesure que dans la longueur. Mais il avait, de plus, l'aptitude à traquer, parmi une quantité d'autres, l'information qui seule ferait l'événement. On voyait le fait épinglé par lui aussitôt inséré dans une perspective, éclairé par un contexte, prolongé par un rapprochement. En historien, il se méfiait des certitudes instinctives et il s'échinait alors à vérifier, comparer, recouper et remonter aux sources. C'était la plupart du temps pour confirmer son flair, plus sensible dès qu'il s'agissait de humer dans les mœurs un changement qui en était à peine à négocier son émergence.

Séparés par nos journaux, Pierre et moi n'avons cessé d'être proches. Il arrivait à me rendre *le Monde* presque familier alors que, comme j'en avais eu l'expérience pendant un temps bien court, on y respirait cette tension guindée, cette courtoisie corsetée et frileuse, cet individualisme jaloux qui, dans les couloirs de la rue des Italiens, faisait flotter comme un parfum de couvent cruel et puritain. Chacun était fier d'appartenir au *Monde* tout en soupçonnant le voisin de n'en être pas tout à fait digne. J'avais gardé bien des liens avec Philippe Herreman, Marcel Niedergang et quelques autres dont, bien sûr, Jean Lacouture ; j'en nouais d'intermittents avec Bertrand Poirot-Delpech ; je croyais en avoir avec André Fontaine. Mais sans l'appel inespéré de Beuve-Méry, l'accueil de Jacques Fauvet et surtout la présence de Pierre Viansson-Ponté, je ne pouvais imaginer faire vraiment partie de cette équipe.

Ce jour du 27 avril 1968, et revenant de voyage, je trouve certains intellectuels proches de notre journal en proie à un trouble où le frisson se mêle à l'incertitude. S'agit-il d'une prescience de l'Histoire ? On ne le sait jamais qu'après. Pierre lui-même l'ignorait entièrement quand il écrivit cet article que l'on crut prémonitoire et qui a fait tant de bruit : « La France s'ennuie ». En revanche, ce jour seulement, mais bien avant les autres tout de même, Pierre me suggère que son baromètre personnel a bougé et qu'il sent qu'il se passe quelque chose de mystérieux et de profond. Il n'exclut pas que les jeunes dans leurs universités et dans leurs assemblées annoncent quelque chose qui pourrait bien ébranler nos habitudes sinon la société. Nos habitudes ? En gros, les rapports d'autorité, l'ordre que nous mettons dans les choses. Pourtant, et contrairement à mes amis du journal, Pierre n'est en rien sensible à ce qu'on va appeler le gauchisme avant qu'il ne se laisse confisquer par la politique, c'est-à-dire un mélange de fronde et de marginalité. Je lui réponds que je suis surtout, pour ma part, attentif à cette fraîcheur pacifique et contagieuse qu'affirment nos jeunes gens dans la fête de leurs libertés, mais que je supporte mal cette logomachie accusatrice contre tous les enseignants et même simplement contre le « savoir » soudain dénoncé comme un pouvoir.

Je l'ai dit, je suis mal placé pour comprendre la mise en question des maîtres, des professeurs, des enseignants, de l'Université. Le lycée, ce fut pour moi à la fois le monastère, la caserne et le temple, autrement dit l'institution de l'autorité justifiée, formatrice, irrécusable. Lieu des rites d'initiation, de conquête des passeports pour la société, du baptême pour l'accès au monde. Les dispensateurs du savoir étaient un peu les exégètes d'une Écriture, les transcripteurs du secret, les directeurs de conscience. Un mauvais professeur, c'était pour nous comme un déserteur, comme un traître. Quand, après la guerre, j'ai repris mes études de philosophie, et que j'ai assisté pour la première fois en Sorbonne aux cours d'Émile Bréhier, de Gaston Bachelard et de Jean Wahl, j'ai eu l'impression d'entrer dans le cercle des élus où l'on accordait les privilèges sinon la Grâce. Comment aurais-je pu (ai-je pu finalement) me sentir de plain-pied avec ceux des jeunes gens qui accusaient leurs maîtres de les opprimer par leur science ? Sans parler de ceux (il en existait au journal) qui écrivaient que l'Université dispensait un opium destiné à endormir les instincts de révolte contre le capitalisme ! Nous parlons de tout cela à un dîner chez Norbert Bensaïd, avec Edgar Morin qui est un peu dans mon cas mais qui se veut et qui se rend plus disponible pour accueillir un message nouveau. Norbert est, comme toujours, paradoxal et décapant. Devant lui, certaines nuances paraissent des finasseries, les compromis des compromissions et quelques curiosités des complaisances.

Mais il y avait d'autres sismographes. Michel Foucault, dont j'appréciais le besoin qu'il avait de s'entretenir avec moi, frémissait de curiosité et d'attente. Il disait qu'il ne fallait pas rechercher, chez les jeunes gens qui manifestaient, une pensée élaborée mais que nous devions nous inquiéter de savoir qui ils étaient, ce qu'ils annonçaient, ce dont ils étaient porteurs malgré eux. Un peu plus tard, François Furet que je rencontrais dans le grand amphithéâtre de la Sorbonne, en permanence traversé par la véhémence et l'apostrophe, me déclarait : « C'est qu'il me semble bien reconnaître mes révolutionnaires... » Il voulait dire qu'après réflexion, malgré toutes ses réticences, il ne pouvait s'empêcher de voir dans le spectacle de ces jeunes gens en colère, en contestation et en liberté un rappel de tout ce que lui-même avait écrit sur quelques épisodes de la Révolution de 89.

Je m'attarde sur le moment le plus intéressant du glissement qui va s'opérer et qui, peu à peu, nous entraînera tous. Il y a en effet les signes, les apparences, la forme de la contestation. Au début, elle n'est pas émeutière et ce qui va, au contraire, la caractériser, c'est sa dimension festive et ludique. C'est même à cela que le mouvement doit d'être si immédiatement contagieux. On ne sait pas exactement de quoi on se libère, mais on vit une libération. Et on la vit dans l'allégresse de la communication, dans le désir de s'adresser à l'autre autant que dans la prise de parole. Autrement dit, le besoin de fraternité y est aussi présent que la conquête d'une affirmation. Je n'ai pas retrouvé dans toute la littérature qui a été consacrée aux événements de Mai 68 cette analyse de la genèse du glissement de l'un à l'autre. Bien sûr, il faut chronologiquement s'arrimer aux incidents d'une université (Nanterre) comme à la dynamique truculente d'un personnage (Cohn-Bendit). On ne voit pas pourquoi la rencontre de ce personnage même exceptionnel avec une situation locale, même en effervescence, suffirait à expliquer une mise en marche si bien accueillie par tant d'adultes. Qu'est-ce qui a fait que soudain les gens ont eu, un jour, envie de se tourner les uns vers les autres sous la stimulation de jeunes agitateurs ?

La réaction de la classe politique ne va d'ailleurs pas tarder à être édifiante. Mendès France, qui ne cesse de me guider de ses conseils, m'inspire un titre de couverture pour le journal : « Les jeunes réveillent la France ». Dans les analyses qu'il fait, je décèle évidemment bien des choses. Ce réveil est celui qu'il souhaitait pour la société française soumise, selon lui, au caprice d'un grand homme qui a cessé d'être grand : il ne se résigne pas au gaullisme dominant, lequel cristallise pour lui tous les conservatismes de la droite. Il n'a jamais accepté la Constitution, ce qui lui a valu de céder le leadership de la gauche à François Mitterrand qui, en 1965, a réussi à mettre de Gaulle en ballottage. Il n'a pas compris que la Constitution gaullienne pourrait unir la gauche. Il n'a pas prévu que si la gauche arrivait au pouvoir, seule cette Constitution lui permettrait de durer. Il veut abolir la Constitution. Il croit donc à un possible réveil juridique et moral qui permettrait son possible retour. Il ne peut s'empêcher de croire à une justice immanente qui conduirait l'aventure gaulliste, née dans les rues d'Alger, à finir dans les rues de Paris. Il est à mille lieues de se douter, nous aussi, que le mouvement pacifiste, ludique et anti-autoritaire des étudiants va connaître les dérives d'un gauchisme qui n'évitera que par miracle de sombrer dans le terrorisme. Il est seul. Il n'a pas le soutien des syndicats, les communistes l'exècrent. Les groupuscules de la gauche se méfient. Seuls Michel Rocard, Edmond Maire et Gilles Martinet se rapprochent de lui et avec d'autant plus de vigueur qu'ils voudraient éviter François Mitterrand. Comme Mendès France il est solitaire, il a des attitudes gaulliennes. Il croit son heure arrivée. Le jour où, la vacance du pouvoir étant manifeste, de Gaulle ayant quitté l'Élysée pour se rendre à Baden Baden, Hector de Galard et moi organisons, chez Georges Dayan, avec Claude Estier, une rencontre à déjeuner entre Mendès France et Mitterrand, nous comprenons que les deux hommes sont devenus deux rivaux implacables. A chaque bout de la table où Mitterrand est arrivé très en retard, Mendès France ne parle qu'à moi, et Mitterrand ne parle qu'à Dayan. Estier, Galard, Dayan et moi n'arrivons pas à amorcer un dialogue entre les deux hommes. Fort du soutien communiste, de son succès de 1965, de l'analyse qu'il fait du caractère de Mendès France, et déterminé à ne plus être jamais nulle part le second, comme il le confirmera plus tard, François Mitterrand évoque « l'évidence qui s'imposera à lui, s'il devenait président de la République, de choisir PMF comme Premier ministre ». Dayan est à la fois accablé et amusé. Son grand ami François n'aura décidément jamais fini de le surprendre. Hector et moi, en quittant la rue de Rivoli, où se trouvait l'appartement de Dayan, pour la rue Royale, près de la Madeleine, où se trouvait alors le journal, échangeons des propos désabusés : et si cette bataille de chefs passait à côté de l'évidente volonté des communistes de conserver le gaullisme ? A côté de la capacité du gaullisme de rebondir de lui-même ? Et surtout à côté du refus du mouvement étudiant de se reconnaître dans les monstres sacrés de la IVe République ? C'est Hector de Galard, informé et influencé par Edgar Faure (il est le confident de sa femme, Lucie Faure, avec laquelle il a dirigé la revue *la Nef*), qui aura le jugement le plus sûr : l'alliance objective entre Séguy (CGT) et Pompidou va fonctionner comme une union sacrée, elle va enterrer le mouvement étudiant, et l'heure de Mendès France et de Mitterrand sera passée. Enterré, le mouvement éudiant ? Politiquement, bien sûr. Pour le reste, un Edgar Morin saura montrer la pérennité des traces sociologiques laissées en France par Mai 68. Passée, l'heure de Mitterrand ? Cela en a tout l'air sur le moment et pour quelques années. Mais je me refuse pour ma part à croire à la disparition politique de Mendès France. J'ai besoin de ne pas souscrire à ce verdict. Pour moi, en dehors de Charles de Gaulle, il n'y a que Pierre Mendès France. Écarté du pouvoir ? Peut-être. Mais comme statue du Commandeur, comme mauvaise conscience, comme force d'opposition et de proposition, il faut qu'il soit là. D'ailleurs, effectivement, il sera là, jusqu'à la fin, jusqu'à sa mort en 1982.

J'ai eu souvent, très souvent, l'occasion d'interroger par la suite Mendès France sur le véritable blocage qui me paraissait être le sien dès qu'il s'agissait de s'adapter à la nouvelle Constitution pour vaincre l'ambition piaffante de François Mitterrand, pour devenir le leader de la gauche et pour avoir des chances de revenir au pouvoir. Il m'a chaque fois répondu avec impatience. Comment, disait-il, pouvait-on à ce point séparer la morale de la politique ? Comment pouvait-on espérer de lui qu'il s'insérât dans des institutions devenues aussi peu démocratiques ? De plus, il était convaincu qu'il était dans la définition et la finalité de cette Constitution de maintenir à jamais la droite au pouvoir. Il n'y avait donc pas lieu de s'inquiéter des rivalités et des compétitions. Il s'en est fallu de peu pour que, dès 1974, les événements lui donnent tort puisque Giscard ne l'a emporté que de justesse sur Mitterrand. Anecdote qui ne manque pas de saveur rétrospective : en 1974, Mitterrand n'était pas encore délivré du complexe Mendès France. Soit qu'il l'ait sincèrement pensé, soit qu'il ait voulu triompher des réticences décelées chez les partisans de Mendès France, Mitterrand m'avait fait dire par Georges Dayan qu'il installerait mon « grand homme », PMF, au Quai d'Orsay. L'eût-il fait ? On a aujourd'hui de la peine à le concevoir tant le rôle de Mitterrand comme de tous les présidents de la Ve s'est identifié à la conduite de la politique étrangère. Il n'était pourtant pas ridicule, pas totalement, d'imaginer que ce fût possible alors. On frémit à l'évocation des conflits qui eussent séparé deux monstres de ce calibre. En tout cas, en 1981, Mitterrand n'a même pas accepté d'accorder à Mendès France la carte blanche que ce dernier lui demandait pour définir une politique arabe et tenter de faire la paix au Proche-Orient.

Le malentendu qui m'a fait épouser au départ le mouvement de Mai 68 n'était d'évidence nullement politique. J'étais moins soucieux de changer la France que de la comprendre et de l'accompagner. Dépourvu d'ambition partisane et donc privé de stratégie pour en réaliser aucune, je n'en étais pas à guetter les occasions d'une conquête de pouvoir. Peut-être même estimais-je au fond de moi que notre sens sinon notre salut était dans l'opposition. Et si l'on creuse un peu, en dépit de ce que j'ai pu écrire à certains moments, la magie gaullienne l'emportait, à mes yeux, sur la perversion gaulliste. Mais, d'une part, devant la souveraine allégresse de certaines manifestations d'étudiants, j'ai été comme frappé de lumière. Pour avoir une idée de l'état d'esprit des observateurs qui me ressemblaient, et qui étaient alors si nombreux, il faut relire les *Choses vues* de Victor Hugo – l'un des plus beaux témoignages de vrai journalisme. Il y avait d'autre part cette idée, née de mon adolescence, si vivement mise en pièces aujourd'hui, qu'on ne peut concevoir un homme achevé s'il n'a connu, entre dix-sept et vingt ans, une crise mystique, un besoin d'engagement, de sacrifice ou d'aventure, en un mot, un besoin de dépassement dans la démesure. Nous autres avions eu, il est vrai, la chance de vivre dans le tragique avec les bruits de la guerre d'Espagne, la guerre mondiale et la guerre d'Algérie. Que restait-il à ces jeunes gens de Mai 68 sinon l'identification aux Vietnamiens pour certains, aux Palestiniens pour d'autres et la soumission, pour la plupart, à une société dite de consommation où les pères prenaient le repos du guerrier en pratiquant l'autorité du chef ? Je vis dans leur réveil le refus du père mais surtout aussi la recherche du frère. Jadis, Gide avait pour la même raison transformé son Nathanaël en « camarades ». Nos lycéens, nos étudiants transformaient les « camarades » en « frères ». Frères en refus, frères en mouvement, frères en fête, frères en révolution. Maurice Clavel vit en eux le souffle de l'esprit. Jésus n'a-t-il pas incité un disciple à quitter son père mourant pour le suivre ? Clavel écrivit sa lettre la plus inspirée à de Gaulle pour que son idole comprît enfin que ce qu'elle avait appelé la « chienlit » était au contraire la fleur de l'âme. Sans approuver, Malraux crut comprendre. Il prononça quelques mots assez énigmatiques pour ne pas risquer de passer à côté de ce qui pouvait être l'Histoire. Nous ne savions pas alors que cette histoire se faisait et se défaisait surtout à Prague, où les chars écrasaient un printemps. L'été fut celui de l'affaissement : tandis que les Tchèques étaient morts pour avoir prétendu à la démocratie, les rescapés de Mai 68 sombraient dans la lutte antidémocratique, en attendant ce maoïsme où ils ont cru trouver la fraternité rurale, primitive et biblique, écologique et ascétique des premières communautés chrétiennes. Deux générations après, les lycéens, dans les rues de Paris, réclameront un père.

J'écris ces lignes quelques mois après la guerre du Golfe, pendant laquelle j'ai guetté chez nos jeunes gens les stigmates annonciateurs de la passion. Je m'y suis surpris en train de tout faire pour en faciliter l'éclosion, la véhémence, la progression. Au moins, me disais-je, on allait sortir de cette incitation permanente à la compétition, à l'efficacité et à la réussite. C'est sans doute un progrès de se diriger vers des sociétés où règne l'échange des marchandises et des idées et où il n'est de risque que de se voir dépassé par le voisin dans l'habileté à exercer ce commerce. Mais puisqu'il y avait drame et que nous étions contraints à l'épique, pourquoi ne l'aurions-nous pas vécu dans sa dimension dramatique ? Faire la guerre ou ne pas la faire, alors que le débat était proposé aux Français, alors que d'eux-mêmes ils auraient pu s'en emparer, c'était tout de même un enjeu incroyable. La passion nous est venue des rivages maghrébins et de quelques groupes pacifistes, écologistes ou partisans. Si déconcerté que je fusse alors par leur indigence comme par le caractère retardataire et traînard de leurs réactions, j'engageais mes amis à leur donner la parole, ne fût-ce que pour retrouver la jeunesse des idées. Il y eut heureusement Régis Debray, avec qui mon désaccord était complet ou presque, qui me paraissait s'improviser une compétence arabo-islamique mais qui demeurait, dans le panache, doué d'une véhémence bien accordée à une grande affaire. Les Américains surprirent. Saddam Hussein avait averti l'ambassadeur des États-Unis : « Vous ne saurez pas vous battre parce que vous ne savez pas pourquoi vous vous battez. Nous, nous le savons, et nous sommes prêts à perdre 100 000 des nôtres. » Je ne dis pas que les Américains se sont vraiment battus. La sophistication technologique et robotique de leur aviation les a frustrés de l'épreuve. Je dis qu'ils étaient prêts à le faire. Comment auraient-ils réagi s'ils avaient perdu effectivement 100 000 des leurs ? Qui le sait ? En tout cas, je ne sache pas, et c'est là surtout mon propos, que les jeunes gens, si enclins dès qu'ils sont mûrs à protester contre l'héritage que nous leur avons laissé, aient été traversés de ces frissons historiques qui demeurent la seule noblesse de ce siècle misérable.

Voilà. C'est ainsi. Le siècle finit, tout fier d'emporter avec lui un millénaire; tout honteux de s'enfouir avec dans ses flancs les rêves, les utopies, les idéologies, les lendemains qui n'osent plus fredonner, les damnés de la terre qui n'ont pas eu le temps de se mettre debout, les voyages interplanétaires pour éviter de changer la vie. Rimbaud comme Mozart s'affiche sur les tee-shirts et les boîtes d'allumettes, *l'Internationale* et *la Marseillaise* ont besoin de Gainsbourg pour être au Top 50 et il n'y a plus que les quakers dans leurs églises, les intégristes dans leurs mosquées, les juifs près de leur Mur, pour croire aux litanies qu'ils psalmodient. Encore y croient-ils surtout à la veille ou au lendemain des guerres, dans les émissions religieuses du dimanche matin qui parlent d'Abraham, père de tous les chers enfants qui s'entretuent, de tous les frères ennemis qui se haïssent et auxquels on ne propose, pour sortir de l'Alliance avec les caprices du Dieu unique, que de choisir entre un nationalisme religieux et la civilisation de la publicité et des sex-shops.

MITTERRAND REVISITÉ OU LES COHÉRENCES DU GRAND SÉDUCTEUR

Presque rien sur François Mitterrand dans les Carnets de maladie. Pendant des mois si nombreux, si longs, où je suis curieux de tout, de tous, il n'a pas sa place : ne joue aucun rôle. Prévention contre lui ? Sans doute. J'y reviendrai. Mais surtout indifférence : preuve qu'on manque d'antennes autour de moi ou qu'il n'a pas encore abattu ses premières cartes ? Comment cela va-t-il changer ? Pourquoi ? A quel moment ? Une seule réponse à ces questions : quand il aura décidé lui, et lui seul, la date et la forme du changement d'attitude des autres. Je ne connais pas d'être, fût-ce l'héroïne la plus céliménesque, à ce point habité par la certitude qu'il peut séduire, s'il s'en donne la peine, qui que ce soit et quelles que soient les circonstances. Que l'entreprise de séduction serve ses intérêts, ses ambitions, ou son caprice, il est convaincu qu'elle triomphera des résistances, des réticences, des distances. Mais il faut qu'il le décide. Son plaisir est d'abord son bon plaisir. Mais il est capricieux : sachant qu'il peut plaire, il économise son pouvoir. Disposition d'autant plus aisée qu'il est de tempérament timide, secret, méfiant, orgueilleux, vulnérable. Une conversation a toujours un côté bras de fer, rapport de force, toute en passes d'escrime. A la fin de ce duel, il touche : il séduit.

J'invite le lecteur à me suivre, muni de cette clé, pour comprendre un homme dont la complexité est aussi attachante que celle de n'importe quel personnage de roman. Au demeurant, et comme je l'ai écrit à un romancier qui n'aime comprendre que les personnages sortis de l'Histoire ou de son imagination (et qui transforme en robots les êtres vivants parmi nous), les hommes de pouvoir ne sont intéressants que par leur dimension romanesque, s'ils en ont une. Il est assez puéril de retourner contre eux des contradictions qui sont souvent leur seule richesse. Cela dit, j'ai déjà beaucoup écrit sur Mitterrand mais il me semble que je sais mieux aujourd'hui, grâce à cette clé, quel est le secret du personnage.

La séduction peut consister, comme le dit Jean-Paul Enthoven, à paraître autre qu'on n'est, à mentir sur soi, à promettre ce qu'on sait ne pas pouvoir tenir. Mais elle peut aussi traduire le désir de n'être pas enfermé dans des limites, de n'être pas prisonnier d'un regard, d'une réputation ou d'une ignorance. Elle peut vouloir prouver qu'on est plus riche et plus proche que l'autre ne s'en doute. Elle vise à démontrer que le séducteur est l'intime attendu du séduit mais non que les armes de la séduction sont empruntées ou interchangeables. « Je peux aussi être toi quand je le veux », c'est le discours implicite du séducteur orgueilleux. A ce niveau, la séduction suppose le contraire de la médiocrité mais aussi une certaine dose de cynisme et d'amour du jeu. Cet art, en l'occurrence précis, suppose qu'on est une partie de ce qu'on joue à être tout entier. On ne ment pas, on ne fait que paraître, mais on joue à désarmer.

Chez les êtres dont le tempérament (ou la profession) est de séduire, l'inquiétude et la vulnérabilité se rencontrent presque toujours. Il leur faut se demander à chaque instant si leur pouvoir opère et s'ils continuent à en avoir les moyens. D'où, bien sûr, l'obsession du temps qui passe, du déclin des années dont on vérifie les outrages dans le regard des autres, la diversité des armes utilisées et d'où aussi l'obsession de la mort. On connaît très bien cela chez Don Juan : la cascade des succès, avant même de rencontrer un obstacle, donne à ce genre d'homme un sens plus aigu de la vanité et de la mort puisqu'il ne saurait s'installer dans la continuité d'un échange unique. Mon propos n'est pas ici de parler des consommateurs de femmes, ou de Costals sans dimension comme celui de Montherlant dans *les Jeunes Filles*. Il s'agit d'une stratégie d'un être qui veut entreprendre, faire l'entreprenant, circonvenir, prendre dans ses filets, dompter sous le charme, mettre sous sa coupe. Celui-là aussi pense, plus que les autres, au temps qui passe – et à la mort.

Sur ce dernier point et avant d'avancer quelques anecdotes pour illustrer ce que j'ai dit du séducteur, je voudrais faire état d'un souvenir. Je fus, en 1980, à une réception à l'ambassade du Portugal où une bousculade me projeta vers François Mitterrand. Il venait de perdre son meilleur ami, Georges Dayan. J'ai dit à Mitterrand que j'avais beaucoup pensé à lui en apprenant la nouvelle.

Il m'a répondu, tandis que la cohue se faisait plus pressante : « J'ai un sentiment étrange. L'idée peut-être qu'il ne fait que nous précéder, ce qui sèche un peu mon chagrin. Sur cette route je suis proche de lui : autant que de son vivant. » Je ne trouvais nullement étrange le sentiment mais il m'en disait long sur l'état d'âme de celui qui s'était abandonné à le traduire. Depuis cette date j'ai toujours observé que, parmi tous les fers que ce grand manœuvrier est censé mettre en feu, il en est un qui est toujours brûlant et c'est un « memento mori ».

C'est cet homme qui, une fin d'hiver 1981, me confia, au cours d'une promenade sur la muraille de Chine, sa certitude d'être élu trois mois plus tard président de la République. « Certitude ? » J'admirais aussitôt cette absence de superstition ; et cette audace. D'autant qu'il n'était pas dans le tempérament du personnage d'avoir de telles assurances ni dans ses habitudes de les confier. Il n'avait aucune raison de s'abandonner et encore moins de le faire devant moi : c'est ce dont j'étais à l'époque persuadé. Mes rapports avec lui n'avaient pas cessé d'être traversés par des humeurs : ils le sont toujours, pour autant que ces rapports, par intermittence, reprennent. Non que mes amis et moi lui ayons jamais marchandé notre soutien aux heures de vérité. Au contraire. Mais nous étions à ses yeux rocardo-mendésistes, liés à Edmond Maire, alors secrétaire général de la CFDT, comme à un certain nombre d'universitaires (Touraine, Morin, Furet, Nora) qui ne le tenaient pas en considération particulière. Nous étions soupçonnés d'avoir tardé à parier sur lui et lorsque enfin nous nous y étions résolus, de l'avoir fait comme à regret. Cependant, j'étais allé trois fois à Latché. Nous nous étions longuement expliqués. J'admirais son ambition, sa malice, sa culture. J'aimais ses traits sanglants dans les portraits qu'il faisait de ses rivaux (plus encore que de ses admirateurs ou de ses ennemis). En fait Mitterrand m'avait publiquement défendu contre de violentes attaques de Georges Marchais et des siens. Bien plus, j'eus la surprise de lire un jour dans *l'Unité*, hebdo du PS de l'époque, un grand article de Mitterrand sur un de mes livres, et cela au moment où une implacable polémique m'opposait à Jean-Pierre Chevènement à propos du Portugal.

De ce fait, comme même en affectant des taquineries polémiques il a toujours réussi à séduire ceux qui lui résistent ; comme il avait déjà montré son intention d'en finir avec la réputation que nous étions censés lui avoir faite (le Florentin, le prince de l'ambiguïté) et comme la distance était alors faible entre un premier secrétaire du PS et un directeur de journal, je ne fus pas trop surpris, même si j'en mesurais le prix, de le voir me donner une preuve de confiance. Mais je n'avais pas encore subi vraiment ce fameux charme souvent décrit depuis et que connaissent bien tous ceux à qui il a entrepris, un moment, de s'intéresser. J'avoue alors avoir baissé la garde, vu toutes mes préventions disparaître, et senti en moi une sympathie amusée et fervente dès que se mit en place l'opération de séduction. Qui était Mitterrand à l'époque ? Ce futur président voyait alors son succès prochain comme un couronnement mérité mais tardif, une ruse triomphale mais dérangeante de la providence. A soixante-cinq ans, il avait déjà eu plusieurs fois l'occasion de s'installer dans une opposition qu'il n'associait d'ailleurs pas à un échec.

C'est donc cet homme présidentiable et présidentiel qui, en Chine, au début du printemps 1981, et alors qu'il était reçu comme un chef d'État par des autorités décidément bien averties des affaires françaises, entreprit de se distraire de ses obsessions (il pensait peu à la Chine et beaucoup à l'Élysée) pour faire l'inventaire de mésententes qui le séparaient d'un simple journaliste. Évoquant à un moment mes rapports avec J.-J. Servan-Schreiber, pendant la guerre d'Algérie, il me dit qu'il s'était senti plus proche de moi que des autres et qu'il se souvenait des risques que j'avais courus à Bizerte lorsque j'y avais été blessé. Il y avait si longtemps ! Comment s'en souvenait-il ? Comme c'était attentif d'en faire état. J'observai cependant qu'il ne s'était pas manifesté à l'époque et je mentis en lui disant que j'en avais été attristé. Il me dit que cette réserve (qu'il n'avait pas conservée en mémoire) ne l'étonnait pas de lui-même. Que ni la souffrance ni la mort ne l'incitaient à des comportements rituels à l'égard de ceux qui n'étaient pas ses vrais amis, et que je ne faisais pas alors partie du nombre. Et les témoignages que nous possédons sur la vigilance de son affection à l'égard de ses fidèles, comme sur le temps qu'il a passé près d'eux dans les moments d'épreuve, montrent bien qu'il est le contraire d'un indifférent.

Cette réponse aurait déjà suffi à me séduire. Or le même homme décida de me confier les raisons qui lui faisaient souhaiter dissiper entre nous tant de malentendus. Aucune de ces raisons n'était politique. Depuis la lecture de mes souvenirs d'enfance, il avait été surpris de découvrir combien je lui étais proche. Il avait comme moi, disait-il, une famille nombreuse. Il se souvenait, comme je l'avais fait dans ce livre, de la cérémonie des repas le long d'une grande table que le père présidait. Il était marqué, comme il découvrait que je l'avais été, par cette viscérale solidarité familiale ainsi que du besoin de faire son chemin tout seul, hors de la famille. Tous ceux qui connaissent la vanité des auteurs (et je la connais, par profession de l'intérieur et de l'extérieur, en observant la mienne, et en subissant celle des autres) apprécieront l'efficacité d'une telle confidence. François Mitterrand acheva de « chatouiller de mon cœur l'orgueilleuse faiblesse » (vers de Racine cité par Chateaubriand) en citant avec précision quelques phrases de mon livre où j'évoquais cette chaise vide laissée dans nos tablées pour le pauvre qui d'aventure frapperait à notre porte et qu'on appelait « la place de l'ange ». J'échapperai, j'espère, au ridicule de la complaisance en précisant que je pourrais citer au moins dix personnes qui se sont trouvées dans la situation qui fut la mienne ce jour-là en Chine. Dix que je connais. Elles doivent être légion. Mais l'important, à ce moment-là, c'est que je l'ignorais. Sans le dire expressément, cet homme déjà glorieux, toujours secret, encore timide, offrait une sorte d'amitié. Je l'acceptai avec gratitude.

François Mitterrand est de ceux qui suscitent des sentiments fervents quand la séduction le divertit mais qui, malgré lui, transforme en ennemis farouches ceux qu'il se lasse de séduire. D'où un rapport passionnel qu'il instaure et installe et dont il affecte ensuite de se plaindre. C'est avec les écrivains et les artistes que sa planification du charme est la plus attentive. Je me souviens d'avoir vu entrer à l'Élysée le poète et académicien Pierre Emmanuel, rempli de préventions à l'encontre du président qui devait lui remettre je ne sais plus quel grade dans l'ordre de la Légion d'honneur. Après avoir entendu l'allocution de Mitterrand sur le sens de son œuvre et de sa vie, Pierre Emmanuel était simplement bouleversé. Personne, à l'entendre, n'avait jamais trouvé, pour le comprendre, des observations aussi pénétrantes et, pour les traduire, des mots aussi attentivement choisis et bien venus. Plus tard, m'étant trouvé dans des circonstances identiques, alors que le seul intérêt de cette décoration était qu'un président se fût proposé de me la remettre, j'ai assez vite compris que son objectif n'était plus que de me tarabuster : chaque fleur mise dans le bouquet d'usage était assez poivrée de réserves pour empêcher qu'on prît un plaisir rasséréné à en respirer le parfum. C'était une incitation à rester sur le qui-vive, une sorte de témoignage de très méfiante estime.

La séduction explique un comportement. Elle n'épuise pas une âme. Elle rend compte de certaines contradictions. Elle ne donne ni le contenu intégral d'une ambition ni celui d'une pensée. L'accent mis sur la volonté souveraine, intermittente, de séduire permet de déblayer le terrain de l'inconstance et du scepticisme pour mieux aborder autre chose, le reste, l'essentiel.

J'ai déjà dit ailleurs comment, ayant fait le tour de ses défauts et de ses inconstances, avant qu'il n'entre à l'Élysée, je m'étais attaché ensuite à recenser ses cohérences et ses permanences. Je veux les résumer ici d'une phrase. A relire les notes que j'ai prises après chaque entretien, je m'avise que je me trouve – avec bien d'autres bien sûr et qui lui sont plus proches – avoir entendu de sa bouche annoncer l'essentiel de ce qu'il allait faire, de ce qu'il a fait. Sur les rapports avec les communistes, avec l'Europe, avec les États-Unis, avec Israël et les Palestiniens, il n'a pas changé. Même sur la façon si discutée et parfois si discutable qu'il a d'hésiter avant de prendre une décision, il avait confessé devant moi en 1979 à Latché sa méthode pour dissimuler son tempérament. Devant un problème et avant même d'en étudier la solution, il commence, disait-il, par se demander ce qui arriverait s'il refusait de s'en soucier. Clé pour l'intervention française dans le Golfe aux côtés des Américains : ne pas se demander pourquoi Mitterrand a décidé d'y prendre part mais découvrir ce qu'il s'est dit qu'il arriverait s'il maintenait la France hors du conflit.

Qui est-il aujourd'hui ? Les questions désenchantées et lucides qu'il se pose aujourd'hui et dont il fait volontiers confidence, il n'a pas cessé de se les poser. En 1974, après l' « échec », mot qu'il refuse avec une superbe juvénile. En 1980 avant de rendre publique sa candidature. En 1988 surtout lorsqu'il s'est agi de prétendre à un second septennat. Chaque fois le sens de la vanité, la tentation de fuir la politique pour la littérature, l'obsession de la mort ont été livrés au public. Pour sincère qu'elle fût, la manifestation de tels sentiments n'en masquait pas moins le dessein de précipiter un faux pas de Michel Rocard, jeter le trouble au PS et à droite, maintenir un suspense avantageux. Mais on aurait tort de penser qu'il n'y avait que tactiques dans ces fausses confidences et ces aveux chuchotés. Simplement, lorsque vient l'heure sincère du désenchantement, on découvre à temps que le seul remède c'est le combat. Reste que cette fois les questions qui se posaient toujours et qui avaient plusieurs réponses n'en ont peut-être qu'une seule. Voici un homme qui depuis vingt ans vit dans le passé, avec le culte du souvenir, des rites et traditions du souvenir, avec ce goût des lieux de mémoire, des musées et des cimetières qui peut indiquer un désir de faire des comptes, de payer ses dettes, de témoigner sa gratitude; une tentation aussi et surtout de s'insérer dans une continuité en s'associant à ceux qui, par-delà la mort, font une chaîne avec les vivants; attitude qui est, somme toute, une simple préparation à la mort. Voici vingt ans ou plus qu'il a appris la sérénité dans l'épreuve, le goût du rebondissement dans l'échec, une certaine capacité (qu'il surestime) d'indifférence devant les attaques, une distance qui permet de jouer dans l'imagination des surprises plutôt que de s'ennuyer dans la grisaille des habitudes. Il aura su emprunter l'uniforme du chef de guerre lors du Tchad et du Golfe avec maîtrise – avec plus que de l'embarras il est vrai au Liban. Il s'est montré grand diplomate en Europe communautaire et à l'Est sous le communisme, moins à l'aise et c'est peu dire pendant le processus de l'unification de l'Allemagne et de la libération des Balkans. Il aura tenu bon sur le droit des immigrés mais sans montrer jamais qu'il maîtrisait le problème des flux migratoires. Il aura traversé le monde des affaires et les turbulences des médias en affirmant ses fidélités et en ne changeant rien à ses caprices. Il a vu ses monuments marquer la capitale, ce qui est la plus grande obsession des princes qui finissent toujours par trouver injuste d'être mortels alors que leur pouvoir n'en finit pas.

Est-ce un homme du passé ? Ce ne serait plus un défaut depuis de Gaulle (comme le Général était d'hier avec le nationalisme, on dit qu'il sera de demain). Il est vrai que, comme plusieurs générations d'Européens, François Mitterrand appartient aux rêves et aux valeurs d'une époque. Rêves égalitaires aujourd'hui écrasés, pulvérisés, disparus, mais rêves exaltants, intensément vécus. Les jeunes gens qui s'épanouissent dans l'univers actuel ne peuvent pas respirer le même air chargé de sens, d'Histoire, et d'idéologie que nous. C'est ainsi qu'on peut expliquer que Mitterrand ait paru tenté de suspendre le vol de l'Histoire, de freiner son accélération en Allemagne, en URSS, en Roumanie, en Yougoslavie. Un James Baker ne relève pas de la culture d'un Mitterrand mais un Kissinger n'y est pas étranger. La guerre froide a structuré les mentalités, façonné des comportements. Le monde n'est plus le même. On rêvait de changer l'homme ? Il a changé en marge des rêves. En revanche Mitterrand est sans doute le Français qui concilie, avec le plus de sincérité, l'enracinement le plus profond dans sa terre et la disposition d'esprit la plus ouverte. Voici des années qu'en imagination il vit l'Europe de l'avenir avec foi, bonheur, audace. C'est peut-être l'un des rares sujets sur lequel ce président n'est pas tenté de regarder en arrière. Sa vraie jeunesse, c'est l'Europe.

A l'exception de deux ou trois études, presque toute la littérature sur Mitterrand s'est laissé piéger par la tentation de résumer le personnage en ses multiples facettes, son art à donner le change, le soin qu'il met à être ambigu, l'emblème de Janus bifrons qu'on lui prête, la disposition naturelle qu'il manifeste à dire à plusieurs des choses différentes sur le même sujet et de promettre la même chose à chacun. Encore une fois, pour avoir cédé il y a bien longtemps à cette tentation, mais aussi pour avoir découvert qu'elle se révélait insuffisante à percer un secret, j'ai dû me résoudre à changer d'approche. Si Mitterrand n'était que cet usurpateur des gloires d'autrui, habile à emprunter les habits de quelques personnages historiques, n'ayant que le pouvoir pour objectif, la division pour arme, l'intrigue pour manie et la jouissance pour obsession, il pourrait être en effet résumé par une série d'anecdotes truculentes, une recension de mots révélateurs, une reconstitution d'échanges dénonciateurs, le tout débouchant sur l'incarnation parfaite et triomphante du cynisme. En somme, une sorte de prélat de la Renaissance ou d'évêque du XIXe siècle, tel que rêvait de l'être Julien Sorel lorsqu'il décidait de se choisir un « état » parmi les puissants tartuffes de l'époque. Ce n'est pas que Mitterrand ne soit pas *aussi* cela. Ce n'est pas que tous les hommes politiques (et les plus grands) ne soient pas *aussi* un peu cela. De Churchill et de Gaulle, pour prendre à dessein des exemples auxquels on refuse en général la médiocrité, il est très possible de mettre à nu les stratégies de carrière, les propensions à la manœuvre et à l'intrigue, l'art consommé de la division. Il y a toujours deux phases dans le destin de l'ambition où qu'elle se manifeste : l'énergie dépensée à conquérir le pouvoir et la science de le garder. Cette énergie et cette science peuvent apparaître dévastatrices si on les isole et elles projettent une ombre misérable sur la conviction, la cause choisie, l'action, en un mot, l'idéal. Et il est bien vrai qu'un François Mitterrand est sans doute l'un des hommes de pouvoir chez qui cette énergie et cette science paraissent, à certains moments, le plus séparées de la foi qu'elles sous-tendent et des idéaux qu'elles prétendent servir. Il reste que l'on se condamne à ne pas comprendre un homme tel que lui si on ne découvre pas ce que lui-même, et je dirais malgré lui, dissimule. Car la singularité d'un Mitterrand consiste précisément à cacher ce que les autres brandissent. Il n'a pas besoin d'être démythifié : il ne s'en charge que trop lui-même. Il a besoin d'être décrypté.

Certains posent la question de savoir pourquoi on refuserait que l'ambition puisse résumer un homme. Après tout si cette ambition est légitimée par les dons que l'on manifeste et les causes que l'on sert, que l'ambition soit le principe premier ou second a peu d'importance. C'est une question qu'auraient pu poser Chamfort et Rivarol et avant eux le cardinal de Retz et Baltasar Gracián, puisqu'il est de bon ton de les citer tous quatre depuis un certain temps. Rien n'est plus contagieux et plus gratifiant, semble-t-il, que le pessimisme sur l'homme politique aujourd'hui. Mais la crainte de paraître angélique fait simplement oublier le caractère parfois a-moral (et non pas immoral) de certains ressorts. En même temps que l'ambition, sur le même rang, sur la même ligne de départ, avec la même force, il y a autre chose. Ce n'est pas pour rien qu'une ambition désire se réaliser ici et non ailleurs. Dans les œuvres consacrées aux grands Américains depuis que le livre sur Kennedy (*The Making of a President*) en a donné le style, le ton et la méthode, une question bien posée consiste à vérifier si l'homme qui a réussi pouvait et voulait faire n'importe quoi pour réussir. Autrement dit, s'il y a une programmation parfaite de la réussite, peut-on dire qu'elle exclut la sincérité d'un engagement ? N'y a-t-il rien qui sépare l'itinéraire d'un grand pétrolier de Dallas de celui d'un Thomas Jefferson ? En ce cas on pourrait dire que, selon les situations, les époques et les conjonctures, les mêmes hommes pourraient réussir à la condition de devenir les meilleurs ecclésiastiques, les meilleurs chefs de guerre, les meilleurs fascistes, les meilleurs staliniens, etc. Ils n'auraient jamais refusé aucun tremplin de ceux qui permettent le saut, l'ascension, la promotion, le pouvoir. Voici quelle est la logique des portraits de talent qui m'ont laissé sur ma soif. Ce n'est pas qu'ils m'aient paru excessifs dans la critique. C'est que cette critique m'a paru insuffisante pour assouvir une passion qui nous est commune ou qui doit l'être, à mes confrères et à moi : comprendre.

Je suis d'accord avec François Furet quand il reconnaît une sorte de génie à François Mitterrand dans la conquête du pouvoir (il *fait* alors *son* histoire) et une passivité louvoyante dans la gestion de ce même pouvoir (il se contente de *subir l'*Histoire). Je suis d'accord mais j'observe aussitôt qu'on peut dire cela de presque tous les hommes de pouvoir. Je ne crois pas que ce soit plus vrai pour Mitterrand que pour les autres. Je crois que chaque homme au pouvoir n'est maître que de quelques décisions – deux ou trois seulement – et que Mitterrand, en 1983 au moment de la rigueur, en 1984 à l'occasion du discours sur les fusées Pershing, en 1990 au moment de la crise du Golfe, a pris ces décisions en bien ou en mal. Plutôt en bien. En fait, ma thèse personnelle c'est que Mitterrand a bel et bien réalisé l'un de ses objectifs les plus intimes et les plus anciens – en dehors de l'objectif évident d'être deux fois élu à l'Élysée. Pour lui l'essentiel c'était, à mon avis, une seule chose : arracher à la droite pour longtemps un monopole du pouvoir qui était en train de s'identifier à un droit ; une légalité de circonstance que la droite transformait peu à peu en légitimité digne de l'Ancien Régime ; une exclusivité de la compétence présentée de plus en plus comme un privilège de la providence. Mitterrand a toujours refusé un ordre des choses où les mêmes gouverneraient et où les mêmes contesteraient. Souverain-né, Mitterrand a voulu redonner une souveraineté au peuple en l'incarnant. Lui-même a ainsi fini par se croire investi de la mission de renverser cette répartition des rôles à laquelle chacun commençait à consentir. Il n'a rien, lui, d'un « contestataire ». D'un citoyen qui se contenterait du prétendu « contre-pouvoir » que la capacité de contester est censée procurer. Il n'a rien de ces intellectuels-technocrates ou de ces financiers-éminences grises pour qui la politique se contrôle, s'infléchit et se censure du dehors. Pour lui, c'est-à-dire pour la gauche à laquelle il s'identifie, Mitterrand veut *tout* le pouvoir, et tout le pouvoir c'est l'État. En 1988, alors qu'on se demandait une fois de plus quand le Prince daignerait faire connaître s'il se représentait ou non, j'avais sur ce point mon idée pour les raisons que j'ai exposées et pour d'autres. Je crois que pour Mitterrand il n'est de vraie jouissance que dans le pouvoir ; de vrai pouvoir que par l'État. On peut de temps à autre s'enivrer des liqueurs fortes du libertinage comme des épices du florentinisme. Faire du commerce des femmes et des saveurs de l'intrigue un rempart contre l'ennui. Mais de tels divertissements ne peuvent longtemps détourner de l'aimantation obligée vers les pôles du pouvoir, avec sur la boussole toujours le mot « État » à la place du nord. « Je crois avec force, et comme Lénine, que les réformes passent par la conquête de l'appareil d'État. » Il est nécessaire de conquérir le pouvoir ; une fois ce dernier conquis il faut non seulement s'y maintenir mais se soucier d'en prolonger la durée ; si d'aventure et malgré cela on doit partir, il est indispensable de créer toutes les conditions du retour. Même pour décentraliser, même pour désétatiser, il faut être au cœur de l'État « opérateur de l'identité nationale, instrument de la conscience, foyer de permanence de la nation » mais qui se trouve être aussi le dispensateur des hiérarchies et le lieu d'épanouissement de l'ambition suprême. D'un certain point de vue où je me place ici et qui ne consiste pas à juger la manière dont Mitterrand s'est servi du pouvoir mais les raisons qui l'ont conduit à l'occuper, ce président a rempli la mission que je lui prête. C'est d'ailleurs précisément parce que cette mission est remplie qu'elle paraît si souvent se dégrader dans l'incertitude, l'improvisation, le caprice et le népotisme avec un inévitable parfum de fin de règne qui offusque si fort l'odorat des successeurs impatients – comme aussi celui d'observateurs moins prévenus et plus désintéressés. On a pu redouter que François Mitterrand, désormais délesté d'avenir et soudain moins soucieux de sa trace dans l'Histoire (il ne pourrait y ajouter ?), ne cède à la tentation lasse de se réfugier, fièvre et conviction en moins, dans ce théâtre de séduction et d'intrigues où se déploya une partie de sa jeunesse. On n'a jamais gagné une seule fois jusqu'à maintenant en pariant sur son inaptitude à rebondir et à surprendre.

Mais sur la longue distance, je ne vois pas comment on pourra refuser au Grand Séducteur d'avoir, par volonté et choix, redistribué le pouvoir ; et, par nécessité, réconcilié les deux France divisées. D'avoir, avant que le communisme n'ait implosé à Moscou, précipité le déclin du parti communiste français, permettant à la gauche de se démarxiser allègrement. Car, de même qu'il fallait un militaire de droite et historique comme de Gaulle pour briser l'armée putschiste avec l'appui d'une partie de l'armée et de la nation, de même qu'il fallait un apparatchik du KGB comme Gorbatchev pour négocier le grand virage de l'URSS, de même il a fallu un chef de l'Union de la gauche, un héritier de Blum, pour en finir avec le marxisme. On ne pourra refuser à Mitterrand d'avoir géré au mieux, au Tchad, au Liban et dans la guerre du Golfe, la politique d'une puissance qui se rêve grande encore mais qui n'a plus les moyens de ses ambitions. Il lui aura manqué, lui le lamartinien, lecteur de Renan et de Saint-John Perse, d'avoir été celui qui mettait en mots prophétiques nos émerveillements et notre impuissance d'hommes de la prodigieuse fin du siècle. Il ne fallait qu'un poète et parlant haut. Nous avons eu un homme d'influence intriguant dans les coulisses. On attendait Malraux, on a eu Metternich et Kissinger. Comme il se cachait dans la diplomatie secrète, on a évoqué le général Eisenhower tout désarmé à Paris en 1960, lors de l'affaire des avions-satellites U2 qui survolaient Moscou et que de Gaulle fut obligé de consoler, de remonter. On s'est trompé; on l'a su après, trop longtemps après et pas par lui car l'homme ne croit pas aux explications. *Never explain, never complain* : cela aurait pu être toujours sa devise. Plus : *Never asks, never thanks.* Pour ne jamais être l'obligé de quelqu'un l'homme politique ne doit rien demander. Ceux qui lui donnent amour, amitié, hospitalité, services, c'est à leurs risques et périls. Il choisira ses fidélités. On a donc compris ensuite, cru comprendre, que Mitterrand était embarrassé dans ses propos et dans son action par deux préoccupations principales. Dès que le processus d'unification des deux Allemagnes s'est mis en branle, Mitterrand a eu peur à la fois pour l'Europe en construction, son Europe, l'un des principaux objectifs de sa vie, celui avec lequel il voulait marquer son second septennat. Et il a eu peur de voir, détournant les Allemagnes de l'Europe, s'ouvrir une aire de germanophonie et une logique d'expansion germanique. Une logique, non un désir d'hégémonisme ni une renaissance du pangermanisme. Mais à la fin des fins, qui pourrait empêcher la géographie, la langue et l'économie de retrouver ce que l'Histoire et l'instinct de domination avaient provoqué? François Mitterrand s'est vu encouragé dans ses craintives anticipations par les Polonais et les Roumains mais aussi, ô surprise, par Margaret Thatcher, la Britannique, et par George Bush, l'Américain.

Si cette analyse est exacte, c'est l'anticipation d'un avenir dangereux (et non l'attachement au passé) qui a troublé l'appréciation par Mitterrand d'un présent incertain. S'il n'a pas trouvé les mots pour saluer la liberté retrouvée par les pays de l'Est, c'est qu'il pensait à ce que deviendrait son Europe communautaire fin 1993, lorsque tous les États prétendraient y entrer, que l'Allemagne aurait regroupé les siens, que les États-Unis seraient le pôle d'attraction du monde de l'après-communisme.

François Mitterrand, en invitant jadis en 1982 à « se résigner aux lenteurs de l'Histoire », pouvait très bien ne pas voir que des inconvénients dans ces lenteurs. Il dit qu'il avait prévu pour la fin du siècle (plutôt entre l'an 2000 et 2010) la transformation du régime soviétique. Mais il ne piaffait pas d'impatience. Comme d'autres qui n'ont pas osé le dire, il eût mille fois préféré que l'Europe communautaire consolidée par l'union monétaire puis par un système de défense commune eût le temps d'accueillir, d'apprivoiser, de maîtriser les bouleversements issus de l'effondrement de l'Union soviétique. D'autant que cela aurait pu permettre en Yougoslavie des transitions moins horribles. Au moment où il bat tous les records de longévité à l'Élysée, François Mitterrand, à soixante-quinze ans, redoutant à la fois ce XIXe siècle qui revient en Europe et cette cohabitation avec la droite qui s'amorce à nouveau en France, doit faire quelques bilans. Sa plus grande fierté a toujours été – depuis 1981 – d'avoir dérobé aux communistes l'exclusivité de l'opposition populaire, et à la droite la légitimité usurpée du pouvoir. C'est peut-être le sentiment le plus populaire et le plus naturel du Grand Séducteur. C'est avec ce sentiment qu'il a séduit la France. Ou du moins qu'il avait réussi à la séduire avant que ne survienne l'étrange purgatoire de l'automne 1991. Soudain la curée, l'effet de meute, le désir de mise à mort sont apparus au cœur de ce peuple français qui n'a même pas attendu d'avoir un projet pour nourrir un rejet, ni d'avoir une préférence pour affirmer un détachement. Personne ne peut dire que les Français, dans leur grande majorité, veuillent, avec détermination et avec foi, mettre qui que ce soit d'autre en lieu et place de ce président qu'ils disent vouloir bouter hors de l'Élysée. Mais depuis Jules César, les Français sont ainsi : ils sont divisés sauf pour évincer, et ils évincent plus par humeur et par lassitude que par sursaut et par désaveu. Les Français ont offert au monde, et d'abord aux Européens, un modèle politique qui leur fut envié et qui l'est encore au moment où il paraît s'effondrer : une Constitution équilibrée, un exécutif stable, une administration crédible, une monnaie forte, une économie de marché régulée par un secteur public qui garantit un système unique de protection sociale. Ce modèle s'effondre sous les coups des impatiences qui ont transformé les délits en crimes, les difficultés en malheurs, les insuffisances et les bavures en catastrophes. C'est le destin des démocraties. C'est la fatalité qui pèse sur le peuple ingouvernable cher à Tocqueville.

On peut sans doute expliquer le rejet des Français par le fait que François Mitterrand a paru soudain subir les problèmes de l'immigration et les bouleversements de l'Est comme les mécontentements de citoyens qui ne reconnaissent plus ni leurs villes, ni leurs écoles, ni leurs hôpitaux. Il reste que la soudaineté du rejet ne trouve pas ici sa logique. Simplement la séduction un beau jour n'a plus opéré. Ce jour-là les mêmes mots, les mêmes gestes, la même stratégie ont été dépourvus de l'effet dont ils étaient dotés la veille. Comme si, en même temps que le charme et l'autorité, disparaissait une sorte de grâce – celle-là même qui avait permis l'irrésistible ascension et dont le manque désormais précipitait la chute. En 1984, dans l'avion présidentiel qui ramenait François Mitterrand de Moscou, à une époque où il était au plus bas dans les sondages, nous avons entendu Edgar Faure disserter, avec une truculence parfois triviale, sur les caprices de cette catin, la France, qui se donnait et se reprenait, sans donner ses vraies raisons, sans qu'on puisse jamais savoir pourquoi elle aimait et pourquoi elle cessait de le faire. Il disait à Mitterrand (qu'il était un des rares à tutoyer) : « Tu as couché avec la République, cette catin. Il faut savoir la quitter avant qu'elle ne t'abandonne. Elle ne veut plus de toi, c'est clair. Sache en tirer les conséquences. » Le zozotement fameux du grand leader radical n'arrivait pas à adoucir la cruauté de son propos. Mitterrand était silencieux. En voulait-il à Edgar Faure de formuler une pensée qui ne lui était pas étrangère ? Était-il indisposé par le fait que son vieil ami ait cru pouvoir tenir ces propos devant Jean Riboud et moi-même après les avoir tenus devant Maurice Faure et Jean Lacouture ? En fait François Mitterrand avait soixante-sept ans, il n'était à l'Élysée que depuis trois ans, il ne doutait pas de sa capacité à rebondir, à redresser, à surprendre. Surtout, il avait derrière lui les intimes, les fidèles, les complices, les partisans, les clients, le fameux « peuple de gauche », autant de cercles concentriques dont il était le centre rayonnant ou manœuvrier. Aujourd'hui, dans son palais il retrouve une solitude qu'il n'a pas connue depuis vingt-cinq ans au moins. Aucun metteur en scène n'arrive à imaginer pour lui une sortie de la scène selon ses vœux, une entrée dans l'Histoire selon ses rêves. A moins que l'Europe...

De Gaulle, c'était la prédestination : l'âme de la France n'avait pas, selon lui, la fameuse rondeur platonicienne lorsqu'il n'était pas aux affaires. Mendès France, c'était Cassandre plus saint Sébastien : prophète, sauveur et martyr. Mitterrand, lui, s'est longtemps persuadé qu'il incarnait la nation frustrée, provinciale et profonde. Celle qui recouvre ses droits, y compris le droit à l'erreur – c'est-à-dire tous les droits dont les autres ont usé et abusé. Pourquoi pas ? dirait Mitterrand. Elle est la nation. Lui-même, somme toute.

L'IRRUPTION D'ISRAËL

Dans les pages de ce Carnet, le Proche-Orient n'est présent que pendant l'évocation rapide de l'expédition de Suez en 1956, par quelques propos de Bourguiba contre les Arabes, ou par un aveu qui m'est extorqué sur ma conception personnelle du judaïsme. Deux rencontres aussi : celle de Nasser et celle de Ben Gourion. Mais je ne vois nulle trace de débat sur l'Holocauste, sur le retour à la religion des juifs et des musulmans, non plus que sur le refus arabe d'Israël comme sur le destin de l'État hébreu et des Palestiniens. A l'époque de la guerre d'Algérie et jusqu'en 1967, tout le monde était plus ou moins pro-israélien. J'étais revenu de mon premier voyage en Israël impressionné par un entretien avec le Premier ministre Ben Gourion, et enchanté par la civilisation des kibboutzim. Mon reportage dans *l'Express* avait suscité l'enthousiaste adhésion de Kateb Yacine et de Jean Senac, deux écrivains révolutionnaires algériens. Et cette adhésion ne semblait alors choquer aucun des leurs. J'avais connu des Arabes chrétiens de Nazareth, citoyens israéliens qui se trouvaient humiliés de ne pas être, comme n'importe quel Druze, enrôlés dans l'armée. Ils admiraient sans complexe la démocratie israélienne, manifestaient peu de solidarité avec les autres Arabes et n'aspiraient, m'avait-il semblé, qu'à être des Israéliens comme les autres. Les intellectuels que j'avais connus étaient-ils minoritaires ? Je ne m'étais pas soucié de le vérifier tant cela me paraissait peu étrange à l'époque. Ma sympathie à l'égard de l'épopée israélienne ne réclamait aucune connivence intime : plus on était français, plus on était ami d'Israël. J'étais cependant fier des soldats-laboureurs qui faisaient voler en éclats tous les mythes de l'antisémitisme.

Mon premier doute, ou plutôt mon premier éveil à la conscience d'un problème, survint lors d'un voyage au Caire dans l'avion de Ben Bella, en 1963. Le premier président de la République algérienne indépendante m'avait déconcerté en me confiant qu'il avait associé trois objectifs à son idéal de nationaliste arabe alors qu'il était en prison : la victoire politique de Nasser sur les assaillants de Suez, l'indépendance de l'Algérie et la « libération » de la Palestine. Seul le troisième objectif restait à réaliser : il fallait désormais s'y consacrer. Comment concevait-il alors cette « libération » ? Par la constitution d'un État laïc d'où il ne serait plus question évidemment de « jeter les juifs à la mer », comme l'avaient proclamé certains irresponsables, mais où juifs et Arabes vivraient ensemble, dans un État qui ne serait ni juif ni arabe, ou qui serait les deux. Pour Ben Bella, l'anticolonialisme qu'il portait à mon crédit ne pouvait pas distinguer entre les trois causes et il prétendait en parler avec d'autant plus d'aisance que l'antisémitisme lui était, disait-il, étranger : il avait été marqué, dans son enfance, par des voisins juifs et surtout par une chanteuse juive de Tlemcen dont il lui arrivait encore de fredonner les chansons. Ce qu'il fit dans l'avion.

Devant mon trouble, il entreprit de me convaincre que l'histoire même du réveil nationaliste arabe était associée à la défaite des armées arabes par les Israéliens et du souvenir qu'en avait gardé un jeune lieutenant qui s'appelait Gamal Abdel Nasser. Les Arabes avaient alors refusé de se soumettre aux décisions de l'ONU préconisant un partage de la Palestine. Décisions des Nations unies dans lesquelles ces Arabes n'avaient vu que le diktat d'un impérialisme occidental, même si l'Union soviétique avait été l'une des premières puissances, sinon la première, à reconnaître le jeune État d'Israël. C'est la première fois que j'entendais parler de cette « humiliation arabe » dont il a été si souvent question pendant la guerre du Golfe. L'humiliation venait de ce que la communauté internationale avait cru pouvoir imposer un partage contre le vœu d'une nation arabe en formation et surtout que ces armées arabes avaient pu être défaites par la seule armée de l'État hébreu. C'est alors que de jeunes officiers égyptiens prirent honte de l'incompétence, de la corruption et de la lâcheté de leurs généraux et de leurs cadres. C'est à ce moment-là qu'ils se jurèrent de mener à bien une révolution nationaliste en Égypte qui servirait d'exemple à tout le monde arabe. Cet entretien aurait dû souligner à mes yeux combien cette humiliation dont les Arabes ont souffert venait moins de la révolte contre l'injustice « coloniale » que de leur refus de se soumettre à une décision de la communauté internationale et, plus encore, de leur volonté obsessionnelle de venger les armées qui avaient été défaites en 1948. En écoutant Ben Bella, j'étais surtout sensible à ce qu'il me disait de sa solidarité, qu'il voulait « révolutionnaire » et pas seulement arabe, avec les Palestiniens. J'en tirais la conclusion que l'État hébreu ne pourrait au mieux se faire admettre de ses voisins qu'en s'insérant dans une même entité géographique et en acceptant de constituer un État binational. Observation facile et théorique qui ne tenait aucunement compte des raisons que les juifs avaient eues de vouloir vivre ensemble.

Ces raisons ne m'étaient pas familières, sauf évidemment l'idée qu'après l'Holocauste il était bien normal que ses rescapés eussent pour premier désir, à la fois désespéré et enthousiaste, d'avoir un refuge qui deviendrait une patrie et qu'ils seraient seuls à défendre contre un antisémitisme décidément éternel. Si surprenant que cela paraisse aujourd'hui, la question préoccupait bien peu de monde autour de moi. Lorsque je lus pour la première fois *l'État juif*, le livre du fondateur du sionisme, Theodor Herzl, j'observai qu'il ne recommandait pas spécialement la Palestine pour y fonder le nouvel État. J'ignorais alors, ce que je viens d'apprendre en lisant les *Souvenirs d'un Européen* [1], de Stefan Zweig, que ce même Theodor Herzl, directeur du plus grand journal littéraire de Vienne avant l'affaire Dreyfus, était à ce point éloigné de la mystique de la Terre promise, qu'il avait commencé par recommander à tous ses coreligionnaires de se convertir en masse au catholicisme. Je ne connaissais rien des inquiétudes de Sigmund Freud et de Martin Buber sur le sort réservé aux Arabes résidant en Palestine dans une perspective sioniste dont ils se déclaraient pourtant solidaires. Je me disais simplement que puisque la question de l'opportunité de l'option palestinienne était posée, il n'était pas interdit à un Ben Bella de la contester. Je découvrais surtout que pour ces Arabes que nous avions aidés à se délivrer, le colonialisme était le même qui, après le dépeçage de l'Empire ottoman, avait abouti à de nouvelles occupations étrangères, le sionisme ayant pris la suite du colonialisme britannique en Palestine. Cela me paraissait déconcertant, compte tenu des relations épiques que nous avions de la guerre de libération juive contre les Britanniques, mais j'étais contraint d'être attentif au « vécu » arabe de l'épopée sioniste.

1. Sous-titre de l'autobiographie de S. Zweig, *le Monde d'hier*.

Nous vivions alors dans cette incroyable parenthèse où l'importance de l'Holocauste avait été, depuis 1945, réduite à une barbarie épouvantable mais non unique. Personne ne l'invoquait vraiment pour justifier un retour à la religion, à la Bible, aux origines – à l'Histoire. Ceux des juifs qui, autour de nous, en brandissaient le souvenir déclaraient avec superbe que Hitler n'avait pas gagné la guerre et qu'il fallait achever de tuer l'hitlérisme en n'accréditant pas l'idée que seule la concentration des juifs dans un même pays pourrait triompher de l'antisémitisme. On pouvait choisir d'être israélien. On pouvait, sans esprit de reniement aucun, décider de vivre ailleurs son judaïsme soit comme une confession privée, soit comme une solidarité. D'autre part, l'anticolonialisme qui nous avait conduits à une curiosité militante pour la cause dite arabe, s'il ne nous empêchait pas d'admirer le courage et les réalisations des Israéliens, nous rendait plus sensibles que les autres à la condition des Palestiniens.

Tout a basculé, on le sait, après 1967, après la guerre de Six Jours, après la conquête de Jérusalem. Je me suis appliqué pour un autre travail à chercher dans les textes les traces de la transformation du sionisme et de ses retombées dans les différentes diasporas. Le jour où le général Moshé Dayan, héros de cette guerre, est devenu archéologue et a retrouvé dans les territoires conquis des points d'eau là où la Bible en avait indiqué l'emplacement ne fut pas un jour indifférent. Le jour où l'on vit dans le désert du Sinaï des cohortes d'Égyptiens pieds nus, hébétés, hagards et humiliés, on crut que Dieu avait infligé à ce peuple la onzième plaie, après les dix autres, dont on se souvient chaque année pour les fêtes de la Pâque. Il y a surtout une concomitance stupéfiante entre l'éclat donné à la gloire des armées sionistes et l'immersion dans le souvenir des camps de concentration. Tout s'est passé comme si on avait eu besoin de retrouver Jérusalem pour donner un sens à la plus grande barbarie de tous les temps et pour parcourir une fois encore le chemin qui va du peuple persécuté au peuple élu, de la malédiction à l'Alliance. Et c'est depuis cette date qu'a recommencé à prévaloir, notamment aux États-Unis et en France, le concept selon lequel le juif était un prédestiné qui ne pouvait sortir de son judaïsme que pour trahir. Être juif cessait d'être un choix pour devenir un destin.

Il me fut donné lors d'un nouveau voyage au Caire d'assister à la projection d'un film de propagande palestinienne. Je fus stupéfait que les Israéliens y fussent représentés par des acteurs grands, blonds, vêtus comme des parachutistes nazis tandis que les Palestiniens ressemblaient, eux, aux juifs des affiches antisémites. Le metteur en scène avait inversé les rôles habituels sans qu'aucun Arabe autour de moi n'en fût choqué ni même surpris. Je m'alarmais alors de l'image d'Israël, si libératrice en Occident chrétien, si épouvantable dans le monde arabe. Ce qui m'alarmait, c'est que les Juifs et leurs nombreux amis, qui avait réussi à contenir, culpabiliser, suspendre l'antisémitisme en Occident, du fait des horreurs de la barbarie hitlérienne, suscitaient soudain, dans le monde arabe, et bientôt en Islam, un antisionisme dévastateur qui ne pouvait éviter de se nourrir de l'ancien antisémitisme chrétien. Cet antisémitisme de guerre, judéophobie circonstancielle, allait bientôt être considéré par les sionistes comme un prolongement de la judéophobie universelle et ancestrale : ainsi étaient innocentés tous les comportements passés et à venir de n'importe quel gouvernement isréalien. Bouclées toutes les boucles ; viciés tous les cercles : nous étions dans l'engrenage dont on avait mis deux mille ans à sortir la Chrétienté. Or ce qui m'importait depuis que je m'étais immergé dans les récits sur l'univers concentrationnaire, c'est que les Arabes ne fussent pas laissés en dehors de la réflexion sur l'holocauste, ce tragique de l'humanité entière. A l'autre bout du monde, je refusais que des jeunes musulmans puissent être éduqués dans la haine des Juifs, du fait de l'oppression subie par les Palestiniens. Sans le savoir, sans le vouloir, je devais me sentir un peu responsable du judaïsme et je voulais, grâce à la France, parmi les Arabes, pensant à l'avenir, témoigner pour lui, en tournant le dos aux contradictions de l'ultra-sionisme.

Je trouve dans mon Carnet de clinique une déclaration faite à un journaliste où j'affirmais que j'avais tout lu sur la « haine de soi », ce concept né au XIXe siècle en Autriche pour dénoncer les juifs honteux ou renégats qui n'avaient d'autre mission que de ressembler aux autres, de se fondre dans une religion majoritaire, de se dissoudre dans une masse indifférenciée. Certains des juifs ainsi visés allaient jusqu'à mettre en question le judaïsme et, par volonté d'identification, à devenir antisémites. En fait, j'étais loin d'avoir tout lu. J'ignorais les dérives combien funestes de ce procès qui n'est légitime qu'en certaines circonstances. Mais j'ignorais aussi cette littérature de la dénonciation et de l'enfermement, comme l'exploitation qui devait en être faite par la double conjuration des fanatiques de l'antisémitisme et des intégristes du judaïsme : tout ceux pour qui être juif est une prison dont on doit idolâtrer les barreaux et dont on ne saurait sortir que pour une liberté maudite. Même les admirateurs chrétiens du judaïsme n'ont pas échappé à cette tentation, en somme néo-raciste. Claudel, Clavel, Ellul prétendent assigner au juif une mission précise et le priver de sa liberté. Personne, pendant quelques années, n'a été plus proche de moi que Clavel. Me surestimant, me valorisant (prince, il n'entendait vivre que parmi les princes et il anoblissait d'emblée ceux qu'il aimait), il me téléphonait la nuit pour me suggérer une stratégie d'affirmation hors du journalisme, pour me consulter sur Kant et Heidegger sans prendre garde à mon incompétence, pour me lire un passage de l'Évangile, surtout celui de Jean, plus abstrait, plus philosophique que les autres, donc à ses yeux plus riche en signification. C'est pourtant lui qui déplorait, au nom de son christianisme, que je ne manifeste pas suffisamment de dévotion aux sources judaïques de sa foi, sources auxquelles j'avais la chance de pouvoir m'abreuver par simple fidélité sans avoir comme lui à attendre que la grâce me tombe dessus, un beau jour, dans une église. Il eut du mal à comprendre mon besoin d'être souverain dans mes décisions, mon spinozisme instinctif, mon refus du concept d'élection. Je disais avec platitude : « Être un homme, c'est dépasser ses déterminations. » Il répondait avec lyrisme : « Ce que vous appelez détermination, je le baptise providence. » Si je le cite, ce n'est pas seulement par plaisir d'évoquer une grande âme, un visage véhément et dont le regard me fut si gratifiant, c'est parce qu'il fut l'exemple le plus éloquent et le plus proche, le mieux intentionné et le plus exigeant de cette volonté d'enfermement qui suscite chez moi toutes les claustrophobies.

Nous avions tant lutté pour qu'un homme fût jugé pour ce qu'il faisait et non sur ce qu'on le soupçonnait d'être ; sur ses choix et sa liberté, non sur ses programmations supposées ; sur ses projets et non sur ses racines. Et voilà qu'une fin de siècle écrasée de sociologisme, de biologisme, de linguistique, de marxisme et de psychanalyse, avant de l'être par une conception religieuse de l'Histoire, en arrivait à cette mort de l'homme sous une forme que Michel Foucault n'avait pas prévue. Je ne me résigne pas à cette dérive qui ne peut être que régressive. Pourtant, j'ai toujours fait sa part à l'enracinement sans jamais privilégier l'errance. Je sais que si un homme est la somme de ses actes, les mêmes actes traduisent une histoire, une foi ou une loi. Je sais que l'homme est d'abord un être religieux et j'ai beaucoup écrit contre les abstractions rationalistes et la pensée désincarnée. Mais si on me dit qu'il n'est pas possible de passer de l'*individu* social et religieux à la *personne* assumant ses contraintes pour mieux les orienter, alors je ne peux plus croire qu'à une histoire faite de bruit et de fureur qui se déroule dans un tunnel où des aveugles tâtonnants sont programmés vers un chemin individuel qui n'arrive que par hasard à la lumière. J'ai dit un jour à Maurice Clavel : avant, lorsqu'on était invité à *être soi-même*, on évoquait la recherche d'une vérité intime et profonde, d'une fidélité personnelle. Aujourd'hui, être soi-même, cela consiste à se mutiler, se simplifier, se réduire. Sous prétexte de retrouver une « authenticité », on orchestre, valorise et radicalise une composante au détriment de toutes les autres. « Une composante-dominante, tout de même », répondait Clavel. Je rétorquais : Et qui vous en fait juge ? C'est ainsi qu'on renvoie chacun à sa communauté et que tout le monde finit par s'en inventer une, en effet. Voyez le mythe de l'authenticité, fameux en islam ; elle est destructrice de toutes les richesses extérieures à la tradition. Clavel : « C'est Gide plus Senghor. La civilisation de la différence et du métissage. » A moi de conclure ici puisque Clavel n'est plus là : c'est la fidélité à tous les héritages, c'est la volonté d'en faire une synthèse libre et personnelle. C'est le désir absolu et fervent de ne rien renier, une façon de donner de la chair à l'universel. Suis-je loin du judaïsme ? Je n'en sais trop rien. Aux autres d'en juger. Je voudrais simplement être moi-même.

Vaste entreprise, je le sais. D'autant qu'ils sont tous là, les étrangers et les intimes, les ennemis et les familiers, ceux qui vous rejettent et ceux qui prétendent vous connaître mieux que vous-même, ils sont tous là pour mettre en question, douter, ricaner : à la fin des fins, quel est donc ce jeu que vous prétendez jouer et qui consiste à n'être pas ce que vous êtes. Car eux, ils le savent, ils savent tout, puisque simplement ils savent ce que c'est qu'un juif. Vous vous dites qu'ils ont bien de la chance. Que vous l'ignorez, que le débat sur ce point n'est jamais clos, que si tout s'arrête pour eux à partir du mot juif, pour vous tout commence, mais il n'importe, vous vous escrimez en vain. Sans doute, disent-ils, de nos jours, on fignole, on raffine, on sophistique mais on ne fait jamais que talmudiser. Le juif, c'est le fils d'une mère juive ou c'est celui qui décide que ses enfants seront juifs parce qu'il aura tout fait pour les enfermer dans une tradition, un rite, une culture. On peut tourner autour du pot, s'inventer des alibis, mais puisqu'on vous dit que vous êtes juif, vous devez vous en contenter et, par exemple, à propos d'Israël, si vous marchandez votre soutien, si vous le rendez conditionnel, alors c'est que vous prétendez échapper à votre condition.

... Mais il y a maintenant le grand Levinas qui assène et proclame que quitter le judaïsme, c'est entrer dans l'intention du pharaon (aujourd'hui de Hitler) et parachever le génocide avorté. Voici brandi le verrou le plus dur de la prison. Sans parler de ceux pour qui il suffirait de dire le Notre Père araméen de la captivité de Babylone, c'est-à-dire la prière du kaddish, pour confirmer le choix de la judéité, de la continuité du judaïsme, de la solidarité avec le seul peuple élu. Le kaddish est devenu la prière des morts bien qu'il ne comporte qu'une louange à Dieu, tout comme le Pater noster. L'acceptation que sa volonté soit faite. Ainsi, on nous attend, on nous traque au moment où l'on est le plus vulnérable, au moment où l'on pleure ses morts, au moment où l'on s'apprête à mourir. Il n'y a plus moyen d'en sortir. Tout est prévu. Soit l'excès d'exigence : on n'est juif que si on prépare ses enfants à l'être. Soit une stratégie de récupération : il suffit d'une prière dont on ne comprend pas les mots hébreux pour affirmer son lien.

Soit. Tant pis. Je veux choisir. Et ce que je veux être exprime autant ce que je suis que ce que je subis. J'ai le choix. Juif de défi, comme Freud. Déjudaïsé, comme Raymond Aron. De souvenir, comme Lévi-Strauss. De solidarité, comme Mendès France. Juif-chrétien, comme Bergson et Simone Weil. Juif antijudaïque (mais non antisémite), comme Marx. Juif athée, comme Einstein. Juif propalestinien, comme Yehudi Menuhin, comme Nahum Goldmann, comme Maxime Rodinson. Juif new-yorkais, comme Woody Allen, etc. Voilà autant de possibilités de sortir sans déchoir de la prison, d'échapper à la fameuse « condition » qui consisterait à ressembler au stéréotype nouveau : le juif religieux, orthodoxe, sioniste, conscient d'appartenir au peuple élu, jugeant de toutes choses selon leur degré de nocivité à l'égard des juifs (c'est bon pour nous ?), voyant dans le judaïsme une essence éternelle, dans l'antisémitisme une catégorie de l'esprit, et dans la Bible le trésor unique qui contient toutes les clés du destin originellement et finalement juif de l'humanité. Alors je pense quoi ? D'abord et en un mot, que chacun doit pouvoir vivre son judaïsme comme il l'entend, que la diversité doit être souhaitée, chérie, protégée, et que les nouvelles contraintes dites « communautaires » doivent être dénoncées une fois pour toutes. Tolérance donc, comme on dit, mais tolérance qui va, me concernant, jusqu'à me féliciter qu'il y ait des orthodoxes, même ultras, des sionistes même partisans du grand Israël, des intolérants, à la condition qu'ils soient minoritaires. Je pense que, comme le miracle grec et le merveilleux chrétien, le mystère juif est un phénomène bouleversant qui peut soulever des questions mystiques et conduire certains à croire à l'élection d'un peuple. Mais en même temps, je pense qu'on ne saurait vivre cette élection que pour accroître le nombre des devoirs et pour diminuer celui des droits. Si le peuple élu est contraint de n'être qu'un peuple de témoins et de prêtres, il doit s'interdire de porter les armes. Sinon il doit se considérer comme un peuple à l'exemple des autres : contraint à la résistance pour survivre, à la défense de l'État, à la détention de secrets d'État et à la raison d'État. Autrement dit, loin que l'élection puisse justifier l'État, il ne saurait y avoir d'État que si l'on abandonne le concept de peuple élu. Vous me parlez de l'Alliance ? De la terre de Canaan ? de la « sédentarisation en Terre promise » ? des valeurs de l'errance ? de l'universel nomade ? Je refuse. Ou bien vous me proposez une interprétation métaphorique de l'Alliance, où il s'agirait d'une Canaan philosophique et d'une Jérusalem céleste ; ou bien je déclare que l'État d'Israël, pas plus que les autres, ne saurait s'inventer des droits temporels au nom d'une légitimité spirituelle ; une géographie d'intérêts, au nom d'une histoire révélée. Je crois que les Dix Commandements sont plus importants que le Talmud ; la morale plus importante que la tradition ; le devoir de l'homme plus important que l'honneur de la tribu. Aux chrétiens nouveau style dont la conscience coupable est devenue trop sermonneuse, et qui voient dans le miracle de la pérennité du peuple juif la manifestation d'une volonté divine (le peuple élu continue à témoigner du Commencement, des Origines et de la Source), je réponds que jusqu'à maintenant ce témoignage, en effet essentiel, a surtout justifié la persécution perpétrée par les antisémites, et risque parfois de justifier la détention par les juifs de privilèges territoriaux. Pour finir, je dénie à qui que ce soit le droit de dire aux autres : « Vous êtes *condamné* à être un juif selon mes vœux, un chrétien selon mon cœur, un musulman selon ma nostalgie, ou encore un religieux sous le prétexte que, comme ne l'a jamais dit Malraux (la bêtise n'était pas son fort), “ le XXIe siècle sera religieux ou ne sera pas. ” »

Parfois je me prends à penser qu'au bout de cette logique, si l'antisémitisme disparaissait, s'il devenait seulement comparable à la xénophobie répandue, que suscitent par intermittence certains peuples, communautés, groupes, je pourrais librement choisir d'affirmer ou non mon appartenance, ou bien plutôt mon adhésion, au judaïsme. Car il constitue celle des religions culturelles ou des cultures religieuses où l'on ne devrait entrer que par décision et non par héritage et que l'on devrait quitter sans effort. Une civilisation si exigeante, si absolutiste, faisant du peuple de l'Alliance un élu persécuté, devrait, comme les couvents – puisque le peuple élu doit être « celui des prêtres et des témoins » – n'admettre des volontaires, ratifiant sans cesse leur choix et prêts à sortir de l'ordre dès qu'ils s'estiment indignes d'une option trop lourde. A la limite, chaque homme devrait se sentir juif et pouvoir le devenir pour retrouver le sens de l'Alliance qui est universel et qui consiste, non pas à gagner son salut, mais à vivre en état de sainteté. Si l'élu n'est pas un saint, alors son élection est un privilège immérité et sa persécution un martyre absurde.

Je me suis souvent demandé comment je réagirais si, comme Claude Lanzmann, Georges Kiejmann, Alain Finkielkraut ou comme Elie Wiesel, mes parents étaient morts en camp de concentration. Comme tous les hommes de ma génération, au moins dans un certain milieu, j'ai été nourri des œuvres de Robert Anthelme, de David Rousset et de Martin-Chauffier. Puis de Vassili Grossmann et de Margareth Buber-Neumann. Enfin de celui qui devait avoir le plus grand ascendant sur moi, l'Italien Primo Levi (lequel a fini par se suicider il y a quelques années à peine). Je ne puis être accusé ni d'inculture, ni on s'en doute d'indifférence à l'égard de l'univers concentrationnaire. Mais c'est un fait que la hantise de cet univers ne m'a nullement conduit à un quelconque judéocentrisme, peut-être, précisément, parce que je n'ai pas été marqué dans ma chair, celle des miens, de mes proches. Est-ce un avantage pour juger sereinement de toute chose ? Je n'en sais rien. Mais sous le prétexte que je n'ai pas hérité de cette expérience, je ne saurais gratuitement, ou par complexe, en tirer un enseignement universel.

Cette façon de vivre mon judaïsme m'enracine donc en France. Mais pourrais-je écrire de la France ce que j'ai si spontanément écrit au début de ce Carnet, après la blessure ? Aujourd'hui, signe du temps, et sans rien reprendre, j'aurais besoin d'enrichir, de compléter, de répondre en fait aux objections. Parmi ces dernières, figure cette tradition que quelques essayistes (BHL, Sternhell...) ont cru pouvoir discerner, voire décrire, et qui consiste à sécréter le rejet de la souillure sémite orientale. Comment alors se sentir sans réserve français si cette tradition antisémite est à la fois nourricière et identitaire de la francité ? Je pourrais éluder la question en rappelant que tous les protestants ne se sont pas exilés après la Saint-Barthélemy et la révocation de l'édit de Nantes. Ce serait faire comme si le judaïsme n'était qu'une religion. Zweig, toujours lui, au moment où il respire le bonheur d'être autrichien et de créer dans la langue de Goethe, voit un symbole décisif d'appartenance à un « peuple juif » qui lui était jusque-là indifférent dans le fait d'écrire un drame sur Jérémie. Comme si Gide n'avait pas à la même époque écrit un *Saül* ? Mais mon raisonnement consisterait à dire que je me sens plus proche d'un Français chrétien ou laïque que d'un juif étranger. À l'époque de mon Carnet, il était évident pour moi de le penser. Je le pense encore mais, au moment de l'écrire, j'ai besoin plus qu'avant de justifier un tel propos – précisément à cause du débat sur l'« idéologie française ».

L'affirmation israélienne, la vitalité et la vigilance de la mémoire judaïque et occidentale de l'Holocauste et le retour à une pratique temporelle de la religion qui en est la conséquence ont fait passer un certain nombre de juifs d'une révolte au nom de l'identité (nous vous valons bien et nous sommes comme vous) à une affirmation au nom de la différence (nous peuple de la première et seule Alliance, nous sommes séparés et avons le devoir de l'être). Ce passage (glissement, à mes yeux) qu'on explique par la revanche sur l'humiliation (comme le « Black is beautiful » des Noirs américains) est encore présent dans tous les débats. Les juifs dont je parle – ils sont peut-être majoritaires mais nombreux se séparent d'eux et j'aurais garde, moi en tout cas, de les confondre dans une communauté – refusent et qu'on les désigne et qu'on les oublie. Tantôt ils justifient leur séparation par le rejet traditionnel et manifesté alors même qu'ils désiraient se fondre, tantôt ils l'expliquent par la mission qui leur incombe depuis qu'Abraham leur a dit être choisi par Dieu, que Moïse a reçu les tables de la Loi et que Josué est entré en Canaan, terre étrangère devenue sainte aussitôt conquise. Comme dirait Theodor Herzl, après avoir souhaité que tous les juifs de Vienne se convertissent au catholicisme et après avoir découvert à Paris l'hostilité à Dreyfus : « S'il y a séparation, au moins qu'elle soit radicale. » Mais Herzl était cohérent : il débouchait sur l'État juif.

La question posée est différente : si l'on ne croit pas à la mission d'Israël, on peut interpréter l'antisémitisme (français par exemple) comme une raison de ne pas faire entièrement partie d'une nation. Et si l'on y croit, peut-on vivre en exil ? Et si on vit en Israël, cette mission est-elle compatible avec les institutions d'un État comme les autres ? De toute manière, en quoi consiste cette mission ? Est-elle mieux remplie par Jésus, Spinoza, Mendelssohn, Mahler, Marx, Freud, Einstein et Kafka, que par Maimonide, Juda Ha Levi, Ben Gourion, Golda Meir et Moshé Dayan ? Cette mission consiste-t-elle à se trouver en première ligne de toutes les révolutions et de toutes les sciences (quitte à subir des persécutions intermittentes) ou à combattre pour une terre en effet sainte mais où l'on ne peut affirmer que les valeurs qui étaient jadis refusées à Israël (faire la guerre, travailler la terre), tournant ainsi le dos au « peuple de prêtres et de témoins » ? Chacun doit apporter une réponse personnelle à ces questions. La mienne, refusant l'élection donc la mission et la persécution, est de justifier un État d'Israël à l'intérieur de frontières non bibliques mais reconnues par les voisins – un État refuge que je peux aider et admirer – et de faire à titre personnel mon destin de Français juif, militant de l'Europe, et arrimé à l'universel. C'est le besoin de justice et d'amour que je devine en l'homme et ce n'est pas Dieu que j'humanise en aimant Israël. Je ne dissipe pas les mystères de la pérennité et de la vocation du Livre et du Peuple ? En effet.

Je trouve cette question si bouleversante que je comprends qu'on puisse lui apporter par la foi une réponse. Je trouve que cette réponse donne un sens à ce qui n'en a pas, la Shoah, l'Holocauste, la persécution élective. Mais ce sens ne me séduit pas assez (pourquoi l'élection d'un peuple, pas d'un individu) et le prix à payer me paraît trop monstrueux pour que je me satisfasse d'une réponse de ce genre. Après tout, il y a d'autres choses qui me paraissent mystérieuses, mais sous prétexte que je ne sais pas pourquoi il y a autre chose plutôt que rien, je ne vais pas assigner à l'existence énigmatique la mission arbitraire d'un destin.

Les risques de trouver une cohérence sacrée au destin d'Israël me paraissent décidément plus grands que ceux de laisser mystère et contradiction en l'état. Sinon, je ressemblerais à ces membres du concile qui ont trouvé l'artifice proprement inadmissible du Saint-Esprit pour expliquer que Dieu est à la fois le père de Jésus et Jésus lui-même. Autant je trouve que rien dans l'humanité n'a jamais été montré de plus grand que la volonté d'un dieu partageant les souffrances de ses créatures, autant l'astuce de la trinité m'apparaît comme une concession au besoin de bon sens le plus misérable. Remplacer un mystère pathétique par une rationalité formelle, ce n'est pas précisément ajouter à la spiritualité.

L'ÉMERGENCE DE LE PEN

Quel trajet! Aux temps de mon Carnet de clinique, dans les années 60 et d'ailleurs bien plus tard, un mouvement comme celui du Front national, c'est-à-dire partisan d'un racisme non exterminateur et d'un protectionnisme xénophobe, un tel phénomène sociologique était à la lettre impensable. Son affirmation est née de la diabolique exploitation d'un problème réel : la coexistence devenue conflictuelle dans un certain nombre de régions de France avec une population immigrée, pauvre, déculturée, et d'origine arabo-musulmane. Ce flux migratoire, imprudemment favorisé par des gouvernements sans vision d'avenir (de 1973 à 1975) et par un patronat, grand et petit, soucieux de se procurer en période de prospérité une main-d'œuvre corvéable, n'aurait pas posé de problème sérieux s'il avait été plus dosé, plus progressif, moins inconsidérément massif. Plus qu'à d'autres époques où, après un refus violent opposé par les nationalistes français, l'apport des immigrés s'est transformé en une richesse assimilée, les souvenirs de la guerre d'Algérie, les convulsions du monde arabe et la subversion islamiste, l'apparition enfin du phénomène « communautaire » (c'est-à-dire le droit pour une communauté d'échapper à la vocation de la démocratie française en affirmant un droit ethnico-religieux), tout a concouru à poser le problème de l'identité française.

Le débat autour de ces questions m'a plongé dans un malaise dont j'ai tenté de m'entretenir avec des personnalités de droite et de gauche sans pouvoir les convaincre jamais de la gravité des enjeux. Pour une simple raison : Le Pen, avec d'indiscutables dispositions à l'opportunisme et à la truculence, empoisonnait toutes les questions. Loin de dire tout haut ce que chacun pensait tout bas – car chacun ne pensait pas que cela : il pensait cela et en même temps autre chose –, Le Pen excellait à ne tirer de l'inconscient, qui contient tout, que la vulgarité xénophobe jusque-là refoulée. Aidé par les instituts de sondages qui ont, en la circonstance, joué un rôle aussi assassin qu'irresponsable, Le Pen a fait découvrir à un certain nombre de Français qu'ils n'étaient pas les seuls à être visités, à un moment ou à un autre de la journée, par une réaction de rejet, d'exclusion et de haine. Les instituts de sondages qui m'ont rendu furieux, qui sont pourtant souvent dirigés par des universitaires rigoureux, au moins dans leur discipline d'origine (ce sont des politologues), n'ont pas hésité à faire parler l'imaginaire collectif. A qui voulez-vous donner votre fille ? Choisissez : un Noir, un Arabe, un Jaune, un juif ? C'est ainsi qu'on jugeait le degré de racisme. Pourquoi un père ne souhaiterait-il pas, si cela est dans ses possibilités, avoir un gendre qui lui soit proche par la religion, la culture ou le folklore ? Même cette question suspecte était viciée. Comme me le faisait remarquer Lévi-Strauss, un Français catholique fait une différence entre un Noir catholique et un Noir musulman ; un Français laïque fait une différence entre un juif français et un juif étranger. Les sondeurs ne se sont même pas inquiétés du souci que pouvaient avoir les sondés du degré de francisation des gendres souhaités par les sondés. D'autres formulations ont été tout simplement provocatrices. Estimez-vous que les gens de telle race ou de telle couleur sont des étrangers inassimilables ? Trouvez-vous que les juifs ont trop de pouvoir ? etc. La philosophie de ce questionnement consistait à trouver au départ normal de ressentir de l'intolérance. On connaît la justification brandie par les instituts de sondages : il faut faire une photographie du mal pour mieux pouvoir le conjurer. Deux réponses. Il s'agit dans de très nombreux cas d'un enregistrement d'allergies et non de préjugés militants et assumés, allergies que l'on confie volontiers dans l'anonymat d'un sondage. En donnant à ce réflexe improvisé la dimension du mal, on ne fait que l'établir davantage et on le banalise. Deuxième réponse : cette méthode de sondages, héritée des États-Unis, suppose une société française calquée sur l'américaine où le ralliement au drapeau et à la constitution établit seul l'union des communautés ghettoïsées et disparates. Mais même aux États-Unis les questions sont souvent pédagogiques. On se préoccupe de savoir ce qu'il faudrait faire, ce que les sondés souhaitent que l'on fasse pour que les communautés et les citoyens découvrent leur complémentarité et leurs intérêts communs. Régulièrement la question est posée à New York pour les juifs et les Noirs, en Californie, entre anglophones et hispanophones. L'idée qu'on puisse préférer « l'objectivité à la pédagogie civique » ne résiste pas à l'examen puisque j'ai démontré plus haut que, loin d'être objectif, le sondage restituait une vérité réductrice, mutilée, partielle, bref, un mensonge. Je ne serai pas plus tendre, cela va sans dire, avec les médias, tous sans exception, qui ont contribué au communautarisme et à la banalisation du néoracisme par les couvertures accrocheuses ou par les enquêtes dans des milieux où l'on connaît d'avance les réponses. Si vous allez rue des Rosiers après un attentat, avez-vous la chance d'avoir une surprise ? et si, pendant la guerre du Golfe, vous demandez à des Arabes à la sortie d'une mosquée s'ils ont bien entendu l'appel de Saddam Hussein à la guerre sainte, ne pensez-vous pas que vous leur donnez du même coup l'information et que vous flattez en eux le besoin d'être fidèle à un héros ? Décidément, Le Pen a eu toutes les aides, tous les concours, tous les apports : il n'avait qu'à se laisser porter.

Pourquoi ai-je dit que le leader du Front national avait empoisonné les débats ? Parce qu'il a étouffé en nous les réactions légitimes et opportunes. Par exemple, je vais faire sursauter, je ne trouverais pas anormal qu'on rappelle au visiteur d'un pays quelconque qu'il se doit de respecter non seulement, bien sûr, la constitution de ce pays, ses lois et l'esprit de ses lois, mais encore ses traditions, ses coutumes, sa manière de vivre. Avant même l'assimilation souhaitée, l'intégration projetée, la citoyenneté acquise, la nationalité reçue, c'est vrai qu'un résident qui désire s'installer durablement, peut-être à vie, pourquoi pas ? souhaitons-le, et proclamons qu'on le souhaite, c'est vrai donc qu'il est impératif pour ce résident d'apprendre la langue, de s'initier à la culture et d'adopter ce mélange d'habitudes acquises et de projets renouvelés qui font le tissu d'une société et d'une nation. Si on me pousse un peu, je dirai que la démocratie française est d'essence anticommunautaire et, sans l'adopter tout à fait, je ne suis nullement révolté par le fameux propos de Clermont-Tonnerre pendant la Révolution : « Tout aux juifs en tant qu'individus, rien en tant que peuple. » Si je suis excessif, c'est par désir d'équilibre. La réponse qu'on m'a faite, c'est que le passé devrait me rendre optimiste sur l'intégration, que le temps ferait son œuvre, que les musulmans seraient intégrés comme l'ont été les Polonais et les Italiens du début du siècle, etc. Argumentation que je connais bien et que j'ai déjà servie. Argumentation qui ne tient pas compte d'une chose essentielle : les mécanismes d'intégration se sont grippés. La démocratie fabrique des individus, non des structures.

Devant les problèmes posés par l'immigration, plus Le Pen a parlé et plus volontiers on s'est voilé la face. Au lieu d'étudier le phénomène qui avait suscité l'exploitation du lepénisme, on a combattu ou instrumentalisé le poison du Front national. Il s'agit bien d'un poison. Comment s'indigner de la mobilisation contre lui ? Mais on a tout fait pour le diaboliser sans chercher à désintoxiquer la nation, sans lui administrer de contrepoison. Les résultats sont là : malgré les bévues de Le Pen pendant la guerre du Golfe, il n'a pas cessé de progresser. Sans doute, en le diabolisant, on a embarrassé les droites, on les a affaiblies, et on a avivé le populisme d'extrême droite.

Je suis, sur ce point d'importance, en désaccord avec quelques amis proches, ce qui montre que ce problème (comme presque tous les autres en cette fin de siècle) ne sépare pas les camps mais divise les familles de pensée. Des amis abusés estiment qu'on fait déjà un pas dans le vice en essayant de comprendre le racisme. Ils trouvent dangereuse l'affirmation de Lévi-Strauss qui distingue entre le racisme et la xénophobie de « protection ». Ils refusent toute indulgence à l'égard des allergies que susciterait une altérité trop affirmée. Ils postulent enfin que par la rumeur (désormais orchestrée par ces maudits médias) on crée le racisme antiarabe sans Arabes : la plupart des gens qui colportent ces histoires d'incompatibilité ne les auraient jamais vécues directement. Après tout, toujours selon ces gens, pourquoi ne vivrions-nous pas dans une société mêlée ? Mon désaccord ici porte sur les faits, les analyses, les conclusions.

Mitterrand dit : voulez-vous que je les renvoie ? Ce qui est bien la repartie la plus pessimiste que j'aie jamais entendue. Plutôt inacceptable de la part d'un chef d'État. L'esprit d'un ministère de l'Intégration c'est, on peut le supposer, l'espérer, le constat que cette intégration n'est pas aussi automatique que le président l'a affirmé. On a pu être rassuré par ce phénomène considérable qui est survenu pendant la guerre du Golfe : tous ceux qui ont vocation à être intégrés (ou à s'intégrer) dans la société française se sont comportés comme des Français démocrates, préconisant le débat républicain, y participant, mais ne se livrant jamais aux manifestations hystériques ou désespérées en écho à ce qui se passait sur les rives maghrébines de la Méditerranée. Reste que si les choses allaient bon train, si les émeutes des banlieues étaient sans signification, les révoltes des harkis sans symbole et les difficultés de coexistence scolaire et communale sans danger, il y aurait eu peu de chances pour qu'on se résolve à créer un ministère nouveau après celui des Villes.

En tout cas il semble (je voudrais en être certain) qu'on devine cette évidence, mon obsession depuis des années : on ne saurait s'endormir sur les lauriers anciens du génie assimilateur de la France puisque toutes les fonctions d'assimilation ont disparu. Les mécanismes d'intégration (l'attraction de la puissance, l'école et l'armée) sont encore une fois tous grippés. Et les sujets à intégrer sont souvent eux-mêmes, et malgré eux, rebelles à la fusion. C'est au nom d'une analyse sociologique bien frivole, ignorant en tout cas du caractère radicalement nouveau de la démographie et de la paupérisation dans les pays d'origine des immigrés, que l'on s'est cantonné depuis des années dans la certitude d'une fusion lente, ordonnée et calme dans le tissu social français. Je sais que des études sérieuses comme celles de Dominique Schnapel et de Christian Jelen sont relativement optimistes. Encore faudrait-il lire attentivement leurs attendus et leurs conclusions et ne pas leur faire dire ce qu'elles se refusent à établir.

Une chose n'est pas possible par exemple : se référer constamment à l'expérience passée. Les immigrés de la fin du XIXe et du début du XXe, en majorité polonais et italiens, n'avaient qu'un seul but (ils disaient qu'un seul rêve) : se fondre dans la société où ils avaient choisi de s'expatrier, de travailler, de prendre racine. Cette société était celle puissante et rayonnante du second empire colonial du monde, où la civilisation était la plus forte et la plus contagieuse, dont la capitale était celle des arts, des lettres, des lois, des révolutions et des plaisirs. Tous les grands immigrés se sont flattés d'avoir préféré Paris à la Suisse parce qu'il y avait dans l'air un ferment culturel plus révolutionnaire que partout ailleurs. Seule Vienne peut-être avait cette force d'attraction, que Londres et New York arracheront plus tard entre les deux guerres. Les immigrés qui choisissaient cette France rompaient avec leur pays d'origine, si humbles et besogneux fussent-ils, apprenaient (ils tenaient à apprendre) très vite le français et à connaître la France : ils n'avaient pas de problème de singularité religieuse sauf qu'ils étaient bien plus catholiques que les Français au point que certains, chez les anticléricaux de l'époque, redoutaient qu'ils ne vinssent fortifier un sentiment religieux, heureusement déclinant selon eux, en France. Les immigrés n'étaient pas rattachés par leur culture à une grande entité, d'où l'on ne sort que par désertion : la « nation arabo-islamique ». Nier cette différence entre deux grands flux migratoires sous le prétexte qu'ils ont tous deux suscité des allergies exploitées par l'extrême droite, c'est se condamner à ne faire aucune politique d'avenir. Non seulement les immigrés polono-italiens n'avaient aucun frein intérieur, mais dès qu'ils s'installaient plus de cinq ou six ans, alors l'instituteur avec l'instruction publique, le curé avec son catéchisme, les militaires avec leur encadrement et les rites alors impériaux du brassage des peuples, tout les transformait, les broyait, les mettait en condition pour les franciser. La France était une grande puissance, c'est ce qu'on oublie dans toutes les analyses de politique d'intégration comme d'ailleurs en politique extérieure. Tous les mécanismes qui sont le lot d'une grande puissance n'existent plus. Au contraire : la société française, comme d'ailleurs presque toutes les sociétés occidentales et notamment toutes les capitales d'anciens empires coloniaux, isole au moment même où elle accueille ; elle attire et elle compartimente ; elle affiche une solitude du citoyen d'où les Français ne sortent que par l'angoisse et les immigrés par le repli sur le ghetto. Dans ces refuges communautaires, la nostalgie des racines ou de l'enfance, le regret de la chaleur et de la famille, la solidarité mal refoulée avec une « nation » s'affirment partout dans la religion et les guerres, tout résiste à l'intégration dans une France au surplus réduite à elle-même, proche d'être dissoute dans l'Europe ou d'être dominée par l'Allemagne, traversée de doutes sur son identité et qui n'arrive plus à endiguer le chômage. L'idée, la tentation, le mouvement instinctif, des peuples défavorisés sont alors de profiter des avantages que procure un pays encore privilégié, qui a bien des choses à vendre mais peu de messages à délivrer, où l'on ne respecte ni le chef ni le père, où les femmes sont impudiques et où ni le blasphème ni le vice ne sont hors la loi. Cette immigration se sent coupable d'être parmi nous, c'est la religion seule qui peut l'innocenter mais cette religion l'appelle ailleurs.

C'est une illusion bien médiocre que d'attribuer à la musique rock une fonction intégrante. Comme si cette musique était spécialement française ou même européenne. Le rock peut réjouir, rassembler, inciter à la fraternité, à la communion par la transe mais on ne voit pas quel autre but on poursuit en l'encourageant à ce point sinon de plaire à ceux qui le pratiquent. Mais enfin ce n'est pas ici qu'on retrouve ni la démocratie française ni la République, ni la vocation européenne. Dans cette villa de Toscane où je me trouve et qui appartient à un Américain, je trouve plusieurs livres. Titres : « Ce que tout Américain doit savoir sur son pays », « Ce que tout nouvel arrivant doit apprendre sur les raisons d'être fier du pays qui l'accueille », « 25 leçons pour vous conduire comme un vrai Américain ». Enfin, last but not least, « Si vous ne savez pas répondre à ces questions vous ne pouvez vous dire américain ». On a bien compris l'esprit de l'entreprise. Qu'on ne m'oppose pas la faillite du système. L'une des rares réussites de la guerre du Golfe, c'est la révélation dans l'armée américaine d'une société parfaitement intégrée. L'esprit de l'entreprise c'est de montrer aux visiteurs et futurs citoyens que le pays d'accueil n'est pas un « no spirit land », un asile neutre sans passé ni projet qui organise un séjour pour itinérants en difficulté. C'est pour cela que dans tous mes articles et dans certains chapitres de mes livres j'ai réclamé, on s'en est gaussé, qu'on fît une cérémonie lors de chaque octroi de naturalisation. Un des rares points sur lequel je suis d'accord avec Jean-Pierre Chevènement et Pierre Chaunu. Il faut donner la citoyenneté comme on donne la Légion d'honneur. Il faut aussi, bien sûr, que la nation accueille à bras ouverts ses nouveaux enfants avec une générosité et une solennité qui devraient rendre le naturalisé fier de contempler son nouveau passeport. Il est parfaitement normal qu'un jeune étranger veuille trouver en France ce qui manque chez lui, et autant que faire se peut nous avons le devoir absolu de le lui donner. Mais il est non moins normal, s'il veut devenir français ou européen, qu'il adhère consciemment à ce qu'on a raison d'appeler les valeurs de la démocratie et qui sont le fruit d'un héritage et d'une ambition.

LA VISITE À BOURGUIBA

Depuis plus d'un an, du fond de sa retraite forcée, Habib Bourguiba m'a fait connaître son désir de me voir. Par sa nièce d'abord; puis par son ancien secrétaire; enfin par son fils. Après chaque message, j'ai demandé l'autorisation de rendre visite à l'ancien président tunisien. Cette autorisation ne m'a jamais été refusée. Elle n'a pas non plus été acceptée : ma demande était « à l'étude »; il me fallait attendre des « jours meilleurs »; le président n'était pas encore en état de recevoir, etc. Invité cependant le 5 octobre 1991 à être l'hôte personnel de l'actuel président Ben Ali, j'ai émis le désir que cette nouvelle visite en Tunisie comprît dans son programme la rencontre avec Bourguiba. Les autorités tunisiennes ont aussitôt déclaré que cela ne posait plus aucun problème; que Marie-Claire Mendès France venait de le voir par deux fois. C'était vrai. Mais jusque-là, on n'avait permis à aucun journaliste de s'entretenir avec le « Combattant suprême ». J'étais accepté, il est vrai, en tant qu'ami.

J'ai très vivement espéré cette rencontre. Je la redoutais aussi. Quelques semaines avant sa mise à l'écart en novembre 1987, j'avais écrit un article qui, on me l'avait rapporté, avait blessé l'incertain vieillard qui était encore aux commandes de son pays et les inconditionnels qui refusaient la vérité sur leur idole. J'y déplorais, pour l'honneur d'un peuple que j'aime, comme pour la dignité de celui qui l'incarnait, que Bourguiba se produisît à la télévision dans l'état où l'avait plongé une maladie de Parkinson et de graves handicaps de motricité. Je m'étais abandonné à écrire, quelle cruauté, qu'il avait l'air d'un robot dont la télécommande était en panne par intermittence. De quoi nourrir l'amertume d'un despote éclairé qui, dans ses nombreux moments de lucidité, croyait pouvoir compter sur l'indulgence et en tout cas la miséricorde d'un « ami ». Toujours la question difficile de l'*amitié* avec les chefs d'État. Et de l'indépendance. Malgré cela, il n'en avait donc pas moins désiré me revoir.

Me voici donc le jour convenu à Monastir. Le gouverneur m'y attend. J'ai droit à un « briefing » précautionnel. Le gouverneur, qui est en fonction depuis que Bourguiba a été démis, tient à me préciser que seuls les membres de la famille, cinq en tout, ont droit de visite permanent et sans témoin. Les autres visites réclament qu'on en étudie l'opportunité. Le gouverneur s'étonne qu'on ait fait attendre si longtemps un « Tunisien d'honneur » comme moi – selon son expression. Il rajoute qu'il sera présent à notre entretien. Il met un soin particulier à souligner qu'il a été lui-même toute sa vie « bourguibiste » et que les derniers moments n'effacent en rien dans son esprit – comme, selon lui, dans l'esprit de la majorité des Tunisiens – la dette que la nation a contractée envers le triomphateur du colonialisme. Le gouverneur m'invite à monter dans sa voiture et il me dit qu'il m'emmène « chez lui » – c'est en effet la résidence même du gouverneur qui a été mise à la disposition de Bourguiba, son palais ayant pour vocation de devenir un musée. Nous longeons l'aéroport international de Monastir qui porte en grosses lettres le nom de « Aéroport Habib Bourguiba ». Nous empruntons une avenue qui elle aussi porte son nom et contournons une place où se dresse toujours l'immense statue de l'ancien président. Le gouverneur insiste : rien n'a été débaptisé. Nous sommes loin de cette époque récente où l'on faisait courir certaines rumeurs destinées à discréditer la fin du règne de Bourguiba jusqu'à mettre en cause tout son passé. Il avait été aussi question, le gouverneur ne s'en souvient pas, de déboulonner les statues dans différentes villes.

La résidence du gouverneur, à quelques kilomètres de la ville, est entourée d'un jardin un peu abandonné mais dont on ne peut aujourd'hui décider si son désordre n'est pas imputable aux vents de l'automne commençant et aux averses tropicales qui se sont abattues sur la région quelques jours auparavant. Nous sommes accueillis par deux soldats qui font avec nonchalance fonction de sentinelles ; puis un jardinier ; enfin par un homme jeune en blanc, vêtu à l'européenne, mais dont je vais me rendre compte qu'il sert au président détenu à la fois d'infirmier, de secrétaire et de lecteur. On me fait pénétrer dans un grand salon où le canapé et les fauteuils usés marquent encore le côté abandonné, en dépit de la propreté irréprochable de l'ensemble. Sur l'un des murs, il y a un immense portrait tout récent, donc peu avantageux, de Bourguiba, portrait commandé par le président en exercice Ben Ali et destiné à être installé dans le salon du palais de Carthage réservé à tous les anciens présidents et monarques de la Tunisie. Sur les rayons de la très pauvre bibliothèque, il y a une dizaine de volumes consacrés aux grands héros de la Révolution française. A côté, en bonne place, je retrouve le fameux portrait de Mendès France avec la dédicace de l'ancien président du Conseil français, très élogieuse et affectueuse pour son ami tunisien. Près du fauteuil qui attend Bourguiba, sur un petit tabouret, on a placé un numéro du *Nouvel Observateur* ouvert à la page de mon dernier éditorial sur la mort, en Yougoslavie, de notre ami Pierre Blanchet.

De la pièce où je me trouve, je peux voir le long couloir qui débouche sur le salon. J'aperçois se dirigeant vers moi, à peine quelques minutes après mon arrivée, appuyé sur sa canne et soutenu par le secrétaire, cet homme de quatre-vingt-onze ans, l'âge du siècle, qui, après avoir passé une bonne partie de sa vie dans les prisons françaises, et après avoir connu toutes les autoritaires ivresses et toutes les gloires du pouvoir absolu dans un pays trop petit pour contenir l'espace de sa renommée, se voit enfermé du fait de la patriotique ambition de quelques Brutus aujourd'hui bienveillants. Enfermé par l'âge aussi, bien sûr. Et par la maladie. Il se déplace à tout petits pas saccadés, ses pieds paraissent seuls mobiles au bout d'un corps raide et d'un visage figé. Il porte comme avant la tête haute mais, cette fois, on semble l'avoir vissée sur son cou dans une position définitive, et le menton dressé ne paraît plus doté de la possibilité de s'abaisser. Il a su que j'étais dans le salon et, de loin, il me salue de sa canne avec un reste de panache sinon de majesté. Il dit d'une voix qu'il veut rendre forte et en s'étranglant un peu : « Ah Daniel, Jean Daniel, mon ami », il s'approche toujours à très petits pas sans jamais lever le genou, en faisant parfois glisser ses pieds sur le sol, et il dit encore : « Mon compagnon des temps héroïques, je vous attends depuis si longtemps ! » Je vais à sa rencontre, m'approche de lui, il me tire alors vers ses joues pour que je l'embrasse, lui mime plusieurs fois un baiser de ses lèvres immobiles, puis il se délivre de son secrétaire, s'appuie sur mon bras et me conduit dans le salon vers la bibliothèque. Il prend le portrait de Mendès France et il entreprend de lire une dédicace qu'il sait par cœur mais dont il déchiffre, en marmonnant, chaque mot tandis qu'une larme coule sur sa joue, qu'il ne fait rien pour retenir. Je l'aide dans sa lecture mais il décide que le gouverneur, le secrétaire et moi-même allons relire tout haut, avec lui, le texte sacré, l'hommage qui constitue « la fierté de sa vie ». Cette photo dédicacée de Mendès France n'a jamais quitté le bureau présidentiel de Bourguiba pendant tout son règne. Chaque visiteur a eu pendant trente ans à subir la même scène. Pour moi, jusque-là, rien n'est donc sénile dans cette cérémonie initiale puisque j'ai été, vingt fois au moins, invité à y participer au temps de la splendeur du prince.

Lorsque enfin nous revenons vers le fauteuil, qu'il s'assoit et qu'il m'invite à m'asseoir, il me prend une main qu'il ne lâchera pas pendant tout l'entretien. Il est impeccablement vêtu. Le col de sa chemise bleue est amidonné. Le pli de son pantalon a été surveillé. Il fait penser à ces vieillards trop soignés que l'on voit sur les bancs des luxueux parcs de certaines villes d'eaux. Il ne paraît pas être incommodé par une grosse mouche qui parcourt son front avec insistance, que nous nous acharnons, le gouverneur et moi, à écarter de lui et qui revient sans cesse. Au point que je me demande s'il n'a pas une zone d'insensibilité : les mouches en cette période de l'année piquent en effet de manière désagréable. Lui est en fait plus impatienté par notre geste (qui lui semble manifester une inattention) que par cet obsédant insecte qui nous agace parce qu'il souligne ses déficiences.

Comme pour me rappeler à lui, Bourguiba déclare, montrant le journal : « Je ne manque jamais de lire vos articles, c'est terrible cette guerre de Yougoslavie. Et cet ami que vous avez perdu et qui a dû vous rappeler de mauvais souvenirs. » Il paraît si loin, sa voix vient des origines du siècle. Comment le présent peut-il lui être familier ? J'observe qu'il paraît se tenir « informé de tout ». Il répond qu'il lit tous les jours *le Monde* et *le Figaro*. Et la presse tunisienne ? Bourguiba a un geste de mépris et il dit qu'il lui suffit d'écouter la radio. Le drame yougoslave l'émeut-il ? « Ce qu'il y a de plus tragique, répond-il, ce ne sont pas les guerres d'indépendance contre l'étranger, ce sont les guerres civiles qui les suivent. J'ai évité cela à mon pays. » C'est la raison qu'il a toujours donnée pour justifier l'élimination de son premier rival au moment de l'indépendance, Salah Ben Youssef. Je sens, je devine qu'il s'apprête à me reparler de Mendès France et des accords de Carthage, je lui presse alors la main et lui dis que j'ai d'autres questions à lui poser et que je ne veux pas le fatiguer trop longtemps. « Pourtant, insiste-t-il, je suis sûr qu'il y a un mot que vous ne connaissez pas. Écoutez-moi : après les accords de Carthage, Mendès France m'a dit : “ Ce que je viens de faire avec vous pour la Tunisie, les Français ne me le pardonneront jamais. ” Et il a eu raison. » Englué dans le sujet, je lui fais tout de même remarquer que si les ennemis de Mendès France lui ont fait payer les accords de Carthage lorsqu'il était au pouvoir, l'Histoire, elle, s'est chargée de lui rendre justice. Il se met à trembler, à bégayer, comme s'il avait une conception très claire des mots qu'il lui importait de prononcer et qu'il se heurtait aux moyens mécaniques de les articuler et il finit par dire : « L'Histoire peut-être, moi sûrement, mais les Français, non. » Ce sera ainsi pendant toute la conversation : chaque fois qu'il dira quelque chose, ce sera dans un tel contexte d'hésitations que l'on s'émerveillera que les propos prononcés soient si pertinents. Car le vieux président répète, ou radote, ne se rendant pas compte qu'il a abordé un sujet quelques minutes avant, mais il ne délire pas, il ne dit rien d'inconséquent. Au contraire. Sur la guerre du Golfe, il trouve l'énergie, se détachant enfin de moi, de lever ses deux bras au ciel et de dire : « Ce Saddam Hussein, comment a-t-il cru pouvoir réussir alors que les États-Unis et la France étaient contre lui. Et aussi l'Angleterre, et aussi les Arabes, l'Égypte et la Syrie, mais surtout quand on a les États-Unis et la France, la France et les États-Unis ! Je l'ai dit aux miens, je l'ai toujours dit, il ne faut jamais se séparer de ces deux pays. » Sur les islamistes, Bourguiba répond avec une nuance de lassitude, comme si on savait depuis toujours ce qu'il en pensait : « Ces gens qui prétendent être plus musulmans que les autres. Quel gâchis. Comme si nous n'étions pas tous musulmans, l'islam, enfin... l'islam ! Tous ces jeunes gens qui maintenant, paraît-il, c'est ce que j'entends, c'est ce qu'on me dit, deviendraient des *terroristes*, feraient des complots alors qu'ils ont la chance de pouvoir étudier, de préparer l'avenir pour que leur pays soit moderne. » Je lui dis qu'on se méfie de la modernité. Il manque de s'étouffer. Ensuite il en bave : « Demandez donc aux femmes que j'ai libérées ! Demandez-leur si elles se méfiaient ! Je compte sur elles ! Je n'ai confiance qu'en elles pour lutter contre l'obscurantisme ! Bourguiba restera le grand, l'unique libérateur des musulmans. » Je lui dis qu'il y a beaucoup de Tunisiens en France. Réponse : « Très bien, ils vont pouvoir apprendre. » Je lui dis que certains Tunisiens peuvent devenir français. Que c'est un débat, que le roi du Maroc s'y oppose pour ses sujets. Réponse : « Je n'y vois aucun inconvénient. Si c'est leur choix. Après tout, j'ai bien épousé une Française. » Je lui dis qu'épouser une Française, ce n'est pas exactement épouser la France. Il répond d'un geste vague qui signifie après tout, pourquoi pas. (Le gouverneur me dira ensuite que, pour Bourguiba, choisir la France, ce n'est pas trahir la Tunisie.) Bourguiba me raconte l'histoire de sa rencontre avec sa première femme, Mathilde, la Française admirable, parente d'un ami français qui l'avait aidé au sortir de l'une de ses prisons. « Elle a fini, dit-il, par se convertir à l'islam une fois que je me suis séparé d'elle. » Bourguiba ne me paraît pas touché outre mesure par ce geste. En revanche, je le fais parler de Wassila, cette maîtresse-femme, sa seconde épouse, dont on dit qu'il l'aime toujours, qu'il la réclame mais qu'elle ne veut pas, elle, revenir près de lui : « Un jour, Wassila a publié un entretien dans *Jeune Afrique* où elle était sévère et même un peu grossière envers mon gouvernement. Je lui ai demandé des comptes; elle a refusé de m'en donner. Et puis autour de moi, on s'est mis à dire que " l'opposition était dans mon lit ". C'est un mot qui se répandait dans tout le pays. Un mot amusant, j'en ris aujourd'hui mais il était terrible. J'ai patienté et puis un jour, pour me délivrer de " l'opposition ", j'ai dû la faire partir " de mon lit ". J'ai introduit une procédure de divorce... (silence)... que j'ai d'ailleurs gagnée! (Rire.) Et pourtant, je l'aimais. Mais je ne sais pas pourquoi, chaque fois que je lui demandais des explications, elle me tournait le dos et puis elle criait : " Mzali " sans que j'arrive jamais à comprendre pourquoi. Et surtout, elle me tournait le dos quand je lui parlais et je n'ai pas pu le supporter. Elle tournait le dos à Bourguiba... »

Je demande au président s'il ne lui manque rien. Il fait comme si ma question était étrange, comme s'il ne la comprenait pas vraiment et surtout peut-être comme si elle n'avait pas grand sens dans son état, dans ces lieux, devant ce gouverneur. Peut-être veut-il signifier qu'il n'a plus de désirs ? Qu'il en a eu et qu'on ne les a pas satisfaits ? Il me semble que je vois passer toutes ces choses tandis qu'il fronce un peu le sourcil, seul trait mobile de son visage, sur un regard perdu dans le vague. Il finit par dire que non, qu'il ne manque de rien, qu'il voudrait bien voir sa nièce parce qu'il a appris qu'elle était revenue, qu'on l'avait aperçue dans les parages. Il regarde le gouverneur en disant que le président Ben Ali ne peut s'y opposer. Le président actuel est d'ailleurs tout à fait courtois : il lui a adressé des vœux écrits de sa main et un grand bouquet de fleurs le jour de son anniversaire, le

3 septembre dernier. Il me montre les fleurs, à côté des volumes sur la Révolution française. Que lit-il dans ces volumes en ce moment ? Il s'anime soudain : il lit Charlotte Corday. Pourquoi elle ? Que dois-je comprendre ? Il me dit ou plutôt il pense tout haut : « Elle a trouvé Marat dans sa baignoire, elle ne s'attendait pas à le trouver là, on ne s'attend jamais à trouver les gens là où ils sont. » Pense-t-il à lui-même ? Pourquoi le personnage de Charlotte Corday l'intéresse-t-il ? « Mais c'est une histoire prodigieuse », répond-il en s'étonnant que je puisse poser la question. Oui mais en quoi, plus spécialement ? Il se contente de m'inviter à relire tous les détails de l'assassinat de Marat.

Je ne sais quelle association d'idées me fait revenir sur les islamistes. En fait, je ne sais comment éviter un retour à Mendès et je m'empare de n'importe quel sujet. Dans ce tri mystérieux que sa conscience opère, tantôt refusant une question, tantôt s'attardant sur une autre, je commence à comprendre le subtil mécanisme de ses réactions. Dès que le présent l'agresse en lui rappelant sa condition, il se réfugie dans la gloire d'un passé, dont Mendès France apparaît à certains moments comme l'exclusif symbole. Mais les islamistes lui font évoquer sa puissance, et là, il ne fuit pas le sujet. Quelle puissance ? Son *caractère*. Il dit qu'il faut avoir de la force de caractère pour refuser, par exemple, une grâce à un condamné à mort. De la cruauté aussi peut-être ? Ou de l'indifférence ? Non, répond-il : du *caractère*. « Quand les avocats sont venus me présenter le dossier des intégristes condamnés à mort, je leur ai demandé : se sont-ils repentis ? Ils m'ont répondu non. J'ai posé la question : ont-ils demandé le recours en grâce ? Ils m'ont dit non. Je me suis dit, ce sont des fanatiques, mais ils ont du caractère, j'en aurai donc autant qu'eux. » Bourguiba me presse la main à ce moment-là comme pour vérifier dans mon corps l'existence d'un désaveu qu'il devine mais qu'il n'entend pas de mes lèvres. Je lui demande alors : « Vous ne regrettez rien ? » Il sursaute : « Comment donc ! Au contraire. C'est là, dit-il, que j'ai été le plus conscient de mes responsabilités, le plus capable de les remplir. De toute manière, si vous graciez les fanatiques, tôt ou tard vous deviendrez leur victime. »

Ainsi Bourguiba ne regrette rien ? Je m'aventure, je me hasarde à lui demander si, tout de même, il se souvient de Bizerte et s'il ne regrette vraiment rien. Qu'ai-je dit ! Aussitôt son tremblement est plus vif, son bégaiement revient, avec l'irritation c'est la vie même qui colore son regard : « Bizerte, dit-il, mais vous devriez en savoir quelque chose. Cet amiral Aman, qui était intraitable, qui commandait la base, et que de Gaulle a ensuite récompensé en le nommant gouverneur de Brest! qu'est-ce que je pourrais bien regretter ? Qu'est-ce que vous avez dans l'esprit ? » Je lui fais remarquer que les Algériens pourtant alors en guerre contre la France ne s'étaient pas solidarisés avec lui. Il répond : « Ah, les Algériens, c'est comme les Palestiniens, ils n'ont pas toujours compris Bourguiba. » J'essaie de poursuivre sur Bizerte ; il s'évade en parlant de De Gaulle, de la façon dont ce dernier a quitté le pouvoir, il dit que Masmoudi l'en avait toujours prévenu. Quel rapport ? Aucun. La confusion ne survient ici que parce que la question évoquée souligne ses faiblesses anciennes, sa faute. Bizerte est un crime sans doute perpétré à deux, mais Bourguiba y a sa belle part, il doit le savoir, il le sait. Et il reprend sur un autre sujet : « Ce Baker, le ministre américain des Affaires étrangères, il a l'air de faire du bon travail, mais je me demande si Arafat est capable de comprendre. » Bourguiba n'a jamais aimé Arafat.

Le secrétaire me fait un signe pour me faire comprendre que Bourguiba semble soudain fatigué. Le vieillard a vu le signe et il entreprend aussitôt une diversion. Il dit qu'il a essayé de m'écrire, en fait qu'il m'a écrit et que je ne lui ai pas répondu. Je regarde le secrétaire et le gouverneur, m'apprêtant à dire que je n'ai jamais rien reçu. Aussitôt, Bourguiba se corrige : « En fait, on n'a pas trouvé votre adresse, celle qui est dans le journal est très compliquée, je ne pourrais pas vous dire le nom de la rue, alors que les noms des rues de Paris m'ont toujours enchanté. Ainsi je me souviens de la rue de l'Estrapade, pourquoi – l'es-tra-pa-de ? Savez-vous d'où vient ce mot ? J'ai toujours aimé aller rue de l'Estrapade pour voir écrit le nom de la rue. Ah l'Estrapade ! Vous allez parfois dans cette rue ? Allez-y en pensant à moi. Voilà qu'on me fait signe, peut-être nous faut-il terminer l'entretien mais attendez, j'ai préparé un souvenir pour vous. » Il se lève. Le secrétaire lui tend un portrait de lui-même, Bourguiba, qu'il me remet. Il est tout jeune alors sur cette photo. Il s'est laissé pousser la barbe. Il ressemble à la fois à Guevara, à Garibaldi, à un conspirateur russe, c'est une photo célèbre : jamais Bourguiba ne retrouvera ensuite ces traits de révolutionnaire inspiré, presque christique. Il s'attendrit en se contemplant. Il me rappelle les circonstances qui l'avaient conduit à travestir son visage. Il était pourchassé par les Français. C'était sa fuite en Égypte au travers du désert libyen.

Nous sommes debout pour les adieux : « Ne partez pas, dit-il, restez encore un peu. Nous allons relire la dédicace de Mendès France. Non ? Nous allons parler d'autre chose, de tout. S'il faut qu'on se sépare, faites-moi la promesse de revenir, oui de revenir avant... enfin, vous voyez, avant... Vous avez vu mon mausolée ? On l'a conservé, mais vous savez ce qu'il y a de plus précieux dans ce mausolée, c'est un cercueil, une modeste caisse de bois que les gens du peuple ici ont construite pour moi, de leurs mains, et qu'ils m'ont offerte ; il n'y a aucune raison pour qu'on ne me laisse pas y reposer, le président Ben Ali me laissera y reposer, j'en suis sûr... Pourquoi s'y opposerait-il ? Revenez, Jean Daniel, c'est promis ? Je vous attendrai... » Il tremble en m'embrassant. Trop longuement aux yeux du gouverneur qui, peut-être d'ailleurs pour me délivrer, desserre l'étreinte.

Le vieux combattant est entraîné par le gouverneur. Je passe sur la véranda et je les entends parler de la visite souhaitée de la nièce. Le gouverneur le rassure. Puis j'aperçois Bourguiba qui traîne ses petits pas d'enfant dans l'étrange attitude d'un chef qui salue des deux bras, depuis un balcon fictif, une foule imaginaire. Il a l'air d'interroger tous les spectres réunis de sa splendeur passée, de sa puissance disparue.

L'ADIEU AU SIÈCLE

Le téléphone a sonné, cette nuit du 19 au 20 septembre 1991. Un rédacteur en chef de l'Agence France Presse me réveillait pour m'informer que Pierre Blanchet, grand reporter au service étranger du *Nouvel Observateur,* venait de sauter sur une mine près de la petite ville de Petrinja, en Croatie. Mort sur le coup.

Il avait atteint Zagreb par l'Italie. Arrivé dans la capitale croate, il avait téléphoné à sa femme. Tout allait bien. Trop bien, à ses yeux. Il lui fallait se rendre là où on lui avait dit qu'on risquait de se battre. Nous l'avions vu partir sans nous attarder aux risques qu'il prenait. Pas seulement parce que c'est le métier de prendre des risques mais parce que lui, Pierre Blanchet, n'avait jamais l'air d'en prendre. Il bourlinguait sur tous les théâtres d'opérations du monde avec une telle nonchalance apparente, une distance si désenchantée qu'on ne songeait même plus à l'inciter à la prudence, encore moins à le retenir dans ses élans. Lorsque le permanent de l'AFP m'a téléphoné, il n'était pas totalement certain que Blanchet fût mort. Pendant une heure, on a cru qu'il était « seulement » grièvement blessé. Sous le choc, j'ai revu aussitôt les images de Bizerte. Pas des autres guerres. Pas de la « grande ». Bizerte inscrite dans le corps. Une route, des voitures brûlées, des corps déchiquetés, l'affreux hôpital de campagne, le transport dans de sordides petites ambulances. Malgré tous les prétextes, les alibis et les vraies raisons, en dépit du fait que chacun est volontaire, qu'il prend ses responsabilités, qu'il sait ce qui peut lui arriver, j'ai pensé que nous l'avions envoyé à la mort. Je me demandais pourquoi, au nom de quoi, pour servir quelle cause.

Pierre Blanchet, ce « faux mou », dit Serge Lafaurie. A cause de son air penché, de son élocution lente, de sa démarche de traînard, et du fait qu'il était sur place sans qu'on ait su comment, sans qu'on l'ait entendu se préparer, ou commenter son voyage, chaque fois que cela « chauffait » quelque part. Le contraire d'un héros, d'un Rouletabille, d'un cascadeur : il voulait être là où cela se passe non pas pour y être allé mais pour y être, pour se faire une idée par lui-même. Car ce faux mou était aussi un faux sceptique. Cet ancien mao croyait en quelque chose. A la vérité, par exemple. En tout cas, à la sienne. Il croyait, lui, à l'information, c'est-à-dire à la peine qu'il faut parfois se donner pour dégager un fait, pour le mettre ensuite en perspective. Il avait voulu aller en Yougoslavie, simplement parce que c'était là qu'il fallait aller, là où tout se passait. Pas de question à se poser. Il avait dit : « Je veux aller voir. » C'était presque l'unique mot prononcé par lui au cours d'un débat qui avait eu lieu au journal le soir de bouclage, le mardi qui avait précédé son départ. Un débat qui opposait sans passion, mais non sans arrière-pensées, ceux qui comprenaient que les Croates voulussent bouter les Serbes hors de chez eux, et ceux qui trouvaient irresponsables les actions de harcèlement des Croates contre les casernes serbes assiégées. Il fut question du passé fasciste des oustachis et des anciennes razzias des impérialistes serbes. Les arrière-pensées opposaient ceux qui trouvaient que les réserves sur le nationalisme croate révélaient à la fois une peur chauvine des Allemands et une infidélité aux millions de victimes du bolchevisme, et ceux qui s'alarmaient de voir un nationalisme dériver dans une barbarie aussi funeste que celle du marxisme-léninisme. Le pire échec du communisme, disaient les uns, c'est de n'avoir rien changé à la sauvagerie tribale et à la religion des frontières. A quoi les autres répondaient que les Serbes se conduisaient comme des communistes nationalistes n'ayant rien oublié de leur passé impérial, ayant tout appris des méthodes bolcheviques. Un débat comme nous les aimons au journal, où chacun se défoule, qui se prolonge par des échanges de lettres personnelles les jours qui suivent, et qui, parfois, provoquent dans les articles des uns et des autres des différences de ton auxquelles le lecteur n'est pas toujours sensible.

Donc lui, Pierre Blanchet, répétait qu'il voulait « aller voir ». Qu'il voulait se rendre compte par lui-même. De quoi peut-on se rendre compte ? N'est-on pas toujours condamné à être dans la peau de Fabrice à Waterloo ? Pierre n'en croyait rien et je le comprenais. D'abord parce que le Fabrice de Stendhal n'avait pas appris à se méfier de lui-même, ce qui n'était pas son cas; ensuite parce qu'il était un homme de sensibilité, d'intuition. Il avait des antennes. Il ne savait pas reconstruire. Il savait flairer. Il savait comparer. De plus, il partait avec l'idée que rien n'était noir ou blanc, qu'ils avaient tous plus ou moins raison, ou plutôt tous plus ou moins tort. Il disait qu'il voulait aller voir ce que donnait sur place le nationalisme, phénomène dominant de cette fin de siècle, libérateur pour les uns, barbare pour les autres. Ce qu'il donnait en Yougoslavie ? Pour le moment, à l'évidence, des atrocités.

Et je me suis trouvé une fois encore dans une église, à prononcer un hommage funèbre. La première fois, c'était à Vézelay, pour Clavel. La deuxième pour Hector de Galard, à Saint-Germain-l'Auxerrois. Cette fois, c'était aux Invalides. Pierre Blanchet était pupille de la nation. Son père était mort en Normandie, pendant les premiers combats de la Seconde Guerre mondiale. Le général Georges Buis, compagnon de la Libération, mon ami depuis la guerre d'Algérie, avait désiré pour lui, et peut-être un peu contre ses amis, la solennité militaire. C'est hors de l'église, dans la célèbre cour, que j'ai dit quelques mots dont je reprends ici la substance parce qu'ils m'ont aidé à exprimer une réflexion sur notre métier.

J'avais mis du temps, du fait de sa réserve, à découvrir ce que j'ai connu de Pierre Blanchet, et qui avait fini par m'inspirer pour lui un si tendre respect. Du fait de sa réserve mais aussi, peut-être, en raison d'un itinéraire qui pouvait inciter à des préventions. Il avait été maoïste, militant de la Gauche prolétarienne, et l'on était tenté d'en déduire que, de ce voyage dans l'illusion lyrique et dans l'engagement en somme religieux, il n'avait su revenir, comme certains, que pour se promener dans la dérision. Sa démarche même et ses geste imprégnés de lassitude et d'humour entretenaient cette erreur d'appréciation. On pouvait se dire, et j'étais prêt à le comprendre, que l'abandon de la foi ne pouvait déboucher que dans un regard sceptique sur la comédie humaine et sur le spectacle que, depuis l'irruption de l'audiovisuel, elle se donne à elle-même. Ceux qui ne croient plus ne veulent plus s'en laisser conter. Ceux qui ont abattu leurs idoles sont plus que les autres habités par le souci de débusquer l'idolâtrie au détriment de toute fraîcheur d'accueil. Nous faisons de plus un métier, le *journalisme*, dont le nom même traduit l'instant, l'éphémère, et qui inocule le sens de la vanité puisqu'il nous faut travailler avec l'étrange idée qu'une vérité peut n'être que celle du jour. Le pendule oscille alors entre l'Histoire considérée comme le fameux conte plein de bruit et de fureur, et le monde perçu comme un spectacle indifférent dont on change à peine le décor. On finit, puisque tout est égal, que tout se vaut, et qu'au mieux tout est marchandise, à substituer le savoir-faire au savoir, le vraisemblable au vrai, le jeu au sens. On est mûr alors pour préférer la petite phrase à l'exposé, l'image à l'écrit et la publicité à la création.

J'ai observé bien des êtres qui dévalaient cette pente. A partir du moment où l'on s'y engage, et tout nous y invite, on ne sait plus ce que signifie le mot même d'imposture. C'est pourquoi j'ai été saisi que, dans la discrétion la plus totale, l'effacement le plus complet, un Pierre Blanchet, revenu de tout, n'eût cédé à rien. Dans ce qu'on appelle aujourd'hui le professionnalisme, et qui prétend justifier tant de dérives, de désinvolture ou de mépris des autres, bref tant de cynisme, Pierre avait au contraire trouvé, et le plus tranquillement du monde, comment dire, son *aire d'impératifs*. Cet homme jeune rejoignait ainsi la vieille école de l'exigence. Une école qu'avait incarnée Guy Dumur, un homme plus proche de moi par l'âge et par l'itinéraire, et que je voyais relire un volume entier de la Pléiade avant d'accomplir son sacerdoce, rendre compte d'une pièce de Racine. J'ai admiré la façon dont, chez Pierre Blanchet, sans évidemment qu'il prononçât le mot, les « devoirs » s'imposaient, comment les illusions lyriques avaient fait place à une sorte de nécessité dépouillée et comment, dans ce siècle de la fin des utopies, tarte à la crème, il avait conservé intact ce fil ténu mais solide qui conduit à chaque instant à retrouver des hiérarchies, des obligations. J'ignore, j'ai ignoré si, à ses yeux, ou plutôt au fond de son cœur, la source de ses impératifs était dans l'au-delà. Mais il se conduisait comme un homme qui s'éloigne du mensonge sans en attendre de récompense. C'est l'une des définitions possibles du métier d'homme.

Je ne sais pas trop pourquoi dans les églises il me semble toujours dire adieu au siècle. Peut-être parce qu'on est transporté ailleurs et dans un univers clos. Peut-être parce que certaines cathédrales évoquent des sociétés disparues. Peut-être parce qu'il m'apparaît dans ces lieux qu'on ne retrouvera plus jamais l'équilibre, la sécurité et la certitude qui les remplissent. Mais il est vrai que la mort de Blanchet au cours d'une guerre, qui lui était presque indifférente, où les enjeux n'étaient clairs pour personne, la disparition pleurée dans une église de cet incroyant qui avait basculé d'une foi temporelle dans l'implacable lucidité, tout cela m'a donné l'impression d'une transition vers l'inconnaissable, l'impression d'un *passage*. On allait vers d'autres temps, vers autre chose.

Je m'avise soudain que le fait pour moi de me trouver dans une église ne me pose aucune question particulière. J'ai fini par être, dans mes voyages, si familier de cette architecture; des cathédrales, abbayes, et autres collégiales sont si associées à mes découvertes touristiques comme à mes émotions esthétiques; je suis si imprégné, par Michelet, Duby, Le Goff et tant d'autres, de leur histoire qu'il m'a fallu le regard des autres ou l'écoute de certaines observations, d'ailleurs amicales, pour me rendre compte que ma présence répétée dans les sanctuaires du catholicisme pouvait avoir quelque chose de significatif. « C'est bien que ce soit vous qui soyez là en notre nom », m'avait dit Claude Mauriac à Vézelay. Je m'y sentais bien en effet. Je me serais trouvé aussi bien dans les synagogues de Prague et de Cordoue – ou dans la mosquée de Kairouan. Pour certains, le fait qu'un juif fût souhaité dans les lieux de prières réservés aux catholiques avait un sens.

Quel sens ? Démonstration peut-être pour les uns que le catholicisme pouvait être accueillant sans prosélytisme. D'autres paraissaient respirer un parfum de transgression qui épiçait une célébration trop convenue. Je ne pouvais rien partager de cet état d'esprit pour les raisons que j'ai dites mais aussi pour d'autres qui concernent ma propre famille. Ou plutôt sa descendance, cette vaste colonie de petits-fils et de petits-neveux, pratiquement tous issus de mariages mixtes, ayant gardé entre eux des liens qui avaient uni leurs parents et leurs grands-parents, mais pratiquant tous les rites, célébrant toutes les fêtes, ayant engrangé la mémoire collective du noyau originel, de Jules et de Rachel, et prolongeant cette mémoire indifféremment dans des synagogues, des temples protestants, des églises catholiques. Après la dispersion de l'auguste famille, le plus âgé des frères en vie avait pris l'initiative de réunir chez lui, une fois par an, pour le Grand Pardon, tous les enfants et petits-enfants de religions différentes. A la fin de la journée de jeûne, de moins en moins observé, au moment de la bénédiction vespérale, sous le châle de prière qui nous rappelait les moments de la gloire paternelle, tous ces rejetons lointains et différents de la lignée, celle de notre père qui était sur terre et non aux cieux, se retrouvaient pressés les uns contre les autres avec la nuance de gouaille et de distance propre aux adolescents, s'étonnant peut-être eux-mêmes de ne pas trouver cette situation étrange, mais d'évidence réchauffés de cette proximité entre eux, par la grâce d'une protection dont ils devinaient à peine les origines. Sans le savoir, sans le prévoir, c'est pour eux aussi probablement que j'avais écrit un recueil de souvenirs d'enfance qui fixait un certain nombre d'images, de mots échangés, de rites, de comportements, et dont chacun de ces gosses, en imagination, se rapprochait. C'est avec le plus grand naturel, l'an dernier, que deux jours après la cérémonie du Grand Pardon, nous nous sommes presque tous retrouvés dans une église pour la première communion d'une petite nièce. Je ne puis penser à cette façon de vivre les religions ou l'incroyance sans un sentiment de gratitude pour le patriarche de Blida, silencieux et austère, qui, par son seul exemple, s'est imposé sur des générations.

On peut comprendre comment, les religions étant devenues une affaire de famille, le sentiment religieux, sinon la foi, ne me fut jamais étranger, et pourquoi je me suis intéressé avec tant de passion à l'histoire des religions puis, trop tard, à l'histoire des mythes. Je n'ai jamais eu d'effort à faire pour comprendre que l'homme pouvait mourir pour la liberté et qu'il ne pouvait pas vivre d'elle seule. Qu'il pouvait aspirer à l'universel, c'était sa noblesse, mais seulement à partir de racines et d'incarnation, c'était sa condition. Et quand, en Sorbonne, il me fut donné d'étudier certains textes classiques de Hobbes, de Locke et d'Edmund Burke, quand plus tard, grâce aux commentaires de Raymond Aron, j'ai lu les réflexions de Tocqueville sur la décadence de l'homme privé de religion et doté de liberté politique, il m'a semblé reconnaître, traduit dans des concepts trop abstraits, tout ce qui avait nourri mon enfance. C'est peut-être pourquoi j'étais mieux préparé que d'autres à discerner le caractère fragile et insuffisant de la liberté et à exiger que la démocratie fût toujours colorée d'une dimension épique. Au fond de moi-même, sans en avoir une conscience précise, j'ai dû toujours penser que la liberté se payait. Je n'étais pas indigné qu'Ève, après avoir croqué la pomme, premier acte de liberté, fût punie. Et que Prométhée, après avoir volé le feu du ciel, acte suprême de liberté, fût condamné à avoir le foie dévoré. J'ai appris dans Nietzsche la solitude de la liberté : il en voyait la gloire, j'en voyais le tragique.

Camus me confortait, bien sûr, dans cette idée. Mais il m'inquiétait aussi. Comme ce n'était pas une âme tiède, qu'il ne pouvait voir dans la liberté que la responsabilité, et dans la démocratie qu'une organisation visant à concilier la vertu et le bonheur, il se plaçait dans cette tension qui bande l'esprit jusqu'à le consoler de notre condition. Mais il voulait davantage. Camus faisait de son héros un homme perpendiculaire, un homme de midi, sans ombre, sans Dieu, son regard fixé sur un destin, intégrant l'absurde divorce entre l'absolu de la beauté et l'omniprésence du Mal, remontant chaque jour son rocher de Sisyphe, mais de plus, ce qui me désarmait et m'alarmait, Camus privait son héros d'espérance. Plus de différence à ce niveau entre l'illusion et l'espoir. L'espoir, c'est la dernière des illusions et la plus pernicieuse. C'est l'idée que la minute qui va suivre puisse être meilleure que celle que l'on vit. De tous les funestes concepts tirés de la boîte de Pandore, c'est selon Camus l'espoir qui nous faisait le plus de mal. La collection que Camus avait dirigée s'appelait bien « L'espoir », mais à lire tous les titres publiés, on comprenait bien qu'il s'agissait d'un espoir impossible. On est rarement allé plus loin dans cette mise à nu de l'homme. Privés de religion, privés de sens, privés d'espérance, condamnés à vivre écrasés par le soleil du présent, nous ne pouvons le défier que par une liberté tendue : voilà l'homme tel que Camus l'inventait et qui ressemble comme un frère à celui de notre fin de siècle et de millénaire.

C'est à la mort de Pierre Blanchet que j'ai pu retrouver cette idée du métier d'homme. J'en aime l'expression, sa modestie, sa fermeté aussi. Je crois que Péguy l'a employée. Je sais que Sartre la détestait. Elle fait un peu compagnon qui fait son tour de France. Mais tout m'a semblé la rajeunir. Lui rendre sa fraîcheur première et son côté abrupt. Cela sonne comme la force des choses, l'impératif familier. On fait son métier parce qu'il faut le faire. Parce qu'on a été programmé pour le faire, parce qu'en le faisant on ratifie sans cesse cette programmation. Encore faut-il avoir un métier et qu'il ne soit pas aliénant ? Sans doute. C'est notre cas. Mais de toute manière, le terme de métier est pris ici au sens le plus large. Peut-on vivre sans utopie ? La science peut-elle servir de substitut ? Faut-il retrouver la simplicité de ceux qui, dans notre préhistoire, se livraient à la chasse et à la pêche, ne se posaient pas la question de savoir s'il y a une raison valable de se lever le matin ? A la fin des fins, et puisque nous vivons désormais sous le signe de l'incertain, de l'improbable et de l'imprévisible, nous pouvons au moins nous arrimer à quelques données simples. L'homme ne fait pas son métier hors de son temps, de sa patrie, de sa famille, de son milieu naturel. Mais il dispose, on ne sait par quel miracle, de quelques impératifs qui l'empêchent de considérer son temps, sa patrie, sa famille et son milieu naturel comme des déterminations absolues. On ne peut accepter l'indispensable fidélité aux racines qu'en la corrigeant à chaque instant, à la lumière de l'universel. Ce n'est pas une recette du bonheur. C'est la seule manière que j'ai trouvée de m'accommoder de la condition humaine. Ce n'est pas simple ? Rien n'est simple. Mais la complexité m'a trop souvent servi de chaise longue pour que je m'y attarde encore. On peut se prélasser aussi dans l'écartèlement. J'y reviendrai. L'adieu au siècle, ce n'est pas l'adieu aux utopies, c'est l'adieu au confort intellectuel.

IMPROMPTUS MAROCAINS

Je suis loin d'imaginer ce qui m'attend lorsqu'un jour de décembre 1989 j'accepte la proposition de François-Henri de Virieu de participer à son émission « L'heure de vérité », consacrée, cette fois, au roi du Maroc. Je me doute bien qu'il me reviendra d'aborder la question du respect des droits de l'homme. Mais après tout, j'en ai l'habitude. C'est une question que j'ai déjà posée en conclusion de trois entretiens que j'ai eus avec Hassan II. Chacun sait à la cour du monarque comme dans l'opposition que la gestion de l'amitié franco-marocaine passe à mes yeux par la libération des détenus politiques. Et chacun m'encourage à maintenir à cet effet des rapports avec le palais royal.

Mais lorsque M. Basri, ministre « de l'Intérieur et de l'Information » me téléphone pour me féliciter d'avoir été choisi par « Sa Majesté » pour être l'un des invités de M. de Virieu, je comprends que le ministre marocain entend m'obliger. Impression confirmée dès mon arrivée à Rabat. Je reçois des émissaires, autorisés ou non, qui entreprennent de me persuader que je dois renoncer à poser la question du sort réservé à certains prisonniers *si je veux vraiment que ce sort soit adouci*. Le roi, dans le privé, c'est prévu, saura m'entendre et me surprendre. Mes interlocuteurs sont pressants, embarrassés, inquiets. Moi aussi.

Vient l'heure de l'émission. Et quand c'est mon tour de questionner le roi, je suis à bout de nerfs. Je ne sais plus à qui je nuirais le plus en formulant les observations que j'ai préparées. J'en remets du côté de la forme, qui paraîtra au public français trop révérentielle, mais j'ai le sentiment de faire passer le fond qui va sembler audacieux à l'opinion marocaine. Pourquoi le roi ne saisit-il pas l'occasion que je lui donne ? Pourquoi manque-t-il d'élégance, d'à-propos, d'habileté ? Pourquoi ne prend-il pas alors les mesures de grâce qu'il prendra deux ans plus tard après avoir laissé se déchaîner en France et en Europe de furieuses campagnes contre son régime et sa personne ? Mystère. Utilisant des subterfuges, m'invitant à « ne pas abuser d'une amitié » qu'il dit nourrir à mon endroit, il finit, répondant à d'autres questions plus brutales de téléspectateurs français, par se peindre comme un humaniste tendre et sentimental, à qui le sadisme fait horreur et qui rougirait de se présenter devant ses amis, les chefs d'État européens en particulier, s'il avait le moindre sentiment d'avoir du sang sur les mains. Le numéro fait un moment illusion sur les étrangers à la cour. Les autres estiment que le Commandeur des Croyants en a trop fait. L'émission terminée, Michel Jobert, grand ami du roi, mais personnalité jalouse de sa liberté, s'éloigne avec moi d'un défilé où l'on peut apercevoir Charles Hernu, Charles Pasqua, Maurice Druon, Jacques Chancel et quelques autres. Jobert me déclare : « S'il est une chose que le roi devrait s'interdire de prétendre penser de lui-même, c'est qu'il est bon. » Le tout accompagné du sourire espiègle et satisfait qui voltige sur le visage de l'ancien ministre de Georges Pompidou (et de François Mitterrand), chaque fois qu'il persifle une formule ciselée. Jacques Chancel, lui, est indigné que le roi ne m'ait pas répondu : « J'en fais mon affaire », dit-il avantageux, comme s'il était sûr de son emprise sur le monarque, en m'embrassant avec excès.

A mon retour à Paris, je vérifie qu'auprès des miens ma prestation est jugée sans indulgence. Si mécontent de moi que je fusse au moment de l'émission, je n'en suis pas moins décontenancé par l'accueil parisien, peut-être parce que sur place, au Maroc, les Marocains m'arrêtaient pour me dire leur gratitude : avec le respect qu'ils exigent pour leur roi, j'ai tout de même évoqué les plus épineux problèmes. Rasséréné au Maroc, je tombe donc de haut à Paris. Mon vieil ami Georges Kiejman m'attend de pied ferme : il a fourbi ses armes. C'est lui que j'affronte en premier. A l'époque, ce grand avocat ne comptait pas être ministre, bien qu'il en rêvât sans discrétion – comme bien d'autres qui n'avaient pas ses mérites, depuis 1981. Il commence seulement à fréquenter l'Élysée dont il est l'un des avocats. Georges Kiejman a été choisi par la famille Oufkir comme défenseur. Il s'agit, on le sait, de la famille de ce général berbère dont les complots furent à deux doigts de coûter la vie au roi Hassan II. La police marocaine, en dehors de toute décision de justice, s'est acharnée contre les enfants de ce général comme s'ils étaient responsables des crimes imputés à leur père. Comme bien des avocats l'ont fait en pareille circonstance, Georges Kiejman, qui s'était accommodé jusque-là de la situation faite aux détenus marocains (il n'avait pas à en connaître), se découvre pour eux une passion sincère à partir du moment où il peut vérifier l'iniquité d'un roi dans les effets directs qu'elle a sur ses clients. Nous autres journalistes, qui gérons en permanence des cas de conscience et des conflits délicats, sommes de temps à autre sermonnés par des maîtres du barreau qui découvrent une cause au moment où un client les conduit à ouvrir un dossier. Il y a d'autres causes et je me partage. Le cher Georges décide qu'il n'y en a qu'une et que je la déserte. J'accepte d'autant moins ce sermon que pendant ce temps, au contraire, une militante opiniâtre, Christine Serfaty – épouse admirable de celui qui fut le plus ancien détenu des prisons marocaines –, me manifeste sans cesse sa gratitude. Elle est constamment tenue au courant de mes démarches en faveur de la libération de son mari, Abraham Serfaty, un patriote marocain d'origine juive dont la grande âme en impose à tous ses codétenus. Je croyais d'ailleurs avoir obtenu un geste de clémence en sa faveur lorsqu'au dernier moment le roi exigea d'Abraham Serfaty qu'il signât une demande de grâce en des termes que le détenu a jugés contraires à son honneur. Il a fini, mais plus tard, par gagner de haute lutte sa liberté.

Le livre de Gilles Perrault n'est pas encore paru. La popularité du roi Hassan II est en France à son zénith. Paris se prépare à célébrer l'« année du Maroc » sous le patronage de Roland Dumas et de Jack Lang. Pour moi, je reviens de très loin, on va le voir, mais j'ai quelques idées claires et fermes que je défends auprès des miens. 1° Il faut sauver la tête des prisonniers politiques, adoucir leur sort, arracher leur libération plutôt que de nous identifier à leur cause et d'en tirer gloriole. 2° Le féodalisme marocain est bien plus sensible que le terrorisme « progressiste » des Syriens, des Iraniens et des Libyens à une intervention de l'extérieur. 3° Je redoute les lendemains des violences justicières dans le tiers monde et je compte davantage en l'occurrence sur l'évolution de la monarchie que sur son renversement pour favoriser un processus démocratique. Autrement dit je suis partisan d'utiliser toutes les pressions possibles et imaginables pour obtenir la fin de l'arbitraire policier au Maroc. Je suis partisan de tout sauf de transformer le roi du Maroc en criminel de guerre et les barbaries de ses polices en crimes contre l'humanité. Il me semble, et c'est peu dire, que plusieurs pays disputent au Maroc cet honneur.

Je reviens de loin parce que, bien sûr, mes rapports avec le roi sont récents. Aussi récents que les idées que je viens d'énumérer. Jadis militant de la cause des indépendances maghrébines, j'ai été impressionné par la stature du roi Mohammed V, père du monarque actuel. Je me suis ensuite alarmé comme tout le monde de voir le prince Moulay Hassan lui succéder. Certains de mes amis prévoyaient que le règne de ce prince jouisseur, fantasque et imprévisible ne dépasserait pas les six mois. Il exerce maintenant le pouvoir depuis trente ans. Singulier destin. Parcours exceptionnel. Il a tout fait, tout traversé, tout éprouvé. Il ne doit sa survie qu'à une succession d'insolents miracles. Quel roman que cette vie. On évoque Shakespeare. En fait il serait un héros créé pour Cervantès. Cela dit, dès le départ, on n'a jamais refusé au roi une réelle intelligence. Mais personne ne lui a jamais fait entièrement confiance. On enfermait volontiers le personnage dans l'une de ses manies, bien répandue chez certains hommes de pouvoir, mais dont il usait, lui, avec une complaisante muflerie : il était toujours très en retard. Il voulait l'être. Il aimait l'être. Faire attendre, c'est manifester la réalité du pouvoir, c'est contraindre les autres à le subir, c'est la jouissance suprême et solitaire des sadiques (ils le sont tous un peu). Ses courtisans, ses ministres, ses visiteurs mais aussi ses hôtes étrangers perdaient un temps incroyable à l'attendre. Au bout de quelques heures, il arrivait et s'empressait d'ôter à ses excuses toute crédibilité par un sourire sadique et satisfait. Dès le départ, on croyait pouvoir augurer que, régnant par l'humiliation, il ne pourrait gouverner que par la désinvolture. On attendait sa fin.

Un homme politique change. Il change parce qu'il veut durer. Contre toute attente et contre toute prévision, ce roi, pour durer, devait puiser en lui des ressources insoupçonnées et déconcertantes d'adaptation. D'abord une appréciation, lucide et vite instrumentalisée, des composantes de sa nation comme des forces politiques de son pays. Il comprit que l'unité de l'empire chérifien était récente, donc fragile et que la Couronne en était le seul symbole unificateur. Entre les Berbères et les Arabes, le Sud et le Nord, les paysans de Marrakech et les ouvriers de Casablanca, les ruraux du Rif et les bourgeois de Fez, la conciliation n'était possible que par la Couronne parce que celle-ci était en même temps sanctifiée par la religion. Le roi du Maroc, il le rappelle assez, est

Commandeur des Croyants parce qu'il est héritier du Prophète, titre qui lui est d'ailleurs contesté dans le monde arabo-islamique. Sur quoi devait donc s'appuyer un pouvoir qui voulait durer ? Sur cela seul que la dynastie alaouite pouvait procurer : la monarchie et l'islam, c'est-à-dire, avant tout, la tradition. Cette appréciation ethno-politique est d'autant plus intéressante chez Hassan II qu'il est probablement le plus occidentalisé des Marocains. C'est aussi, notons-le dès maintenant, l'un des plus pénétrés de l'importance de la culture française. *Il y a deux choses qui fascinent ce monarque musulman : le rayonnement de la France, et la vitalité du judaïsme.*

Le roi devait ensuite surprendre par son art consommé à diviser, à séduire et à corrompre. Ce roi n'est pas devenu un despote sanguinaire qui ne rêve que de destruction et de terreur. C'est un monarque parfois éclairé et toujours autoritaire dont le grand alibi est constitué par la conception qu'il juge utile de se faire de la société marocaine. En un mot, il a décidé que cette société était trop tribale, trop féodale et trop communautaire (et qu'il en approuvait trop le patriarcat) pour la transformer d'un seul coup en une démocratie parlementaire et représentative qui lui ôterait tout pouvoir. Sans doute lui convient-il de temps à autre de faire l'expérience d'une capricieuse pratique constitutionnelle ou d'un timide processus démocratique. Mais « en attendant une maturité plus grande du peuple », il convient selon lui de gouverner avec les forces traditionnelles. Il impose en fait son arbitraire.

Enfin Hassan II a stupéfié par l'acuité de ses visions internationales. Il n'est pas un chef d'État, si éloigné fût-il de la monarchie marocaine, qui n'ait été impressionné par lui. Chaque fois qu'il a cru son pays stable et son trône à l'abri, il a pris des initiatives qui montraient d'abord sa liberté et son imagination. Parmi ces initiatives, il y eut sa volonté d'intervenir à sa manière dans le problème israélo-arabe et dans l'endiguement de l'intégrisme. Dans ces deux domaines, je me suis montré attentif à ce qu'il faisait. Je n'ai pas répugné à le faire. Voici pourquoi et comment.

Le Maroc n'était pas à nos yeux un pays comme la Roumanie de Ceaucescu dont certains ne pouvaient apprécier la politique étrangère qu'en fermant les yeux sur les horreurs de son régime. Au Maroc, les opposants à la monarchie étaient atrocement réprimés, mais on y entrait et l'on en sortait librement; des millions de touristes y étaient fraternellement accueillis; les réfugiés politiques y trouvaient asile; les religions étaient tolérées et pratiquées (dans quel pays arabe trouve-t-on plus d'églises qu'à Tanger ?); la vie culturelle s'épanouissait; les conférences et sommets internationaux et arabes se succédaient et enfin le roi se flattait de recevoir le sommet de la francophonie et la visite du pape comme celle d'un leader israélien. Mais nous allons y revenir. Pendant ce temps-là et en dehors de cas comme celui de Serfaty un millier de détenus environ subissaient le pire des calvaires parce qu'ils avaient été de près ou de loin mêlés aux attentats contre la personne du roi. L'opposition au Maroc ne s'en alarmait pas. Aucun représentant de cette opposition ne m'a jamais demandé d'intervenir en faveur de ces détenus. Je l'ai fait de ma propre initiative à partir du moment où j'ai renoué des liens dont je voudrais rappeler le prétexte initial. Cela remonte à 1970.

Une nuit de juin, je fus réveillé par un ministre marocain dont je n'avais plus entendu parler depuis que, par deux fois, lors des émeutes de Casablanca en 1965, puis de l'affaire Ben Barka, la même année, nous avions pris position contre les méthodes et le régime du roi Hassan II. Il s'agissait de Moulay Ahmed Alaoui, personnage vibrionnaire, imaginatif et original, possédant l'impertinence oblique des bouffons cultivés près des princes, associé à toutes les tragédies de la famille royale, et que nous avons tous connu aux époques héroïques.

Moulay Ahmed téléphonait à deux heures du matin, peu soucieux de réveiller, habitué à transmettre sur-le-champ les oukases de son roi en suscitant des soumissions dévotes. Bref, après tant d'années, et comme s'il m'eût quitté la veille, le ministre me demanda si je pouvais arriver à Rabat le surlendemain pour accompagner Nahum Goldmann, président du Congrès juif mondial, que le roi Hassan II désirait recevoir. Nahum Goldmann ? Il était donc invité ? Non, c'était à moi de l'atteindre, de lui faire accepter l'invitation et de l'accompagner au Maroc. Pourquoi s'adresser à moi ? Parce qu' « on (me) juge bien placé pour intervenir dans ce problème ». Je demandais à réfléchir et à rappeler le lendemain. Ce serait tard, me répondit Moulay Ahmed : le roi caresse cette nuit cette idée insolite. Il peut très bien la juger demain inopportune. Mais comment être sûr que ce Goldmann, que je connaissais alors très peu, accepterait ? Mon nocturne correspondant en était persuadé. Cela ne pouvait, selon lui, faire l'ombre d'un doute. Il eut raison.

Je ne me souvenais pas en effet, cette nuit, que Nahum Goldmann avait été invité par Nasser à se rendre au Caire et que Golda Meir, alors Premier ministre d'Israël, lui avait refusé, s'il s'y rendait, de représenter Israël. Le projet de rencontre, dont le maréchal yougoslave Joseph Tito avait eu l'initiative, discuté dans le monde arabe lorsqu'il avait été rendu public, avait ajouté au prestige de Nasser et de Goldmann lorsqu'elle s'était révélée impossible du fait de l'intransigeance ainsi soulignée des Israéliens.

Familier des grands de ce monde, rompu à toutes les surprises, le président rusé et visionnaire du Congrès juif mondial, que j'atteignis en Suisse, ne fut pas le moins du monde déconcerté par l'invitation. Il y mettait une condition : auprès du roi, il ne pouvait en aucune façon représenter Israël, surtout après le désaveu que lui avait infligé son amie Golda. Mais il était prêt à se rendre à Rabat aussitôt. C'est ainsi que le 25 juin, le roi Hassan II recevait le président Nahum Goldmann. Le premier signifia que si son hôte ne pouvait parler au nom de son peuple, lui pouvait prétendre parler non seulement en son nom mais au nom du président algérien Houari Boumedienne et aussi de Yasser Arafat lui-même.

L'entretien fut passionnant. Comme Nahum Goldmann, je fus impressionné par le degré d'information et les qualités d'analyste du roi. Peut-être étions-nous surpris de voir un responsable arabe décidé à en finir avec les convulsions tragiques de l'antagonisme judéo-arabe. C'est à partir de cette visite que l'on a commencé à s'intéresser en Occident à un nouvel aspect de l'homme qui régnait, dix-septième de sa dynastie, de façon si discutée sur un grand pays arabo-musulman et francophone. En tout cas, je décidais qu'il serait politiquement peu responsable de ne pas faire un sort aux positions comme aux propos du roi.

Restait cependant à obtenir l'accord, pour moi essentiel, de l'opposition. Ce que je fis en appelant mon ami Abderahim Bouabid, leader de l'UNFP. C'est lui qui me suggéra la méthode : un entretien avec le roi auquel lui, Bouabid, répondrait. Il était temps en effet, selon Bouabid, que Hassan II se décidât à rétablir la monarchie constitutionnelle et déléguât au moins une partie des pouvoirs qu'il concentrait entre ses seules mains depuis qu'il avait cru devoir dénoncer le rôle des partis dans les émeutes (en 1965). Je fis l'entretien. Le roi s'y montra habile, moderne, ouvert – bref, redoutable. Bouabid, en lui répondant, fit un acte politique retentissant mais ne se montra ni irrespectueux, ni sectaire. J'avais renoué avec le Maroc – pas encore avec le roi. C'est depuis les conversations avec Goldmann que prirent corps les entreprises « juives » de Hassan II. Grâce aux diasporas judéo-marocaines en France, au Canada, en Israël, le roi s'est fabriqué une image, des réseaux d'intérêts, des amis d'influence. Il reçut plus tard et publiquement Shimon Peres, il permit aux juifs marocains de revenir au Maroc même s'ils étaient devenus israéliens. En 1991, s'adressant aux États-Unis à quelques centaines de juifs marocains exilés, le roi leur fit la confidence qu'il lui arrivait de jeûner pour le Yom Kippour ! Il leur annonça aussi la désignation d'un juif comme l'un de ses conseillers privés. Il contribua à renforcer le patriotisme marocain des juifs. Aucun pays arabe, à l'exception peut-être de l'Égypte et encore, n'a suscité chez ses juifs un attachement patriotique aussi profond, aussi tenace – aussi émouvant.

C'est dans un contexte ainsi redressé que nous reçûmes en France les ondes répercutées du choc des deux complots, celui du terrain de golf à Skirat en 1971, et celui ensuite du Boeing. Les récits de ces deux aventures, s'ils étalaient à la face du monde la fragilité du régime chérifien, l'impopularité du monarque, l'instabilité de la société et la volonté insurrectionnelle d'une partie de l'armée, devaient aussi finir par souligner l'imposant sang-froid d'Hassan II dans les épreuves, son aptitude à redresser des situations désespérées – et, ce qui n'est jamais négligeable pour tout détenteur de pouvoir aux yeux des opinions publiques, sa chance. Une incroyable « baraka », qu'il exploita en connaisseur, ne perdant jamais l'occasion de rappeler qu'il y avait un milliardième de chance pour qu'il pût réchapper aux deux attentats (surtout le second) et qu'il avait été en somme choisi par la providence pour bénéficier de ce qui n'aurait jamais normalement dû arriver.

Lorsqu'en 1974 Valéry Giscard d'Estaing accéda à l'Élysée, le privilège accordé depuis de Gaulle aux relations franco-algériennes prit fin. Giscard devint très vite le « copain » d'Hassan II. Et Boumediene crut avoir des raisons (les Soviétiques ne manquaient pas de lui en fournir) de croire à un axe Washington-Paris-Madrid-Rabat, axe chargé de contenir les éventuels débordements progressistes de l'Algérie. Un voyage que le président français de l'époque a relaté dans ses Mémoires avec une grande franchise (n'hésitant pas à rappeler qu'il avait été partisan de l'Algérie française) donna à Boumediene quelques réconforts qui s'évanouirent dès que naquit l'affaire du Sahara espagnol. Hassan II, après tant d'épreuves, tant d'intrigues, tant de luttes contre son propre peuple (émeutes des ouvriers de Casablanca, des étudiants de Rabat, des artisans de Fez, des militaires de partout), allait avoir, après les prodiges de sa baraka, l'illumination de son règne. Sentant venir les contestations algériennes sur une partie du territoire saharien abandonné par l'Espagne, le roi menacé eut l'idée d'entreprendre la fameuse Marche verte au cours de laquelle le peuple, toutes opinions confondues, armé du seul Coran, se rassemblait autour du dix-septième monarque alaouite, « successeur des califes de Cordoue, de Grenade et de Séville, Commandeur des Croyants, guide suprême de l'empire chérifien », pour proclamer l'intégrité du royaume. Jadis il avait échappé à tous les attentats. Aujourd'hui, il conservait aux Marocains leur patrie saharienne : il était donc protégé de la providence.

Au fur et à mesure que les années passaient, le Maroc, son régime et son roi se banalisaient partout en Europe, en France – y compris à gauche. A tout prendre, du fait des échecs des voisins, des flambées de terrorisme libyen et syrien, des fureurs iraniennes et des prises d'otages au Liban, on se prit à considérer que le clan des monarques valait bien le club des présidents et on s'accommodait plus volontiers du despotisme à visage presque humain que du progressisme à visage tout à fait barbare. On jugeait désormais les uns et les autres sans prévention dogmatique et sur leur seul comportement en politique étrangère. Pour moi, je ne songeais pas à rompre avec des habitudes contractées dès avant l'indépendance du Maroc, c'est-à-dire que je profitais de la moindre occasion pour me rendre dans le grand Sud, vers ce Maroc biblique, où les images de Canaan et de Nazareth, du Moyen Age toscan et des châteaux forts hugolesques – le tout peint pour les couleurs par Delacroix et Matisse, pour les formes par Paul Klee – se télescopent dans un univers onirique. Au bout de gorges sauvages et tourmentées, les villages s'annoncent là-bas par le son des fifres, des cornemuses, des violes et des tambourins. Les amis annoncés du peuple marocain sont accueillis par le chant de jeunes filles, pudiques de mise, candides de visage, délurées des hanches. Les chansons crient la plainte de voir un amour s'user et la volonté de le retenir parce que la fin de l'amour, c'est la mort. Ce peuple berbère façonné par le désert, la montagne, l'alternance du vent glacé et du sirocco, habitué aux marches solitaires, dur pour lui-même, ce peuple ancien comme la terre où il vit, puisqu'on ne lui connaît pas de prédécesseur, donne à la tradition une force contagieuse. On ne sait que trop l'histoire de ces envoûtements. Mais pour comprendre un peuple et le comportement de ses dirigeants, il ne faut jamais négliger cette dimension de l'âme collective. C'est sous de tels cieux que je me suis pris à penser que si Hassan II, comme il le disait, arrivait à un compromis entre la tradition et la modernité, à la condition d'en finir avec la gratuite barbarie de ses polices, il pourrait jouer un rôle déterminant dans le monde méditerranéen. A cette époque, lui devait penser le contraire : il devait espérer faire accepter son despotisme chez lui grâce à un prestige accru à l'extérieur.

Je n'avais plus aucun lien, aucun rapport avec les autorités marocaines. Je me contentais des récits de nos correspondants. Jusqu'au jour où, en janvier 1984, nous reçûmes, Edmonde Charles-Roux, Jean Mauriac et moi, l'invitation transmise par le chef du protocole de l'Élysée d'accompagner François Mitterrand, ses collaborateurs et ses ministres, au Maroc. Précision édifiante : le chef du protocole me laissa entendre que le président pourrait très bien comprendre que j'estime contraire à mes principes de participer à une visite officielle dans un pays dont mes amis et moi avions si vivement critiqué le régime. Pour les raisons que j'ai indiquées plus haut, j'acceptai sans hésitation. A cette époque, la fidélité de François Mitterrand le conduisait à me manifester des sentiments attentifs. Ainsi, lors des deux voyages (le second en avril 87) faits au Maroc par le président français, je fus convié, une fois par ce dernier, une autre par le roi Hassan II, à partager le repas des deux chefs d'État. Chacun d'eux ayant deux invités, nous étions six autour d'une table basse, sous une immense et luxueuse tente dressée au faîte d'un haut plateau surplombant les montagnes des environs de Marrakech.

François Mitterrand paraissait à la fois contraint et amusé de reconnaître la vaste intelligence de son hôte. Il le faisait avec un mélange de méfiance provinciale, de bon sens vigilant, et aussi de crispation d'homme d'État rompu aux honneurs et donc lassé par eux : il ne s'en laissait imposer ni par la somptuosité du décor, ni par les infinies délicatesses de l'accueil. Dans un sens, il admirait, me semblait-il, le monarque mais les débauches de démonstrations le hérissaient. Il ne partageait pas le goût de sa suite pour le spectacle. Lors de ces deux repas, des fantasias réglées dans une mise en scène du roi lui-même lançaient des cavaliers jusqu'à notre tente tandis que déferlaient et défilaient des plats plus appétissants les uns que les autres mais que l'on s'empressa de nous ôter en nous laissant à peine le temps d'y goûter. Je me partageais entre des regards frustrés vers les plats qui s'éloignaient de nous, le spectacle à mes yeux exaltant des cavaliers berbères et le désir de ne rien perdre des échanges entre les illustres convives. Je crois que François Mitterrand, qui n'ignorait rien de ce qui se passait au Maroc, appréciait en connaisseur la façon dont le roi arrivait à se maintenir au pouvoir. Puisque j'y suis, je ne résiste pas à évoquer une gaffe qui n'a diverti ni Mitterrand ni Hassan II. Lorsque, probablement pour combler un silence, l'on voulut bien m'inviter à m'exprimer, vint sur ma bouche un propos qui trahissait une pensée que je ruminais tandis que j'écoutais les deux chefs d'État. Évoquant leur destin, celui du Français devenu président sur le tard, celui du Marocain tôt arrivé sur le trône mais sans cesse menacé, je me suis entendu leur demander s'il était plus difficile de conquérir le pouvoir que de le conserver. Le silence qui accueillit cette question me fit comprendre qu'elle était déplacée.

Après ce voyage, ayant noté que François Mitterrand m'avait choisi pour hôte, se souvenant que j'avais été présent lors des entretiens avec Nahum Goldmann et désireux de marquer ses victoires aux yeux de ceux qui en avaient le plus douté, le roi me fit connaître son désir de me voir au Maroc. Le problème de l'intégrisme dans le monde musulman, celui du terrorisme venu du monde arabe et la visite au Maroc du leader israélien Shimon Peres me donnèrent donc l'occasion de trois longs entretiens avec Hassan II. J'étais cautionné par l'opposition marocaine, incité par l'exemple d'écrivains et artistes maghrébins, encouragé enfin par un homme, Léopold Sedar Senghor, que sa qualité d'homme d'État n'a jamais empêché d'être pour moi un ami véritable. Je me livrais sans complexe à ces entretiens qui – toujours – commençaient ou se terminaient par une question pressante sur le sort des détenus politiques. Hassan II trouvait son compte à ces entretiens. Du moins tenait-il à le dire alors que rien ne l'y poussait. Les thèmes sur lesquels je l'interrogeais le hissaient au niveau d'un penseur de la civilisation islamique en crise. Pour ces trois entretiens, je me rendis à Marrakech où le monarque tient ses quartiers d'hiver et où je retrouvais des colonies de grands patrons de la médecine française – tous enchantés des égards qui leur étaient prodigués et qui témoignaient du respect quasi superstitieux que nourrit Hassan II pour les praticiens de France.

J'en reviens à l'année 1991 qui devait être, en principe, l'« année du Maroc en France ». Un certain nombre de groupes et d'associations estiment que cette célébration devient de plus en plus indécente, au fur et à mesure que le roi Hassan II paraît confirmer sa décision de ne procéder à aucun acte de justice ou de simple clémence. Parmi ces groupes, il y a l'association « France-Libertés » présidée par Danielle Mitterrand, épouse de François. La présidente, qui a obtenu que Christine Jouvin pût épouser en prison Abraham Serfaty, est bien décidée à ne pas en rester là. Tous ceux qui, au Maroc, ont à se plaindre du roi lui font parvenir des dossiers, à peu près les mêmes que ceux que Michel Jobert et moi recevons. Elle est dans son droit et elle fait admirablement son devoir. Mais Danielle Mitterrand commet une imprudence politique en paraissant s'investir personnellement dans la cause sahraouie. Cause extrêmement complexe où il ne s'agit pas seulement d'une minorité qui, à juste titre, réclame ses droits, mais d'un conflit qui sépare deux États, l'Algérie et le Maroc. C'est surtout une affaire qui rassemble derrière le roi toute l'opinion marocaine. Les opposants sont, bien plus que le roi lui-même, intransigeants, dès qu'il s'agit du caractère marocain des territoires sahraouis. En dehors d'Abraham Serfaty et de quelques-uns de ses amis, il n'y a pas, au Maroc, de partisans d'un octroi aux Sahraouis des territoires qu'ils revendiquent. En mêlant la défense des droits de l'homme et l'engagement dans la cause sahraouie, l'association « France-Libertés » fait le jeu du roi Hassan II, lequel en profite pour transformer le procès fait à ses méthodes en crise franco-marocaine.

Le roi se met à durcir ses positions. Tous les émissaires du Quai d'Orsay sont pratiquement éconduits. Michel Jobert démissionne du Comité chargé de l'« année du Maroc ». La célébration est annulée. Sur ces entrefaites paraît le livre de Gilles Perrault. C'est un événement. Les chaînes de télévision s'en emparent. A Rabat, on croit à une campagne organisée. Au sommet, on affecte d'y croire; à la base on en est persuadé. Le livre de Perrault comporte peu de révélations, sauf pour ceux, bientôt nombreux, dont l'enthousiasme dévot à l'égard de Hassan II recouvre des intérêts particuliers ou une simple ignorance. C'est un livre bien informé, bien écrit, bien mis en scène avec un sens accompli de la dramaturgie. Le portrait de Hassan II est bien plus complexe, plus nuancé dans le livre que dans les interviews que son auteur a données. Une juste part est faite à l'intelligence, à l'habileté, au destin exceptionnel du monarque chérifien. Mais Gilles Perrault affaiblit complètement la portée de son témoignage en deux points : l'un explicite, l'autre non. Le premier point consiste à faire du roi du Maroc le despote le plus sanguinaire de la planète et à comparer les atrocités de sa répression avec les camps de concentration nazis. Quand on les lit à cette lumière, toutes les intentions de l'auteur manquent leur but. Le second point est dans l'implicite. C'est toute la croyance et même la foi du tiers-mondisme le plus archaïque qui réapparaît. C'est un procès du féodalisme, au nom d'un progressisme qui n'a plus nulle part de référence. On ne voit aucune trace ici de tous les échecs du tiers monde susceptibles de relativiser les bavures terribles et les dérives inexcusables du régime marocain. Il y a de plus, dans le livre de Gilles Perrault, un refus d'examiner les conséquences d'un renversement de la monarchie actuelle. Tout cela relève, pour citer Max Weber, de l'éthique de la conviction, et non de celle de la responsabilité.

Cela dit, je suis bien obligé de constater que si le climat de pressions responsable et discret que nous avions, à quelques-uns, entrepris de créer a pu préparer la voie aux décisions de Hassan II d'en finir avec les iniquités les plus criantes de ses polices, c'est Gilles Perrault qui, malgré ou en raison même de l'excès de son réquisitoire, a changé l'image élégiaque du Maroc auprès des opinions publiques dont Hassan II avait le plus besoin. Réitérant son désir d'accéder un jour à la Communauté européenne au même titre que la Turquie, se préparant à un voyage pour lui décisif vers les États-Unis, s'apprêtant à affronter l'épreuve sahraouie, le roi s'est résolu, en septembre et octobre 1991, à faire ce que seul son caprice absurde l'a conduit à reculer depuis une dizaine d'années mais surtout depuis quatre ans. Dans un sens, on peut dire que non seulement le livre de Perrault a été positif mais qu'il a rendu service au Maroc.

Je veux, une fois de plus, revenir sur le fond des choses avec une anecdote qui, j'espère, fera bien comprendre la netteté de ma démarche depuis le début. Dans les années 70, toutes les occasions m'étaient données de visiter l'Iran, un des rares pays vers lequel mes pas ne m'ont pas porté, duquel seul jusqu'alors le hasard m'avait détourné. Cela ne faisait d'ailleurs qu'ajouter à ma nostalgie de la civilisation perse. J'y étais régulièrement invité par les autorités. De plus, il y avait, à Persépolis et à Chiraz, un festival sur lequel s'extasiaient tous les amoureux du théâtre et de la danse. Chaque fois que je me suis préparé à m'y rendre, et j'avais fini par ne plus les compter, une délégation d'étudiants iraniens de Paris l'apprenait par je ne sais quel canal et venait me rendre visite pour m'en dissuader avec une persuasive éloquence. Comment pouvais-je penser me compromettre au point de paraître cautionner le régime de la Savak, la police politique la plus sanguinaire du monde ? Comment, du fait de mon rôle en France et de mes engagements successifs dans les causes du tiers monde, pouvais-je paraître abandonner les victimes iraniennes à leur sort sous le prétexte de participer à des frivolités esthétiques qui n'étaient que l'alibi de ce shah dont mes jeunes interlocuteurs désiraient l'éviction ? Le récit que faisaient ces étudiants des atrocités qui s'abattaient sur leurs frères en Iran avait de quoi saisir d'effroi. Bref, chaque fois, j'ai rendu les armes, je me suis incliné, j'ai renoncé aux voyages. D'autant que je finissais par nouer des liens amicaux avec mes visiteurs et que je croyais découvrir en eux les élans démocratiques les plus spontanés et les plus déterminés aussi. Si jamais ces gens venaient au pouvoir, on pouvait compter sur eux, pensais-je, pour inaugurer, installer et défendre une vraie démocratie ouverte et laïque renouant avec les gloires de l'Empire perse.

Puis l'ayatollah Khomeyni fut accueilli en France avec tous les égards, tous les honneurs – toutes les illusions. Les mêmes jeunes visiteurs, mes nouveaux amis, commencèrent à m'exposer l'évolution de leurs sentiments ainsi que la force des choses. En quoi, finalement et à tout prendre, la révolution islamique chère aux ayatollahs était-elle incompatible avec l'essence même de la philosophie démocratique ? Ils étaient d'autant plus à l'aise que l'on commençait, en France, à redéfinir *le* politique, à en découvrir la dimension religieuse, à en souhaiter avec Michel Foucault le ressourcement. Sautons à la conclusion : j'ai revu trois de mes étudiants après quelques années d'installation du khomeynisme en Iran. Ils étaient désespérés. Le despotisme du shah permettait la démocratie des idées. L'obscurantisme ayatollesque plongeait leur pays dans les ténèbres. Juste avant qu'il ne s'écroule, il y avait finalement des raisons d'espérer que le régime du shah pût se réformer du fait de la vigueur de l'opposition autorisée. Aujourd'hui, il n'y avait plus d'espoir pour rien ; la seule énergie que se découvraient les Iraniens, c'était le patriotisme pour combattre l'envahisseur irakien. Quant aux autres étudiants, l'un d'entre eux, homosexuel, avait été répudié par sa famille, dénoncé par ses amis, puis emprisonné pendant quelques mois. Deux autres étaient devenus plus extrémistes que le pouvoir en place, au nom de l'islam pur et dur.

Je laisse au lecteur le soin d'ajuster la superposition iranienne sur la réalité marocaine dans cette anecdote vraie qui me sert ici d'apologue. Rien n'est jamais pareil, comparaison n'est pas raison, etc. Mais on comprendra que, depuis cette expérience, un certain nombre d'observateurs, je me trouve dans leurs rangs, aient décidé de s'y prendre à deux fois avant de choisir entre le tout et le rien, avant de décider où est le vice et la vertu, avant de prendre parti pour les révolutions contre les réformes, avant de parier au Maroc sur la société paradisiaque qui pourrait succéder à l'enfer de Hassan II.

LE TEMPS QUI VIENT

« Pour nous, c'est très simple : l'avenir a déjà commencé. Le temps qui vient est déjà venu. Nous attendions de réintégrer l'Europe. C'est fait. Vous pouvez bien nous faire attendre l'entrée dans une Communauté institutionnelle. Nous ne ferons pas antichambre. Nous appartenons à l'Europe et nous nous sommes réinsérés dans sa réalité qui n'a jamais cessé d'être la nôtre. » C'est Laszlo Rajk qui m'assène ses vérités sur un ton cordial, à peine distant aussi. Un homme jeune à qui les écoles canadiennes ont donné l'aspect sportif et décontracté de manager, et qui porte le nom et le prénom de son père – le célèbre martyr du bolchevisme hongrois.

Nous sommes à Budapest, un jour de mai 1991. Depuis une large baie vitrée d'un café, je peux voir les collines de Buda et l'ensemble architectural de la basilique Mathias. Sur les ruines d'un couvent dont seule demeure la chapelle, l'hôtel Hilton a agrégé et incrusté des bâtisses longues en colonnades, chapeautées d'ogives en forme de grandes orgues. Cette ville est belle, dépassant Vienne finalement. Avec plus de charme que Munich et ne le cédant, dans les régions du Rhin et du Danube, qu'à Prague l'incomparable. On traverse ici la complaisante pesanteur du XIXe siècle. Un baroque audacieux, parfois proche du délire barcelonais d'un Gaudi. Je me réjouis d'accompagner, dans son pèlerinage aux sources et ses retrouvailles européennes, l'héritier d'une grande dynastie communiste qui a failli être sauvée du discrédit par le martyr. Le dirigeant communiste Laszlo Rajk, condamné à mort et exécuté en 1949, puis réhabilité en 1955, a donné son nom à une rue pendant vingt et un ans, entre 1969 et 1990. Mais après l'effondrement du mur de Berlin, le nouveau régime hongrois a estimé que, pour être martyr, Rajk n'en avait pas moins été communiste. La rue a été rebaptisée.

Le jeune Laszlo, heureux d'être francophone, regrettant que ses concitoyens ne le soient plus « par la faute de Clemenceau [1] », considère que l'un des bourreaux de son père, Janos Kadar, a été un bon gestionnaire de la faillite brejnévienne. Il juge sévèrement le comportement des intellectuels hongrois réfugiés en France et aux États-Unis qui n'ont pas su comprendre qu'il fallait aider Kadar. Lui Laszlo est un esprit libre. Il pense par exemple que la Transylvanie ne devrait pas être un objet de litige entre la Roumanie et la Hongrie. Ouverture d'esprit qui me donnait à espérer lorsque deux des hommes politiques qui accompagnent Rajk se livrent à des considérations sur « l'impossible assimilation des Tsiganes, peuple sans racines », dont l'identité serait faite d'une inquiétante « vocation à l'errance et à la transgression ». Puis, se retournant contre Rajk, les voici qui affirment que la Transylvanie, terre hongroise, injustement dévolue à la Roumanie, blesse par son absence la gloire ancienne de Budapest. Je fais observer à mes interlocuteurs qu'ils ont peut-être retrouvé l'Europe mais que sur ce chemin ils ont rencontré le nationalisme. « Nous retrouvons tous les problèmes occultés par le communisme, cette parenthèse tragique », me répond-on. On va donc ainsi retrouver l'éternel problème des frontières !

Plus tard, au colloque organisé par la Lettre internationale, d'Antonin Liehm, je m'entretiendrai avec les historiens de la géopolitique. Ma lassitude devant les conflits frontaliers leur paraît manquer d'érudition. Qu'est-ce qu'un État-nation sinon une souveraineté territoriale ? Comment pourrait-on marquer un territoire sinon par des frontières ? Qu'a-t-on fait depuis les origines, depuis la Grèce antique où le dieu Hermès surveillait les bornes qui indiquaient le passage d'un territoire à un autre ? Romulus n'a-t-il pas tracé d'une ligne la frontière qui délimitait Rome ? On me reproche de confondre l'usage actuel du mot frontière et son emploi initial. Il est vrai qu'au début frontière signifiait front et qu'il s'agissait des postes avancés que l'on dépêchait aux confins des territoires ennemis. Mais depuis trois siècles les frontières définissent la nation. Pour retrouver l'indépendance nationale, il faut retrouver le territoire. « Avant de rejoindre l'Europe, il nous

1. Le « Tigre » » a été accusé d'avoir influencé les signataires du traité de Versailles dans le « dépeçage » de la Hongrie après la Première Guerre mondiale.

faut rétablir la nation », disent-ils. Soit ! Mais le chemin qui va de la nation à l'Europe doit-il vraiment passer par le nationalisme ?

Lorsqu'au lendemain de sa mort, j'ai rappelé la volonté de Pierre Blanchet de ne pas prendre parti contre les deux frères ennemis serbe et croate, certains m'ont reproché de valoriser une neutralité qui faisait peu de cas de la protection de la nation croate. J'ai pourtant été fidèle à la mémoire de Pierre. Au moment où il a décidé de partir pour la Yougoslavie, il avait sans doute choisi de se rendre dans la capitale croate, mais c'est parce que c'est à Zagreb qu'on se battait. Il avait aussi sans doute pioché avec soin ses dossiers. Il avait rencontré à Paris des Serbes et des Croates qui défendaient leur cause avec passion. Il avait noté que les patriotes croates désavouaient les sympathies qu'ils suscitaient dans l'extrême droite européenne, tandis que les Serbes savaient utiliser à leur profit le passé nazi des *oustachis* – bien que les actuels dirigeants croates eussent presque tous combattu le nazisme. Mais à partir du moment où l'affrontement se transformait en hécatombe, au point que, épouvantés, les journalistes de la télévision américaine eux-mêmes se refusaient à filmer les scènes d'atrocités, alors Pierre Blanchet parut estimer qu'il y avait une monstrueuse disproportion entre les fins poursuivies et les moyens utilisés. La civilisation européenne passe peut-être par les nations mais elle ne saurait justifier n'importe quelle forme de nationalisme.

« Civilisation européenne » ? Pour peu qu'on ait engrangé la mémoire des siècles, on devrait hésiter avant de s'abandonner aux dithyrambes. On devrait éprouver le besoin de justifier sans cesse le choix de l'Europe. Ne fût-ce que pour bien montrer qu'on n'oublie rien : ni les Croisades, ni l'Inquisition, ni la Saint-Barthélemy, ni les guerres de religion, ni le massacre des Indiens, ni la traite des Noirs, ni enfin le colonialisme, le nazisme et le bolchevisme. Combien de millions et de millions de victimes ? Personne ne le saura jamais. L'Europe n'a jamais été plus barbare que pendant ce XXe siècle. Mais elle avait pris son élan depuis toujours. Peut-on pour autant oublier ce Ve siècle grec avant J.-C. auquel on doit presque tout ? Et bien plus tard, ces quelques années peu avant 1560, où Shakespeare, Cervantès et Montaigne écrivent leurs œuvres ? Si je mets sur le plateau d'une balance les peintres du Quattrocento italien et ceux du XIXe siècle français, l'autre plateau va-t-il s'effondrer sous le poids de la barbarie ? Admirons ceci qui m'a toujours frappé : quelques années avant la

Première Guerre mondiale, Albert Einstein, Niels Bohr et Jean Perrin jettent les bases avec l'atome, la relativité et l'indéterminisme d'un horizon de pensée et d'une vision du cosmos sur lesquels nous vivons encore. Mieux encore, en deux années, entre juillet 1912 et juillet 1914, c'est-à-dire à la veille même de la vaste boucherie qui inaugure ce siècle de bouchers, Freud publie *Totem et tabou*, Proust *Du côté de chez Swann*, Stravinski crée *le Sacre du printemps*, Husserl s'impose dans la philosophie allemande, Unamuno fait connaître *le Sentiment tragique de la vie*, Alain-Fournier *le Grand Meaulnes*, Gide *les Caves du Vatican*. Cette humanité européenne qui accouche des œuvres les plus majestueuses va se vautrer ensuite dans la saignée la plus grand-guignolesque de l'Histoire avant l'Holocauste et le Goulag. On connaît le jugement de Tocqueville : « Jamais, écrit-il, la tolérance en fait de religion, la douceur dans le commandement, l'humanité et même la bienveillance n'avaient été plus prêchées et, il semblait, mieux admises qu'au XVIIIe siècle ; le droit de guerre, qui est comme le dernier asile de la violence, s'était lui-même resserré et adouci. Du sein de mœurs si douces allait cependant sortir la révolution la plus inhumaine. » Est-ce donc la marque de l'esprit européen à ses débuts ? Nous le savons bien, nous qui, imprégnés du miracle grec, du mystère juif et du merveilleux chrétien avons besoin, au moment de choisir l'Europe, d'hésiter, de recenser, de nous souvenir. Surtout cinq siècles après la découverte d'un Nouveau Monde que l'Europe aura dépeuplé avec une si impressionnante bonne conscience. L'Europe, ce fut d'abord cette forme de nationalisme.

Passons vite sur les rituelles litanies. Oui, le nationalisme est tantôt libérateur, tantôt oppresseur. Le nationalisme est, pendant la servitude, le refuge de l'espérance ; et, pendant la liberté, la tentation de la barbarie. Oui, les nationalistes du tiers monde étaient, souvent, des « révolutionnaires » et ceux d'Occident, parfois, des « impérialistes ». Passons outre. Si quelqu'un rappelle, comme c'est toujours le cas à ce moment du débat, que le noyau dur des sociétés, c'est la nation, et que de Gaulle l'avait bien vu, alors il faut se presser de demander pourquoi le même de Gaulle, lyrique sur la nation, était si méfiant sur le nationalisme. Et pourquoi il prenait si grand soin de ne jamais évoquer que le « sentiment national » à l'exclusion de toute autre expression.

Sans toujours oser l'afficher, je me suis cru un moment nationaliste. Non pas sous le prétexte que j'avais toujours eu le souci de préserver la France à l'étranger, surtout dans l'épreuve et même pendant la guerre d'Algérie. J'ai alors le réflexe plus que la discipline de ne pas accepter qu'on la mette en cause. Il est vrai aussi que je ne place rien au-dessus de la langue française et il m'est arrivé d'écrire que, pour cette raison, je me félicitais d'avoir été colonisé par la France et non par les autres empires coloniaux. Mais tout cela ne signifie pas grand-chose, sinon un sentiment d'appartenance dont les manifestations gagnent à être simples et discrètes. Si je me suis cru nationaliste, c'est parce que j'en étais arrivé à penser que la France de la Révolution contenait celle des cathédrales et que sa fameuse « vocation universelle » la mettait désormais à l'abri de toutes les archaïques tentations chauvines. Mais c'est au bout d'une telle logique que l'on voit réapparaître un jour ce qui semblait appartenir à la nuit des temps, en tout cas aux ténèbres des idées, le parti nationaliste français, les partisans de « la France aux Français », les adeptes de la « préférence nationale », de la messe en latin, du serment en uniforme, et des cris de guerre contre le cosmopolitisme et ses pollutions. Tous ceux qui finissent par gâter jusqu'au bonheur de jouir du climat, d'un vin, d'un paysage, d'un poème parce qu'ils prétendent l'enfermer dans un terroir clos dont ils commanderaient l'accès. A ce moment-là, c'est le nationalisme au visage trop connu, un visage hideux, que l'on voit revenir. Il réduit la nation à la nostalgie d'une tradition reconstruite, ou choisie en fonction du seul passé parce qu'on lui prête la force de l'Histoire. Une force qui existe mais qui, réduite à elle-même, s'épuise dans les cendres du ghetto, de l'autarcie et de la réclusion.

J'ai vu venir ce nationalisme de l'exclusion. Je l'ai prévu, je l'ai calculé, je l'ai déduit. L'historien dit : « Rien de nouveau sous le soleil. » Le journaliste : « Toujours l'inattendu arrive. » J'ai, moi, aperçu les signes annonciateurs de l'éternel retour sous ses nouvelles irruptions. J'ai parlé plus haut de Le Pen, je me souviens de mon premier pressentiment. J'arrivais en 1970 à Roussillon pour rendre visite aux Lacouture. Sur la place du village, j'ai vu de jeunes Arabes jouer au football. Ils se parlaient en arabe. Je me suis approché de l'un d'entre eux pour lui demander mon chemin. Il ne parlait pas le français. Et c'est en vain que j'ai tenté d'arracher une réponse aux autres. J'étais stupéfait : en Algérie, tous les petits Arabes de ma rue pouvaient se débrouiller en français. Sur la place de Roussillon, transformée en stade, ils étaient de plus en plus nombreux. Et les passants les évitaient, redoutant d'être bousculés ou de recevoir le ballon en pleine figure. Ces jeunes Arabes étaient vivants, heureux, insouciants de ce qui se passait autour d'eux. Mais les villageois qui se trouvaient là les regardaient comme frappés de stupeur. Que faisaient là tous ces garçons qui avaient l'air d'être chez eux et qui ne parlaient pas notre langue. Une dame qui portait des provisions, me croyant complice de ses distances, me dit : « Quand on est chez les autres, on devrait être plus discret. On pourrait se donner la peine d'apprendre la langue. » Elle ajouta qu'on ne pouvait plus prendre le soleil sur la place depuis qu'ils étaient là. J'ai fait observer qu'ils étaient peut-être français, fils de ces Algériens qui étaient venus avec les pieds-noirs après l'indépendance. La dame me répondit que, tout de même, leur *place* était là-bas, en Algérie. Elle n'avait rien de haineux ni de méprisant. Elle avait un regard bienveillant comme si elle regrettait d'avoir à constater ces évidences. Sa voix était plutôt douce. Elle avait dû être belle et ses traits ne manquaient pas de noblesse. Elle était d'avis, comme certains domestiques de Tchekhov, que chacun doit rester à sa place. Que faisaient ces gosses ? Ils jouaient. Pourquoi ai-je senti ce jour-là qu'ils poseraient un problème ? Qu'ils susciteraient des allergies, des rejets ? En tout cas, j'ai dit mes craintes à Jean Lacouture qui, vivant sur place, n'avait rien observé de semblable. Et, après tout, il était peut-être mieux placé que moi pour en juger.

Qu'avais-je dans l'esprit cependant pour avoir cette réaction prémonitoire ? Ai-je projeté sur d'autres, et dans l'avenir, une impatience devant ces adolescents qui ignoraient en France une langue française que leurs pères parlaient en Algérie ? Me suis-je dit que les Français, ayant perdu l'Algérie et le Maghreb, auraient longtemps les nerfs à vif devant ceux qui, après les avoir chassés de chez eux, venaient s'installer en France, et que, non contents d'être vainqueurs, ces Arabes voudraient se comporter en occupants comme jadis les Sarrasins dans cette Provence ? Ai-je deviné que les plaies de cette guerre d'Algérie n'en auraient jamais fini de se cicatriser ? Y avait-il chez moi le pessimiste soupçon d'une potentialité raciste chez les autres et la craintive anticipation de son affirmation ? En tout cas, j'avais au fond de moi-même la conviction qu'un problème émergeait qui était destiné à se développer démesurément. J'ai souhaité qu'il se trouvât quelqu'un, soit dans l'administration française, soit dans cette communauté maghrébine, pour conseiller aux immigrés d'effacer leurs différences trop visibles, en se mêlant aux autres et surtout en apprenant le français. Je revenais d'un voyage au Maghreb. Dans les trois capitales, on m'annonçait que les jeunes allaient déferler en France, débordants de vitalité, avides de bien-être, impatients de séduire les petites Françaises, brandissant leur gouaille et leur panache, et j'avais eu pour eux autant de compréhension indulgente que d'inquiétude sur les sentiments qu'ils allaient susciter. C'est un fait : j'ai prévu. Cela n'arrive pas souvent de manière aussi précise. C'est arrivé. Et à partir de là, j'ai guetté chaque signe annonciateur de difficultés plus grandes.

En face, chez les miens, chez les Français, ceux de mon milieu, il y avait surtout des gens de bonne volonté. Des personnes libres et à principes. A leurs yeux, il n'y avait ni Arabes, ni musulmans, ni même étrangers. Il y avait des hommes qui venaient partager notre pain, notre travail, notre liberté. De plus, d'ailleurs, s'il fallait se souvenir de l'origine de ces hommes, nous étions en dette à leur égard : du fait d'abord de la colonisation, du sang ensuite qu'ils avaient versé dans nos rangs au cours des deux guerres mondiales et, pour finir, en raison des sept horribles années de la guerre d'Algérie. Je pensais tout cela. J'étais heureux et fier de penser tout cela avec eux. Simplement, cela n'effaçait rien de ce que j'imaginais et de ce que je redoutais. Les réactions communautaires relèvent d'un irrationnel de fait qui répond rarement aux exigences des principes du droit. On connaît d'ailleurs la suite. Devant la montée des périls, les hommes à principes se sont réfugiés dans l'indignation. Mais on peut soit, en moraliste, condamner un mal, et il faut le faire, soit, en clinicien, décrire les conditions qui ont favorisé l'émergence de ce mal, et il faut s'y consacrer. De toute manière, ou bien l'on croit que les hommes ne naissent pas racistes et il faut alors expliquer pourquoi ils le deviennent. Ou bien l'on croit qu'ils le sont virtuellement et il faut alors éviter que, suivant leur pente, ils réalisent cette virtualité. Chaque homme peut faire, tous les jours, le parcours qui va de l'humeur à l'allergie, à la peur, au désir de protection, à la jalousie du voisin, au rejet de l'étranger, à la xénophobie et au racisme. Il faut sans cesse surveiller les conditions qui permettent au même homme d'avoir l'éducation et la force de caractère de refaire tous les jours le parcours inverse.

Mais les intellectuels, mes compagnons (et ceux de gauche, mes frères), ne sont pas toujours sensibles aux maladies communautaires. Ils en condamnent si violemment les effets qu'ils en oublient de guérir les causes et qu'ils se soucient peu d'en prévenir la contagion. Davantage : le fait même de baptiser le mal du nom de « maladie » leur paraît une conception suspecte, digne de ces nouvelles disciplines, telle la sociobiologie qui absout par avance les responsables de l'immoralité en ne voyant chez eux que les instruments d'une mécanique sociale. Difficile, dans ce débat où personne n'a vraiment tort, de trancher par l'éclat d'une formule. La grise vérité est un entre-deux : les principes sont indispensables et insuffisants, c'est la banale évidence.

Ce n'est pas nouveau : les moralistes sont égalitaristes et les sociologues naturalistes. Ce qui est un peu moins convenu, c'est de retrouver ici encore une opposition entre égalité et liberté. Je sais bien qu'il n'y a pratiquement plus de débat depuis que l'air du temps consiste à assener que l'égalité, c'est le Goulag. Et que le communisme n'est pas seulement maudit en raison de sa bolchevique traduction, mais du fait qu'à l'origine même il est un projet égalitaire. Pourtant, même dans les sociétés les plus libérales, les jeux ne sont pas faits. En témoignent les discussions épiques aux États-Unis pour rendre publics les résultats des enquêtes sur le quotient intellectuel des différentes races à partir de données statistiques. Je voudrais ici reprendre et prolonger une réflexion [1]. Alors faut-il respecter ces injustes caprices de la nature, la *liberté naturelle* ou, pour être fidèle aux principes les plus abstraits, doit-on faire comme si l'égalité de nos vœux correspondait à une réalité ? La volonté de corriger la nature, de la changer et de la moraliser est plus présente aux États-Unis, patrie du capitalisme, que partout ailleurs. Qu'y a-t-il de plus arbitraire que l'obligation faite à certaines administrations d'admettre un quota, c'est-à-dire un certain nombre minimum de Noirs ou de femmes ? Qu'y a-t-il de plus contraire au critère du mérite ? De la valeur individuelle ? Et surtout de la liberté ? S'agissant des femmes, il n'est pas question d'une simple réparation pour les torts dont elles auraient été les victimes, à un moment de l'Histoire, comme l'ont été les Noirs. Le féminisme incarne, lui, une exigence de réparation totale pour une injustice subie par les femmes depuis les origines mêmes de l'humanité. C'est, en fait, une revanche de l'humanité sur la nature, de l'égalité sur la liberté.

D'où il faut décider qu'on ne peut jamais lutter contre aucun racisme, qu'il soit de proximité ou de supériorité, par simples décrets de la morale. Qu'il s'agit chaque fois d'une patiente et

1. Voir p. 205.

savante entreprise. Que l'injustice de la liberté naturelle est souvent plus profonde que l'exigence d'égalité dans notre esprit. Et surtout, finalement, qu'il paraît désormais difficile de construire une morale autrement que sur le pessimisme – à partir de lui. Mais là, je voudrais insister.

Je n'ai pas de raison particulière, intime, personnelle de désespérer de l'humanité. Je ferais preuve d'injustice et même d'indécence à l'égard du sort qui me fut réservé si je m'abandonnais à je ne sais quelle jérémiade sur ma fréquentation du genre humain. Il se trouve que j'ai connu en même temps le mal et le bien, l'antisémitisme et l'antiracisme, et que je n'ai jamais eu l'expérience directe de la persécution. J'ai, au contraire, rencontré des êtres d'une impressionnante qualité tout au long de ma vie. Dans ma famille, chez mes professeurs, parmi mes amis, mais aussi auprès de nombreux étrangers à mon milieu et à l'occasion des seules épreuves où l'on peut vraiment juger de la densité d'un être. Je n'évoque pas ici ceux qui ont eu, en naissant, la grâce d'être créateurs ou, durant leur parcours, la fortune d'être illustres. Je pense aux comportements d'hommes souvent obscurs. Ce sont parfois des images d'Épinal, des scènes édifiantes, et de ces bons sentiments qui font, paraît-il, la mauvaise littérature. Un médecin qui sauve son ennemi malade : j'ai assisté à cela. Un colon qui défend contre la haine des siens son employé arabe jusqu'à mourir avec lui. J'ai vu la scène. Un officier qui refuse la torture et qui gâche toute sa carrière. Un juif converti en secret au catholicisme et qui interdit que l'on rende sa conversion publique tant que les juifs seront persécutés. Je les connais. Je pourrais ne pas m'arrêter. La liste est longue de ceux qui, à un certain moment, dans une situation précise, alors que soufflait le vent qui flatte l'indignité et la veulerie, ont, dans le silence et la solitude, démenti par fulgurance la ténébreuse et dérisoire idée que peut nous inspirer l'humanité, surtout à la fin de notre siècle barbare. Ils sont exceptionnels ? En tout cas, ils existent. Mais tantôt l'on considère qu'ils sont là pour témoigner d'une virtualité qui vient d'ailleurs, tantôt l'on se prend à observer que ces êtres d'exception peuvent s'opposer furieusement les uns aux autres. Reste que, pour ce qui me concerne, je n'ai pas de motivation individuelle puisqu'il m'est arrivé de rencontrer en ce monde le courage et l'amour. Et la pitié.

Une sorte d'embarras me saisit avant de donner libre court à mon pessimisme nouveau. Embarras qui vient du fait que mon goût du pathétique ne brise en rien chez moi l'amateur d'une vie épicurienne chaque fois que le loisir et les moyens m'en sont donnés. Du fait que, m'interdisant l'espoir, je ne suis pas pour autant désespéré, mot qui, dans l'acception courante, veut dire malheureux. J'ai la forme la plus lucide et la plus réelle de l'espérance qui est non celle de la raison mais de la volonté de vivre : une pulsion du corps qui projette au-delà des raisons de vivre. De quoi est faite cette pulsion ? Du désir, d'abord, et de la capacité ensuite d'accueillir la joie : ce sont les deux versants de l'hédonisme. L'une de mes recettes de bonheur, indépendamment de l'intimité avec le tragique, réside aussi dans le besoin et la possibilité d'admirer. J'aime admirer et je trouve encore bien des occasions de le faire avec intensité. Et je ne réserve pas mon admiration, comme le font volontiers mes amis historiens, aux grands disparus. En y pensant, je me retrouve ainsi en conformité avec les Carnets : à l'époque où je disais que je ne croyais en Dieu que lorsque j'étais heureux. Je n'aime pas associer l'idée de Dieu au malheur, à la souffrance et à la mort des innocents. Dieu est pour moi ce qu'il peut y avoir, par miracle, de divin en l'homme. Les anthropologues et les savants ont beau me persuader que l'histoire de l'homme n'est plus le centre de l'univers, qu'il s'inscrit dans l'histoire de la vie, de la matière, de l'énergie et du cosmos, comme c'est avec la raison humaine qu'ils m'expliquent que je ne suis qu'un accident, non plus entre deux néants mais dans l'infini de la continuité, c'est toujours à l'homme que je reviens. Or il est, c'est vrai, cet animal furieux et absurde, chez qui naissent des étincelles du divin. C'est mon pessimisme qui me conduit à admirer qu'il puisse y avoir quelque chose au lieu de rien, et quelque chose de grand au lieu des vanités maudites. J'y pensais lors d'un débat sur la peine de mort. Je ne vois pas une peine qui soit mieux enracinée, plus répandue et plus souhaitée dans l'intime de chaque personne, depuis que l'homme est apparu sur la terre, que ce qu'on appelle le châtiment suprême. Le psychanalyste Jean Laplanche a écrit à ce sujet les pages les plus pertinentes sur le sens sociologique et métaphysique de la peine de mort. A le lire, il s'agirait presque d'une catégorie de l'esprit. Alors comment ne pas s'émerveiller que la seule idée d'abolir cette peine soit née dans un esprit ? Comment ces hommes, qui sont dans leur logique et même leur sens lorsqu'ils s'entre-tuent, ont-ils soudain, un beau jour, été visités par le sentiment qu'on ne pouvait pas décider de la vie d'un homme quoi qu'il ait fait ? Dans ces moments-là, tels ces lecteurs des textes sacrés, qui frémissent devant un verset, je me dis qu'on touche la transcendance. C'est ma seule forme de croyance. L'homme est divin parce qu'il crée Dieu. Lui, Dieu, n'est pas en dehors, il a besoin des hommes pour exister. Il n'est pas transcendant, c'est nous qui avons cette vertu de créer de la transcendance. D'où vient-elle ? On a compris que je ne voulais pas répondre à cette question qui me ramènerait aux malheurs des hommes.

Mais comme tout le monde, j'observe et je vis tout le reste : la condition humaine. Il me faut bien déduire alors que les hommes n'acceptent pas cette condition et, fait bien plus grave, vérité qu'on ne se chuchote qu'au fond de son cœur avant de la travestir dans la conscience, que, la plupart du temps, les hommes ne s'aiment pas spontanément les uns les autres et que c'est la raison, en définitive, pour laquelle on leur a enjoint de le faire. Je ne parle pas seulement des foules qui se jettent dans les guerres, les entreprises d'extermination, les affrontements collectifs. Je pense aux frères, aux proches, aux voisins. J'avais déjà affronté cette idée aux temps où l'on nous invitait en Sorbonne à étudier Schopenhauer. Tout en refusant les conclusions du philosophe de Dantzig qui en arrivait à nier la vie en souhaitant l'extinction du désir, j'étais entré dans son univers avec saisissement. Je sortais de la guerre et il me fallait bien convenir que les fameux impératifs étaient bien peu catégoriques dans « ces tavernes d'ivrognes, ces asiles d'aliénés et ces repaires de brigands » qui constituent l'humanité aux yeux de Schopenhauer selon qu'on la considère d'un point de vue esthétique, intellectuel ou moral. Kant, c'était bien pour mes êtres d'exception. Mais les autres ? Tous les autres ? Il me paraissait que les philosophes de l'angoisse, de Jaspers à Chestov et à Sartre, n'étaient pas pressés de reconnaître leur dette à l'égard du grand pessimiste qui décrétait qu'on ne quittait jamais la souffrance que pour l'ennui en ce monde. Je ne m'y reconnaissais pas. Je n'y retrouvais pas mon univers. Et puis j'ai bien dû sortir de ma protection, de mes privilèges, de mes illusions. J'ai vécu. Et rien finalement ne m'est apparu plus généreux que cette sombre morale qui prétendait partir de l'égoïsme fondamental pour transcender la « Volonté absurde » de l'humanité. C'est à ces impressions d'étudiant que j'ai repensé pendant la succession des guerres civiles au Liban, c'est à elles que je ne puis m'empêcher de penser au moment où, sur les décombres encore fumants du bolchevisme, le réveil des nationalités bafouées débouche sur les monstrueuses dérives de ce qu'on appelle le nationalisme.

Il y a des solidarités viscérales entre les membres du clan, de la tribu, de la famille, du groupe, de la société, solidarités d'autant plus automatiques qu'elles fonctionnent au nom de structures et de mythes communs. Mais le premier problème se révèle dès qu'il s'agit de faire coexister tous les ensembles ethniques. Je veux bien croire, avec Lévi-Strauss, qu'il s'est trouvé chez les Amérindiens une civilisation, massacrée par les Européens au XVe siècle, qui attendait et préparait la venue de l'Autre et du Différent, comme certaines familles méditerranéennes laissent à table une chaise vide pour qu'un pauvre ou un ange l'occupe. Ce serait la raison, toujours selon Lévi-Strauss, qui expliquerait que les Amérindiens, plus nombreux que les envahisseurs, se soient si facilement laissé vaincre. C'est une grande et belle hypothèse de travail. On voudrait tant qu'elle fût fondée. Rien dans l'histoire de l'humanité ne contribue à étayer cette foi.

Déjà en 1946, il y a quarante-cinq ans, et alors que la victoire sur le nazisme pouvait autoriser une espérance, René Grousset, historien pourtant rompu à l'étude des civilisations et enclin à en relativiser le tragique, prenait ainsi la mesure de la civilisation : « L'homme est désormais sans illusion sur le fauve qui dormait en lui. Dachau, Ravensbrück, Buchenwald, Belsen... La guerre qui s'achève aura ainsi ramené l'humanité à la modestie de ses origines : c'est là un point où les théories évolutionnistes rejoignent très exactement le dogme du péché originel. Il aura suffi de l'occasion des doctrines totalitaires pour que le monstre, brisant ses chaînes, détruise sur d'immenses étendues une civilisation qui se croyait immortelle. Quelles pages pareil spectacle n'eût-il pas inspirées à un Pascal. Or voici que depuis Pascal tous les progrès du génie humain n'auront servi qu'à rendre incommensurablement plus meurtriers nos périodiques retours à la barbarie. Nous savons de plus et désormais que dès les premières semaines d'une guerre nucléaire toute la civilisation urbaine d'un pays peut être, en quelques heures, rasée au sol. »

Ce qui saisit le plus dans cette citation d'un *Bilan de l'Histoire* [1], c'est qu'elle ne pouvait pas encore prendre en compte les millions de victimes du bolchevisme, des guerres coloniales, du génocide khmer, sans parler des malheurs dus aux catastrophes naturelles, à la démographie, à la famine et aux épidémies qui se déploient dans l'indifférence d'un monde implacable. C'est pourquoi j'ai voulu retrouver ce Schopenhauer que Dostoïevski appe-

1. Desclée de Brouwer.

lait le plus génial de tous les hommes, qui a marqué la pensée de Nietzsche, de Freud et de Bergson, comme les œuvres de Strindberg et de Mahler. Il faut réfuter ou infléchir la vision de Schopenhauer mais il y a bien des avantages à repartir de ses bases.

Il faut partir de l'égoïsme de Schopenhauer. Et, m'adossant à sa pensée mais contre lui, j'ajouterai encore une fois que si l'on est invité par commandements à aimer son prochain comme soi-même, c'est parce que c'est lui, le prochain, qu'on est le plus tenté de considérer comme rival, comme concurrent, comme hostile. Comme un impossible jumeau. Il est la part de soi-même que l'on aime, dont on est dépossédé puisqu'elle est chez un autre, la part que l'on veut donc détruire pour la récupérer. Bref il n'y aurait vraiment de guerres que fratricides. On ne déteste vraiment que celui qu'on peut aimer parce qu'on le connaît le mieux. On ne peut concevoir d'amour qu'au prix d'une énorme discipline, d'une longue conquête, d'un immense empire sur soi-même, c'est l'une des définitions de la morale. Le lecteur aura peut-être noté dans les Carnets que le thème du Mal a obsédé mes maîtres, mes amis, moi-même. Soit que nous retrouvions ce thème par une réflexion scolaire sur les rapports de la force et du droit; soit que nous voulions nous mettre en règle avec une façon de s'accommoder d'une violence jugée de moins en moins accoucheuse d'Histoire; soit enfin que nous retrouvions, malgré nous, le problème théologique, vieux comme le monde, comme le Mal, de savoir pourquoi on décide qu'il existe. Après les génocides successifs, comment éviter cette réflexion ? Que serait une pensée qui en ferait l'économie ? Un comportement qui ne s'y référerait pas ? Sur ce chemin, on arrive très vite à rencontrer l'homme, ce qu'il est en naissant, ce qu'on veut qu'il soit, ce qu'on fait de lui. Des millions et des millions de victimes se sont posé la question avant de mourir ces derniers temps. Peut-on créditer Dieu d'une responsabilité même lointaine, générale, réduite dans l'avalanche des hécatombes ? Sinon l'hypothèse de la « Volonté absurde » est-elle si archaïque ? Le maître de Schopenhauer était Thomas Hobbes, le philosophe britannique pour qui l'homme était « un loup pour l'homme » et qui redoutait plus que n'importe quoi « la guerre de tous contre tous ». Lui avait résolu la question : il fallait que la force créât le droit pour imposer un ordre aux hordes sauvages. Toutes les réfutations de Thomas Hobbes au cours des siècles résument la plus actuelle des discussions sur l'homme et le mal. Pourquoi la bienveillance ne serait-elle pas *aussi* congénitale que l'agressivité, ont demandé à Hobbes Addison, Adam Smith, Chateaubriand, Benjamin Constant [1] ? Je ne prétends pas échafauder de système. Je veux partager avec le lecteur les questions du siècle et je l'informe de l'écho que j'ai trouvé à notre débat dans le mouvement de pensée qui va de Thomas Hobbes à Schopenhauer.

Le philosophe allemand avait conclu qu'on ne sait pas qu'on est l'Autre mais que, si on le savait, c'est la pitié qu'on a pour soi qui nous conduirait à une tolérance de l'Autre. On s'aimerait dans l'Autre. On a vu que je m'étais laissé aller à un pessimisme encore plus grand. Mais si, pour l'essentiel, je suis avec lui dans le vrai, il y aurait ainsi, par exemple, dans la nature des fils d'Abraham, parce que ce sont des hommes et parce que ce sont des frères, une inaptitude originelle à ressentir l'amour. Ce qui ferait alors l'héritage abrahamique et finalement judéo-chrétien, ce ne serait pas de ressentir l'amour mais de l'inventer. Autrement dit, le rejet, l'exclusion, la haine, la peur, la recherche du bouc émissaire et finalement le racisme sont dans le cœur de l'homme, dans l'âme collective des sociétés. Et si j'ai raison, alors rien n'est d'abord plus dangereux, plus dangereusement candide que de méconnaître la nature humaine, mais rien n'est ensuite plus pernicieux que de la suivre et de s'y soumettre. Dans ce sens, tout ce qui relève d'une certaine philosophie écologique, qui va des pèlerinages aux sources réinventées jusqu'au retour à un « authentique » mythifié, constitue, sous les masques d'un bucolisme angélique, et en dépit des nobles intentions de ses prophètes, la plus insidieuse régression de la conscience morale. Car ce retour à la nature, élégiaque au départ, ne peut que déboucher sur l'obsession de la pureté, donc sur le désir, historiquement assassin, de purification.

Je ne prétends pas ici « conclure ». Je m'en suis toujours gardé. Et dans cette affirmation de constance, je n'exprime pas seulement le sens que je peux avoir de mes limites mais une hantise qui me colle à la peau, celle de la complexité. Une hantise qui me fut reprochée avant qu'elle ne s'instaure désormais comme une mode. On exige en effet d'un éditorialiste bien plus le brio d'une humeur ou le tranchant d'un jugement que l'exposé contradictoire d'un doute méthodique. Au cœur même de mes engagements, j'ai éprouvé l'irrépressible besoin d'appréhender un fait, ou une observation, ou une pensée, par de multiples éclairages dont seule la somme me semblait pouvoir en reconstituer le sens. Pendant la

1. Voir Pierre Naville, *Thomas Hobbes* (Plon).

guerre d'Algérie la nécessité pour moi naturelle de m'adresser à trois opinions publiques (les Français anticolonialistes, les insurgés algériens, les pieds-noirs) procurait cette complexité à mes reportages. La seule chose que je puisse ici transmettre à un lecteur, c'est une réflexion née d'une expérience qui s'est voulue multiple, à travers les contraires, dans le cheminement d'un homme de terrain : quelques vérités disons charnelles auxquelles on croit aboutir en épousant une époque, parfois d'ailleurs en se trompant.

Au demeurant, les idées ont aujourd'hui moins d'importance que leur histoire et les arrêts moins d'importance que le parcours. Pour citer à nouveau Lévi-Strauss, je me rappelle combien m'avait impressionné une phrase de lui, un jour que je lui rendais visite en compagnie de Jean-Paul Enthoven. Il parlait du colonialisme et du fait que tout dans sa vie l'avait incité à le combattre. Mais il disait sa difficulté en observant que dès que les nations colonisées devenaient indépendantes, elles s'empressaient de détruire ces sociétés minoritaires dont les structures avaient été l'objet de ses passions. Comme je l'invitais à s'en expliquer, il m'a répondu après un silence, en fait un très long, un interminable silence, que cela le conduirait à faire irruption dans un domaine finalement politique, domaine dans lequel il s'était égaré chaque fois qu'il s'y était aventuré. Il disait qu'il ne pouvait plus se faire confiance. Autrement dit, le fait de s'être trompé ne le conduisait pas à dire le contraire de ce qu'il pensait quand il s'était trompé, mais à conclure qu'il pouvait toujours se tromper. C'était l'époque, qui d'ailleurs se prolonge, où certains intellectuels étaient assurés d'avoir désormais toujours raison parce qu'ils s'étaient trompés une fois, comme si une grâce illuminante privilégiant les défroqués les mettait pour jamais à l'abri de n'importe quelle erreur. Au fond, ce que disait Lévi-Strauss, c'est qu'il n'avait aucune raison de croire davantage à ce qu'il pourrait dire aujourd'hui qu'à ce qu'il avait dit hier. Il était difficile, après cela, de formuler une quelconque affirmation. Montaigne règne encore – ou à nouveau.

Mais dans l'ordre des idées qui ont l'épaisseur simple de la quotidienneté et de l'épreuve, je voudrais avancer celles-ci, qui concernent l'adieu au siècle pour accueillir, si j'ose dire, le temps qui vient. J'ai cru devoir dénoncer plus haut la régression que constitue le rêve d'un retour aux origines. Il me faut préciser cependant que j'en ai observé partout les syndromes et que j'en comprends le principe. Il s'agit en effet d'un refus de la modernité dans la mesure où le concept de progrès a pratiquement disparu.

Je dis « pratiquement » parce qu'on peut à la rigueur considérer comme un progrès que l'ensemble du monde se soit rallié aux valeurs de la démocratie. Mais rien ne me paraît plus naturel que la tentation d'un refus de la modernité et d'un retour non pas aux « origines » ou à la « nation » mais à la tradition. Je dirais même, selon l'enseignement que j'ai tiré de mes voyages et de ma fréquentation des sociétés, que le fait le plus surprenant, ce n'est pas que la modernité soit combattue, c'est qu'elle finisse par vaincre. Car ce qu'elle apporte (au moins dans les pays frustrés des avantages matériels qu'elle prodigue ailleurs), c'est tout simplement l'insécurité morale, intellectuelle et métaphysique de l'homme. Ce qu'on est convenu d'appeler la modernité date non pas des successives révolutions industrielles mais de la découverte de l'individu à Londres d'abord, avec l'*habeas corpus* ; à Washington ensuite, avec le premier projet de constitution ; enfin et surtout, à Paris avec la découverte de l'individu, pendant les mois qui ont suivi la Révolution de 1789. Ce n'est pas le bonheur, contrairement à ce qu'a dit Saint-Just, qui était une idée neuve en Europe, c'était l'individu.

Ceux qui ont été le plus éloquent pour souligner l'importance de cette découverte, ce ne sont pas les adulateurs de cette Révolution, ce sont ses détracteurs. Personne en effet n'a mieux compris le changement radical, agressif et traumatisant qui s'opérait dans la mentalité européenne, que l'essayiste irlandais Edmund Burke. Dans ses *Réflexions sur la révolution en France*, le 20 novembre 1790, Burke a montré la radicalité de la Révolution française, je le cite : « ... événement inouï et stupéfiant qui introduit dans l'histoire une rupture sans précédent. Un monstre est né qui menace l'ordre du monde et la stabilité des civilisations. » A la sage révolution anglaise, « restitution d'une nation à elle-même », Burke oppose « la folie française de la table rase ». Avec Tocqueville, qui se montre compréhensif, et Joseph de Maistre, dont l'hostilité va jusqu'à trouver que tout est miraculeusement mauvais dans la Révolution française, Edmund Burke aura été celui qui a le mieux saisi les conséquences de cet événement inaugural : la naissance d'un individu souverain.

Il faut, selon moi, toujours revenir à ce moment pour avoir les clés du monde contemporain et les bouleversements de cette fin de siècle. Car on a assisté, on assiste tous les jours, à la longue marche parsemée d'oppressions et de catastrophes de ceux qui, au grand jour ou dans les ténèbres, ont voulu accéder à la civilisation de l'individu. Notre siècle, probablement maudit dans presque tout ce qu'il a enfanté ou prolongé – le nazisme, le bolchevisme, le colonialisme – s'explique aussi par un antagonisme fondamental, manifesté souvent entre les peuples mais qui existe dans le cœur de chaque homme, entre la nostalgie de la tradition et le désir de modernité, entre les racines et l'errance, entre la communauté et l'individu. A partir du moment où l'homme dérobait à Dieu, ou à la monarchie de droit divin, la source du pouvoir et de la légitimité, à partir du moment où l'homme se choisissait des références intérieures pour juger du bien-fondé de la loi, à partir du moment, enfin, où le sacré disparaissait au profit de la volonté générale, c'en était fini du confort tribal et féodal, de l'équilibre communautaire, de la protection sublimée contre l'inégalité, la souffrance et la mort. C'est souvent par incapacité à assumer cette conquête enivrée et prométhéenne que les hommes se sont acharnés à trouver des solutions autoritaires qui supprimaient l'individu. Il y a dans les formes religieuses du nazisme et du bolchevisme une tentative de délivrer l'humanité de l' « absurde fardeau » de la souveraineté du sujet. Les nouveaux seigneurs avaient rejoint le pessimisme de certains penseurs protestants, hérétiques à l'intérieur de la Réforme mais combien révélateurs, qui estimaient que c'était une étrange idée de penser que l'homme pourrait faire un bon usage de sa liberté. L'homme, pour eux, n'était libre que de ne rien faire – ou de faire le mal. En fait, il n'était pas libre, puisque la condition humaine était une prison.

Quand on pense à l'épaisseur, à la profondeur et au nombre des forces qui sont mobilisables et qui se sont de fait mobilisées contre cette abstraction merveilleuse, l'individu, et ce pari audacieux, la liberté, on se demande comment elles en sont arrivées à être vaincues. Tous les débats qui ont lieu aujourd'hui dans l'islam, comme ceux auxquels nous participons sur les contradictions éventuelles entre les droits des individus et les droits des peuples, illustrent bien cette dimension miraculeuse qui s'attache à la protection de la liberté. Je dis bien à la protection car une autre leçon de ce siècle, je le rappelle après tant d'autres, c'est que si l'homme est souvent capable de mourir pour sa libération, il n'est pas toujours capable de vivre avec sa liberté.

Bien sûr, il faut nuancer. Les hommes n'en arrivent à aimer leurs fers que métaphoriquement. Ils n'ont pas un goût masochiste pour les modernes succédanés de l'antique supplice de la question. On n'a jamais vu un rescapé de la torture en conserver une quelconque nostalgie. Et c'est par décence que je n'évoque ni les camps de concentration nazis ni le Goulag stalinien, ni le génocide khmer. Toute appréciation des problèmes que pose la liberté doit commencer par une célébration sans réticence de ce qu'elle résout. De toute manière, les hommes aiment bien savoir, quand on sonne à la porte à six heures du matin, que c'est le laitier, comme on disait hier, le facteur, comme on dit aujourd'hui, et non la police. Ils aiment le caprice, l'humeur, la fronde. Mais ce que l'on peut noter, c'est qu'ils ont du goût pour la transgression, ce qui suppose une loi ou une contrainte générale à transgresser. Il faut qu'il y ait occasion ou prétexte à transgresser. Tant qu'il s'agit de s'opposer, et dès qu'ils le peuvent, ils manifestent un certain équilibre affectif et intellectuel. Mais s'il est question de ne trouver qu'en eux-mêmes, sans référence à rien, à aucune obligation extérieure ou hiérarchie intériorisée, la direction, l'option, la décision, alors c'est le vertige et les voilà qui cherchent et qui trouvent toutes les occasions d'abdiquer leur liberté en faveur d'un régime, d'une religion, d'un ordre, d'une communauté ou d'un homme providentiel. Ils veulent retrouver la protection d'un chef auquel on peut désobéir ou la mythique représentation du monarque de droit divin parce qu'il s'agit d'une soumission consacrée. En quoi, dans le meilleur des cas, ils mettent leurs pas dans ceux des prophètes bibliques qui passaient leur temps à se révolter contre un Dieu dont ils ne songeaient jamais à se priver. Les révoltés sont rarement tout à fait des incroyants.

Nous sommes ici au cœur de tous les problèmes que suscite, en éthique, en politique et en économie, le concept même de démocratie. Car si, une fois victorieuse, la démocratie peut survivre, s'affirmer et se consolider, c'est en essayant de répondre à tout ce qu'invente la modernité mais aussi à tout ce qu'apportait la tradition. Il faut recenser tout ce que, même dans la servitude la plus effroyable et la plus humiliante, bref quand leur aliénation était la plus totale, des hommes disent avoir trouvé comme repli ou comme refuge. Quand, récemment, le maire de Leningrad, Anatoli Sobtchak, nous confiait qu'un tiers de ses administrés, bien peu suspects d'être communistes, on le devine, regrettaient l'ère brejnévienne et en étaient à rechercher les avantages matériels de la perestroïka, il ajoutait : « Sans ce minimum matériel de survie, comment voulez-vous que je les persuade qu'ils sont devenus des hommes libres. » Ce n'est pourtant pas lui qui aurait eu quelque mépris pour cette démocratie que les oppresseurs et les imposteurs appelaient formelle. Mais simplement, il enrichissait et élargissait la Déclaration des droits de l'homme et du citoyen. Quand on voit refleurir ici et là en Yougoslavie comme en Géorgie ou en Ukraine, la maxime jadis prédominante dans les Balkans, selon laquelle « le proche n'est pas le voisin, c'est le voisin du voisin, car le voisin immédiat, c'est toujours l'ennemi », avec quel critère juger du bon usage d'une liberté si chèrement et si douloureusement conquise ?

C'est au nom de toutes ces peurs que les démocraties occidentales, redoutant sans l'avouer que les populations libérées fussent irrémédiablement aliénées par l'obscurantisme marxiste ou par les dictatures qui l'ont précédé, ont certes applaudi aux révolutions au sommet, mais ont souhaité un despotisme éclairé. Elles se sont ensuite trouvées comme désarmées devant la montée irrésistible des forces de libération une fois que Gorbatchev avait fait sauter la digue qui empêchait leur défoulement. C'est un fait que le monde démocratique se voit comme dépassé par la démocratie des autres, comme si la découverte de l'individu depuis deux cents ans était encore trop neuve pour être admise par tous. En moins de trois ans, nous avons vu les Polonais s'insurger contre la dictature par une levée en masse de la nation puis bouder la démocratie en s'abstenant massivement aux élections.

On faisait le même raisonnement, ou plutôt on se laissait aller aux mêmes inclinations, pendant la crise du Golfe, je dis bien la crise et non la guerre, car ce qui a suivi la violence militaire a fait naître d'autres problèmes. Pendant la crise antérieure à la guerre, ceux qui ont assisté à l'unanimité des peuples dans les condamnations de l'Irak ont cru à des comédies ou, au mieux, à l'effet d'une manipulation par les États-Unis. Ils n'ont pas été attentifs à un phénomène de civilisation pourtant prodigieux : les peuples se sont unis et rassemblés autour des États-Unis, pendant un moment au moins, non pas par amour du peuple américain ou par la seule fascination de sa force, mais parce que l'effondrement soviétique les avait conduits à penser qu'il n'y avait pas d'autre civilisation pour protéger les droits de l'individu, réaliser la démocratie, accéder à la souveraineté du sujet, et d'abord des peuples. Que ce rassemblement n'ait pas tenu compte des dangers d'un monde unipolaire, du fait que le modèle américain n'était pas une panacée, c'est une autre affaire que les pays qu'on situe toujours à l'Est connaissent bien. Et c'est ainsi qu'on peut le mieux restituer ce mouvement pendulaire qui, partout dans le monde, fait osciller les peuples entre tradition et modernité. Ce qui a occulté ce mouvement si profond dans l'humanité et si répétitif dans ses manifestations, c'est que le communisme a échoué sur tous les plans : en dépit des intuitions initiales de Lénine, il a écrasé les traditions sans accéder à la modernité. « Les soviets plus l'électricité », disait-il en parlant du communisme. Les soviets n'ont remplacé ni la nation ni la religion, et l'électricité n'a servi que la puissance militaire impériale.

Ces deux questions, à mes yeux fondamentales dans l'histoire des hommes, de la virtualité des tendances à l'hostilité d'un être pour l'Autre et de l'écartèlement permanent entre la tradition et la modernité, revêtent soudain une incroyable dimension depuis que le surpeuplement de la planète crispe les angoisses et mobilise les peurs. Lévi-Strauss encore : « L'effondrement du communisme me paraît d'une importance relative en regard de cette catastrophe majeure de notre siècle et de notre histoire : la prolifération de l'espèce humaine. » Cette « catastrophe » change radicalement notre appréciation des sociétés humaines, de leur capacité de survie, de leur possibilité de vivre ensemble. Il faut revoir à la lumière de la démographie toute notre conception du monde. Car le temps qui vient ne peut pas ne pas être celui du nombre – un temps annoncé par Hobbes comme par Schopenhauer. On sait déjà que les seuls Maghrébins seront, dans moins d'un quart de siècle, plus nombreux que tous les Européens de la Communauté, et que ce qu'on appelle encore l'Occident, et qui n'est déjà qu'un archipel, ne sera plus qu'un îlot dans un océan de détresses.

On ne peut plus se replier sur l'idée que de telles peurs, celle du fameux péril jaune par exemple, n'ont pas empêché l'ascension des États-Unis et le progrès de l'Europe. Depuis le temps que l'on annonce l'abolition des distances, l'information omniprésente, l'interpénétration des cultures et la babélisation du globe, il semble qu'on se refuse à en tirer les conclusions les plus évidentes. Économisons les truismes pour sauter au constat : ce siècle de la « catastrophe majeure » est celui des personnes déplacées. Il n'y a jamais eu autant de réfugiés ni de candidats au refuge. Ceux qui n'ont rien frappent à la porte de ceux qui ont quelque chose. Et la porte finit toujours par céder. Dans un livre que j'ai déjà cité, les *Souvenirs d'un Européen*, Stefan Zweig, avant de se suicider, en 1942, au Brésil où il était traité comme un chef d'État, fait ses adieux à un siècle qui s'est pour lui terminé avec la Seconde Guerre mondiale et où il avait trouvé, à tous les sens du mot, dit-il, la

« sécurité ». Il est essentiellement question, dans ses souvenirs, de l'Empire austro-hongrois et de cette langue allemande qui fut la vraie patrie de cet écrivain juif. Mais on voit bien, à recenser les exemples qu'il donne de cette germanité humaniste et rayonnante, ce qui va le conduire à conclure que sa place n'est plus en ce monde. Il a aimé de l'Empire, et avant tout, la stabilité et la finitude qui permettent la création et lui procurent du sens. La certitude que ni les mots ni la monnaie ne changeront de valeur du jour au lendemain, dans un ensemble bien délimité, un ensemble fini où les rôles sont répartis et les itinéraires convenus. Si les mots de poésie et de bonheur, les mots allemands pour exprimer ces concepts, n'ont plus le même sens pour moi et pour les Allemands, qu'ai-je à faire des fêtes et du confort brésiliens, écrit en substance Stefan Zweig à sa première femme qui restera sa confidente épistolaire.

A défaut du suicide, ou du regret lancinant qu'un poète espagnol chantait de ne pas être mort pendant la guerre civile, au temps des illusions mais au temps de la foi, il nous reste à apprendre à vivre dans l'instabilité et l'absence de finitude. C'est un nouvel âge. Une nouvelle ère. D'où le vertige qui s'empare de tant de jeunes gens, qui ont pourtant peu de raisons d'être nostalgiques, de retrouver des fraternités communautaires, des regroupements sécuritaires. On se met à l'abri. Ou l'on fait comme si. Après tout, l'incertitude peut elle-même devenir un confort. Tous les ans, j'ai pris l'habitude de me rendre en Toscane et en Tunisie. Les retrouvailles avec des amis, toujours les mêmes, ont longtemps commencé par une dégustation d'une espèce particulière de raisin muscat un peu jauni, un peu fripé, qui craque sous la dent et qui laisse dans la bouche un goût de miel et d'orange amère. Depuis deux ans, on ne trouve plus de ce raisin muscat. Mes amis m'ont dit tantôt que la saison en était terminée, tantôt qu'elle n'était pas encore arrivée alors qu'il s'agissait de la même époque. Puis un jour, cette année, par hasard, j'ai appris qu'on n'en plantait plus. Mais personne n'osait le dire. Chacun faisait comme s'il en avait mangé la veille ou s'apprêtait à en manger le lendemain. Il faut dire adieu au siècle du raisin muscat. Attendre les grappes du temps qui vient.

ÉPILOGUE

LES LUMIÈRES DE PORTO HELI

Il part pour la Grèce, bien dans sa peau, le corps sans âge, en accord avec lui-même, l'instinct heureux. Il ne se regarde pas vivre. Dans l'avion, l'hôtesse le reconnaît. Elle le convie à visiter les pilotes dans le cockpit. En l'accueillant, le commandant de bord dit à l'équipage : « Je vous présente un homme qui n'a aucune raison de se souvenir de moi. Je l'ai pourtant rapatrié dans un sale état, sur une civière, en 1961. Il avait été blessé à Bizerte. L'hôtesse que voici prenait soin de lui. Depuis cette date, nous ne nous sommes jamais revus ni cet homme, ni cette femme, ni moi. Nous voilà réunis et nous allons sabler le champagne. » Lui, l'ancien blessé, trouve soudain justifié un passé qu'il avait jusque-là refusé d'évoquer. Il est ému bien sûr. Cela ne se voit pas. C'est un émotif rentré. De toute manière, il ne sait jamais comment se tenir dans ces cas-là. Il sent qu'il lui faut dire quelque chose. Il est muet. Paralysé. L'équipage, heureusement, n'a ni le temps ni le goût de s'attendrir. Il fera beau sur tout le parcours, dit-on. Il fait très chaud à Athènes. Lui se dit que c'est un bon début. Vers quoi ? Il ne sait pas. C'est tout un ruban de bonheur qui se déroule sous ses yeux, sous ses pas, lorsque, après la traversée parmi les îles, il accoste, puis se dirige vers la petite maison sur la pointe du Péloponnèse. La mer baigne les quelques marches du chemin dallé qui conduit à la villa. Il se déshabille, se jette à l'eau, et nage plus loin, plus tranquillement, plus voluptueusement qu'il ne l'a jamais fait. Quand il se retourne enfin, il aperçoit les siens qui lui font signe de la terrasse. Soit pour lui dire de revenir parce qu'il s'est trop éloigné. Soit parce que son comportement les a déconcertés. Soit parce que le dîner est prêt. Il ne sait pas. Il n'en a cure. Il se met sur le dos, il fait la planche, il regarde le ciel et il s'entend dire merci. Il est certain, pour la première fois, qu'il ne se trouve pas un seul dieu grec pour estimer, comme le redoutait Iphigénie, que son bonheur soit trop grand.

Il s'est passé quelque chose mais il ne sait pas quoi et il ne cherche pas trop. Le monde est resté le même. Les hommes n'ont pas changé, il y a toujours des êtres qui souffrent, qui meurent et qui se font la guerre. Lui est heureux. Jeune. Nouveau. Neuf. Même pas cette petite menace tapie dans un recoin de la poitrine et qui d'ordinaire avertit que tout peut changer. Aucune superstition devant cette offense à l'ordre du monde. Nulle trace de cette crainte, si familière aux Grecs, du mauvais œil. Il retourne vers la maison en nageant encore plus lentement pour savourer ce miracle. En arrivant, il déclare qu'il ne veut pas dîner. Pas encore. Pas avant d'avoir fait une partie de tennis. Les autres le regardent avec un amusement dérouté. Sur le court, il réussit tout ce qu'il rate d'ordinaire. Tout ce qu'il considère comme une infranchissable limite, comme lorsqu'il rêve qu'il vole ou qu'il danse, ou qu'il compose. Ce fameux revers, pris de très bas et qui fait se tendre le corps, d'où lui vient-il ? Il l'a toujours envié aux autres. La grâce. Il a confiance. Il fait confiance au monde. Il se dit : la vie c'est autre chose mais c'est aussi cela.

Au dîner, il faut bien hélas s'expliquer. Parler, c'est-à-dire en l'occurrence ne rien dire. Parmi les amis, il y a une Grecque qu'il avait connue à Sidi Bou Saïd. C'est à elle qu'il s'adresse. Il s'entend dire qu'il n'est pas un intellectuel, même pas un cérébral, qu'il ne l'a jamais été. Que la joie, pour lui, est d'abord physique, organique, physiologique, somatique : tout ce qu'on voudra. Il suit avec étrangeté le parcours de ces phrases qui montent de la poitrine jusqu'à la bouche, et qu'il formule sans aucune provocation, sans aucun défi. La joie, dit-il, c'est l'harmonie des organes et des muscles. Il cite Valéry : « Ce que l'homme a de plus profond en lui, c'est sa peau. » Les états d'âme et les douleurs morales, il sait ce qu'en vaut l'aune. « La psychosomatique, docteur, j'y crois autant que vous. Simplement, j'inverse les termes. Je crois à la somatopsychologie. » Les autres trouvent ce débat un peu sommaire. Il leur suffit de voir leur ami heureux. Peut-être guettent-ils la chute de tension, mais il n'y a pas tension. Le retour à la normalité, mais il paraît très normal. Il dit que, sur des choses essentielles, il n'a pas les mêmes idées selon qu'il a bien ou mal dormi, bien ou mal nagé, réussi ou raté son tennis. Il dit qu'il est sensible à la direction des vents. Il interpelle : « Vous connaissez

Tarifa en Espagne ? Tanger au Maroc ? De part et d'autre du détroit de Gibraltar, le vent et le degré d'humidité changent tous les jours et je défie quiconque d'avoir les mêmes idées la veille et le lendemain. » Il dit qu'on ne peut même pas y vivre sous la loi de l'alternance. Les changements sont brusques et imprévisibles comme cette fin de siècle. Le corps ne peut les intégrer, les loger dans une mémoire. Il est chaque fois agressé par la surprise. C'est pour cela d'ailleurs, observe-t-il, que les habitants vivent surtout la nuit. Pas seulement à cause de la chaleur diurne. Dans l'obscurité on a l'illusion de la permanence. Le Détroit, c'est le symbole de ce siècle finissant. Ici, en Grèce, cela s'appelle toujours l'aurore.

A Porto Heli, tout est prévu. Il sait qu'il va s'endormir chaque nuit avec la certitude de retrouver la même lumière, la même chaleur, des lauriers de la même couleur, du chèvrefeuille de la même saveur. Le même arôme de pins et de basilic et les mêmes réveils par le chant trop têtu des cigales. Rien d'instable, rien d'incertain, rien d'improbable. Ne craignant aucun ridicule, il se lève de table et montre son équilibre dans une posture de yoga sur les épaules et la tête. Les autres détournent leur regard pour signifier qu'il en remet. En le voyant, une servante grecque qui apporte des plats de poivrons et de tomates farcis s'empresse de les déposer pour se signer.

Peu à peu un désir de protection gagne la maisonnée. On vérifie du coin de l'œil qu'il se maintient bien dans son état. Pas de défaillance. Les petits déjeuners menacent d'être très « culturels ». Lui raconte des histoires, tourne en dérision tous les sujets, s'invente une compétence sur tous les sports. Un jour, on se demande quelle est la plus grande injustice. Il a oublié tout ce qu'il avait pensé de la mort et de ce qui la précède. Il dit qu'il n'y a qu'une seule injustice que les dieux commettent. Ils créent des femmes laides et des femmes belles. C'est la seule chose qui lui paraît justifier une révolte contre la condition humaine. Il en fait trop. Il en convient. Mais de manière avantageuse. Il s'aime injuste comme si c'était pour lui une façon d'être plus vivant.

Trois semaines s'écoulent. Trois longues semaines faites de jours, d'heures, de minutes de grâce. Les plus égoïstes et pourtant les plus généreuses. Les plus agressives et pourtant les plus tendres. Il s'enivre d'ouzo, se gorge de moussaka, ne dort presque pas. Pendant la sieste, il récite tous les poèmes. Entendant une voix, une servante fait irruption dans la chambre et comme elle ne voit personne d'autre que lui, une fois encore, elle se signe.

Aujourd'hui le meltem s'est levé. Lui va consulter un médecin pour être débarrassé d'une otite naissante : pas question de compromettre les longues stations dans l'eau pour une ridicule irritation dans l'oreille. Le vieux médecin qui le reçoit tient cabinet ouvert. Pas de salle d'attente. Chacun assiste à la consultation du voisin et l'on y parle toutes les langues. Visage de madone, une jeune femme en noir distribue des tasses de café turc. Il est brûlant, on l'absorbe en faisant un bruit de satisfaction. Entre deux consultations, les malades font connaissance. Le médecin ne cesse de fumer ; après chaque bouffée, il a un soupir désenchanté et bonhomme. Il officie en bras de chemise et, sur une grande page, il met des noms et deux ou trois observations au-dessous. Il fait d'abord un tour de piste, enregistre les problèmes de chacun, les place dans un ordre d'urgence, puis prescrit pour tous des médicaments plus ou moins différents, que la même dame en noir, toujours grave, belle et silencieuse, s'en va quérir à la pharmacie. En revenant, elle ne se trompe pas. En tout cas, on lui fait confiance. Tout le monde paraît trouver cela normal. Il arrive que la confession d'un malade soit impudique, étonnante d'indiscrétion. Personne n'y prête attention. Observant qu'il est français, estimant qu'il en a fini avec le détail des soins, le médecin parle longuement des peintres qu'il a connus à Montparnasse. Lui insiste pour payer le médecin. Il finit par mettre l'argent sur une table encombrée de paperasses, de médicaments, d'un moulage d'Homère et d'un volume jauni et déchiré de la Pléiade : les *Mémoires d'outre-tombe*. Une énorme femme enceinte, elle aussi vêtue de noir, mais au large décolleté et pourtant coiffée d'un châle, embrasse les mains du médecin. Il doit s'agir d'honoraires. Lui se dirige vers la porte et le médecin lui dit : « Où allez-vous, restez donc encore un peu, qu'est-ce que vous avez à faire ? » Et soudain lui se demande, en effet, ce qu'il peut avoir à faire de mieux que d'observer le sceptique sorcier de cet étrange village. Il a le sentiment que son bonheur se dissipe. Le meltem souffle de plus en plus fort quand il arrive à la maison de Porto Heli. Le téléphone sonne. Il ne veut pas répondre. Il se protège. Malgré les conseils du médecin, il part pour une longue nage.

Le soir, le téléphone sonne à nouveau. Il répond. Il apprend que l'un de ses frères est mort la veille. Il ne sent rien, il n'est pas triste, ni étonné de ne l'être pas. Première nuit agitée. Le lendemain il se lève à l'aube, dans la fraîcheur et le silence. Il ne change rien à son emploi du temps. Il a dans l'esprit la phrase entendue : « Georges est mort. Il s'est vu mourir. Il ne voulait pas mourir. » Aux antibiotiques prescrits par le médecin, il ajoute de la cortisone qu'il trouve sur place, drogue miracle dont il a vérifié en d'autres occasions les effets. Ce sera un jour comme un autre. Il ne décommande pas le dîner d'anniversaire prévu sur la terrasse d'un grand hôtel abandonné et décadent de Spetsai. Le dîner a lieu avec les plus intimes, ceux des villas de Toscane, d'Hammamet et du Brionnais. Un moment, il a envie d'associer la mort de Georges à la conversation. Mais les convives sont pris d'un fou rire qui dure, qui dure. Il se tait sans regret. De la terrasse, on voit les jeunes cochers séducteurs conduire leur calèche tout en flirtant avec les touristes anglaises. Dans le port maintenant embrumé, on n'aperçoit plus que les phares des navettes rapides qui sillonnent une mer qui ressemble à celle du Détroit, en faisant vrombir leur moteur. C'est une Venise de cauchemar. Il ne manque que la musique de Mahler. Lui se sent encore tranquille dans cet état cotonneux, sourd, somnambulique.

Je réintègre mon personnage. Le soir, la fièvre se déclare, dévastatrice. Une fièvre « solennelle », dira un médecin parisien. Il paraît que c'est une expression médicale. Exactement il faut dire un « frisson solennel ». C'est le délire. Je récite des poèmes et évoque des scènes de guerre. Je réclame un médecin, un vrai. Je veux entendre mon ami Norbert au téléphone et personne d'autre. Georges est mort. Le grand frère. Le Juste de l'enfance. Le successeur du Père, le rigoureux, le puritain, le Juste. Voici l'heure de la grande dislocation de la famille. Raoul a précédé tout le monde, il y a si longtemps. Mathilde, c'était hier. On prononce des phrases qui veulent dire quoi ? Il a donné son corps à la science. De quoi a-t-elle besoin, la science ? Qu'est-elle cette science pour dévorer les gens ? Pourquoi le vent souffle-t-il encore ? Pourquoi la mer elle-même a-t-elle changé ? On a Norbert au téléphone. Il dit qu'avec les antibiotiques il ne fallait pas prendre la cortisone, qu'il faut s'attendre à une fièvre longue et intense. Qu'on ne s'étonne pas si j'ai plus de 40° et si je délire. Il faut me faire transpirer. J'entends tout cela et j'éprouve le besoin de revoir ce médecin grec, il s'appelle Garopoulos. J'évoque la grande pièce mi-hollandaise par les carreaux astiqués, mi-arabe par la nudité des murs et l'absence de meubles. Je revois autour de lui tous les clients, tous les amis, tous les touristes. Ce Garopoulos qui voulait me retenir, qui ne voulait pas se faire payer, qui avait envie de garder tout le monde autour de lui. Restons ensemble, il se fait tard : son regard avait toujours l'air de citer l'Évangile. Je finis par m'endormir.

Deux heures plus tard, je récite, ou commente, ou paraphrase *Belle du Seigneur* d'Albert Cohen que je n'ai pas relu depuis deux ans au moins et ma voix supprime comme l'auteur toute ponctuation barrière artificielle de la pensée fluide où tout glisse tout s'écoule les sentiments la vie les trains les paysages vus des trains avec leurs arbres en muraille les fils télégraphiques qui montent et qui descendent les locomotives qui hésitent reprennent souffle comme l'amour l'érotisme l'ennui la jalousie le Ritz le cancer les borborygmes et Ariane si jolie bonne élève grande tenue attention ne pas ouvrir la bouche en mangeant et fermer les yeux devant le Seigneur fils d'Isaac et d'Abraham homme d'élite dominateur et sûr de lui juif éternel jaloux possessif tendre destructeur intelligent victime qui entraîne l'amour et l'innocence dans l'Apocalypse adieu Dom Juan Solal Dom Juan sans commandeur lavé de tout péché par la haine des autres et par la souffrance du délire Céline du loukhoum glorieux revers de la médaille célinienne ma chevauchée prend l'allure du vol dément de l'hippocampe surréel diamant des approximations scintillement pailleté des paradoxes qui se rejoignent dans ce fleuve étincelant de la judéité française si française et si juive si péguyste et célinienne en même temps dans le même éclair baroque de l'irréductible et triomphante singularité.

Le délire succède à la transpiration comme l'a prévu Norbert. Et la transpiration succède au délire. Et je parle. Je parle comme je n'ai jamais parlé. Je ne sais pas d'où je tire ce dont je parle, je ne sais pas comment s'ordonnent en moi les phrases dans cet état second et c'est à ce moment-là qu'interviennent la gouvernante grecque et sa nièce. La gouvernante décrète que ce n'est plus du ressort des médecins et que si on la laisse faire je pourrai être sur pied en quelques heures. C'est une femme âgée, ridée, svelte comme un trapéziste, qui va chercher des calamars et des octopus à la tombée de la nuit en ramant toute seule dans sa petite barque qui a l'air d'un berceau. Elle s'éloigne sur la mer comme un bébé fantôme et puis réapparaît vers minuit avec sa pêche miraculeuse. A la fois sorcière et servante au grand cœur, elle parle, et elle parle grec, elle ne parle que grec, et elle parle beaucoup. Elle a tellement besoin de parler qu'elle finit par se persuader qu'on la comprend et elle s'exprime comme si on la comprenait. Elle est toujours flanquée de son adolescente de nièce, une fille aux grands yeux clairs, féline, prête à bondir pour se sauver ou pour griffer, sauvage et gourmande, et qui depuis le premier jour se sait regardée et redouble de coquetteries obliques. Le matin, lorsque je vais faire mon yoga, je la trouve dès six heures nue sur son rocher, ramenant une légère étoffe sur elle dès qu'elle m'aperçoit. Aujourd'hui, elle est tout de noir vêtue. Elle s'abrite derrière sa tante. A mon chevet, elle se signe. Elle parle très bien l'anglais. Elle me dit que sa tante connaît un exorciste. Il faut la laisser faire. De toute manière quelque chose devait arriver. Monsieur était trop heureux pendant toutes ces semaines. Trop triomphant, trop méprisant, trop entouré, trop beau, trop riche, trop tout, quelqu'un lui avait jeté le mauvais œil mais elle jurait, jurait tous ses grands dieux que ce n'était pas elle, que pour rien au monde elle n'aurait fait une chose pareille, qu'elle priait tous les jours pour que Monsieur puisse jouer à nouveau au tennis. Parce que c'est à ce moment-là qu'elle le sentait le plus jeune et le plus heureux. La jeune Grecque arborait une croix sur son corsage qu'elle manipulait sans cesse. Je n'avais aucune envie d'entendre ses superstitions. Koula la servante et Stella sa nièce n'eurent plus le droit d'entrer dans ma chambre.

Il fait trop chaud, il y a trop de lumière, à travers la fenêtre la mer paraît injurieuse et les nageurs trop bêtes. Je rêve d'une presqu'île bretonne, de l'odeur de varech, du ressac des marées, du froid qui agresse pour faire renaître et pour lutter. Il me semble que mon délire d'hier se transforme aujourd'hui en une crise de défoulement. Je hais ce milieu parisien où la gauche s'est fourvoyée dans les mondanités, les courbettes et toute la gesticulation des parvenus de salon. Pourquoi le Prince ne m'a-t-il pas regardé en me serrant la main aujourd'hui ? Et tous les petits marquis qui surveillent les invitations du voisin, recensent celles dont ils n'ont pas bénéficié, réduisent les grands débats à des querelles de palais, les amours à des coucheries stratégiques, passent leur vie à recueillir frileusement la petite monnaie du pouvoir. Petites ambitions, petits calculs, petites protections, avec l'obsession camouflée de l'argent et du sexe. Au fait, je vomis la prétendue libération sexuelle qui débouche sur la banalisation de la pornographie, donc sur la mort de l'érotisme. Une libération fondée sur l'ignorance veule, grasse et basse de la fonction du mystère, de la suggestion et du raffinement dans le désir amoureux. Finalement, les exhibitionnistes d'aujourd'hui rejoignent les puritains d'hier : ce à quoi ils en ont, c'est l'érotisme. Il leur faut délivrer l'amour de ce qui était hier impur et de ce qui devient aujourd'hui mécanique. Comment peuvent-ils comprendre un seul vers du Cantique des cantiques, ceux qui dissocient à ce point l'érotisme de la mystique. Dom Juan n'est qu'un héros malheureux dans son combat contre les tartuffes et il l'exprime bien dans son défi à la statue du Commandeur. Mais Casanova n'est plus que le technicien automate de la sexualité répétitive et performante. On ne voit plus sur les écrans, et surtout sur les petits écrans, que de misérables et piteux Casanova. Après les avoir vus, il n'y a plus qu'à fuir dans le désert ou dans un cloître pour condamner ce corps devenu imbécile alors qu'il a été créé à l'image de Dieu. Je passe maintenant de la fièvre à la transpiration. Soudain je me trouve apaisé et je vois entrer, malgré l'interdiction, Stella, la perverse repentie, qui déclare : ma prière a été exaucée, je crois que vous n'avez plus besoin de l'exorciste. Et elle s'est enfuie.

J'ai dormi profondément, calmement. Et puis je t'ai aperçue, toi qui n'as cessé de m'envelopper de ta présence. Je crois bien que je suis guéri. Ou presque. Il est six heures du matin. Le jour me réveille par à-coups. Déjà, depuis plus d'une heure, je t'ai sentie t'insinuer dans mon sommeil, y projetant des fantasmes, et les rendant lumineux. Tu as laissé de part et d'autre de la chambre la fenêtre et la porte-fenêtre grandes ouvertes. Tu es allongée sur un lit que tu as placé perpendiculaire au mien, dans le sens des ouvertures, parce que tu as eu trop chaud, cette nuit, près du mur, et que tu as souhaité capter l'éventuel courant d'air. Tu es là, toute dorée, tout pain brûlé, toute blonde dans une pose à la fois enfantine et comme soignée, affinée par la grâce du sommeil. Ta cuisse s'allonge jusqu'à la brisure qui, juste avant le pli de la taille, fait naître, comme dans les femmes de Rodin, la fesse parfaite dans les courbes dodues et pleines. Ta poitrine est gonflée d'une sensualité lourde de rêves et de vie. Tu es plus belle ainsi abandonnée, ainsi construite aussi, que le premier jour où je t'ai vue et où nous avons décidé (quelque chose, quelqu'un a décidé) que nos complémentarités l'emporteraient sur nos différences jusqu'à faire de nous ce couple qui est là, toi dormant, moi te regardant dormir, et qui ne sera pas le même dès que tu te réveilleras et que nous nous adresserons, imprévisibles, les premiers mots. Ce matin tu es l'aube, dans tout son triomphe et sa plénitude. Une aube qui n'est pas une promesse puisque tu es une femme, mais un commencement figé. Comme sursautant sous mon regard plus insistant, tu viens de te dresser, telle une chatte vers le rebord de la fenêtre, peut-être contemplant la mer mais semblant guetter pour mieux protéger le sommeil où tu vas t'engouffrer de l'agresseur possible, l'éventuel perturbateur de cet univers où tu t'enfermes. En te déplaçant ainsi sur ton lit, sans le quitter, tu t'es accroupie, offrant ton dos, tu m'as regardé un peu méfiante, soucieuse dans un éclair que je te croie assez réveillée pour te réveiller tout à fait et tu t'es évadée vers ton seul bonheur inaltéré, ton unique refuge inviolé où tu n'es enfin ni par toi-même discutée, ni bousculée par les autres. Dors mon amour, disait ma mère en refermant les volets ouverts trop tôt par mon père – et je feignais en me retournant de ne pas l'avoir entendue mais je me sentais mieux protégé encore. Tu viens de grommeler d'aise comme si tu avais deviné ma bénédiction silencieuse.

Tu es belle. Quel est ce songe de pierre par d'autres évoqué ? Réalité vivante au contraire, souveraineté dense et puissance où se concentre la vie ici de l'univers. Les oiseaux trop tôt agités ne savent pas chanter ce matin, les folles cigales ignorant l'heure paraissent stupides dans leur entêtement à contretemps, n'écoutant que la chaleur. Voici qu'un rayon de soleil distribue la lumière sur ton corps et soudain ton épaule vit comme une vague de Turner que nous avons si souvent regardée, cherchée, retrouvée ensemble. Je te dois beaucoup de mes joies picturales. Mon domaine est fait de mots, que je partage avec tous et où quelques-uns excellent. J'ai cru – pas longtemps – que ce pouvait être les idées. J'ai surtout rêvé en fait que ce pût être les sons, parce que, comme disait Mathilde, à la fin des fins il n'y a rien, il n'y a même pas l'amour, mais il y a la musique. Et puis j'ai compris que la vraie création me serait fermée à jamais puisque ne sortait jamais de mes entrailles un enfant, de mon esprit une architecture, de mes mains un sculpture, de mon regard un tableau. Les phares, les demi-dieux, les faiseurs de pluie sont ceux qui savent créer des corps à ton image, dans l'attitude où les lumières de l'aurore te changent. Lumières infiniment changeantes pendant ces quelques heures, dans ces pays où tout naît dans les ascendantes lenteurs de la gloire et tout meurt d'un coup, sans crépuscule ni pour les dieux ni pour les hommes. La Grèce reste sauvage sauf pendant l'annonce du matin prodigateur de la nuance. Tu es venue en somnambule dormir sur mon épaule, guidée par cet obscur appel que silencieusement ce que j'écris sur toi fait entendre dans ton corps. Nous nous sommes enlacés dans une douceur soyeuse, à peine érotique, presque pas, même pas, et nous nous sommes retrouvés dans les ténèbres soudain recréées par le sommeil. Et puis je rouvre les yeux et je te revois à la même place, simplement avec plus de soleil sur ton dos cette fois, modèle absolu de Rodin, celui dont je vais voir toutes les semaines les interprétations gracieusement travaillées, à croire que j'ai rêvé que tu n'es pas venue près de moi, mais j'ai ici ta trace. Je n'ai jamais été si proche de toi, ma dormeuse, ma compagne vivante et silencieuse en ce moment, sachant tout ce que j'ai reçu de toi, tout ce que je ne t'ai pas donné, tout ce à côté de quoi nous sommes passés ensemble, le volant ailleurs, ou le vivant comme d'autres vérités volées. Des êtres vers qui nous avons fui, en qui nous nous sommes réfugiés, chez qui nous sommes entrés dans les ivresses oublieuses et désespérées, intenses parce que soustraites aux regards, précieuses comme la vie brève, sans qu'il y eût chez nous d'autre culpabilité que de ne pas savoir nous réserver l'un à l'autre, toujours, à chaque instant. En sachant simplement, en apprenant doucement, lentement, profondément, que le couple est fait de manques, de frustrations, de conflits dont la somme fait une réalité, toi ce matin dormant, moi qui te regarde avec une gratitude un peu irritée.

Il est seulement sept heures et demie et il me semble que toute une vie s'est déroulée. Les cigales sont devenues autoritaires comme des violoncelles crissant la dernière affirmation d'un concerto, quand le coup d'archet final est devenu rageur et qu'il paraît souhaiter que rien enfin ne lui succède. Je voudrais bien continuer avec toi ce dialogue, où je parle seul, sans voix, où tu m'entends dans les profondeurs de ton sommeil sans me le dire. Notre vie, nous avons si souvent cru, nous croyons si souvent, l'avoir ratée comme on dit d'une cible. Alors que vivre ce n'est pas viser, c'est créer, parfois sans le savoir. L'aviateur s'est trompé, au moins pour nous. Ce n'est pas regarder ensemble dans la même direction. Nous avons si souvent regardé ailleurs et si différemment. C'est constater ensemble ce qu'on fait ensemble à chaque minute, et puis tous les jours. On l'aurait fait avec d'autres ? On l'a fait ensemble. Je crois à l'instinct du bonheur qui fait choisir ce qui convient, qui fait éviter ce qui n'aurait pu réussir malgré les apparences. Cet instinct qui est aussi celui du boutiquier, il peut être celui du visionnaire. Nous ne nous sommes pas reconnus. Nous nous sommes vus ensemble dans un avenir préfiguré au bout d'un chemin incertain et dangereux. Tu es belle comme ces tambours grecs qui sonnent plein. Et j'écris ce matin tout cela sans avoir pu prévoir que je le sentais si fort et que je pouvais le chuchoter à ce carnet tandis que tu dors et tandis que je te contemple. Oui la vie, le siècle, la condition humaine, c'est autre chose – et c'est cela aussi.

TABLE

Cet ouvrage a été réalisé par la
SOCIÉTÉ NOUVELLE FIRMIN-DIDOT
Mesnil-sur-l'Estrée
pour le compte des Éditions Grasset
en juillet 1992

Imprimé en France
Première édition, dépôt légal : janvier 1992
Nouveau tirage, dépôt légal : juillet 1992
N° d'édition : 8894 – N° d'impression : 21398
ISBN : 2-246-44701-1